DE LA
COSMOGONIE DE MOÏSE

COMPARÉE

AUX FAITS GÉOLOGIQUES

MONTPELLIER, TYPOGRAPHIE DE BOEHM.

DE LA
COSMOGONIE DE MOÏSE

COMPARÉE

AUX FAITS GÉOLOGIQUES

PAR

Marcel DE SERRES

Conseiller honoraire à la Cour Impériale, Professeur à la Faculté des Sciences de Montpellier,
Chevalier de la Légion d'Honneur.

> Élevé dans toute la science des Égyptiens, mais supérieur à son siècle, Moïse nous a laissé une Cosmogonie dont l'exactitude se vérifie chaque jour d'une manière admirable. Les observations géologiques récentes s'accordent parfaitement avec la Genèse, sur l'ordre dans lequel ont été successivement créés tous les êtres organisés.
>
> Cuvier ; *Discours sur les révolutions du globe.*

TROISIÈME ÉDITION

TOME SECOND

PARIS
LAGNY FRÈRES, LIBRAIRES-ÉDITEURS
Rue Garancière, 8.

1859

DE LA
COSMOGONIE DE MOÏSE

COMPARÉE

AUX FAITS GÉOLOGIQUES.

LIVRE II.
PÉRIODE ACTUELLE OU HISTORIQUE.

CHAPITRE II.
DE LA DATE DE L'APPARITION DE L'HOMME ET DU RENOUVELLEMENT DU GENRE HUMAIN, D'APRÈS LES FAITS HISTORIQUES.

L'histoire est une nécessité pour les peuples, car elle les éclaire sur leurs véritables intérêts ! Elle est aux nations ce que la mémoire est à l'homme ; en mettant sous leurs yeux les hauts faits de leurs ancêtres, elle les excite au bien et les porte à la vertu. Malheureusement les peuples de l'antiquité ont négligé leurs annales à leur origine, soit par oubli volontaire, soit par ignorance de la vérité. Pour se donner un renom qui flattait leur orgueil, ils ont cherché à répandre du merveilleux et de l'éclat sur leurs premiers âges, merveilleux qui disparaît lorsqu'on remonte à sa source. Enfin, lorsque ces traditions ont survécu, elles ont été le plus souvent dénaturées par le temps, les guerres et la barbarie.

On comprend qu'il ne pouvait en être autrement, si l'on considère comment les faits anciens ont été sauvés de l'oubli. Des fêtes commémoratives, des villes bâties ou détruites, des symboles religieux, des tombeaux ou des monuments où respirent plutôt l'orgueil et l'opulence que l'utilité : tels sont les principaux éléments qui nous ont conservé l'histoire des premiers temps. Mais ce n'est pas avec des pierres sans nom et sans date, ou avec des superstitions trompeuses, que l'on peut rétablir l'édifice historique.

Nous qui, après tant de siècles, sommes jaloux de reconstruire l'histoire des premiers pas de l'homme sur la terre, nous avons bien d'autres difficultés à vaincre. Il nous faut lutter contre les livres supposés ou refaits après coup, les fictions religieuses ou fantastiques, les chronologies arbitraires et les vanités nationales, pour asseoir sur leurs véritables bases les vérités historiques. C'est cependant à travers ces données souvent contradictoires et tous les embarras qu'elles font naître, que nous allons chercher à rétablir la certitude des plus anciens événements. Si nous n'avions pas l'Écriture pour guide, nous craindrions de nous égarer. La Bible n'est pas seulement un livre admirable sous le rapport des vérités morales que l'on y découvre ; elle l'est également par la précision des traditions qu'elle contient sur les premiers âges de l'humanité. A l'aide de son flambeau, on peut surmonter bien des obstacles et approcher aussi près que possible de la certitude historique.

Cette certitude commence seulement à l'époque où l'homme, sorti des contrées de l'Asie centrale, qui fut son berceau, se répandit dans les régions voisines, soumit à sa domination les animaux qui pouvaient lui être utiles, éleva des monuments et des temples, et marcha à grands pas vers la civilisation, à laquelle il était poussé par une puissance en quelque sorte irrésistible. Ce moment est le commencement de l'histoire [1].

Les temps sur lesquels Moïse a porté son attention peuvent être divisés en trois principales périodes. La première, la plus ancienne, dont la durée a été indéfinie, est en quelque sorte universelle, car c'est pendant sa durée que toute la matière qui compose les corps célestes, planétaires ou stellaires, sortit du néant et fut créée. Pendant la seconde période, les corps célestes reçurent leurs formes et leurs dispositions actuelles ; elle peut donc être considérée à la fois comme céleste et terrestre.

Cette période, pendant laquelle la lumière a été mise en action et où notre globe a éprouvé de grandes et de nombreuses modifications, comprend plusieurs époques qui correspondent aux jours de la création. L'avant-dernière

---

[1] Voyez le petit écrit de M. le professeur Studer, intitulé : *La foi et la science*, inséré dans la *Revue Suisse*, 19e année, tom. XIX, pag. 800, 1856.

de ces époques a vu l'homme, le dernier créé des êtres vivants, apparaître sur la terre; et bientôt après les temps historiques ont commencé. Ces temps, considérés relativement aux dépôts qui y ont été opérés, ne sauraient être divisés en époques distinctes; du moins rien dans ces dépôts ne permet d'établir d'intervalle ni de préciser quelque date.

Telle est la marche que nous avons adoptée dans la division des temps auxquels se rapportent les grands événements de l'histoire de la terre et de l'univers. On trouve uniquement dans la Genèse la mention de la création primitive qui eut lieu au commencement, c'est-à-dire avant l'époque où les corps stellaires et planétaires reçurent leurs harmonies respectives.

La seconde période embrasse les sept époques, ou si l'on veut les sept jours de la création, elle aurait pu être nommée géologique; du moins, pendant les temps qu'elle circonscrit, les différentes modifications dont les témoins sont dans les entrailles de la terre ont été produites. Quoique les traces des anciennes générations qui se sont succédé sur le globe existent dans les couches terrestres, on ne peut cependant rattacher leur formation à chacune des époques dont il est parlé dans la Genèse. Essayer d'établir une pareille concordance, ce serait méconnaître le but qui a porté Moïse à nous faire le récit de la création.

Ce récit, dans sa généralité, est du reste d'accord avec les faits physiques et historiques, ainsi qu'avec les recherches géologiques. En effet, dans les temps actuels, la terre jouit d'une lumière et d'une chaleur indépendantes du soleil ; il en était à plus forte raison ainsi avant l'époque où cet astre a été disposé de manière à en répandre d'une manière constante sur notre planète. Aussi Moïse nous apprend que la lumière a jailli à la voix de Dieu, avant que le soleil eût reçu l'atmosphère lumineuse qui nous en procure maintenant les bienfaits.

Il serait possible que, comme antérieurement à cette appropriation, l'eau répandue dans l'atmosphère s'était précipitée en partie sur le globe et y avait constitué les mers, les rayons lumineux aient été depuis lors moins déviés dans leur marche en traversant les couches de l'air.

D'après les faits, comme d'après la Genèse, l'apparition des êtres vivants a eu lieu principalement en raison directe de la complication de l'organisation. Enfin, aux deux périodes signalées dans la Bible a succédé l'époque historique.

Depuis cette époque, postérieure au déluge, les hommes, partis de l'Orient, se sont dispersés dans les diverses parties de la terre. Chacune de leurs tribus a eu sa langue, ses mœurs, ses usages et ses lois. Les causes des principaux changements que la surface du globe a subis sont rentrées dans des bornes plus restreintes et plus en harmonie avec la marche nouvelle des phénomènes physiques. Devenues constantes dans leur action, elles n'ont plus opéré les perturbations violentes survenues dans les milieux extérieurs ; ces changements ont été probablement, pendant les temps géologiques, la cause de la perte d'un si grand nombre d'êtres organisés.

Les mêmes effets qui se sont manifestés à ces anciennes époques, se produisent encore de nos jours, seulement avec une moindre intensité. Rien n'est changé à l'égard de ces causes, si ce n'est que leur action a perdu de plus en plus de sa puissance, par suite de la stabilité vers laquelle le globe a tendu dès le principe de sa coordination.

Depuis lors, l'homme, sorti des plateaux de l'Asie, a irradié de ce point, le plus favorable à sa dispersion, et a successivement couvert la plus grande partie de la surface de la terre [1]. Ses tribus se sont propagées à peu près partout. Dominateur du monde, il n'y a plus eu pour lui d'asile inexploré ni de terres inconnues. Heureuse et douce influence qui a mis de l'harmonie dans le monde moral, de même que se sont établis l'ordre admirable et l'accord merveilleux qui règnent dans le monde physique et l'ensemble des choses créées.

Nous avons suivi jusqu'à présent l'étude des faits physiques qui peuvent nous dire l'époque à laquelle les causes actuelles ont commencé à produire leurs effets. D'après eux, cette origine ne remonterait guère au-delà de 5000 ou 5500 ans, ce qui fixe à la fois l'époque du déluge biblique et celle du renouvellement du genre humain. Comme, d'après les traditions les plus certaines, ce cataclysme aurait eu lieu plus de 2000 années après l'apparition de l'homme,

---

[1] Quoique les plaines élevées de la Tartarie ne puissent plus être regardées comme le berceau de la civilisation, pas plus que le site primitif des sciences et des arts, il n'est pas moins vrai que c'est dans l'Asie que l'on découvre l'histoire du premier développement des sociétés humaines. C'est aussi en Asie que l'on rencontre les plus anciens monuments historiques. (*Recherches historiques sur les montagnes de l'Asie inférieure*, par A. de Humboldt. Introduction, tom. I; Paris, 1843.)

l'ancienneté du genre humain ne dépasse probablement pas 7500 ou au plus 8000 ans.

Il reste à savoir si cet espace de temps est suffisant pour se rendre compte de l'ancienne civilisation des peuples de l'Orient, ainsi que de l'érection de leurs villes et de leurs monuments. Interrogeons donc les premières annales et les anciennes traditions historiques, et voyons si les dates qu'elles nous donnent s'accordent avec les faits physiques, qui ne sauraient nous tromper.

S'il existe un certain accord entre des dates obtenues par des moyens aussi différents, cette coïncidence donnera nécessairement à ces dates une certaine certitude.

Essayons ce genre de recherches, et assurons-nous si les espèces éteintes depuis les temps historiques, dont les unes sont figurées sur les monuments de l'antiquité et les autres sont enregistrées dans de vieux documents, donnent à ces temps une plus haute antiquité que celle que nous leur avons assignée.

I. Les espèces perdues depuis les temps historiques assignent-elles à ces temps une haute antiquité?

Nous allons étudier un ordre de faits totalement différent de ceux dont nous avons cherché à bien apprécier la valeur. Les premiers que nous examinerons sont relatifs aux espèces perdues depuis les temps historiques. Avant de discuter leur importance, il faut s'assurer si réellement des êtres vivants ont été détruits depuis cette grande époque de l'histoire de l'humanité. On découvre sur plusieurs monuments antiques des figures ou des représentations d'animaux dont l'ensemble de l'organisation rend l'existence non-seulement possible, mais probable. Ces animaux auraient donc vécu, puisque leurs traits sont retracés dans d'anciennes sculptures, ou sur des dessins que le temps n'a point encore flétris. Comme nous ne découvrons nulle part des traces de ces espèces, qui paraissent avoir été contemporaines de la race humaine, des causes quelconques ont dû les anéantir.

Le sanglier d'Érimanthe, tracé par le ciseau d'Alcamène sur le temple de Jupiter, à Olympie, a été sculpté avec trop d'habileté, l'on pourrait dire avec trop de scrupule, pour ne pas avoir été dessiné d'après un animal réel. Son existence est non-seulement possible, mais certaine, puisqu'il a été reproduit sur d'autres monuments postérieurs à Alcamène. Nous admettons sans difficulté dans nos méthodes l'existence d'une espèce, sur le récit ou d'après la description d'un voyageur; nous devons donc en agir de même relativement aux animaux représentés sur des monuments différents et par des artistes qui n'avaient aucune relation. Un pareil accord ne peut être l'effet du hasard; aussi Geoffroy-Saint-Hilaire a-t-il considéré le sanglier d'Érimanthe comme une espèce perdue.

Il en est de même de deux pachydermes figurés sur la mosaïque de Palestrine. Le pavé qui nous a conservé le souvenir de l'un d'entre eux nous a fait connaître sa patrie : c'est le *xithit* des anciens Égyptiens. Si nous cherchons certains des animaux gravés sur le monument de Palestrine, parmi les espèces vivantes ou parmi celles dont les entrailles de la terre nous ont conservé les restes, nous n'en découvrons pas plus de traces que du sanglier d'Érimanthe. Nous sommes donc en droit d'en conclure que ces races ont cessé d'exister.

On objectera peut-être que ces représentations peuvent avoir été l'effet du caprice des statuaires de l'antiquité. Sans doute, l'imagination des peintres et des sculpteurs a créé une foule d'êtres imaginaires; mais les animaux mythologiques ne sont fabuleux que dans l'assemblage des parties qui les composent et nullement dans chacune de ces portions. Les artistes anciens, notamment ceux du beau temps de l'antiquité, avaient une tendance manifeste vers le vrai; ils ne s'en écartaient que par suite des idées mythologiques, dont ils étaient loin de suivre constamment les fausses inspirations. (*Note 1.*)

Cet amour de la vérité est empreint dans toutes leurs œuvres; on le reconnaît jusque dans leurs conceptions les plus bizarres et les plus étranges. Ce qui le prouve, c'est qu'ils avaient démêlé les caractères propres à chacune des espèces d'éléphants. Cependant Linné et Buffon n'avaient pas distingué l'éléphant d'Asie de celui d'Afrique, quoique ce dernier soit caractérisé par une plus petite taille et des oreilles très-développées.

Les espèces figurées sur les monuments antiques ne sont pas les seules qui paraissent éteintes. Nous ne trouvons nulle part les crocodiles recueillis par Geoffroy-Saint-Hilaire dans les catacombes de l'Égypte; néanmoins toutes les espèces que l'on découvre dans ces tombeaux sont loin d'être perdues. Une musaraigne observée récemment en

Égypte à l'état de momie, n'a pas paru différer d'une espèce qui vit maintenant dans les environs de Suez. Tels sont encore les bœufs, les chats, les chiens, les ibis et tant d'autres animaux que l'on y découvre en nombre plus ou moins grand.

Le cerf à bois gigantesques, considéré à tort comme fossile, quoique des temps historiques, n'est pas moins une espèce tout à fait perdue. Il existait cependant en Prusse et en Italie, au XVe siècle, d'après les témoignages unanimes de Sébastien Munster, de Johnston et d'Aldrovande. On en a même découvert des débris dans les tombeaux romains de Bonn, en Allemagne.

Depuis lors cette race s'est complètement éteinte, comme, depuis des temps plus éloignés de nous, les crocodiles des catacombes de l'Égypte. On en conçoit facilement la raison pour le cerf à bois gigantesques : la grandeur de ses bois ne lui permettait pas d'échapper aux chasseurs. Ce cerf a donc été anéanti depuis peu; il paraît cependant avoir été contemporain, dans certaines régions, des anciens éléphants, des rhinocéros, de l'hippopotame et des hyènes dont les espèces n'ont plus de représentants sur la terre.

D'un autre côté, ce ruminant, décrit par Oppien, a été signalé par Julius Capitolinus comme un des animaux les plus remarquables parmi ceux que l'on envoyait d'Angleterre en Italie ; aussi le cerf à bois gigantesques est-il représenté dans les peintures et les sculptures de Rome antique ; l'on en rencontre des ossements dans les alluvions récentes du val d'Arno. Ces ossements présentent même de nombreux cals, suite de blessures faites par des instruments tranchants et acérés, et conséquemment par l'homme.

La destruction de ces animaux n'a pas exigé des causes bien extraordinaires, car les plus simples peuvent produire le même résultat. Il suffit que la mortalité d'une race soit hors de proportion avec sa naissance, pour la faire disparaître. Ainsi le dronte ou le *dodo*, dont nos musées renferment quelques débris, ne se trouve plus à l'île de France ni à l'île Bourbon, où, au dire d'Hébert, il vivait en 1626. Dans ce moment le bouquetin (*Capra ibex*) ne se rencontre presque plus sur les hautes sommités des montagnes de la Suisse, où naguère il était abondant. Il en est à peu près de même dans les Pyrénées ; les individus du bouquetin y deviennent si rares qu'il est difficile d'en trouver même d'isolés. (*Note* 2.)

Les oiseaux gigantesques nommés *epyornis* et *dinornis*, qui vivaient naguère l'un à Madagascar, et l'autre dans la Nouvelle-Zélande, sont des espèces qui paraissent aujourd'hui totalement perdues. On a trouvé les œufs de ces oiseaux ainsi que leurs nids et diverses parties de leur squelette, ce qui annonce qu'ils vivaient naguère dans les lieux où l'on découvre ces restes. Il n'y a pas apparence qu'il en soit de ces espèces comme du *notornis*, que l'on a retrouvé vivant à la Nouvelle-Zélande.

L'observation qui annonce que des espèces intertropicales ont jadis vécu dans les régions polaires, est loin de prouver le contraire. Elle se rapporte évidemment aux temps géologiques, où la température de la terre était assez élevée pour permettre aux végétaux et aux animaux dont les analogues ne se rencontrent que dans les régions les plus chaudes, de vivre jusque dans les contrées glaciales des environs des pôles.

Il en serait de même si, au lieu du changement des climats, suite nécessaire de l'abaissement de la chaleur centrale, on voulait admettre que ces changements ont été produits par un déplacement de l'axe du globe.

L'observation des étoiles prétendues fixes, qui correspondent aux régions polaires, nous apprend qu'il s'opère dans l'axe de la terre un déplacement; mais il est si lent et si faible qu'il n'est que de neuf secondes et fait sa révolution dans environ dix-neuf ans. En vertu de ce mouvement, l'axe du globe trace un cercle de dix-huit secondes de diamètre, dont le centre est le lieu moyen du pôle. D'après Laplace, il y a 21,400 à parier contre un que ce déplacement n'est ni au-dessous de $9°,31$ ni au-dessus de $9°,34$. Cet effet est loin de répondre au déplacement qui devrait se produire dans l'axe de la terre, pour opérer l'instabilité des climats les plus opposés, et changer les glaces du pôle contre les feux de l'équateur.

La comparaison des observations anciennes avec les modernes nous montre que l'obliquité de l'écliptique, sur l'équateur terrestre, n'est pas aujourd'hui ce qu'elle a été autrefois. Cette obliquité ne peut varier sans entraîner un changement correspondant dans les climats; mais ce déplacement, dont les causes sont connues et appréciées, est borné entre des limites tellement étroites que les effets qu'il peut produire sont à peu près insensibles. Il ne s'élève qu'à quarante-huit secondes par siècle et ne dépassera jamais un degré et demi. D'après cette évaluation, cette cause est tout à fait insuffisante pour transporter au pôle le climat des régions équatoriales.

Le déplacement de l'axe de la terre, indiqué par l'observation des étoiles circumpolaires, n'est qu'un changement par rapport aux étoiles et non par rapport à la terre. Celle-ci ne cesse pas de tourner autour du même diamètre; ou, si l'on veut, l'axe autour duquel elle fait sa révolution passe constamment par le même point de sa surface. Une pareille variation, quelque grande qu'elle puisse être, ne saurait faire que les régions polaires deviennent les régions équatoriales, et réciproquement; elle rendrait seulement plus égale la répartition de la chaleur entre divers points de la terre, et plus inégale la répartition de la chaleur au même point pour les divers temps de l'année.

Le déplacement de l'écliptique produit des effets absolument pareils; il ne saurait donc opérer le transport du climat équatorial aux pôles. Pour que cette inversion fût possible, il faudrait que la terre tournât autour d'un autre diamètre; et l'on ne connaît pas de cause qui puisse produire un semblable effet, excepté pourtant le choc d'un corps étranger.

Encore faudrait-il que ce corps eût une certaine masse et qu'il frappât la terre dans une direction déterminée. Les comètes sont les seuls astres qui pourraient exercer une pareille action; mais pour cela elles devraient avoir une masse plus considérable que celle qu'elles présentent.

Ce choc, ne pouvant être qu'instantané, n'expliquerait pas mieux que les autres causes astronomiques comment les mêmes espèces se trouvent dans les houillères des contrées polaires et dans celles des régions équinoxiales.

Les causes astronomiques ne pourraient pas non plus rendre raison de pareils phénomènes. Elles ne sauraient nous faire comprendre comment les mêmes végétaux dont les analogues habitent les régions les plus chaudes de la terre, ont été rencontrés, lors des temps géologiques, aussi bien dans les contrées voisines des pôles que dans les régions équatoriales.

Cette uniformité dans la végétation de pays aussi différents que les pôles et les environs de l'équateur, a exigé que la température fût égale dans les deux régions. De pareils faits ne peuvent s'expliquer par le choc d'un corps étranger, et encore moins par un changement dans l'axe de la terre. Ces diverses causes produiraient des effets violents et subits; tandis que ceux dont il s'agit ont dû avoir lieu avec une certaine lenteur et sans convulsion ni désordre.

D'un autre côté, les pyramides d'Égypte, construites il y a déjà près de trois mille ans, ne sont-elles pas, comme à l'époque de leur fondation, dans le sens même du méridien? Toujours debout, toujours sous la même orientation, ces monuments peuvent bien témoigner des vicissitudes humaines, mais ils sont impuissants pour nous dire celles que le globe terrestre a éprouvées.

Les astronomes français ont vérifié la direction méridienne des pyramides, lors de l'expédition d'Égypte. Bâties dans le sens du méridien, leur position n'a pas été altérée depuis leur construction. Les pyramides, bien orientées lors de leur fondation, le sont encore maintenant; elles remontent cependant à environ trois mille ans avant les temps actuels (1859). Elles nous disent par là que les lois de la nature sont autrement fermes et stables que celles créées par le génie de l'homme. (*Note 3.*)

Si les Égyptiens ont opéré par les ombres au solstice, ils devaient savoir que les quatre ombres solstitiales opposées deux à deux formaient très-exactement une ligne droite. Ils n'ont pu découvrir ce fait astronomique que par des observations attentives longtemps continuées et répétées avec une extrême patience. Une fois les directions de ces ombres assurées sur le terrain, il ne leur a pas fallu moins d'attention pour tracer sur le sol les quatre lignes des faces des monuments sans déviation sensible, et dans une longueur de 234 mètres. Ayant pris des points à égale distance du gnomon, ils ont dû mener des parallèles et des perpendiculaires aux lignes joignant ces points, et par conséquent mesurer ces bases avec une grande justesse.

Les deux ombres équinoxiales, d'après les calculs de Delambre, font entre elles un petit angle qui peut produire sur la direction de la ligne méridienne une différence d'environ 7′ à 15′, ou moins encore. Ainsi, l'une ou l'autre méthode a pu fournir avec exactitude aux Égyptiens la direction cherchée.

Mais, ce qui est plus remarquable, le type d'une ancienne mesure de la terre paraît exister sur les pyramides. La grandeur du degré terrestre est, pour ainsi dire, écrite sur le principal de ces monuments, et les mesures nationales de longueur et de superficie sont conservées dans leurs dimensions. D'après ces faits, le système de ces mesures aurait été fondé sur une base invariable prise dans la nature.

En effet, le nombre 231 mètres, qui mesure le côté de la grande pyramide, contient exactement 400 fois la coudée égyptienne actuelle (*pykbelady*), ou coudée du pays, dont la valeur est de 577mm,50. En outre, il correspond à 60 cannes agraires, puisque la canne légale encore en usage, déposée dans la mosquée de Gyzeh, est de 3m,85.

De plus, cette même mesure est la 480e partie du degré terrestre propre à l'Égypte, lequel vaut 110,833m; d'où il suit que la hauteur oblique de la pyramide[1], trouvée égale à 184m,72, en est la 600e partie, et représente par suite le stade le plus connu de l'antiquité, qui était précisément de 600 au degré.

Toutes ces circonstances accumulées prouvent évidemment : 1° que l'unité actuelle de longueur dérive du côté de la base de la grande pyramide ; 2° que l'unité actuelle de superficie dérive aussi de la surface de la base du même monument; 3° qu'enfin, ces mêmes mesures sont liées à la forme de la terre, puisque les dimensions de la pyramide en sont une conséquence.

Le périmètre de la plus grande pyramide ayant une demi-minute du degré terrestre propre à l'Égypte, en faisant le tour de ce monument douze fois on parcourait l'étendue du schœne égyptien, et en le faisant cent vingt fois, celle du degré de l'Égypte. Le stade de cette contrée se déduit également des dimensions de cet édifice. Il forme la hauteur de la face, d'où l'on peut conclure avec précision la longueur de la coudée.

---

[1] La hauteur verticale de la grande pyramide est seulement de 139m,117.

Les pyramides ne sont pas les seuls monuments de l'antiquité qui, bâtis dans le sens du méridien, aient été retrouvés avec leur orientation primitive. Pietro della Vallee, en visitant à Babylone les ruines du temple de Bélus, a reconnu que les murs de cet édifice regardaient les quatre parties du monde et étaient encore parfaitement orientés; cependant son origine paraît plus ancienne que celle des pyramides. Construit avec tout autant de solidité et d'aussi bons matériaux que ces derniers monuments, ce temple tombe tout à fait en ruines. (*Note* 4.)

A la vérité, la durée d'un édifice ne dépend pas uniquement du mode suivi dans sa construction, ni de la nature des matériaux qui le composent, mais encore de l'état habituel de sécheresse ou d'humidité de l'atmosphère. Cette durée dépend également de l'influence de l'homme, plus puissante que celle des agents atmosphériques; car il peut parer aux causes de leur destruction. Dès-lors, si le temple de Bélus est maintenant en ruines, peut-être n'est-ce pas parce qu'il est plus ancien que les pyramides d'Égypte, restées inaltérables, mais à raison des pluies, plus fréquentes à Babylone qu'en Égypte.

Il n'y a donc pas eu changement dans l'axe de la terre, et le fameux puits de Syène, mentionné dans Lucain, où on lit: ***Umbras nusquam flectente Syene***, prouve dans quelles limites restreintes s'opèrent les variations de l'obliquité de l'écliptique. Ces variations annoncent bien un léger changement dans son inclinaison; mais il est trop faible pour opérer des effets marqués sur les climats terrestres, et surtout pour transporter aux pôles les climats de l'équateur. (*Note* 5.)

Ces faits et la destruction de plusieurs espèces vivantes, depuis les temps historiques, ne peuvent leur faire supposer une plus haute antiquité que celle que nous leur avons attribuée. Voyons si nous n'arriverons pas au même résultat, en considérant les diverses modifications qu'a éprouvées l'espèce humaine, d'où sont résultées des races nombreuses et en quelque sorte constantes.

II. Les modifications de l'espèce humaine donnent-elles aux temps historiques une haute antiquité ?

L'espèce humaine, par suite des causes diverses dont elle a éprouvé l'action, a subi de nombreuses modifications, non-seulement dans ses formes extérieures, mais encore dans l'ensemble de son organisation. On a donné le nom de races aux variétés principales qui en ont été le résultat. Certains observateurs ont fait plus encore ; ils ont considéré ces races comme autant d'espèces distinctes. A leurs yeux, le genre humain n'est point simple, mais composé d'une vingtaine d'espèces, et peut-être même d'un plus grand nombre.

Deux opinions diamétralement opposées ont été émises par les zoologistes de notre époque, sur cette importante question. Il s'agit de savoir quelle est la plus probable.

Par suite des croisements, de l'influence des milieux et du temps, l'homme a éprouvé de notables modifications, d'où sont résultées, en définitive, les races actuelles. Les monuments et les traditions historiques nous apprennent que, contrairement aux animaux, l'homme, placé primitivement sur un point unique, en est parti pour se répandre sur toute la terre.

Cette condition, particulière à l'homme, qu'aucun être vivant n'a partagée avec lui, est exclusive de la multiplicité de l'espèce humaine. Cette multiplicité ne pourrait être réelle que si l'homme avait été placé, à son origine, dans tous les lieux où il existe maintenant. Le contraire étant à peu près démontré, il est difficile d'admettre qu'il existe plusieurs espèces d'homme, par cela que ses races présentent de grandes différences; car elles sont moindres que celles des espèces domestiques les mieux déterminées.

En effet, les races qui habitent l'Amérique et la Nouvelle-Hollande paraissent plus jeunes que celles de l'ancien continent, puisqu'elles en sont dérivées. Si ces métis, distingués par des caractères particuliers, sont des variétés et non des espèces, puisqu'on peut remonter à leur souche ou à leur type primitif, il doit en être de même de ceux dont ils sont provenus. Mais n'anticipons pas sur la question de l'unité du genre humain.

On peut se demander ce que l'on doit entendre par espèce et par variété. Pour décider s'il y a eu ou non plusieurs espèces d'hommes, il faut définir avec précision le sens de ces expressions. Si l'on a tant discuté sur l'unité du genre humain, c'est que l'on ne s'est point préalablement fixé sur le véritable sens à donner aux mots *espèce* et *variété*.

La génération, quel qu'en soit le mode ou de quelque

manière qu'elle s'exerce, semble être le type et le seul fondement sur lequel on puisse établir ce point de départ. Ainsi, tous les individus qui peuvent se reproduire et se perpétuer indéfiniment les uns avec les autres, sont d'une seule et même espèce.

Les différences qui distinguent ces individus, quelque grandes qu'elles puissent être, ne sont en définitive que des variations d'un même tronc ou d'une même souche. Ainsi, tant que ces différences n'altèrent pas le type essentiel, et que les individus chez lesquels elles existent peuvent se perpétuer, elles constituent uniquement des variétés. Seulement, d'après la constance ou la fugacité de ces caractères différentiels, on doit distinguer les variétés en deux ordres. Les premières ou les principales sont celles où il existe une permanence presque constante dans le type des individus auxquels elles se rapportent. Les secondes ou les dérivées varient, au contraire, à l'infini dans leurs traits distinctifs, qui disparaissent et s'effacent par les causes les plus simples. Les unes sont des variétés du premier ordre ou fondamentales; les autres sont des variétés du second ordre ou accidentelles.

On peut citer comme exemple du premier ordre les races blanche, jaune et noire; et pour le second ordre, les variétés qui en sont dérivées, comme les espèces américaine, colombienne et finnoise, etc. Ces trois espèces peuvent se rapporter au même tronc ou à un seul type spécifique.

La question, ainsi envisagée, se réduit au point de savoir si les races humaines peuvent se reproduire les unes avec les autres d'une manière indéfinie. L'expérience prouve que les plus abâtardies procréent des individus féconds, réunies avec les races les plus parfaites. Cette expérience que nous invoquons n'est point fondée sur quelques faits isolés, mais sur l'ensemble et l'universalité des observations de tous les jours.

Cependant Geoffroy-Saint-Hilaire ayant vu le pelage des chevaux altéré par un séjour prolongé dans les mines de Liége, a pensé que l'espèce organique n'était point immuable. Les poils de ces animaux y sont devenus plus touffus, d'un noir partout uniforme, singulièrement moelleux, produisant au toucher la même sensation que ceux de la peau des taupes, comme cela arrive par l'effet de la cessation de la lumière.

Cette observation suffit-elle pour renverser l'édifice zoologique et prouver la fausseté du principe de l'immutabilité de l'espèce organique? Nullement; car tout ce qu'on a voulu désigner par ce mot d'immutabilité, c'est que si les espèces sont susceptibles d'éprouver un grand nombre de variations toujours proportionnées à l'action des causes qui les produisent, causes qui ne sont jamais assez puissantes pour les faire passer les unes dans les autres, elles se perpétuent constamment en conservant leurs principaux caractères. Or, l'observation des chevaux restés pendant plusieurs années à mille pieds (333 mètres) de profondeur, prouve uniquement que ces animaux ont varié dans leurs caractères les plus fugaces.

Il n'y aurait donc qu'une seule espèce d'homme, si la définition donnée à cette expression est fondée. A la vérité, plusieurs espèces reconnues comme différentes donnent, par leur accouplement, des individus féconds; tandis que chez certains invertébrés, un seul accouplement suffit à plusieurs générations. Mais ces diversités dans le mode de reproduction s'expliquent facilement, ainsi que nous le verrons plus tard.

L'homme, par suite de son influence, a fait accoupler plusieurs animaux différents; ces accouplements, qui n'ont jamais lieu dans les espèces livrées à elles-mêmes, donnent souvent des produits qui tiennent plus ou moins de la forme et de quelques particularités de leurs parents; quelquefois ces nouveaux individus tiennent le milieu entre le père et la mère. Cette circonstance a fait donner à ces produits de deux races différentes le nom de métis ou de mulets.

L'homme seul a le pouvoir de forcer les animaux à se soumettre à de pareilles associations; mais pour les y contraindre, il faut qu'ils se trouvent sous l'empire de certaines conditions. Ainsi, un des sexes au moins doit être en état de domesticité; si la domesticité n'est pas une condition absolue, il est néanmoins nécessaire que tous deux soient privés de la liberté.

Les produits forcés de ces accouplements contre-nature sont si peu dans leur état normal, qu'ils sont à peu près généralement stériles et inféconds. Lorsqu'ils sont aptes à la génération, ce pouvoir, loin d'être infini comme chez les véritables espèces, s'arrête à la troisième ou au plus à la quatrième génération. Ainsi les métis résultant de l'association de deux animaux différents, ne possèdent pas la faculté génératrice dont jouissent seuls les véritables types.

Dès-lors ils n'altèrent en rien l'organisation, puisque les métis sont si peu durables, qu'ils ne peuvent point se propager ni par conséquent perpétuer leurs races.

Quant à l'objection tirée de ce qu'un seul accouplement suffirait quelquefois à plusieurs générations, elle ne paraît pas avoir une grande valeur pour faire changer la définition de l'espèce. Cette particularité, que présentent certains animaux inférieurs de l'ordre des invertébrés, ne modifie pas les races où elle a lieu, elle tend uniquement à en assurer la durée ; ce mode peut seulement être considéré comme une sorte de perfectionnement, car la conservation et la perpétuité de l'être vivant sont des points importants dans les lois de la nature.

Ces arguments ainsi écartés, il s'agit de savoir comment, s'il n'y a qu'une seule espèce d'homme, cette espèce unique a pu produire un si grand nombre de variétés aussi distinctes par leurs caractères extérieurs que par l'ensemble de leur organisation.

Pour concevoir comment les diverses races humaines ont pu être produites, examinons ce qui a lieu chez les animaux dont nous pouvons suivre les variations. Nous produisons à chaque instant de nouvelles variétés chez les êtres organisés, en les transportant avec nous dans les climats les plus divers, en leur distribuant la nourriture à notre gré, enfin en les forçant à se croiser de mille manières différentes. A l'aide de ces influences, nous tendons à détruire le type spécifique ; mais lorsque, libres du joug de l'homme, ces animaux retournent à la vie indépendante, ils reprennent bientôt leur état primitif et normal.

Leurs variations, par suite de notre influence, sont beaucoup plus nombreuses que celles de l'espèce humaine. Pour s'en assurer, il suffit de comparer l'homme avec l'animal dont il a le plus complètement fait la conquête, le chien. (*Note 6.*)

Le chien varie non-seulement dans son instinct, son naturel, mais encore dans son intrépidité. Il varie également dans ses qualités physiques; il diffère par sa taille, comme un à cinq dans les dimensions linéaires, ce qui fait plus du centuple de la masse.

Cette différence est plus grande que celle que l'homme présente. Les Lapons, les Esquimaux et les Boschimans n'ont guère moins de quatre pieds et les Patagons n'arrivent presque jamais au-delà de six. La plus grande diversité dans la taille de l'homme rentre donc dans le rapport de un à un et demi; elle est par conséquent de trois fois et demie moindre que dans le chien. Enfin, la masse du corps, comparée dans les diverses races, reste, à peu de chose près, dans les plus dissemblables :: $1 : 4\frac{1}{2}$.

Si nous examinons les mêmes dimensions chez les nains et chez les géants, que nous ne saurions regarder comme dans l'état normal, nous trouverons que les extrêmes de leurs différences sont moindres que celles des races des chiens. Ainsi, la hauteur des plus petits nains est à celle des plus grands géants, presque :: $1 : 4$; en les supposant bien proportionnés, la masse du corps des premiers est à celle des seconds :: $1 : 64$.

Les chiens varient également dans leurs autres caractères; la forme de leurs oreilles, de leur nez, de leur queue, ainsi que la hauteur relative de leurs jambes, éprouvent de nombreuses et grandes différences. Il en est de même de la couleur et de l'abondance de leurs poils, qu'ils perdent quelquefois entièrement. Le développement progressif du cerveau, d'où résulte la forme même de leur tête, tantôt grêle, à museau effilé, à front plat, tantôt à museau court, à front bombé, subit aussi de notables modifications qui ne sont pas sans influence sur l'instinct de ces animaux.

Par suite de ces variations, les différences d'un mâtin et d'un doguin sont plus frappantes que celles que l'on reconnaît entre les espèces sauvages d'un même genre naturel. Enfin, certaines races de chiens offrent un doigt de plus aux pieds de derrière avec les os du tarse correspondant, à peu près comme dans l'espèce humaine on voit des familles sex-digitaires. Ce développement d'un sixième doigt est le maximum de variation connu jusqu'à ce jour dans le règne animal.

Ces variétés si diverses sont cependant provenues d'une seule et même souche. A la vérité, on s'est longtemps demandé quelle était la souche primitive du chien, d'où sont provenues les nombreuses races domestiques. D'après M. Hogdson, le type des nombreuses variétés de cette espèce se trouverait dans le Népaul, où il est connu sous le nom de *Buansu*.

Les caractères du *Buansu* sont les mêmes que ceux des chiens ordinaires; aussi en a-t-il toutes les habitudes. On n'a donc plus à se demander si les chiens de berger ou le chacal sont ou non les types des races domestiques. Ce type se trouve dans plusieurs contrées de l'Asie, berceau du genre humain, là où l'homme a fait ses premiers pas vers la civilisation.

Si les animaux que l'homme a le plus rapprochés de lui ont éprouvé des variations plus nombreuses que l'espèce humaine, on peut ainsi concevoir celles que nous avons nous-mêmes subies. On ne saurait supposer que ces variations aient été produites par l'influence du temps, car elles sont postérieures à notre existence. Aussi voyons-nous les espèces sauvages rester immuables dans leur forme, quelque divers que soient les pays qu'elles habitent. Au milieu des exemples que l'on pourrait citer, le loup et le renard, qui s'étendent depuis la zone torride jusqu'à la zone glaciale, nous en fournissent les preuves les plus manifestes. Ces carnassiers n'éprouvent en effet dans cet immense intervalle qu'un peu plus ou un peu moins de beauté dans leur fourrure.

Ainsi, les animaux sauvages, soumis à des modifications moins nombreuses que celles qui agissent sur les animaux domestiques, ne présentent pas dans leurs dimensions ni dans l'ensemble de leurs caractères, des variétés distinctes et encore moins constantes. Chaque espèce ne forme qu'une seule race composée d'individus semblables.

Cependant, d'après Blumenbach, plusieurs espèces paraîtraient éprouver quelques changements par suite de leur transport d'un lieu dans un autre, surtout lorsqu'il y a entre eux une grande différence de température. Ainsi, d'après Reugger, le chat, transporté du nord de l'Europe au Paraguay, il y a au plus trois siècles, y est devenu d'un quart plus petit.

Quelque grandes que soient les variations des espèces domestiques, elles ne sont jamais assez profondes pour empêcher de remonter jusqu'au type d'où elles sont parties. Toutefois ces variétés, résultat de notre influence, sont plus éloignées de leur souche primitive que ne le sont les races noire, jaune ou rouge, de la race blanche, dont elles paraissent toutes provenir. Or, n'est-il pas naturel d'en conclure que puisque les premières dérivent d'un même type, il doit en être de même des secondes, avec d'autant plus de raison que celles-ci présentent entre elles des différences moins profondes?

On aurait pu croire cependant *à priori* à de plus grandes variations, en considérant que l'homme a, de plus que les animaux, une merveilleuse faculté, l'intelligence, dont le cerveau paraît être l'organe matériel. Il n'en est pourtant pas ainsi, malgré les immenses progrès que la civilisation a faits chez certains peuples et le développement de l'encéphale qui en est la suite. Cet organe entraîne dans ses mouvements les formes extérieures qui en expriment les traits et les variations.

Les différences de l'espèce humaine dépendraient donc de l'organe matériel de l'intelligence; cet organe, plus ou moins développé, produirait les nombreuses variétés qui en masquent l'unité. En se perpétuant, elles ont donné naissance aux diverses races, dont les plus inférieures sont presque méconnaissables aux yeux de ceux qui y cherchent quelques traits de la beauté primitive de l'homme. Le système nerveux encéphalique, différent pour chaque peuple, a ainsi gouverné les caractères extérieurs en même temps qu'il a présidé à la répartition des forces vitales, dont l'intervention a plus ou moins modifié l'effet des agents physiques.

Le travail intellectuel doit avoir nécessairement pour résultat de faire de la tête un centre de fluxion et d'y faire prédominer l'énergie vitale. L'effet d'un pareil phénomène est de donner à la tête, où il se passe, un plus grand développement, et d'attribuer au système pileux une grande activité qui coïncide avec la plus grande complication du cuir chevelu. (*Note 7.*)

Il existe une connexité marquée entre le système nerveux et toute l'organisation, particulièrement avec le système osseux qui le protége. Ce dernier, ainsi qu'on l'a fait remarquer, rappelle plutôt un mécanisme qu'un organisme. Il n'est pas moins une des conditions des phénomènes les plus élevés et les plus nobles de la vie humaine.

Tels sont les effets qui ont eu lieu chez la race blanche; plus parfaite sous le rapport moral, elle ne l'est pas moins sous les rapports physiques. Tel est aussi le progrès qui s'effectuera par le perfectionnement de l'intelligence, chez les races qui sont descendues dans l'échelle de la vie, même chez la plus dégradée de toutes, la race nègre.

Le fait seul d'un travail intellectuel prolongé, amenant un surcroît de sang vers la tête, aura pour effet d'allonger et d'amollir la laine grossière dont elle était naguère couverte et qui manquait d'aliment. Comment pourrait-il en être autrement, puisqu'il y a identité entre le *pigmentum* sous-épidermique et la matière des poils. Le développement de la chevelure ne saurait avoir lieu qu'aux dépens de la couleur noire; à mesure que les cheveux s'allongeront, la coloration deviendra moins foncée et l'angle facial de plus en plus rapproché de l'angle droit, signe d'un plus grand degré d'intelligence.

Ce que nous venons de dire de la race nègre s'effectuera chez toutes les autres, et par exemple chez la race mongole, par l'influence des progrès de la civilisation. Ici comme ailleurs, les formes du crâne suivront les variations du système encéphalique. Les pommettes cesseront d'être proéminentes lorsque les lobes antérieurs du cerveau élargiront le front. Le visage cessera aussi d'être coupé en losange et les yeux regarderont directement en avant.

La prééminence des plus nobles instincts fera disparaître la saillie du menton et la grandeur de la bouche; les cheveux, puisant dans les matériaux plus abondants qu'amène l'activité cérébrale, deviendront fins et moelleux, et la barbe ornera le visage, siége des mouvements expressifs. Enfin, recevant par contre-coup la loi du système nerveux, la coloration de la peau disparaîtra de plus en plus et le sens du toucher deviendra plus parfait.

Si ces effets se continuent et si les progrès de l'intelligence s'étendent de plus en plus, on verra les hommes à teint coloré, à cheveux crépus ou laineux, ou à cheveux courts, tendre d'une manière manifeste vers la race blanche, celle dont l'angle facial est le plus rapproché de l'angle droit, et où les cheveux sont les plus longs et la peau la moins colorée.

Le développement du système nerveux encéphalique, instrument de l'âme dans les opérations intellectuelles, suffira pour produire le passage d'une race à une autre ; car tous les caractères spécifiques gravitent autour de ce système et en suivent les mouvements. Il est facile de concevoir quelle instabilité existe dans ce développement, et combien doivent être nombreuses les variations qui en sont la suite. Il ne faut donc pas s'étonner s'il existe un grand nombre de variétés dans l'espèce humaine. On doit d'autant moins en être surpris, qu'à l'influence du système nerveux vient s'ajouter une foule d'autres causes dont l'action est aussi sensible sur l'espèce humaine qu'elle l'est sur les animaux.

Sans vouloir entrer dans cet examen, il nous suffira de rappeler l'effet du croisement des diverses races humaines qui ont éprouvé en sens contraire l'action de la civilisation. On pourrait y comprendre celui qui dépend de la diversité des climats, des milieux et de la pression barométrique, et même l'influence des diverses sortes de nourriture dont les hommes font usage. Comme ces causes agissent d'une manière constante, elles ont produit à la longue les nombreuses variétés de l'espèce humaine.

Si l'exercice d'un organe en accroît le développement, une cause contraire ne peut que le diminuer et finir par en annihiler les effets, si sa cessation dure longtemps. L'instabilité des races est donc un fait nécessaire ; on peut la reconnaître en observant les peuples qui ont abandonné la civilisation, comme en étudiant ceux qui en ont accéléré les progrès. Cette assertion n'est pas une pure théorie et encore moins une fiction ; la terre est là, avec ses nombreux habitants, pour en justifier l'exactitude.

S'il était nécessaire de citer des exemples de cette marche rétrograde dans le chemin de la civilisation, nous pourrions en signaler un bien frappant ; il nous est fourni par la race finnoise, qui se rapporte à la race blanche ou caucasienne. La taille des Lapons et des Groenlandais, qui en font partie, est petite ; leur corps est trapu et leur front étroit, comme chez les hommes dont l'intelligence est peu avancée. Leurs cheveux sont courts, leurs pommettes saillantes et leur teint d'un brun sale.

L'abondante chevelure de la race blanche a disparu avec l'activité cérébrale. Les poils, et à leur défaut le pigmentum, ont dû se montrer sur le reste du corps, en sorte que la peau est devenue plus colorée et les cheveux plus courts que primitivement.

Ces effets paraissent dépendre de l'affaiblissement de la civilisation ; ils sont du moins beaucoup plus sensibles chez les peuples qui ont perdu leurs caractères et la beauté de leur type primitif. Il ne faut donc pas assigner un berceau différent aux diverses races humaines, et s'appuyer à cet égard sur l'incompatibilité de leur organisation; car toutes se fondent les unes dans les autres, parce qu'elles proviennent d'une même source. Il ne nous a pas été donné, il est vrai, de suivre pas à pas de pareilles métamorphoses. Les historiens arrivent lorsque le genre humain est loin de son point de départ; les consulter sur ces temps éloignés, c'est demander à l'homme mûr l'histoire de son enfance.

Après ces faits, qui oserait dire que les hommes de couleur, dont la civilisation fait tous les jours de nouveaux progrès, ne remonteront pas au point où nous sommes parvenus ? Nous verrons, par l'effet du développement du système nerveux encéphalique, la coloration de la peau s'affaiblir par degrés, en même temps leurs cheveux s'allonger et leur angle facial devenir plus ouvert.

Ces peuples, réunis en corps de nation, sous une forme de gouvernement régulier, n'auront bientôt plus rien des nègres, dont ils sont les descendants. Différents de leurs ancêtres, qui n'ont pas pu se faire une écriture, ni construire le moindre monument, ni même avoir une histoire propre à les éclairer sur leur origine, ces peuples, transplantés dans un monde nouveau, y prendront, par les progrès de leur civilisation, des formes nouvelles dont le perfectionnement physique ne sera pas un des moindres bienfaits.

Cette expérience commence à peine ; déjà ses effets sont sensibles ; ils le deviendront bien plus dans l'avenir si, par suite de ces vicissitudes, partage trop ordinaire de nos destinées, les hommes de couleur n'abandonnent pas la voie nouvelle qu'ils se sont ouverte. Cette voie leur deviendra plus sûre et plus courte s'ils s'allient avec la race blanche, leur aînée en civilisation.

Si, dans le principe, cette race a été en s'abâtardissant, à mesure qu'elle s'est éloignée de son point de départ, les siècles futurs auront sous leurs yeux la preuve que certaines variétés humaines, après être descendues dans le chemin de la vie, ont su, par de constants efforts intellectuels, remonter vers leur première origine. On ne les verra pas sans étonnement atteindre la beauté de leur type primordial et reconquérir l'intelligence dont ils avaient laissé éteindre le flambeau.

Cette considération conduit à l'examen d'un autre fait non moins important, et qui découle en quelque sorte du premier. Si l'homme n'a jamais constitué qu'une seule espèce, il doit avoir été placé sur un point unique, duquel il a irradié pour étendre ses tribus dans toutes les régions. Ici l'histoire est d'accord avec ce qu'annonce l'étude de l'homme considéré indépendamment de sa patrie primitive. Elle nous apprend qu'Adam, ou le premier homme, a été placé dans le centre de l'Asie avec la mission de peupler la terre, et que sa postérité s'est étendue de ce point, le plus favorable à sa dispersion, sur toutes les parties du globe.

L'étude des langues, aussi bien que celle de l'histoire, amène à la même conséquence. En s'appuyant mutuellement, la philosophie et les documents historiques donnent à cette conséquence un caractère frappant de vérité. Elle est confirmée par les faits les plus indépendants et les plus positifs. Leur accord est la preuve manifeste de son exactitude.

On peut également en trouver des preuves d'un autre genre dans plusieurs faits communs à l'universalité des races humaines.

Toutes offrent une égalité remarquable entre la durée de leur vie, en même temps qu'elles sont susceptibles de développer et de perfectionner leur intelligence. Elles peuvent, les unes aussi bien que les autres, transmettre à leurs descendants l'éducation qu'elles ont reçue de leurs aïeux. Toutes admettent l'existence d'un être supérieur ; elles lui rendent même un culte plus ou moins perfectionné, selon le degré de leurs lumières et de leurs croyances. Elles ont également un langage, moyen sûr et facile de communication entre elles. En effet, l'homme est le seul entre tous les êtres qui soit doué de la parole, dont il se sert pour exprimer sa pensée et ses sentiments.

La parole est dans l'homme une nécessité physiologique ; elle forme le type essentiel et divin de l'humanité ; aussi, dans sa sublime naïveté, l'écrivain sacré appelle l'homme *âme parlante*, pour le distinguer des animaux muets de la terre.

Tous les hommes, à quelque race qu'ils appartiennent, sont affectés par certaines causes pathogéniques ; tous sont affligés par les mêmes maladies, quoiqu'elles varient suivant les climats et certaines circonstances locales. Les mêmes douleurs les tourmentent et les assiégent partout, aussi bien que des passions plus ou moins violentes. Les hommes les plus avancés en civilisation en éprouvent les effets, tout comme le sauvage qui ne sait pas même se mettre à l'abri des injures de l'air [1].

En un mot, quelle que soit la famille à laquelle appartiennent les tribus humaines, et quelque grandes que soient leurs différences extérieures, on trouve chez toutes les mêmes désirs, les mêmes aversions et les mêmes sen-

---

[1] Voyez l'*Histoire naturelle du genre humain*, par James Cowles Prichard, dans l'original anglais ou dans la traduction allemande de Wagler; Leipzig, 1841.— M. Roullin en a publié assez récemment une traduction française.

timents intérieurs. Toutes, au fond de leur cœur, se reconnaissent soumises à l'empire de certaines puissances invisibles ; toutes ont des notions plus ou moins claires du bien et du mal, et toutes ont conscience du châtiment réservé au crime, châtiment auquel la mort ne saurait nous soustraire.

Si l'on rapproche de ces faits incontestables la diversité des instincts et des autres phénomènes physiologiques des animaux sur lesquels repose la distinction des espèces, on ne peut s'empêcher d'en conclure que toutes les races humaines appartiennent à une seule et même espèce, et qu'elles sont les branches d'un seul tronc et d'une souche unique. (*Note* 8.)

On a pourtant supposé que certaines maladies affectaient plutôt telle race que telle autre, et parmi ces maladies on a cité le pian des nègres. Les blancs y sont également sujets, quoique, d'après la remarque d'Alibert, cette maladie soit fort rare dans les régions tempérées. Presque locale, on la voit peu se développer en Europe, quoiqu'elle afflige toutes les variétés humaines dans les lieux où elle est endémique.

Sans doute, la Révélation a admis sans restriction que tous les hommes étaient provenus d'un seul. On peut cependant, sans risquer de l'altérer, s'assurer si les faits physiques sont ou non en opposition avec elle. En effet, la science n'est pas une croyance et encore moins une foi ; elle ne peut admettre un phénomène naturel que lorsqu'elle en reconnaît l'exactitude et la réalité. Aussi, pour arriver à cette démonstration, nous allons essayer de prouver combien elle est fondée.

Les voyageurs qui sont parvenus à constater l'existence de plusieurs peuplades inférieures, sous le rapport de leurs formes et de leur fécondité, aux races mères du mélange desquelles elles étaient sorties, ont ainsi puissamment confirmé l'unité de l'espèce humaine. Lorsqu'on étudie les résultats du croisement des races chez les animaux, on voit non-seulement la fécondité persister au même degré, mais les rejetons qui en proviennent l'emporter sur les souches primitives en beauté, en force et en vigueur. Il n'y a donc point de parité sous ce rapport entre l'homme et les espèces animales, ce qui peut, jusqu'à un certain point, nous faire comprendre comment les races jaune et noire sont provenues de la race blanche.

L'histoire de l'homme a encore fait un autre progrès lorsqu'on a rapporté à trois types principaux toutes ses variétés. Les voies différentes par lesquelles on est arrivé à ce résultat lui donnent la plus grande probabilité. Ainsi, Camper, Buffon, Sœmmering, Blumenbach, Pallas, Cuvier, Humboldt, Serres, Flourens, y sont parvenus par leurs études comparatives sur l'ensemble et les détails de l'organisation ; Waslkenaër par ses recherches géographiques, tout comme Cook, Dumont-d'Urville et une foule d'autres navigateurs par l'observation directe des traits et des habitudes des peuples divers.

Il faut maintenant s'assurer si ces données sont confirmées par la comparaison des langues et par l'examen critique des traditions et des monuments des peuples.

Avant d'entrer dans ces détails, nous ferons une observation qui confirmera les idées des savants que nous venons de citer. La race mongole est restée constamment renfermée dans l'orient de l'Asie, où elle a dirigé ses conquêtes. C'est là du moins qu'elle a pris un caractère fixe et durable. Immuable dans ses mœurs et ses habitudes, elle a toujours habité le continent qu'elle avait choisi à son origine et n'en est pas sortie. La race nègre en a fait de même pour l'Afrique, où elle s'est en quelque sorte reléguée. Elle n'en a quitté le sol que sous l'influence d'une volonté étrangère, et lorsqu'elle en a été arrachée par un trafic honteux. La variété blanche, ennemie de cette immobilité héréditaire, avide de changements et d'aventures, s'est répandue au contraire sur tout le globe, et rien n'a pu arrêter la marche de ses envahissements. Elle a été comme en avant des autres races; elle les a refoulées ou soumises à sa domination. Elle menace même par son accroissement, non-seulement de les vaincre, mais de les absorber et de les anéantir.

Ces faits incontestables nous disent combien est grande la supériorité de la race blanche, la plus nombreuse et la plus anciennement civilisée; aussi paraît-elle le type d'où les autres sont toutes provenues.

Au défaut du parallélisme des différentes variétés humaines, on peut par leur association régulière reconnaître la prédominance du type particulier à la race blanche, suprématie à laquelle les autres espèces arriveront peut-être, ainsi que nous venons de le voir, mais par une tout autre voie. Un pareil accord prouve que s'il existe maintenant trois principales races humaines, il en est une supérieure aux deux autres, et dont celles-ci tirent leur origine.

Les observateurs qui n'admettent pas l'unité du genre humain, sont loin d'être d'accord entre eux sur le nombre des espèces qui le composent. Les uns en admettent douze ou quinze, tandis que d'autres en étendent encore singulièrement le nombre et le portent à plus de vingt. Peu satisfaits d'avoir créé des espèces d'une manière tout à fait arbitraire, ils les subdivisent encore et constituent ainsi des types principaux dont la quantité est en quelque sorte illimitée, puisqu'elle dépend du caprice des observateurs. L'embarras que l'on a éprouvé pour circonscrire les variations du genre humain, est une preuve des transitions infinies qui unissent les hommes et de la difficulté de les séparer par des caractères précis. Ces transitions sont la meilleure démonstration de l'impossibilité où l'on est d'opérer le morcellement du genre en un grand nombre d'espèces distinctes.

On a ainsi établi, sans aucune nécessité, une foule de variétés particulières parmi les peuples de l'Océanie. Cependant Dumont-d'Urville, à l'exemple de Forster et de Chamiso, n'en a vu que deux de bien tranchées : 1° la mélanésienne blanche, provenant de l'éthiopique d'Afrique ; 2° la polynésienne basanée ou cuivrée, qui n'est qu'un rameau originaire d'Asie.

La race malaise se trouve ainsi effacée du nombre des types primitifs ; or, si elle est secondaire, la loi du croisement des espèces humaines devra subir à son égard des modifications importantes. En effet, dans le mélange du malais et du nègre, le premier étant supérieur, le métis doit en quelque sorte reproduire ses propres caractères, si la race à laquelle il appartient est primordiale; si, au contraire, elle n'est que secondaire, son mélange avec une espèce pure devra le ramener vers cette dernière. C'est aussi ce qui arrive chez les métis négro-malais, où prédomine le type nègre.

La race éthiopique ou noire paraît avoir donné aux îles de l'Océanie une partie de leurs habitants primitifs. On peut en suivre l'origine au moyen des croisements qu'elle a produits avec d'autres variétés. Les Indous, les Mongols et les Chinois sont venus se greffer sur cette race, et cela par suite de la marche du temps et des événements.

La fusion s'est opérée entre ces diverses espèces d'une manière graduelle et constante. Les Indous ont agi d'abord sur les Mélanésiens; ils ont préparé, pour ainsi dire, ces peuples à l'influence des Arabes, comme, à leur tour, ces derniers, plus élevés dans la série des races, les ont amenés à quelques-uns des bienfaits de la civilisation européenne, si supérieure à celle dont ils jouissaient primitivement.

Cette marche concomitante des caractères physiques et moraux des peuples de l'Océanie, annonce combien les variations de l'espèce humaine peuvent être nombreuses, lorsqu'elles ne résultent que du seul effet des croisements de variétés différentes. Lorsque ces expériences se font sous nos yeux, il est facile de remonter jusqu'à la souche d'où elles sont parties. Cette circonstance donne un grand intérêt à l'étude de peuples aussi nouveaux, leurs variations paraissant dégagées des causes qui en rendent le point de départ plus caché, surtout chez la race caucasique.

C'est là un des sujets d'étude les plus importants pour la philosophie de l'histoire de l'homme et que l'avenir éclaircira, de manière à rendre évidente l'unité de notre espèce.

Au milieu des innombrables modifications dont elle est susceptible, deux rameaux principaux, le mongolique et l'éthiopique, par leurs formes moins perfectionnées et leur tendance à retourner à leur type primitif, montrent qu'ils sont dérivés de la race blanche, et qu'ils ne sont que des temps d'arrêt de la souche mère ou caucasique.

Du reste, les variations de l'espèce humaine sont moindres que celles des animaux soumis à notre influence, tels que le chien, le bœuf, le mouton et même le cheval, où l'on distingue tout au moins jusqu'à trente variétés principales. Dans ces divers changements, le type spécifique essentiel varie si peu, que les individus d'une même espèce se reconnaissent toujours entre eux, et sont par cela même susceptibles de se perpétuer à l'infini.

Ces modifications ne portent jamais que sur les caractères les plus variables et les moins essentiels. Ainsi, leurs effets se font ressentir sur la taille et les proportions des diverses parties et sur la distribution des couleurs, comme sur la finesse, l'abondance et quelques autres caractères des poils. Il en est de même du développement de la taille ou de telle aptitude qui ressort de l'organisation et des caractères du type spécifique.

Les variétés, en se mêlant habituellement entre elles, produisent des races mixtes ou semblables à l'un des types, selon le degré de différence qui existe entre leurs parents. Les types nouveaux qui en résultent, susceptibles de se reproduire d'une manière indéfinie, conservent généralement leurs caractères essentiels.

Si l'on applique ces faits aux races humaines, on finit par reconnaître que les différences qui les distinguent n'ont rien de spécifique. Les traits qui les caractérisent et les séparent n'ont même rien d'exclusivement propre à l'une d'elles. Ainsi, le nègre n'a pas seul et n'a pas toujours la peau noire; car l'Indou, l'Abyssin, tous deux de l'espèce caucasique, ont la couleur de leur peau presque aussi foncée que les nègres. D'un autre côté, le Hottentot, que ses formes rattachent à la race éthiopique, n'offre qu'une teinte brune parfois assez claire.

Les variétés de la couleur de la peau du type caucasique ne sont pas plus innombrables que celles des formes, de la finesse, de l'abondance et des nuances des poils ou des teintes de l'iris. En effet, quelle différence n'y a-t-il pas, sous ce rapport, entre les Indous et les Abyssins, que nous venons de citer, et les hommes du nord de l'Europe? Elles sont aussi grandes que celles de leurs formes, de la finesse, de l'abondance et des nuances des poils, ou enfin des teintes de l'iris.

La frisure des cheveux, si caractéristique chez les nègres de la côte d'Afrique, se perd peu à peu chez ceux du Sénégal; elle reparaît plus ou moins dans l'Océanie, et même individuellement chez quelques Européens. On peut en dire autant des formes et des proportions de la tête et des traits du visage. Buckingham n'a-t-il pas trouvé au-delà du Jourdain une famille arabe qui, tout entière, le chef excepté, offrait les traits, la couleur et les cheveux de la race nègre, bien qu'il fût constaté qu'aucune alliance n'avait eu lieu entre cette famille et des individus provenant de la variété éthiopique?

Ces faits annoncent combien les caractères des races s'éloignent de la fixité des différences physiques, qui subsistent toujours, nonobstant les variations qu'éprouvent les premiers. Comme les causes de ces modifications agissent depuis longtemps, l'homme étant bien éloigné de son origine, on doit peu s'étonner qu'elles aient produit à la longue de si nombreuses variations.

Ces causes exercent sans cesse leur action; dès-lors elles produisent chaque jour des altérations nouvelles dans les types secondaires. Quoique moins profondes et moins intenses, elles ne diffèrent pas, du moins par leur nature, de celles qui ont produit les anciennes races. Ces résultats, qui ont lieu, pour ainsi dire, sous nos yeux, nous guident pour remonter jusqu'aux temps où l'homme, sorti des plateaux de l'Asie, s'est répandu sur la terre avec la pureté de son type primitif, altéré plus tard par les influences nouvelles auxquelles il a été soumis.

Si les variations que l'homme en a ressenties ne sont pas assez grandes pour faire méconnaître son origine et son type primitif, la diversité des mœurs, des coutumes et des institutions de ses nombreuses tribus pourrait-elle avoir un pareil effet? Nous ne saurions l'admettre. Sans doute, les contrastes entre le genre de vie des diverses nations paraissent bien grands au premier aperçu; mais si l'on cherche les mobiles de leurs actes et de leurs manifestations dans les souches les plus disparates, on reconnaît bientôt qu'ils sont à peu près les mêmes. Le besoin de la conservation et le désir du bien-être sont aussi universels que la connaissance ou tout au moins l'idée de Dieu ; aussi, les peuples même les plus dégradés ont des fêtes et des cérémonies, et un respect plus ou moins profond pour les morts. En général, les moyens d'exécution diffèrent plus que les motifs de leurs actes. Ces considérations, ainsi qu'une foule d'autres, sont une nouvelle preuve de l'unité de l'espèce humaine. Mais si les faits à l'aide desquels on peut reconnaître l'unité primitive du genre humain, ne la démontrent pas d'une manière directe, on y arrive toutefois à l'aide de l'étude comparative des diverses structures de l'organisme.

M. Flourens a commencé cette étude par l'examen de la peau considérée chez les espèces où cet organe est coloré, et chez celles où il ne présente pas de coloration sensible. Les premières ont une couche pigmentaire, ou un *pigmentum*, qu'on ne voit chez les secondes que sur certaines parties de leur corps. Cette couche, découverte chez les nègres par Ruysch, avait été considérée comme caractérisant certaines races, tandis que son absence pouvait en signaler d'autres. Elle est loin cependant d'avoir l'importance qu'on lui avait supposée.

La peau de l'homme blanc acquiert par le hâle, entre le second épiderme et le derme, une certaine quantité de *pigmentum*. On dirait que la coloration accidentelle produite par le soleil altère le tissu cellulaire et fait naître l'appareil pigmentaire propre aux races colorées. Il y a plus, l'homme blanc n'échappe pas à la loi commune. Sa peau, dans son état naturel, a aussi son *pigmentum;*

à la vérité, quoique très-apparent, il est aussi très-circonscrit.

La partie de la mamelle qu'on nomme mamelon offre, chez l'homme et surtout chez la femme de race blanche, une couleur noirâtre. On y voit tout un appareil pigmentaire. En effet, cette partie de la peau présente, chez la race blanche, la structure propre à celle des races colorées. Cette couche, qui marche avec la coloration de la peau, n'est donc pas essentielle à la nature de l'espèce humaine; elle ne saurait la caractériser, du moins les fœtus des nègres n'en offrent pas le moindre vestige.

Elle est si peu essentielle, qu'on n'en voit pas la plus légère trace dans la peau des individus des races colorées qui sont atteints d'albinisme partiel. Cet organe présente pour lors un grand nombre de taches blanches; mais, à côté de ces taches, il conserve sa couleur ordinaire, noire, bistre ou rouge, ou enfin toute autre nuance. Ce qui est remarquable, les points où la peau n'est pas colorée n'offrent pas de *pigmentum*.

M. Moreau de Jonès a également observé aux Antilles, parmi les nègres, des individus des deux sexes dont la peau était maculée de blanc. Ces taches, qui ressortent sur la couleur noire du corps, sont plutôt grises, d'un aspect d'un blanc sale, que d'un blanc pur. Le nombre des individus qui offrent cette particularité y est d'ailleurs très-restreint.

D'autres voyageurs assurent avoir vu des faits semblables dans l'île de Cuba, non-seulement dans la population noire, mais encore chez les individus de sang mêlé. Cette décoloration de certaines parties de la peau, dans des races où elle est ordinairement colorée, montre que la non-sécrétion du *pigmentum* peut bien être l'effet d'une altération morbide, mais ne doit pas être considérée comme caractéristique des différentes espèces humaines.

L'appareil pigmentaire disparaît donc dans toutes les parties de la peau qui se décolorent ; il se maintient uniquement chez celles dont les nuances plus ou moins sombres ne varient pas. Dès-lors, les individus de la race nègre qui, en se croisant avec les blancs, prennent des teintes de moins en moins foncées, offrent en même temps un *pigmentum* peu développé. Cet organe disparaît peu à peu et à mesure que le nègre prend en partie les caractères des blancs.

Il est curieux de suivre les divers degrés de variations du *pigmentum*, et de les voir coïncider avec les variétés provenues des races noire ou blanche, que l'on désigne vulgairement sous les noms de quarterons et de demi-quarterons.

Lorsqu'on compare sans intermédiaire la peau de l'homme blanc à celle de l'homme noir ou rouge, on est tenté d'assigner à chacun d'eux une origine distincte ; mais si l'on passe de l'homme blanc à l'homme noir ou rouge, par toutes les variétés intermédiaires entre ces races principales, ce n'est plus la différence, c'est l'analogie qui frappe.

Ces recherches ne sont pas neuves, ce qui est loin de leur enlever leur mérite et leur importance. Aristote, le génie des temps antiques, avait avancé, bien avant Camper, que la couleur noire de la peau des nègres et des Maures était probablement produite par les rayons du soleil. Cette opinion, tout erronée qu'elle est, était cependant moins contraire à la vérité que l'idée adoptée par Pline, sur l'autorité d'anciens écrivains. Ce naturaliste admettait comme un fait certain, que les eaux de l'un des fleuves de la Thessalie avaient la propriété de teindre en noir la peau des hommes et de rendre leurs cheveux crépus.

Malpighi a presque prouvé que la matière colorante de la peau existe chez les hommes de toutes les races, à l'exception pourtant des albinos, et qu'elle est surtout très-distincte chez les nègres. On peut voir dans cette observation le germe de cette considération émise par de Blainville, que la couche pigmentaire est un des organes accessoires de la peau, et que l'influence du soleil, admise par Breschet, sur sa coloration, est réelle et par conséquent fondée. Mais, ainsi que cet anatomiste le fait observer, cet astre n'a pas la puissance de changer le type des êtres ni de donner à la peau des blancs la teinte noire qui caractérise celle des nègres.

Le même Breschet, dans ses recherches sur les appareils tégumentaires des animaux[1], suppose que lorsque la sécrétion du *pigmentum* est arrêtée par une cause quelconque, il y a albinisme. La coloration n'existe pas davantage chez le fœtus ; elle appartient à une des phases de la vie extra-utérine. Cette sécrétion du *pigmentum* cutané

---

[1] Voyez son ouvrage intitulé : *Nouvelles recherches sur la structure de la peau* ; Paris, 1835, pag. 112.

ne se fait, du reste, chez le nègre, qu'après la naissance. Il en est également de la même couche qui accompagne la choroïde; car les yeux du fœtus sont pour lors aussi rouges que ceux des albinos.

L'anatomie comparée de la peau donne, par l'analogie de la structure de cet organe, la preuve directe de l'origine commune des races humaines et de leur unité première.

Ainsi l'Européen, aux formes gracieuses et élégantes; le nègre, caractérisé à la fois par la couleur de sa peau, la disposition particulière de sa tête; l'Indien, à peau rouge et aux formes herculéennes; enfin le Chinois, au teint jaune et aux yeux obliques, sont tous provenus d'une même souche, et forment une chaîne dont Adam a été le premier anneau.

Ces faits proclament l'unité du genre humain; ils nous font du moins saisir comment la race blanche peut être descendue jusqu'aux nègres, et comment ceux-ci tendent à remonter vers leur origine. Ils concilient la science avec les traditions historiques, qui toutes nous représentent l'origine des nations comme provenue d'un seul homme.

Il n'est donc pas contraire aux faits physiques de croire, avec l'Écriture, que les nombreuses variétés de l'espèce humaine, sorties d'une seule souche, ont été produites par la dégradation du type primitif. On peut dès-lors trouver dans cette dégradation, dont les nègres tendent à sortir, une preuve de la malédiction dont leur auteur a été frappé, et voir dans les noirs les restes de la postérité de Cham.

Les faits historiques ne sont pas non plus en opposition avec cette croyance. Si la science ne l'adopte pas, elle ne la repousse pas non plus ; car ses investigations sont impuissantes pour en démontrer l'exactitude. Il lui est seulement permis de sonder les causes de cette dégradation et d'en discuter la valeur, mais elle ne saurait aller au-delà.

En se fondant sur ces données, Camper, Buffon, Blumenbach, Kant, Pallas, Sœmmering, Cuvier, Serres, Flourens et bien d'autres physiciens ont admis sans hésitation l'unité de l'espèce humaine. Desmoulins et Bory-Saint-Vincent, prenant, au contraire, les différentes races pour autant d'espèces, ont admis sans fondement qu'il existait de quinze à vingt variétés humaines. Les faits historiques s'opposent à une pareille conclusion ; car ils démontrent que nous n'avons pas été placés simultanément, comme les animaux, sur différents points de la terre, mais uniquement sur un seul [1].

L'Asie semble avoir été cette patrie primitive et le premier berceau du genre humain. Cette contrée, la mieux placée pour favoriser la dispersion des hommes, se trouve pour ainsi dire au centre des continents. Elle compose une des principales parties de la terre ; sortie la première du sein des eaux, elle offre à la fois les plateaux et les pics les plus élevés. D'un autre côté, l'exhaussement des chaînes centrales de l'Asie a eu lieu avant la dispersion des terrains de transport anciens, et par conséquent antérieurement au genre humain.

---

[1] Voyez mon *Mémoire sur l'unité de l'espèce humaine*, publié en 1843 dans la *Revue catholique de Bordeaux*. — Voyez également mon *Mémoire sur l'ancienneté des races humaines*, inséré dans les *Actes de l'Académie de Bordeaux*, en 1848.

Les faits géologiques nous apprennent que la haute chaîne de l'Himalaya, qui constitue le plateau central de l'Asie, à peu près du même âge que le Mont-Blanc, a été exhaussée lors du dépôt des couches tertiaires les plus récentes, c'est-à-dire bien avant l'apparition de l'homme. Cette chaîne existait à cette époque sous sa forme actuelle, bien différente en cela de la Cordillère des Andes, dont le soulèvement paraît avoir été postérieur ou tout au moins contemporain de la dispersion du terrain de transport nommé improprement *diluvium*.

Les faits s'accordent pour démontrer que les vastes plateaux de l'Asie centrale ont été exhaussés avant une grande partie de l'ancien continent. Peut-être ont-ils dû à cette cause leur élévation; les mers intérieures situées à leur pied sont le trait le plus saillant de la retraite de l'Océan des lieux qu'il occupait primitivement.

Le centre de l'Asie est, par sa position, le point du globe le plus favorable à la dispersion du genre humain; c'est aussi de ce point que l'homme s'est étendu sur la terre par irradiation. Cette marche suivie par l'espèce humaine n'a rien d'arbitraire ni de contraire aux traditions historiques; les documents et les monuments de tout genre l'appuient de leur autorité et lui donnent un caractère particulier de précision. Les plus anciens édifices et les premiers livres se rapportent en effet à cette partie de l'ancien continent, où l'homme a essayé ses premiers pas et a vu de loin cette aurore de civilisation qui devait être, pour ses descendants, une source de bonheur et de prospérité.

Telle est la solution que la science donne à la question

de l'unité primitive de l'homme ; telle est celle que lui avait donnée un livre écrit il y a déjà plus de trois mille cinq cents ans. Inclinons-nous donc devant l'Écriture, où se trouvent consignées de si hautes connaissances ; n'oublions pas que si elle contient les vérités morales les plus essentielles à notre bonheur et à notre destinée, elle nous dévoile aussi la plupart des faits physiques, que nous n'avons connus qu'après de longs et pénibles labeurs.

En résumé, soit que l'on étudie les causes dont l'action modifie sans cesse la surface du globe, afin de fixer l'époque à laquelle elles ont commencé ; soit que l'on considère les progrès de la civilisation chez les diverses nations ; soit que l'on apprécie les différentes variations de l'espèce humaine, on arrive toujours à la même conséquence. Ces causes, aussi bien que leurs effets, nous représentent l'homme comme nouveau sur cette terre, patrie fugitive de notre espèce, qui dans les désirs de son intelligence aspire à un monde plus durable.

Sans doute une bien longue série de siècles s'est écoulée depuis que la terre, sortie du néant, a été lancée dans l'immensité de l'espace, jusqu'au moment où l'homme en a foulé le sol pour la première fois. Mais cela ne fait point que notre espèce remonte au-delà des temps fixés par l'Écriture. Lors même que les monuments historiques et physiques établiraient une balance égale entre la nouveauté et l'ancienneté de l'homme sur la terre, il faudrait encore se décider en faveur de la première de ces opinions.

En effet, malgré les sept ou huit mille années que nous

avons passées ici-bas, la majeure partie du globe est encore sans habitants; il y a peu de siècles que ce manque de population était encore plus marqué. La raison générale de l'espèce humaine ne brille que faiblement, même dans les lieux où elle est la plus avancée, et naguère elle ne pouvait être comptée presque pour rien. Eh quoi! ces faits positifs ne prouveraient pas la nouveauté de l'homme? Il faut bien le reconnaître, si l'on ne veut pas désespérer de l'humanité.

Ainsi se trouve justifiée la date de l'apparition du genre humain et les conséquences qui s'en déduisent. Cette date suffit pour concevoir les progrès que la civilisation a faits depuis lors, comme les effets physiques qui se sont opérés à la surface du globe.

Cependant, plusieurs nations ont voulu reculer leur origine. Lorsqu'on examine avec attention ces traditions, on n'est pas longtemps à s'apercevoir qu'elles n'ont rien d'historique; on est bientôt convaincu, en discutant les preuves sur lesquelles on a cherché à les appuyer, qu'elles n'ont rien de réel. En effet, la véritable histoire et les documents qu'elle a conservés sur les premiers établissements des nations, confirment ce que les monuments naturels, qui ne sauraient nous tromper, nous apprennent et nous certifient.

Si tant de voix se sont élevées pour repousser une conséquence aussi fondée, nous ne devons pas nous en étonner. Le plus grand nombre des observateurs ont ignoré les données du problème qu'ils se sont proposé de résoudre; tout en raisonnant juste, relativement à leurs connaissances, ils se sont néanmoins égarés lorsqu'ils ont voulu en donner la solution. Les termes de leur équation ne représentaient pas toute la valeur de l'inconnue.

Telle est la cause des variations de l'esprit humain. Chaque siècle ajoute un terme à l'équation que nous cherchons à résoudre, et la valeur de l'inconnue change sans cesse. Ainsi s'accroît l'édifice de la science; mais à cause de l'immensité des objets sur lesquels elle porte ses regards, il ne peut être donné à l'homme d'achever un pareil monument; c'est là une preuve de son impuissance, mais aussi de sa perfectibilité.

Maintenant est-il nécessaire de discuter la supposition gratuite du passage des espèces les unes dans les autres? Nous le devons, non que les arguments sur lesquels on a voulu l'appuyer soient bien sérieux, mais à raison de l'autorité scientifique de ceux qui les ont proposés et soutenus. D'après eux, les espèces vivantes ne seraient qu'un développement ou une transmutation des races anciennes; et, pour les produire, des temps considérables auraient été nécessaires. Avant d'entrer dans l'examen des faits qui se rattachent à cette question, on peut remarquer que lors même que de pareilles transformations seraient possibles, elles ne sauraient reculer l'époque de la venue de l'homme sur la terre.

Mais la fusion des espèces anciennes dans les nouvelles est-elle aussi réelle qu'on a voulu le supposer? Cette hypothèse ne serait-elle pas née du désir de se passer de l'intervention répétée d'une Cause première et unique dans l'apparition successive des anciennes et des nouvelles générations? Si de pareils passages avaient eu lieu, nous devrions trouver au milieu des couches terrestres, des traces de ces générations; nous y verrions des individus intermédiaires entre les nouvelles races et celles des temps géologiques. Cependant rien de semblable n'a été observé, parce que de pareils effets n'ont jamais eu lieu.

Sans doute, la vie a marché du simple au composé; généralement les espèces se sont succédé en raison directe de la complication de l'organisation; mais cette loi de la nature n'a jamais opéré dans la même classe ou dans le même ordre de végétaux ou d'animaux, un passage des formes organiques simples aux formes compliquées. Les genres ou les espèces d'une même famille dont les débris se trouvent dans les couches fossilifères anciennes, quoique différant essentiellement dans leurs types et dans leurs formes, des races vivantes, présentent dans leur organisation une perfection de détails et d'ensemble tout aussi grande que les espèces de nos jours.

Comme nous avons donné les preuves de cet ordre de faits, nous n'y reviendrons pas; nous examinerons seulement si les états transitoires par lesquels passent certains animaux, états d'autant plus divers qu'ils sont placés à un plus bas degré de l'échelle, peuvent faire admettre que les espèces les plus différentes passent les unes dans les autres, par suite des variations exigées par le perfectionnement de l'organisation.

Voyons ce qui en est de l'homme, puisque c'est sur lui que nous venons de porter l'attention. L'homme a été considéré comme un exemple de ces transformations; on a cru qu'elles rendaient probable le passage des espèces les unes dans les autres. Assurons-nous, avant tout, si l'embryon humain retrace dans ses développements les divers états permanents des espèces inférieures, même de celles placées le plus bas dans la série animale.

Cette question a beaucoup occupé les physiologistes. La plupart d'entre eux l'ont résolue d'une manière affirmative. M. Serres, entre autres, a formulé sa pensée en disant « que l'organogénie est l'anatomie comparative transitoire, et l'anatomie comparée l'organogénie permanente. »

L'opinion qui considère l'agrégat ou l'embryon humain, le plus compliqué entre les êtres vivants, même sous le rapport organique, comme passant par les degrés représentés par les animaux inférieurs, pourrait être acceptée dans la science, si l'on se bornait à la considérer comme une vue intéressante et une conjecture qui, dans sa généralité, pourrait avoir quelque fondement. Mais on a été beaucoup trop loin, en érigeant en loi ce qui ne devait être admis que comme une hypothèse; on a ainsi singulièrement exagéré l'importance et la signification de cette idée synthétique.

Il ne peut exister entre l'embryon humain et les animaux que de simples ressemblances, et jamais une identité parfaite, comme l'ont donné à entendre ceux qui ont voulu faire servir les termes de cette comparaison à la démonstration de l'unité de plan et de composition organique : tant il est dangereux d'observer les faits sous l'influence d'idées préconçues.

Ceci est d'autant plus sensible, que les ressemblances que nous venons de rappeler sont purement transitoires. En effet, l'embryon humain rappelle, dès le troisième mois, le type de l'espèce humaine, et ne peut plus être comparé à l'état permanent d'aucun autre animal.

Le principe sur lequel on a fondé des analogies contre lesquelles tant de faits s'élèvent, est loin d'être bien défini. Tantôt on a eu recours à la configuration ou à la consistance; tantôt, de préférence, à la disposition de tel ou tel organe. Ainsi, lorsqu'on a voulu comparer l'embryon humain à un mollusque, on a invoqué la mollesse de ses tissus dans les premiers moments de sa formation. Lorsqu'on a voulu l'assimiler ou le rapprocher d'un insecte, on a fait remarquer la disposition primordiale linéaire du cœur et des vaisseaux principaux. Enfin, quand on a entendu indiquer les analogies de l'embryon humain avec les poissons, on a parlé des branchies ou des apparences de pareils organes qu'il paraît montrer aux premiers instants de son existence.

Un être n'est pas mollusque parce que sa structure est lâche et sa consistance molle; il l'est en vertu d'un type particulier d'organisation, mais non sous un tout autre rapport. De même, un animal n'est pas poisson parce qu'il a des branchies à une époque quelconque de sa vie; car ces organes ne forment pas le caractère essentiel du poisson. Une foule d'animaux ont un pareil système respiratoire et ne sont pas pour cela des poissons.

Dans tous les cas, ce n'est point par une circonstance isolée, comme celle de la disposition d'un organe ou d'un système d'organes, que l'embryon humain retrace telles ou telles espèces inférieures. Des tranformations aussi limitées et aussi fugaces ne peuvent nullement justifier et encore moins démontrer la justesse de la proposition que nous combattons.

Ces analogies, dont nous avons fait connaître le peu de fondement, n'ont été établies que sur des organes d'une existence douteuse. Les branchies ou les apparences branchiales de l'embryon humain, de l'aveu même de Rahké, qui les a décrites et observées du côté du cou, disparaissent quelques jours après leur formation. Dès-lors, qui pourrait assurer qu'on n'a pas été victime de quelque illusion dans la détermination de parties dont la réalité est si incertaine et la durée si courte?

Le système nerveux, étudié dans son développement par Tiedemann et Serres, a fortifié l'opinion de ces anatomistes, touchant la comparaison à établir entre les divers états de l'encéphale dans l'embryon humain, et celui des poissons, des reptiles, des oiseaux et des mammifères inférieurs. Mais, en supposant qu'il fût prouvé que la prédominance successive des lobes optiques, du cervelet, des lobes cérébraux, etc., rappelât l'état des classes citées, on conviendra du moins que de pareilles ressemblances ne sont appréciables et n'existent que chez les animaux vertébrés. Il est démontré qu'à aucune époque de la vie embryonnaire, on ne voit aucune disposition organique semblable ou analogue à celle du système nerveux des animaux invertébrés.

La succession des ressemblances de l'embryon humain

avec les diverses espèces animales n'est donc pas réel et encore moins en harmonie avec l'échelle zoologique. Loin de représenter tour à tour un zoophyte, un articulé ou un mollusque, l'être humain, vers la première moitié du second mois, est à la fois mollusque par sa consistance, poisson par son système vasculaire et ses branchies, mammifère inférieur par son prolongement caudal, et homme par la prédominance de l'appareil cérébral ou de la substance qui en tient lieu.

On ne saurait donc voir une gradation rigoureuse dans les diverses phases de la vie embryonnaire. Ainsi, c'est une idée presque ridicule que celle d'une monade placée dans l'ovaire d'une femme, se transformant en homme par des métamorphoses plus ou moins nombreuses, après avoir passé par toutes les formes animales. Si le principe par lequel on a voulu considérer les phases de l'évolution des êtres supérieurs, comme la traduction temporaire de l'état permanent des animaux inférieurs, était aussi exact qu'on l'a supposé, ces derniers ne devraient présenter dans leur développement aucun des traits propres à l'accroissement des animaux qui occupent le plus haut degré dans la série, ce qui est en opposition avec les faits.

Les larves de certains insectes respirent par des branchies, tandis que les individus parfaits exercent la même fonction au moyen des trachées. Ce système respiratoire est pourtant inférieur au premier; il n'est donc pas toujours nécessaire que toutes les parties de l'organisation animale se perfectionnent pour faire arriver un être à un plus grand degré de complication. L'exemple des insectes, des mollusques et d'une foule d'autres animaux invertébrés, est une preuve trop formelle du contraire, pour insister plus longtemps à cet égard.

Il arrive parfois qu'il en est tout à fait l'inverse ; ainsi, les têtards, qui dans leur jeune âge sont de véritables poissons, dont ils ont d'ailleurs les habitudes aquatiques, perdent leurs branchies pour acquérir des poumons, ou des organes propres à respirer l'air en nature. Avec un pareil perfectionnement de leurs organes respiratoires, ces animaux en éprouvent une infinité d'autres, par suite des nouvelles conditions auxquelles leur vie aérienne va les soumettre. En conséquence du progrès de son organisation, le têtard, en perdant sa nageoire caudale et ses branchies, acquiert quatre organes locomoteurs et des poumons. De poisson qu'il était aux premières époques de sa vie, il devient grenouille ou reptile. De même, son appareil digestif, qui dans le principe était organisé pour l'alimentation végétale, perd son premier caractère et prend celui qui convient à l'alimentation animale.

Ici, le perfectionnement de l'organisme est complet ; il résulte de la transformation d'un animal à forme et à organisation zoologique inférieure, en une supérieure, dans laquelle le nouvel être doit vivre et engendrer. Cette transformation, quelque considérable qu'elle puisse paraître, ne va pas cependant jusqu'à faire passer l'être qui l'éprouve, de la forme de la grenouille à celle du lézard, ordre de reptile dont l'organisme est plus avancé. Le perfectionnement du têtard en grenouille s'arrête à ce point, il ne s'étend pas au-delà ; preuve évidente que les transformations, toujours limitées, ne dépassent jamais le but pour lequel elles ont été établies.

Si des changements successifs sont plus fréquents, plus marqués chez les êtres inférieurs que chez les supérieurs, cette circonstance tient probablement à ce que les premiers ont plus de distance à franchir que les seconds, pour arriver au summum de complication qu'il leur a été donné d'atteindre. Du reste, les animaux les plus simples comme les plus élevés ne peuvent, à l'aide des évolutions que leur organisation éprouve aux diverses phases de leur vie, passer les uns dans les autres, jusqu'à former une chaîne non interrompue dans la série des êtres.

Les diverses métamorphoses sont toujours en rapport avec les nouvelles conditions d'existence auxquelles l'animal va être soumis. Ainsi, la parturition ayant lieu constamment à terre, chez plusieurs salamandres, ces reptiles naissent parfois sans branchies et avec la queue sans aucune trace de compression. Elle est alors conique, sans nageoires membraneuses, et à peu près dans un état de développement complet.

Lorsqu'on fait l'opération césarienne à des salamandres pleines, les fœtus paraissent avoir leurs branchies d'autant plus apparentes, qu'ils sont plus éloignés de l'époque de leur naissance. Les fœtus une fois éclos et sortis du sein de leur mère, qui les abandonne, devant vivre loin des eaux et en général forcément privés de ce liquide, n'avaient nul besoin de branchies; ils devaient naître dans un état d'accroissement assez avancé pour exercer de suite la vie aérienne, par une anomalie remarquable, mais qui n'est qu'apparente dans l'ordre des batraciens.

Ces mœurs ne sont pas du reste générales chez cet

ordre de reptiles; les espèces qui, comme la salamandre tachetée, habitent le sein des eaux au moment de leur naissance, ont des branchies, une queue comprimée comme les poissons, avec des nageoires verticales. Cette espèce reste des mois entiers dans l'eau; elle y grossit et acquiert une longueur de deux tiers en sus de celle qu'elle avait en venant au monde, sans cependant changer de forme. Peu à peu ses poumons intérieurs se développent; les branchies s'affaissent et disparaissent insensiblement; la queue s'arrondit et perd ses membranes ou ses appendices. Les trous qui permettaient à l'eau introduite dans le gosier de sortir par les parois latérales du cou, s'oblitèrent également. La salamandre diminue sensiblement de volume et peut enfin quitter l'eau; elle ressemble pour lors à ses parents adultes, mais elle n'a pas encore acquis le quart de sa grosseur et reste plus de deux années avant de l'avoir atteint.

On ne peut douter, en suivant pas à pas ces transformations, qu'elles ont été établies en vue de la vie aérienne que les reptiles doivent avoir dans leur état parfait; il en est de même des différentes modifications que l'embryon humain subit dans le sein de sa mère.

Les ressemblances transitoires de l'embryon avec les états permanents des autres animaux, ne sont donc qu'une vue de l'esprit et non une vérité de fait. Les analogies que l'on a choisies pour établir de pareils rapports sont trop fugitives pour fonder sur elles la démonstration de l'identité des types de ces différentes espèces. Chaque être naît ce qu'il est ou ce qu'il doit être; ce serait trop demander à l'analogie que de lui faire dire au-delà de ce qu'elle peut laisser présumer; ce serait confondre les sujets d'observation au lieu de les éclairer par la connaissance de leurs rapports.

En supposant l'existence des fissures branchiales telle que les a admises Rahké, il faut s'assurer si elles ne dépendent pas d'un état pathologique ou d'une sorte de développement, et non d'une condition anatomique de cette phase de la vie embryonnaire. Pour affirmer que ces fissures sont permanentes dans une certaine période de l'évolution fœtale, il faudrait les avoir rencontrées dans des fœtus humains à peu près de la même époque; on devrait également être certain qu'elles ne tiennent pas à un état morbide de la mère ou de l'embryon.

Or, l'observation à cet égard est extrêmement difficile; aussi est-il probable que dans l'observation de ce fait on a été victime de quelque erreur. Si ces prétendus organes branchiaux étaient essentiels et exerçaient quelque influence sur la vie du fœtus, ils ne devraient pas durer si peu et être aussi limités. Du moins la permanence des organes lors de la vie embryonnaire paraît constamment liée à celle de leur nécessité et de leur importance future.

Les connaissances sont si peu avancées sur le mode même de la respiration du fœtus, que le plus grand désaccord règne à ce sujet entre les auteurs modernes. Ainsi, d'après Geoffroy-Saint-Hilaire, le fœtus absorbe de l'air ou tout autre gaz vivifiant par la surface du corps, au moyen de trachées analogues à celles des insectes. Il se pourrait encore, d'après lui, que cette absorption eût lieu par de petites fissures placées sur les côtés du cou des jeunes embryons, fissures qu'il a nommées branchiales.

Cette alternative n'a été proposée que parce que l'existence des trachées, chez le fœtus, n'est pas plus démontrée que celle des fissures branchiales, les deux modes de respiration s'excluant pour ainsi dire.

On sait maintenant que le fœtus, tant qu'il est dans le sein de la mère, n'absorbe nullement ni l'air ni un gaz quelconque ; il vit seulement au moyen du sang oxygéné qu'il reçoit de sa mère et qui vivifie celui qu'il envoie au placenta. Sa vie est entretenue par cette absorption et il profite de la respiration dont jouit celle qui l'a conçu.

Dans ces derniers temps, M. Serres, cherchant à expliquer le mode de respiration propre à l'embryon humain, a pensé qu'il s'opérait d'abord par un appareil d'organes provisoires, et en second lieu par un organe définitif. D'après lui, pendant les quinze ou vingt premiers jours de la vie embryonnaire, les villosités du chorion, perçant la caduque réfléchie et plongeant dans le liquide contenu dans cette dernière membrane, constitueraient un véritable appareil branchial. Le placenta se charge de cette fonction, à mesure que cet appareil perd de son importance. Ainsi, le sang du fœtus arrivant au placenta par les artères ombilicales, est vivifié par le contact médiat du sang de la mère, aussi bien que le sang des artères pulmonaires l'est par l'air atmosphérique dans le poumon de l'adulte.

Plusieurs circonstances semblent confirmer cette modification imprimée au sang du fœtus : 1° la rapidité avec laquelle le fœtus succombe lorsque, la tige ombilicale étant aplatie par la compression, la circulation est interrompue dans le cordon ; 2º les phénomènes pathologiques de l'asphyxie que l'on constate toujours à l'autopsie ; 3º l'antagonisme qui existe entre le placenta et le poumon.

L'enfant nouveau-né peut se passer de la respiration pulmonaire, tant que la communication entre lui et le placenta n'est pas interrompue. Cette communication peut être interceptée sans danger lorsque le fœtus respire par les poumons. Enfin, on peut citer comme dernière confirmation de la modification que le sang du fœtus reçoit dans le placenta, la différence que présente ce liquide dans les veines et les artères. Cette différence est peu sensible à une simple inspection ; mais les expériences chimiques et physiques ont constaté son importance.

Geoffroy-Saint-Hilaire et M. Serres, tout en adoptant le même principe d'évolution embryonnaire, sont loin d'être d'accord sur le siége de l'appareil branchial et même sur sa réalité. Dès lors, l'existence de ces appareils branchiaux étant tout au moins douteuse, il est difficile d'asseoir sur elle la théorie des transformations que subit l'embryon humain. Les faits sur lesquels on l'a appuyée ne justifient pas la proposition fondamentale de Geoffroy-Saint-Hilaire, formulée en ces termes : « Les êtres inférieurs sont comme » des embryons permanents des êtres supérieurs ; et réci- » proquement, les êtres supérieurs, avant de présenter les » formes définitives qui les caractérisent, offrent transitoi- » rement celles des êtres inférieurs. »

Le même anatomiste a tenté d'appuyer cette proposition sur quelques faits de ressemblance que l'on peut reconnaître entre l'homme et certains animaux inférieurs. Dans des questions de ce genre, il ne faut pas seulement avoir égard à quelques similitudes, mais porter son attention sur l'ensemble de l'organisme et sur les appareils qui concourent à l'exercice des fonctions ; autrement, on s'expose à considérer des faits isolés, sans relation avec la généralité de l'organisation, comme ayant une importance plus grande que celle qu'ils ont réellement.

On a donc supposé que tous les êtres étaient formés sur un même plan, ce qui n'empêchait pas cependant certains animaux de présenter un grand nombre d'anomalies, les unes produites par défaut ou arrêt dans tel ou tel système d'organes, et les autres par excès de développement ou par déviation organique.

La raison de ces anomalies, qui ne sont qu'apparentes, ne paraît pas tenir à de pareils effets; elle dépend probablement des conditions d'existence auxquelles sont soumises les espèces. Ainsi, lorsque ces conditions éprouvent quelques différences notables, l'organisation, liée à elles d'une manière nécessaire, se conforme constamment aux changements qu'elles subissent.

Si l'organisation est en rapport avec la nature des milieux dont les êtres vivants ressentent l'influence, ces milieux n'ayant pas été les mêmes à toutes les époques, pas plus que maintenant, dans les diverses contrées de la terre, les végétaux et les animaux ne peuvent pas tous être formés sur un plan unique, quoique les lois de l'organisation soient généralement les mêmes. Ce plan se modifie avec les nouvelles conditions; il en résulte des êtres différents de ceux qui n'en ont pu supporter les changements.

Ceci est arrivé aux anciennes générations, qui n'ont presque rien de commun avec les races actuelles, si ce n'est que les unes et les autres ont été formées d'après les mêmes lois d'organisation qui, depuis l'origine des choses, président à l'harmonie générale des êtres organisés.

Cette constance du type primitif des espèces vivantes est le trait le plus distinctif de la nature animée; elle tient peut-être aux modes de propagation donnés à chaque être pour se perpétuer; enfin, à ce que la génération est le moyen à peu près unique dont la nature s'est servie pour la transmission des mêmes formes et des mêmes caractères. Aussi, cette importante fonction est en quelque sorte le *criterium* des espèces.

On n'observe plus chez les espèces actuelles de véritables métamorphoses, du moment qu'elles ont acquis la faculté de perpétuer leur race. Les animaux n'engendrent jamais qu'à l'état parfait; les états qui le précèdent ne peuvent être rapportés à aucune espèce particulière, quelque ressemblance qu'ils puissent présenter d'ailleurs avec certaines d'entre elles. Si les transitions qui caractérisent le développement des animaux, représentaient autant d'états spécifiques, il faudrait que les mêmes races pussent les reproduire d'une manière permanente. Or, le contraire résulte de l'ensemble des observations, ce que l'on pouvait prévoir par le raisonnement et l'analogie.

Les faits, bien appréciés, démontrent que l'espèce est la collection des individus qui ont les mêmes caractères ou des caractères analogues, et le pouvoir de se perpétuer d'une manière indéfinie, par des individus semblables ou du moins extrêmement voisins. L'espèce ainsi conçue a une existence réelle dans la nature, et chacune paraît avoir été douée, au moment de sa création, des attributs de l'organisation qui la distinguent encore. Comme à aucune époque elles n'ont passé les unes dans les autres, on ne peut pas, sur ces prétendues transmutations, supposer à l'apparition de l'homme une date plus ancienne que celle que lui attribuent les phénomènes physiques, les traditions et les monuments historiques.

L'homme est donc le plus jeune entre les êtres vivants. Des révolutions antérieures à son existence ont anéanti les nombreuses générations qui l'avaient précédé. Depuis sa venue, les phénomènes perturbateurs ont été constamment en diminuant. Ceux qui voudraient contester ces faits n'ont qu'à fouiller les entrailles de la terre; ils y trouveront des preuves irrécusables des anciennes modifications qu'elle a éprouvées à ses différentes phases. Toutefois, au milieu de l'immense quantité de débris d'animaux qui ont vécu à diverses époques de l'ancien monde, on ne découvre pas de traces de l'espèce humaine.

Sans contester la réalité de ces observations, on a cru pouvoir supposer que le monde avait été créé avec ses fossiles. Les lois établies par Dieu étant essentiellement conservatrices, il est difficile d'admettre qu'il eût créé des êtres pour les détruire d'une manière subite et instantanée. Sans doute, les lois qui régissent non-seulement la terre, mais tous les corps de l'univers, sont des lois d'ordre et de stabilité; elles existent toutefois avec certains phénomènes perturbateurs, qui ont tendu à cesser depuis que l'homme a posé le pied sur la terre.

Si l'action de ces phénomènes naturels a désolé des villes populeuses, dévasté de riches contrées, est-il si difficile de comprendre les résultats qu'a dû avoir l'exhaussement de la chaîne de l'Himalaya ou des Andes, les plus jeunes entre les diverses chaînes de montagnes ? Ne peut-on pas concevoir également les conséquences qu'a eues pour la terre l'abaissement de sa température ? Car, que l'on ne s'y méprenne point, les climats des pôles ont eu jadis une chaleur égale à celle des contrées équatoriales, chaleur caractérisée pour lors par une température d'environ $+74°$.

Ces causes ont exercé une influence plus ou moins manifeste sur les êtres vivants; seulement elles ont produit leurs effets avant l'existence de l'homme.

On ne peut pas en inférer que les phénomènes dont nous cherchons à régler l'étendue, aient eu lieu par la suspension des lois établies, ou parce que d'autres lois régissaient le monde. Sans doute, tout est possible à Dieu; mais il est peu rationnel de lui faire intervertir l'ordre des choses établi, lorsque les résultats des effets naturels rentrent dans le pouvoir des causes actuellement agissantes. Si les agents physiques n'ont plus aujourd'hui une influence désastreuse, ce n'est point parce que les lois auxquelles ils sont soumis ont été changées, mais uniquement par l'effet de l'accroissement d'épaisseur de la couche solide du globe et la fixité des climats, qui en a été en partie la suite.

Enfin, puisqu'il a plu à Dieu d'employer des agents

matériels pour réaliser ses desseins sur le monde, ces agents devaient être soumis, comme aujourd'hui, aux forces qui les maîtrisent et auxquelles nous ne les voyons jamais soustraits, de telle sorte que poser les uns c'est admettre les autres.

On a contesté la destruction des anciennes générations, en faisant observer que, comme la mort n'était entrée dans le monde que par le péché, cette destruction devait être postérieure à l'apparition de l'homme[1]. Mais l'Écriture a-t-elle voulu dire par là que les végétaux et les animaux ne devaient périr qu'après la désobéissance de l'homme? Il est difficile de le supposer; car il faudrait admettre non-seulement que les animaux sont susceptibles de péché, mais qu'il en est de même des végétaux. On ne saurait comprendre pourquoi, si avant la chute de l'homme les premiers n'étaient jamais morts, il n'en eût pas été de même des seconds.

La destruction des végétaux et des animaux était nécessaire, dans tous les cas, pour arrêter leur excessive multiplication. En effet, si les êtres vivants n'avaient pas dû

---

[1] Il suffit de jeter les yeux sur le verset 12 du chapitre V des *Épîtres de saint Paul aux Romains*, pour juger que cette observation est loin d'être fondée. Cet apôtre y dit que « le péché » est entré dans le monde par un seul homme, et la mort par le » péché; ainsi la mort est passée dans tous les hommes *par ce seul* » *homme* en qui tous ont péché. » Or, il est évident, d'après ce passage, que l'homme n'était pas destiné à la mort, s'il n'avait pas péché; mais peut-on raisonnablement prétendre que les animaux auraient jamais pu jouir d'un pareil privilége? Cette conséquence, tout au moins hasardée, n'est du reste appuyée sur aucun texte; dès-lors elle ne saurait être admise.

périr, alors même que l'homme n'eût pas été sujet à la mort, il n'y aurait eu bientôt plus de place sur la terre pour les contenir. Les animaux seraient ainsi devenus plus nombreux sur la terre que nous ne le sommes nous-mêmes. D'un autre côté, les animaux n'auraient pas dû se nourrir des végétaux; car, par leur action constante, autrefois comme aujourd'hui, ils eussent été promptement anéantis. Par des raisons contraires, la première végétation a acquis un développement et une vigueur supérieure à celle des végétaux actuels [1].

D'un autre côté, si les végétaux avaient disparu de dessus la surface de la terre, les animaux n'auraient pu y vivre, tout aliment leur étant par cela même refusé. C'est sous ce point de vue élevé, plutôt que sous celui de la restitution de l'oxygène à l'air, qu'il convient d'apprécier l'importance du rôle que jouent les plantes dans l'économie de l'univers.

L'ancienne végétation a été très-active, quoiqu'elle ait eu beaucoup moins de terreau que celle qui brille maintenant à nos yeux, parce que rien n'en a suspendu l'essor. Mais nécessairement les animaux se seraient accumulés en nombre immense sur la terre, s'ils n'avaient jamais péri; dèslors les races herbivores auraient nécessairement mis un obstacle puissant à ce luxe de végétation.

Il y a plus, les carnassiers n'auraient pas dû être créés,

---

[1] On ne peut pas faire la même objection par rapport à l'homme: s'il n'eût pas péri, il n'aurait pas eu constamment la terre pour séjour. Une autre patrie lui était réservée, et par suite des desseins de la sagesse divine, il y aurait savouré de continuelles délices.

car ils ne sauraient vivre sans détruire d'autres espèces. Cependant leurs races ont été aussi bien l'œuvre de la création, que les animaux paisibles dont les plantes sont l'unique nourriture.

On nous répondra peut-être que si l'homme n'eût pas péché, les animaux n'auraient pas éprouvé le besoin de manger, et qu'alors les carnassiers n'auraient pas anéanti les herbivores. Nous accepterons cette objection, mais nous ferons observer que bien peu de physiciens voudraient souscrire à une pareille concession. Nous ne saurions toutefois admettre que, pour résoudre cette question, on ne dût pas faire la moindre attention au texte de la Genèse.

Ainsi, d'après le seizième verset du chapitre II, Dieu avait permis à l'homme de manger du fruit de tous les arbres du paradis terrestre, à l'exception de celui de la science du bien et du mal. L'homme devait donc user de nourriture, même dans son innocence parfaite. Il y a d'autant moins de doute à cet égard, que le vingt-neuvième verset du chapitre Ier, après avoir fait l'énumération des végétaux, dit expressément que Dieu les donna à l'homme pour lui servir de nourriture, et cela avant l'époque de sa désobéissance [1].

Lors même que l'homme n'aurait pas péché, il aurait toujours dû prendre des aliments; dès-lors, il est difficile de supposer qu'il ne dut pas en être de même des animaux; du moins leur organisation les soumet aux mêmes conditions d'existence et aux mêmes besoins que nous.

---

[1] Voyez également le verset 6 du chapitre III de la *Genèse*.

Si les animaux n'avaient pas dû périr, lors même que l'homme n'aurait pas désobéi, le serpent, cause première de cette désobéissance, aurait été non-seulement maudit entre toutes les bêtes et réduit à ramper sur le ventre, mais il aurait été condamné à mourir. Cependant Dieu ne prononça pas contre lui une pareille sentence, parce que, comme les autres animaux, le serpent était sujet à la mort. Il n'en était pas de même de l'homme; aussi Dieu, en lui défendant de manger du fruit de l'arbre de la science du bien et du mal, l'avertit en même temps que s'il en mangeait, il mourrait, sentence terrible dont l'effet suivit sa désobéissance [1].

Si ces explications ne suffisaient pas, et si l'on voulait s'en tenir au sens littéral du livre de la Sagesse, qui fait entrer la mort dans le monde par suite de la jalousie que l'homme avait excitée dans l'âme du démon, on ne serait pas plus avancé. D'après ce texte, Dieu n'aurait pas fait la mort et aurait créé tout, afin que tout subsistât. Les créatures peuvent avoir été saines dans leur origine, n'avoir eu en elles rien de mortel, et cependant avoir été soumises à l'influence des milieux extérieurs [2].

Ainsi, quoique les végétaux n'eussent en eux-mêmes, à leur origine, aucun principe de mort, les races herbivores pouvaient les anéantir, comme les dents des carnassiers pouvaient faire succomber ces mêmes races, quoique

---

[1] Voyez les versets 17 du chapitre II et 11 du chapitre III de la Genèse.

[2] Voyez le livre de la *Sagesse* I, 13, et II, 24, où on lit : *Invidia autem diaboli mors intravit in orbem terrarum.*

aucun germe de destruction ne pût les faire périr naturellement. On doit probablement entendre dans ce sens le passage du livre de la Sagesse ; car autrement on lui en donnerait un qui serait contraire à toutes les analogies, ainsi qu'aux faits positifs.

En considérant les variétés de l'espèce humaine, on ne voit pas, malgré leur nombre et leurs extrêmes différences, qu'elles puissent faire attribuer à l'homme une antiquité plus reculée que celle qui lui est donnée par les Livres Saints.

Il en est de même si on les compare avec les animaux ensevelis dans les couches terrestres ; car évidemment la presque totalité de leurs espèces est antérieure à l'apparition du genre humain. Enfin, en admettant, avec l'Écriture, que la mort n'est entrée dans le monde qu'avec le péché, ce n'est pas convenir que les animaux n'eussent pas péri si l'homme n'avait pas désobéi aux ordres de Dieu.

IV. Des travaux des mines.

Les travaux des mines rentrent dans l'appréciation de la date que nous cherchons ; œuvre de l'homme, ils peuvent servir à faire apprécier l'époque de sa venue. On a beaucoup exagéré l'ancienneté des recherches souterraines. D'après les traditions, les Phéniciens, les Carthaginois et plus tard les Romains, se sont livrés à des travaux considérables, pour rechercher les métaux précieux renfermés dans le sein de la terre. Leur exploitation a commencé fort tard et a par cela même été très-limitée dans leur étendue et leur importance.

Quoique les documents historiques soient assez positifs à cet égard, quelques observateurs, jugeant ces faits avec des idées préconçues, ont prétendu que les mines de fer de l'île d'Elbe avaient été exploitées depuis plus de quarante mille années. M. Fortia d'Urban, en examinant les déblais qui en ont été extraits, a néanmoins réduit cet intervalle à environ cinq mille ans; encore a-t-il supposé dans ses calculs que les anciens n'exploitaient chaque année que le quart de ce que l'on en retire maintenant.

Il est facile de juger à quelles méprises on s'expose, lorsqu'on apprécie l'époque à laquelle des travaux ont commencé dans des mines, uniquement sur les déblais qu'on en a extraits. Cette quantité varie nécessairement d'une année à l'autre, en raison de l'accélération que l'on peut donner aux travaux plutôt à une époque qu'à une autre, ainsi que par la pauvreté ou la richesse du minerai.

En admettant l'évaluation de M. Fortia, on se demande pourquoi les Étrusques et surtout les Romains, qui consommaient une si grande quantité de fer dans leurs armées, avaient tiré si peu de parti de ces mines. D'un autre côté, si elles avaient été exploitées il y a cinq mille ans, on ne saurait expliquer comment le fer était si rare dans la haute antiquité et pourquoi il n'a été commun que lors des beaux temps de la Grèce, où l'emploi de ce métal devint général.

La magnificence des édifices de l'ancienne Égypte est loin d'attester le contraire, quoique ceux qui les ont construits aient atteint une assez grande perfection dans la préparation des métaux et particulièrement dans la trempe du cuivre. Les couleurs dont ils sont ornés et les métaux que l'on y a employés, annoncent également leurs connaissances dans l'art de composer certaines couleurs métalliques et dans celui de les appliquer; mais ces monuments sont loin d'avoir une grande antiquité, ils ne remontent pas à quinze cents ans avant l'ère chrétienne; ils ne reculent donc pas indéfiniment la naissance des arts, dont les premiers progrès furent sans doute inspirés par une nécessité d'autant plus impérieuse, que les Égyptiens étaient soumis au despotisme le plus absolu.

On pourrait voir une preuve de l'habileté des Hébreux dans l'art de préparer et de fondre les métaux, dans la statue du Veau d'or, si célèbre dans leur histoire. Probablement, ces peuples avaient acquis en Égypte une partie de leurs connaissances; mais les lumières qu'elles font supposer aux Hébreux ne peuvent s'étendre plus haut que leur origine.

Les métaux paraissent avoir été connus aux premières époques historiques. D'après la Genèse, Tubal-Caïn aurait avant le déluge inventé l'art de travailler le fer. La connaissance de cet art s'évanouit bientôt après cette catastrophe; aussi les anciens se sont-ils servis des pierres, des cailloux, des os, des cornes des animaux, des arêtes des poissons, des coquilles, des bois durs et même des roseaux, comme nous le faisons des métaux. Les sauvages, sans idée de métallurgie, y suppléent au moyen des corps durs et résistants; ils nous retracent ainsi les usages des peuples et l'art naissant des premiers âges. (*Note* 18.)

La connaissance de la fabrication et de l'emploi des

métaux ne tarda pas cependant à être retrouvée. D'après une ancienne tradition des Égyptiens, Vulcain leur avait appris à forger des armes en fer. Les Phéniciens mettaient au nombre de leurs héros, deux frères qui passaient pour avoir découvert ce métal dans le sein de la terre et avoir connu la manière de le travailler. Prométhée, dans Eschyle, se vante d'avoir enseigné aux hommes l'art de façonner et d'utiliser les métaux. Quelques auteurs attribuent la découverte et l'usage du fer aux Cyclopes ; d'autres, tels que Diodore de Sicile, ont prétendu que nous devons l'art de le forger aux Chalibes ou Cabires, peuples renommés pour leur habileté à travailler ce métal. Clément Alexandrin a supposé que le secret de rendre le fer malléable était dû aux Norèpes ; enfin, d'après Job, le fer et les autres métaux étaient communs en Égypte et dans plusieurs contrées de l'Asie, où l'art de les préparer et de les employer à divers usages était connu avant Abraham. (*Note* 19.)

On ne sut d'abord travailler qu'un petit nombre de substances métalliques, telles que l'or, l'argent et le cuivre. Le fer n'a été employé par les anciens peuples qu'après un certain temps ; il ne paraît avoir été répandu que lors de la Grèce héroïque. La découverte de ce métal, et surtout sa fabrication, présentent tant de difficultés, que l'on est peu surpris de voir les écrivains de l'antiquité d'accord sur ce point, que les premiers peuples avaient à peine connu le fer, devenu maintenant si précieux.

On s'est donc à peu près uniquement servi du cuivre aux premiers âges de l'histoire. On l'a employé aux mêmes usages auxquels nous soumettons maintenant le fer. Ainsi, les armes, les outils de labourage et des arts mécaniques étaient de cuivre; cette coutume a longtemps subsisté. Les écrits d'Homère nous apprennent que l'on n'a pas fait usage du fer lors de la guerre de Troie. Le cuivre en tenait lieu, soit pour la fabrication des armes, soit pour celle des outils. (*Note* 20.)

Il en a été de même chez les Romains, pendant un grand nombre d'années. Presque tout ce qui nous reste de ce peuple guerrier est en cuivre. La preuve la plus évidente que l'usage de ce métal a précédé celui du fer, c'est que les anciens se servaient de l'airain dans toutes les cérémonies religieuses, telles que les sacrifices et les expiations. Les prêtres des Sabins coupaient les cheveux aux initiés avec des ciseaux d'airain. A Rome, le grand-pontife de Jupiter se servait pour le même usage de ciseaux de cuivre. Quand les Étrusques voulaient bâtir une ville nouvelle, ils en traçaient le circuit avec un couteau d'airain; ils ont néanmoins connu les mines de fer de l'île d'Elbe, mais seulement un peu tard.

Cet usage n'était pas particulier aux Grecs et aux Romains; il a été commun aux peuples de l'antiquité. Chez les Égyptiens, les armes étaient originairement d'airain. Du temps d'Agatharchide, on trouvait encore dans les fouilles des anciennes mines, des ciseaux et des marteaux d'airain, dont on faisait usage pour leur exploitation. Job parle d'arcs d'airain. L'Écriture dit que les Philistins, s'étant rendus maîtres de Samson, le chargèrent de chaînes d'airain. Hérodote assure que, chez les Massagètes, les cognées, les piques, les carquois et jusqu'aux harnais des chevaux étaient de ce métal.

De même, les peuples modernes, tels que les Mexicains et les Péruviens, possédaient l'art de travailler l'or, l'argent et le cuivre, sans avoir la moindre notion du fer, quoiqu'il y en ait abondamment dans la partie de l'Amérique qu'ils habitent. (*Note* 21.)

Les anciens ont fait usage du cuivre bien avant l'époque où ils ont su préparer le fer et fabriquer l'acier. Ils ont aussi connu l'art de rendre le cuivre malléable et de lui donner une grande dureté au moyen de la trempe. Ils paraissent y être parvenus en alliant ce métal avec l'étain, dans des proportions convenables. M. Darcet, en cherchant les procédés suivis par les anciens pour donner au cuivre ces avantages, y a réussi à l'aide d'un alliage d'étain qu'il a soumis à la trempe; on peut donc présumer qu'à l'aide d'un pareil alliage, les Égyptiens, les Grecs et plus tard les Romains ont pu se servir du cuivre pour couper et inciser les corps durs, comme nous le faisons avec l'acier.

Ce que nous venons de dire de la découverte du fer et des moyens de le préparer, prouve, ce semble, qu'il est difficile de supposer que les mines de l'île d'Elbe n'aient pas été connues avant l'époque où l'on sut tirer du fer tous les avantages qu'il présente. Les Étrusques paraissent avoir été les premiers possesseurs de cette île; elle passa ensuite sous la domination des Phocéens, qui bâtirent Marseille. Les plus anciennes médailles trouvées dans cette île sont toutes étrusques. Les plus récentes sont des empereurs; celles-ci sont mêlées à des médailles consulaires sur lesquelles sont gravés des trirèmes et des faisceaux ; elles ont été frappées aux noms de Pompée et de Cinna.

L'île d'Elbe, connue des Grecs sous le nom de αιθαλια ou de αθαλεια, avait été nommée *Ilua* ou *Ilva* par les Étrusques, nom adopté plus tard par les Romains. Les modernes en ont fait *Elba*, et enfin les Français *Elbe*. On suppose que les Grecs avaient appelé cette ville αιθαλια, de la racine grecque αιθος (*ardor*) à cause de la violence du feu des usines destinées à travailler le fer [1].

Plusieurs écrivains ont prétendu que Porto-Ferrajo, la capitale de cette île, avait servi d'asile aux Argonautes, lorsqu'après la conquête de la Toison d'or ils parcoururent les côtes de la Méditerranée. On a même avancé que Porto-Ferrajo avait reçu jadis le nom de port d'Argo (*Argous portus*); mais c'est là une pure hypothèse. Lors même que le voyage des Argonautes aurait été réel, cette circonstance ne prouverait pas que l'île d'Elbe ait été connue depuis les premiers temps historiques. L'arrivée des Argonautes ne remonterait pas au-delà de l'année 3364 de la période Julienne, ou depuis 1350 ans avant l'ère vulgaire, ainsi que l'a démontré Larcher dans son ouvrage sur Hérodote.

Ces mines n'auraient donc été connues que depuis 3195 années avant les temps actuels ; on doit dès-lors être peu surpris qu'Aristote les ait signalées comme remarquables par leur richesse en minerai de fer, et que Strabon,

---

[1] Tous les mots dont on pourrait faire dériver αιθαλια, indiquent des lieux brûlants ou d'une température très-élevée.

Ptolémée et Diodore en aient parlé avec admiration. (*Note 22.*)

Virgile appelle l'île d'Elbe, dans le dixième chant de l'Énéide (vers 172) *Ilva*, et la signale comme récente et fort riche en productions métalliques.

> *Sex centos illi dederat populonia mater*
> *Expertos belli juvenes; ast Ilva trecentos*
> *Insula, in exhaustis Chalybum generosa metallis.*

Ces faits prouvent que si les mines de l'île d'Elbe avaient été exploitées il y a cinq mille ans, l'usage du fer n'aurait pas été si peu répandu dans l'antiquité. On ne peut donc pas invoquer en faveur de l'ancienneté du genre humain les travaux des mines, pas plus que les autres monuments historiques dont nous avons discuté la valeur.

V. Des monuments et de la civilisation, considérés comme mesure du temps.

La grandeur, la beauté d'un grand nombre de villes de l'antiquité, ainsi que les faits représentés sur certains monuments des premiers temps de l'histoire, ont paru, à plusieurs chronologistes, annoncer une haute ancienneté à l'existence de l'homme; il est donc nécessaire de discuter la valeur de cette assertion.

Les plus anciens monuments parvenus jusqu'à nous sont la tour de Babel, et ceux qui couvrent le sol de certaines parties de l'Asie et de l'Égypte, particulièrement les pyramides. (*Note 23.*)

L'époque de leur construction, évidemment postérieure

à celle du déluge, est aussi fort éloignée de l'apparition de l'homme. Les historiens qui en ont le plus reculé le terme ne la font pas remonter au-delà de 3413 ; tandis que d'après la Genèse leur construction ne dépasserait pas 2655, ou au plus 2665 années avant les temps actuels (1859).

Nous adopterons, si l'on veut, avec plusieurs écrivains modernes, le premier de ces nombres, qui éloigne le plus cette date.

Les pyramides d'Égypte doivent être moins anciennes que Moïse ; car si ces monuments dont, suivant l'expression du poète, la masse indestructible a fatigué le temps, avaient existé, il en aurait certainement parlé aux Hébreux, qui comme lui sortaient d'Égypte. Leur grandeur et l'ensemble de leurs proportions frappent l'imagination à tel point, que plusieurs artistes, étonnés de leurs dimensions gigantesques, ont répété à plusieurs reprises que ces monuments annonçaient ou des hommes de cent pieds ou une antiquité incalculable. (*Note* 24.)

Nous avons déjà répondu à la seconde partie de cette supposition. Nous ajouterons, relativement à la première, que tout ce que ces édifices disent à ceux qui les jugent sans prévention, c'est qu'ils n'ont pu être élevés que par des nations soumises à un pouvoir absolu. Que d'instruction dans ces monuments ! Ne révèlent-ils pas à notre pensée sous quel joug gémissaient les hommes qui les ont érigés[1] ?

---

[1] La plupart des archéologues ont considéré les pyramides comme de vastes tombeaux destinés à la sépulture des rois d'Égypte. M. de Persigny a seul prétendu que les pyramides d'Égypte et de Nubie n'ont été construites dans le lieu qu'elles occupent, que

Les pyramides, loin d'être les édifices les plus anciens de l'Égypte, leur sont postérieures, d'après Champollion, d'environ mille ans. Les premières ne remonteraient pas à plus de 3055 ans avant l'époque actuelle ; tandis que les monuments antérieurs auraient été érigés il y a environ 4060 années.

Du reste, c'est seulement pendant les XVIIIe, XVIIe, XVIe et XVe siècles avant l'ère chrétienne, que les rois d'Égypte ont élevé les plus beaux édifices de Thèbes, de l'Égypte et de la Nubie. Ils ont employé les pierres extraites des riches carrières de Syène et les calcaires de Silcilis pour les constructions qu'ils ont fait élever dans les contrées soumises à leur empire. Ils ont fait exécuter, à la même époque, d'immenses monuments religieux excavés dans les rochers, de grandes sépultures, ainsi que de vastes édifices consacrés à leurs tombeaux.

Les constructions dont le sol de l'Égypte est rempli ne remontent donc pas très-haut, puisque les plus anciennes ne dépassent pas 3663 années avant les temps actuels (1859).

On a cru pouvoir justifier la haute antiquité que l'on voulait attribuer aux Égyptiens, au moyen des zodiaques d'Esnée et de Dendérah. Ainsi, l'on a vu dans ces monuments une preuve du progrès que les connaissances astronomiques avaient fait chez ces peuples, et les longues

---

pour empêcher les sables du désert de pénétrer en l'Égypte. On voit qu'en refusant à ces monuments leur destination primitivement funéraire, cet observateur leur fait jouer en quelque sorte dans le désert le rôle de paravents.

observations que leur invention avait exigées. Les érudits modernes ont établi leur système d'incrédulité sur ce zodiaque, dont Dupuis faisait remonter l'origine à 13 ou 15000 années avant l'époque actuelle. Les recherches récentes ont enlevé à l'Égypte et à l'Orient une invention qui provient de la Grèce. (*Note 25*.)

Lors même que l'Égypte aurait eu un zodiaque semblable ou inverse du nôtre, il n'appartiendrait point à cette contrée, mais à un peuple plus ancien en astronomie que les Égyptiens, et fixé dans un climat ou dans une région toute différente, qui paraîtrait être l'Assyrie ou la Chaldée. Il pourrait tout au plus avoir été construit dans cette contrée, s'il n'était prouvé que les zodiaques prétendus égyptiens sont d'origine grecque et d'une date peu ancienne.

La supposition qu'ils pouvaient avoir été imaginés en Assyrie, se concilierait plutôt avec la construction du zodiaque pris comme il est, sans qu'il fût besoin de l'altérer par aucune hypothèse. Du moins, l'histoire sacrée et l'histoire profane s'accordent dans ce sens, que l'une et l'autre admettent le berceau des sciences et des arts dans cette contrée. Les Égyptiens semblent donc l'avoir apporté lors de leurs expéditions dans le royaume d'Assyrie. Depuis lors seulement il a été en usage.

Si l'on veut connaître l'époque précise d'une découverte aussi utile à l'agriculture, il suffit d'observer que le zodiaque, composé de figures symboliques relatives à la diversité des saisons, ne peut remonter plus loin que leurs variations et leurs différences. Or, les historiens sacrés et les poètes profanes nous représentent les premiers habitants de la terre comme jouissant d'un printemps perpétuel, d'une température toujours égale, et dont la vie durait plus d'un siècle, circonstances qui concordent parfaitement.

On peut supposer, d'après les animaux ensevelis dans les dépôts géologiques récents, que la température de la terre était plus élevée à l'époque de leur dispersion qu'actuellement ; seulement la chaleur du globe semble avoir été pour lors plus également et plus uniformément répartie. Ces conditions ont dû exercer une certaine influence sur la durée de la vie des hommes des premiers âges. Ainsi, quelque étrange que puisse paraître le récit des poètes et des historiens touchant les premiers temps, il pourrait bien ne pas être sans réalité. Les poètes ont peut-être puisé les idées d'un bonheur imaginaire dans la tradition qui s'en était conservée parmi les enfants de Noé.

Visconti paraît avoir soupçonné le premier que les zodiaques de Dendérah et d'Esnée pouvaient être des ouvrages inspirés et exécutés sous l'influence grecque. La disposition de douze figures, dont huit à genoux et quatre droites, annonçait trop d'esprit pour des Égyptiens. (*Note* 26.)

D'un autre côté, de nombreux voyageurs ayant exploré l'Égypte depuis la première cataracte jusqu'à Syène, ont démontré que les monuments de cette contrée étaient d'autant plus anciens qu'ils étaient moins parfaits. Les temples de Dendérah, d'une construction et d'une architecture très-avancées, doivent par cela même être modernes.

On ne peut se former des doutes à cet égard, depuis qu'on a découvert sur l'une des faces du temple d'Esnée une inscription gravée sur une colonne, laquelle annonce combien l'origine de ces monuments est récente. Cette inscription porte : *Au nom du très-grand Ammon..........* (ici quelques mots manquent)............ *et Apacras ont fait la sculpture et la peinture de la colonne, la dixième année d'Antonin, notre maître.*

Cette colonne n'était donc érigée que depuis peu, quand elle fut confiée aux pinceaux et aux ciseaux des artistes. Le reste du monument n'avait pas une plus haute antiquité; car toutes les parties qui le composent offrent le même éclat et la même fraîcheur.

Les monuments de Dendérah, comme ceux d'Esnée, annoncent une époque et une intention communes. Ils sont donc moins anciens qu'on ne le pensait; car ce qu'on plaçait avant la guerre des Perses doit être reporté bien après. Comment en douter, depuis la découverte faite par Champollion de l'alphabet des anciens habitants de l'Égypte? Il y a distingué deux sortes de signes : les signes des sons et ceux qui peignent les idées. Les premiers représentent les noms propres, et les seconds des faits et des choses générales. Pour exprimer ces derniers, on s'est servi de diverses figures d'animaux, de pierres brutes ou d'autres objets naturels; ainsi, par exemple, le lion désigne constamment l'emblème de la force; tandis que, pour rendre la même idée, les Égyptiens ont employé, dans d'autres circonstances, des caractères différents. (*Note 27.*)

En revenant aux monuments, tous ont des cartouches, et sur l'un de ces cartouches du *pronaos* ou de l'avant-temple de Dendérah, on a lu le nom de Tibère; sur d'autres parties du grand temple d'Esnée, ceux de Claude, de Titus, de Domitien et de Trajan. Probablement, ce temple a été bâti sous le règne du premier de ces princes ; son nom, du moins, y est répété plus souvent que celui des autres empereurs.

Ces divers monuments ont été exécutés sous l'influence des Romains, et à une époque récente, puisqu'on lit sur une des figures placées dans l'un de ces temples, le nom de Néron, qui a régné après Tibère. Ailleurs on découvre aussi celui de Cléopâtre, dont le règne mit fin à la dynastie égyptienne.

Par conséquent, les inscriptions grecques, la sculpture, l'alphabet de Champollion, tout, en un mot, démontre que les quatre zodiaques ne dépassent pas l'époque à laquelle régnaient les empereurs. Les monuments qui n'ont point été touchés par une main étrangère, ceux du style égyptien sous les Pharaons, n'offrent aucune trace de représentation zodiacale.

D'autres genres de présomptions sont venus fortifier ces données. M. Cailliaud a rapporté d'Égypte de nombreuses momies qui avaient une couronne sur la tête, usage qui appartenait spécialement aux Grecs, et qui plus tard fut adopté par les Romains. Le cercueil dans lequel elles se trouvaient, était entouré de feuilles et de baies d'oliviers, circonstance qui indique un mélange des usages romain, grec et égyptien.

Ces momies avaient de plus la bouche fermée avec une pièce d'or, comme si on voulait s'opposer à ce que la langue en sortît, coutume tout à fait grecque. En les examinant de plus près, on a découvert un zodiaque analogue, par ses signes et sa forme, à celui de Dendérah; enfin, on y a lu l'inscription suivante : « *Paiéménophus, fils de Cor-* » *nélius Soter et de Cléopâtre, est mort à l'âge de 21 ans,* » *4 mois, 10 jours, l'an XIX du règne de Tibère, et le* » *19 juin.* »

Londres, Turin et Leyde ont reçu aussi d'autres caisses de momies. Dans l'une d'elles, on a remarqué un nouveau zodiaque, d'une similitude parfaite avec le premier. Ces figures appartiennent à la même famille, à celle de Cléopâtre. Les zodiaques qui y sont représentés sont semblables à ceux de Dendérah, l'un quadrangulaire et l'autre circulaire. Ils ont le Lion pour premier signe et sont coupés en deux, entre le Cancer et le Lion; il y a derrière le couvercle de la momie, une grande figure qui lève les mains au ciel, dans l'attitude d'une suppliante. Le zodiaque circulaire de Dendérah en possédait une pareille qui est restée en Égypte. D'après ces faits, les zodiaques de Dendérah sont d'une date moderne; le quadrangulaire a été exécuté sous Tibère, et l'autre sous Néron. Quant aux deux d'Esnée, ils ont été construits le premier sous Claude et le second sous Antonin. Le plus ancien des autres zodiaques ne remonte pas au-delà de Tibère.

Aucun monument antérieur ne renferme de zodiaque. Ce mode de représentation du ciel n'était pas connu des Égyptiens, tant qu'ils n'ont pas eu de fréquentes communications avec les Grecs et les Romains; aussi les zodiaques ont subi diverses combinaisons suivant les opinions qui dominaient en Grèce ou à Rome, à telle ou telle époque;

ils sont l'expression d'idées qui n'ont eu cours qu'après l'ère vulgaire. (*Note* 28.)

Deux peuples, fameux par l'antiquité qu'on leur a supposée, ont suivi les lois du caprice, dans l'arrangement des constellations. Les Chaldéens et les Égyptiens ne marchaient pas cependant de pair dans la voie de la science; les premiers étaient assez habiles pour prédire la marche des astres. Il y avait du moins science et observation chez ce peuple; sans cela, il n'aurait pas pu annoncer avec précision le retour des planètes et les diverses particularités de leurs positions respectives.

On peut rapporter l'introduction du zodiaque dans les monuments, à l'époque où les idées des Chaldéens devinrent populaires sur le continent occidental. Alors seulement, ce mode de représentation du ciel, connu depuis environ trois ou quatre cents ans, fut mis en pratique. A raison du défaut d'application utile, il demeura longtemps sans paraître sur les monuments anciens. On n'en trouve de mention expresse que vers le commencement de l'ère chrétienne, quoiqu'il eût été inventé depuis très-longtemps. (*Note* 29.)

La connaissance du zodiaque est également très-moderne dans l'Inde. Les monuments et les textes ne confirment pas non plus la haute antiquité attribuée aux *natchatras* des Indiens, ni aux diverses parties de leur zodiaque lunaire, ou à leurs douze signes du zodiaque solaire. Le même monument grec paraît avoir passé, du temps d'Alexandre, dans l'Inde et de l'Inde dans la Chine;

il y a été constamment consacré à un usage astrologique, mais jamais à un usage civil.

D'après l'histoire de l'astronomie chinoise, des étrangers l'apportèrent en Chine sous Antonin. Ce mode de représentation du ciel, soit celui dont les monuments de l'ancienne Égypte nous ont donné une idée, soit ceux qui se trouvent dessinés sur les édifices de l'Inde et de la Chine, a donc été emprunté à l'Occident par les peuples de l'Orient. Les progrès de la science archéologique confirment pleinement cette opinion.

Tout ce que Dupuis et Bailly ont avancé sur l'antiquité des Égyptiens et des Indiens, est une pure fiction. Ainsi, les bas-reliefs égyptiens qu'ils ont fait remonter à l'an 3999 ou 4000 avant l'ère chrétienne, ont été probablement sculptés au IXe siècle. Leur date n'est pas antérieure à 1000 ou 1200 ans au plus avant Jésus-Christ. Ces bas-reliefs en granite sont les représentations d'Horus assis sur deux crocodiles et couvert d'un masque hideux. A ses côtés se trouve une chèvre, tandis que le dieu tient des serpents dans ses mains et tire un lion par la queue.

Les monuments mythriaques, auxquels Dupuis et Bailly ont attribué une si grande antiquité, sont si récents qu'ils sont postérieurs à Auguste; ils ont été érigés vers la fin du règne des Antonins, ou peut-être sous celui de Caracalla.

On ne doit pas voir non plus une preuve de l'ancienneté des monuments de Dendérah, dans cette circonstance que les figures des constellations zodiacales sont les mêmes que celles dont nous faisons encore usage, seulement avec une distribution particulière. Cette concordance ne saurait être considérée comme une preuve de leur antiquité, surtout après ce que nous en avons dit. Il en est de même de ce que l'on y trouverait une représentation de l'état du ciel, au moment où l'on a peint ce monument. A l'aide de la méthode que nous avons indiquée, on a pu juger que les observations astronomiques des Égyptiens ne remontent pas aussi haut qu'on l'avait supposé.

Sans doute, si les Égyptiens avaient pu déterminer la longueur de l'année d'après le lever héliaque de Sirius, ce résultat serait réellement étonnant; mais pour qu'il le fût, il faudrait qu'il eût été déduit d'observations réelles de cet astre. Ceci est à peu près impossible, surtout en Égypte où le tour de l'horizon est tellement chargé de vapeurs, que dans les belles nuits d'été on ne voit jamais d'étoiles de la deuxième ou troisième grandeur, à quelques degrés au-dessus de l'horizon, et où le soleil, à son lever et à son coucher, se trouve entièrement déformé. (*Note* 30.)

Si les Égyptiens avaient eu des idées astronomiques aussi exactes, comment Eudoxe, qui avait étudié pendant plusieurs années dans leurs écoles, aurait-il porté en Grèce des cartes du ciel si grossières et si incohérentes dans leurs diverses parties? Comment la précession n'aurait-elle été connue des Grecs que par Hipparque, si elle eût été consignée dans les registres des Égyptiens et écrite en caractères manifestes au plafond de leurs temples? Comment enfin Ptolémée, qui écrivait en Égypte, n'aurait-il pas profité des observations des anciens habitants de cette contrée, et comment n'en aurait-il pas été de même de Thalès et plus tard d'Hérodote?

Les anciennes observations astronomiques, dont les résultats primitifs ont une exactitude remarquable, ne font pas cependant supposer une science antérieure au déluge, ni qu'aucun monument remarquable ait été érigé avant le renouvellement du genre humain. On ne saurait rien en conclure contre la chronologie de la Genèse, pas plus qu'on ne peut admettre les longues périodes que les anciens peuples se sont attribuées sans fondement. Ces périodes, détachées de leur histoire, sont uniquement des sommes de temps calculées par les anciens astronomes, pour faire coïncider les mouvements du soleil, de la lune et des étoiles à certaines époques. Elles sont le résultat d'observations faites dans un espace de temps plus court que celui qu'elles embrassent.

Pour former de telles périodes, il n'est nullement nécessaire de les avoir parcourues en entier, il suffit d'en connaître les éléments. Quelques siècles sont suffisans pour y parvenir, surtout si l'on fait attention que la science astronomique des Chaldéens était assez avancée, et que, plus tard, elle parvint à un certain degré de splendeur chez les Égyptiens. On peut en juger par la perfection et la solidité des instruments dont il nous reste des vestiges, et surtout par les aiguilles gnomoniques que le temps et la barbarie n'ont pu détruire entièrement.

Il en est de même des pyramides, qui sont exactement orientées et où les prêtres égyptiens, voués par état à l'étude de la nature et à l'instruction, se retiraient, assure-t-on, pour être à portée d'observer, sous un ciel pur et serein, pendant le calme de la nuit, les mouvements des corps célestes.

Il n'a pas fallu des temps bien considérables pour former les périodes astronomiques, et, par exemple, celle de six cents ans, si vantée par certains savants à raison de son exactitude et de son antiquité. Des millions d'années n'ont nullement été nécessaires pour les découvrir et faire des calculs propres à en démontrer la réalité. Un homme dont la vie se prolongerait jusqu'à quatre-vingts ans, et qui observerait le ciel avec constance, pourrait bien y parvenir pendant cette courte durée. Il suffirait, pour cela, que le zodiaque lui fût connu et qu'il connût également le jour astronomique, divisé en trente parties égales au lieu de vingt-quatre. A l'aide de ces données, un observateur exact et patient pourrait fort bien former la période luni-solaire de six cents ans.

Voici comment il pourrait y arriver. Supposons que la lune rencontre le soleil au tropique du Capricorne, le 21 décembre à minuit, et que là commence l'observation. Au bout de vingt ans, la lune rencontrera le soleil le 20 du même mois, à minuit, plus trois trentièmes de jour. Après vingt autres années, la même rencontre aura lieu le 20 décembre, à minuit, plus deux trentièmes de jour. Conséquemment, au bout dix fois soixante, qui valent six cents ans, la fraction du jour devenant un entier, la rencontre se fera exactement le 21 décembre à minuit, comme la première, et voilà la fameuse période trouvée.

Une fois l'élément de la période ainsi fixé, le reste n'est plus qu'une affaire de calcul ; telle a été probablement la marche suivie par les inventeurs de cette période. Elle a pu être découverte depuis le déluge, et sans beaucoup d'efforts, surtout chez les Chaldéens, qui vivaient sous un ciel constamment pur. Il n'est pas nécessaire d'attribuer au renouvellement du genre humain une date très-éloignée, et de gratifier les hommes des premiers âges de connaissances assez précises, pour arriver à l'invention de cette période.

Les inductions tirées de la perfection de la science astronomique des anciens peuples, ne sont pas plus concluantes en faveur de leur antiquité que les témoignages qu'ils se sont rendus à eux-mêmes. Quand leurs connaissances auraient été plus avancées, que prouveraient-elles? A-t-on calculé les progrès que peut faire une science chez des peuples qui n'en avaient pas d'autre? La sérénité du ciel, les besoins de la vie pastorale ou agricole, les registres des phénomènes, particulièrement tenus par des hommes habiles, l'hérédité des professions : tout a dû y contribuer. Il a suffi que parmi les hommes dont l'astronomie était la seule occupation, il se soit trouvé quelques esprits géométriques, pour découvrir le peu que les nations de l'antiquité ont connu. (*Note* 31.)

La beauté du ciel, qui a porté les habitants de la Chaldée à s'occuper de la marche et du mouvement des corps célestes, a dû en donner une juste idée aux esprits méditatifs. Il n'a pas fallu un long espace de temps pour les faire parvenir à un pareil progrès. Ne voyons-nous pas des hommes, en apparence grossiers, dépourvus de tout instrument d'observation, faire néanmoins des découvertes dont la science des astres s'enrichit?

Ainsi, le paysan saxon Palitzch observa, en même temps que l'astronome Goodricke, les changements qui ont lieu dans l'étoile périodique Algol, ou β de Persée. Paysan par état, mais astronome par vocation, Palitzch devint assez familier avec l'aspect du ciel, pour y reconnaître une étoile changeante entre plusieurs milliers d'autres, et en fixer la période.

Il fut aussi le premier à apercevoir la comète de Halley dont le retour avait été annoncé pour 1759, près d'un mois avant qu'elle fût vue des astronomes, qui armés de leur télescope l'attendaient avec anxiété. Quelques esprits pareils ont pu amener, sous le beau ciel de la Chaldée, la science au point où elle était arrivée.

Depuis les Chaldéens, la véritable astronomie n'a eu que deux âges : celui de l'école d'Alexandrie qui a duré un siècle environ, et le nôtre, dans lequel elle a fait tant de progrès. A peine l'âge des Arabes y a-t-il ajouté quelque chose ; les autres siècles ont été tout à fait nuls pour elle. Il ne s'est pas écoulé trois cents ans entre Copernic et l'auteur de la *Mécanique céleste* ; et l'on voudrait que les Égyptiens et les Indiens aient eu besoin de milliers d'années pour arriver à leurs informes théories ! Un homme de génie suffit pour créer une science et la porter de suite à un haut degré de splendeur ; ce n'est donc pas sur le temps qu'on doit calculer les progrès des sciences.

Si cette vérité avait besoin d'être étayée par des exemples, l'histoire nous en fournirait de nombreux et de frappants. Qu'étaient les sciences naturelles avant Aristote ? et que sont-elles depuis lui jusqu'à Linné et Buffon ? Qu'était également la médecine avant Hippocrate ? Ces grands hommes ont fondé la science sur des bases inébranlables, et le dernier, en dirigeant les médecins vers l'expérience, leur a frayé une voie nouvelle, dont l'humanité a tant profité.

Considérons des temps plus rapprochés de nous, et demandons-nous ce qu'étaient les sciences physiques et mathématiques avant Galilée, Leibnitz et Newton ? N'est-ce pas à eux que sont dus en grande partie les méthodes et les instruments qui nous ont mis en communication avec le monde extérieur ? A leur aide, nous avons pénétré dans l'immensité des cieux, et découvert des mondes aussi merveilleux que celui qui s'offre immédiatement à nos regards.

L'esprit humain leur doit encore les nouveaux moyens d'analyse qui nous ont fait faire tant de découvertes inattendues et qui en préparent tant d'autres pour l'avenir. Heureux supplément de l'intelligence humaine, l'analyse infinitésimale est un instrument en quelque sorte rationnel; au milieu de ses avantages, cette analyse a celui d'être applicable à tout ce qui peut être saisi par des nombres.

Il ne faut donc pas évaluer les progrès des sciences et de la civilisation, d'après le temps où ils ont commencé à s'opérer. Le génie crée et perfectionne tout à la fois ; à sa voix puissante tout cède et obéit, et dans un instant il invente ce que des siècles n'ont su trouver. Aussi n'est-il pas de branche des sciences physiques, à l'exception peut-être de celle qui se rapporte à l'histoire des animaux, qui date de plus d'un siècle ; en effet, nos sciences modernes n'ont rien de commun avec les ébauches imparfaites que les anciens nous ont laissées. Par leur influence, il n'est pas sur le globe d'asile inexploré ; nous y avons découvert quatre fois plus de terres que les anciens n'en connaissaient. Des siècles n'ont pas été nécessaires pour produire de pareilles merveilles ; on ne saurait donc y trouver une preuve de l'ancienneté des nations modernes, comme on a essayé de le faire pour celles de l'antiquité. Les faits sont trop près de nous pour le prétendre ; or, si cet argument ne peut avoir la moindre force relativement à nous, peuples si nouveaux, il ne saurait en avoir davantage pour les nations de l'antiquité.

Si, à certaines époques, les progrès des sciences et des arts ont marché avec lenteur, il en est d'autres, au contraire, où l'intelligence humaine a parcouru avec rapidité la plus longue et la plus brillante carrière. Comment, dès-lors, sur le temps que l'esprit humain aura mis à faire dans le premier cas d'importantes découvertes, asseoir un calcul propre à nous faire connaître celui qui aura été nécessaire dans le second ? On ne saurait assigner des termes comparables, à des objets qui n'ont entre eux aucune analogie.

Ne voyons-nous pas l'enfant qui bégaie à peine quelques mots, acquérir en peu de jours un accroissement de connaissances dont aucune autre période de la vie ne nous offre l'exemple. La civilisation, comme le progrès des arts et des sciences, et tout ce qui tient à l'intelligence humaine, n'est nullement soumise à l'influence du temps.

Il est donc possible de circonscrire la marche et le développement de la civilisation ancienne et moderne, dans l'espace de temps qui s'est écoulé depuis l'apparition de l'homme, que l'on a fixée entre 7500 et 8000 années avant les temps actuels. Ainsi, entre l'aurore de l'histoire grecque et le déluge, il se serait écoulé un intervalle de 3500 ans au moins, et de 4866 années au plus. Cet intervalle suffit pour avoir amené les peuples de l'antiquité au point de civilisation où nous les représente l'histoire.

Les Égyptiens, les Indiens et les Chinois, vivant sous un climat tempéré, dans un pays heureux et fertile, sous le despotisme ou sous la théocratie, ont pu arriver, il y a environ trois mille ans, à cet état de civilisation où le pouvoir souverain crée de grands monuments et où le luxe nourrit et développe les arts propres à le perpétuer. C'est à cet état que les Indiens et les Chinois sont parvenus; et que serait encore l'Égypte, si cette contrée n'avait été subjuguée et colonisée par des nations d'une autre trempe d'esprit! (*Note 32.*)

Les notions que les Égyptiens et les Chinois ont eues sur l'agriculture ne dénotent pas davantage une haute antiquité. L'art de semer et de cultiver le blé, que ces derniers ont connu d'assez bonne heure, ne remonte pas à des âges antérieurs aux temps historiques. Avant Chin-Hong, les Chinois mangeaient crus tous les fruits des arbres, et ne savaient pas faire cuire les légumes ni les diverses parties des végétaux. Ils se nourrissaient de la chair palpitante des animaux et ignoraient l'art de labourer la terre.

L'empereur Chin-Hong paraît avoir été le premier qui, après avoir taillé du bois, en fit une herse; et en ayant courbé d'autres, en fabriqua une charrue. Fier d'avoir trouvé cet instrument, si essentiel à l'agriculture, il en fit l'application et enseigna à ses peuples la manière de cultiver les diverses espèces de grains.

Les progrès de l'agriculture n'ont pas non plus devancé, en Égypte, les temps historiques. La charrue a été figurée pour la première fois sur les bas-reliefs des grottes d'Ilithia, que Champollion a reconnus appartenir à diverses époques pharaoniques. Ces bas-reliefs ne remontent pas à plus de quinze siècles avant l'ère vulgaire.

On en trouve quelques traces sur un tombeau plus ancien que les bas-reliefs des grottes d'Ilithia, c'est-à-dire dans celui de Zaenïetel-Meiteïa. Ce tombeau est du temps de Pepei ou Apop, que l'on croit être le même que Phiops, quatrième roi de la sixième dynastie. On l'a assimilé à Apophys, le vingt-deuxième prince indiqué dans le canon d'Érastosthène. Les scènes d'agriculture figurées sur ce tombeau remonteraient, si l'on admet la dernière supposition, à une époque plus reculée que celle des bas-reliefs d'Ilithia. Ce tombeau est, du reste, un des plus anciens de l'Égypte. Antérieur à l'invasion des rois pasteurs, il ne dépasse pourtant pas les dates historiques que les traditions les plus authentiques assignent aux constructions régulières de cette partie de l'Afrique.

L'art de cultiver le blé paraît être passé de l'Égypte chez

les Grecs et les Romains. Plus tard, la culture du froment s'introduisit en Europe ; mais on ignore l'époque où cette pratique agricole, dont l'influence a été si grande sur la civilisation, s'y est répandue. A la connaissance du blé et de sa culture sont liés la réunion des habitants de l'Europe en corps de nation, et les progrès qu'ils ont faits dans les arts et les sciences. Aussi, dans la Babylonie, où, selon Bérose et Hérodote, le blé croissait spontanément, se sont élevés successivement les grands empires des Babyloniens, des Assyriens et des Perses.

L'Égypte elle-même a dû une partie de sa puissance à la perfection que l'agriculture y avait acquise. La culture du blé y était si honorée, qu'à l'ouverture de l'année rurale, les rois dirigeaient la charrue de leurs mains et traçaient le premier sillon, afin de montrer aux peuples quels services ils devaient attendre du premier des arts.

La civilisation de la Grèce est postérieure à celle de l'Égypte et de la Chine ; du moins les données les plus positives ne la font pas remonter à quinze siècles au plus avant l'ère chrétienne. Homère n'a paru que 900 ans avant cette époque, et Hérodote a vécu 456 ans plus tard. Cette carrière de quinze siècles est suffisante pour expliquer les merveilles de la Grèce antique, surtout lorsqu'on les compare aux immenses progrès que les peuples modernes ont faits depuis la renaissance des lettres.

Le cercle de la chronologie biblique, qui paraît si court aux faiseurs de système, est encore assez vaste pour les historiens. On peut y faire entrer, non-seulement la Grèce historique et héroïque, mais encore les grands empires d'Orient, dont les lourds et immenses monuments ont exigé des siècles pour s'achever. On peut également y comprendre la civilisation des Indiens et des Chinois, ainsi que les antiques migrations des Celtes et des Scandinaves, dont Suhm, le Varron des Danois, a si judicieusement déterminé l'époque et l'étendue.

La véritable philosophie de l'histoire rejette, sans embarras comme sans regrets, ces millions de siècles dont elle n'a que faire. Elle le doit d'autant plus, que la nature nous tient le même langage que les monuments et les traditions historiques.

Nous avons rapporté un grand nombre de faits qui confirment la nouveauté de l'homme; mais il en est d'autres qui n'ont pas moins de puissance. Si nous interrogeons l'histoire des céréales, de ces plantes que nous avons tant d'intérêt à cultiver, puisqu'elles sont la base essentielle de notre nourriture, elle nous apprendra qu'elles ont été découvertes dans la Palestine, où elles croissent spontanément. Aussi l'agriculture, le premier et le plus ancien des arts y a pris naissance, et s'est ensuite étendue dans tous les pays habités[1]. C'est du moins dans la Palestine que les premiers troupeaux ont été réunis et nourris avec soin. (Genèse, IV, 2, 3, 4. Deutéronome VIII, 7, 8 et 9.)

C'est encore de la même région que la vigne paraît être

---

[1] Le passage de la vie nomade à la vie agricole a toujours eu lieu chez tous les peuples, du moment qu'ils ont découvert les céréales ou qu'on les a importées dans le pays qu'ils habitaient; c'est ce qui est arrivé aux Hébreux, aux Égyptiens, comme aux nations asiatiques et européennes.

provenue ; pour la première fois Noé en a fait couler la liqueur enivrante à laquelle nous devons force et courage[1]. (Genèse IX, 20, 21.) Elle est également la patrie du baumier, du cèdre, du palmier, du dattier, de l'abricotier, du figuier, du sycomore, de l'olivier, du pêcher, du lin, du blé, de l'orge, de l'épeautre et d'une foule d'autres végétaux non moins utiles, ainsi que nous l'apprennent les traditions et les monuments historiques hébreux et égyptiens.

N'est-il pas naturel d'en conclure que la contrée où existent les plantes et les arbres les plus nécessaires à nos besoins, a dû être la première habitée, surtout si l'agriculture y a pris naissance, ainsi que nous le savons d'après le plus ancien monument historique que nous possédons?

Si l'on examine la distribution des céréales, à la tête desquelles ont peut signaler le blé ou froment, l'orge, l'épeautre, l'avoine, on les voit à peu près uniquement disséminées dans les pays tempérés et dont la hauteur au-dessus du niveau des mers est peu considérable. Là seulement, les plantes alimentaires donnent d'abondantes et de fructueuses récoltes. Il en est de même de la vigne et des arbres qui sont les compagnons des plus utiles végétaux. En effet, les céréales ne peuvent pas prospérer dans les

---

[1] La vigne, affectée en général au bassin de la Méditerranée, ne croît spontanément ni dans l'Éthiopie, ni dans l'Arabie proprement dite, ni même dans l'Égypte, mais dans la Palestine seulement. Les traditions, les histoires égyptiennes recueillies par Diodore, la placent à l'état sauvage près de Nyssa et du Jourdain, ainsi que l'a fait observer M. Dureau de la Malle.

contrées équatoriales d'une hauteur médiocre, ni au-delà des tropiques à une grande élévation.

Leur reproduction spontanée n'a pas lieu en Europe, où elles gèlent souvent dans certaines contrées; on ne les voit pas davantage dans les parties du nouveau ou de l'ancien continent où les Européens ont porté leurs colonies. Ces plantes ne sont donc pas originaires de nos régions : elles viennent de la Palestine et de l'Égypte ; aussi la Cérès adorée dans la dernière contrée, portait en ses mains un épi de blé.

Le froment se trouve dans les tombeaux des anciens rois d'Égypte, avec les pains qu'il a servi à confectionner. Ce qui n'est pas moins particulier, le blé retiré des catacombes de Thèbes ne diffère pas de celui qui croit maintenant sur le sol environnant ou dans nos régions. Les froments sculptés sur les zodiaques de Thèbes et d'Esnée, ainsi que ceux représentés dans les scènes d'agriculture d'Eileithis, sont en tout semblables à ceux de nos jours. L'orge extraite des pains des hypogées de la haute Égypte a présenté plusieurs glumes entières et semblables à celles de l'orge cultivée. Depuis au moins deux mille ans, les céréales, d'après la remarque de Robert Brown, n'ont pas été altérées ni modifiées par la culture dans la moindre de leur parties. Si elles se sont ainsi perpétuées sans variation dans leurs caractères, le climat où elles ont prospéré n'a pas dû éprouver le moindre changement.

D'autres faits annoncent que les climats se sont maintenus dans un état de stabilité remarquable depuis l'apparition de l'homme. On peut mentionner la grosseur toujours la même de certains arbres dans les pays les plus divers. Il existe dans les environs d'Hyères, particulièrement auprès de la Grande-Bastide, des oliviers dont les troncs ont de 8 à 9 mètres de circonférence. Si les calculs de Moschetini sont fondés et si réellement cet arbre croît d'une ligne et demie par année, l'olivier d'Hyères aurait environ 740 ans. Il en serait de même de celui de Pescio, que l'on regarde comme le plus gros et le plus vieux de l'Italie. Évidemment, depuis la croissance de ces arbres, le thermomètre ne doit pas être descendu à 12° au-dessous de zéro, car un pareil abaissement dans la température les aurait fait périr.

Sans regarder certains cèdres du Liban comme contemporains des temps bibliques, il paraît que plusieurs baobabs de la presqu'île du cap Vert remontent au XVIe et même au XVe siècle.

Il en est de même des chênes et des orangers, si fameux par leur durée. On peut citer comme un exemple de la longévité de ces derniers, l'oranger du couvent de Sainte-Sabine à Rome, planté par saint Dominique en 1200, et celui du monastère de Fondi, que saint Thomas d'Aquin y plaça en 1278. Le tilleul de Martigny est antérieur à Henri IV, né en 1553; cet arbre a servi de repère indicateur à l'époque où Sully fit travailler à la carte de France. Les climats où ces arbres ont prospéré n'ont pas dû éprouver de notables modifications depuis lors; s'il en avait été autrement, ils n'y auraient certainement pas résisté.

VI. Les monuments et les traditions historiques des anciens peuples contrarient-ils la chronologie des Hébreux ?

Les anciens peuples se sont disputé la priorité de leur origine, comme si elle pouvait être une illustration. L'ancienneté des pères ne fait pas la gloire de leurs descendants, mais les titres qu'ils peuvent s'être acquis à la reconnaissance publique par leurs hauts faits ou leurs vertus. Un nom historique est alors une grandeur, car il excite ceux qui ont le cœur bien placé à imiter les exemples de celui qui l'a illustré.

Parmi les nations qui ont prétendu à une grande antiquité, on peut signaler les Hébreux, les Égyptiens, les Indiens et les Chinois. Examinons avec attention les différents titres qu'ils apportent à l'appui de leurs prétentions.

Le plus ancien livre que les peuples peuvent nous montrer, est celui des Hébreux, ou le Pentateuque, dont la date remonte environ à 3500 ou 3620 avant l'époque actuelle ; aussi seuls ils ont une véritable histoire des temps les plus reculés, et elle nous a donné du moins des dates et des renseignements assez précis sur les premiers événements historiques.

Les écrits qui nous restent sur l'ancienne Égypte sont récents auprès de la Bible ; ils paraissent même postérieurs à la dévastation de Cambyse. D'un autre côté, leur peu d'accord atteste qu'ils sont tirés de documents mutilés ; aussi est-il à peu près impossible d'établir les moindres rapports entre les listes des rois d'Égypte, qui nous ont été fournies par Hérodote, Érastosthène, Manéthon et Diodore.

Il y a plus, on ne peut pas même accorder entre eux les différents extraits tirés de Manéthon.

Les Hébreux, le seul peuple qui ait une histoire réelle des premiers âges, ont été également avancés de bonne heure dans l'industrie et les connaissances scientifiques. Néanmoins, on avait admis pendant longtemps que l'art judaïque n'existait pas et n'avait jamais existé. Cette supposition, quoiqu'elle ne reposât pas sur des documents précis, était devenue une sorte d'axiome en matière d'archéologie. M. de Saulcy, de l'Académie des inscriptions, persuadé que ce fait était exact, a entrepris dernièrement un voyage en Judée pour s'en assurer.

Après avoir visité avec détail les divers monuments de cette contrée, il a reconnu que, par une grave erreur historique, on avait considéré l'usage de la voûte comme postérieur de plusieurs siècles à l'époque de Salomon.

L'absence de toute construction semblable dans les édifices antiques de l'Égypte avait, jusqu'à un certain point, légitimé cette opinion; mais les Juifs ne tirèrent pas de l'Égypte seule les principes de l'art qu'ils adoptèrent, et qui subirent une influence purement assyrienne.

Les ruines de Ninive, encore debout, prouvent cette influence. Une magnifique voûte en plein cintre et de 12 mètres sous clef, trouvée dans les fouilles de Khorsabad, en est en quelque sorte une démonstration. Ce fait architectural remonte à 625 ans avant l'ère chrétienne, puisque l'an 633 avant Jésus-Christ est la date précise de la destruction de Ninive.

Ces faits architectoniques donnent une haute idée de la

science des constructions pratiquées par les Juifs dès le règne de Salomon, c'est-à-dire plus de dix siècles avant l'ère vulgaire.

L'usage de la voûte circulaire et de l'encorbellement pour les sols de balcon existait chez les Juifs, et ceci implique forcément des connaissances très-avancées de la coupe des pierres et de l'appareillage des voussoirs. L'art judaïque avait donc des ressources que les Égyptiens eux-mêmes ne possédaient pas, puisqu'il est très-probable que ces peuples n'ont pas connu le genre de construction si employé dans la plupart des monuments [1].

Ce que nous venons de dire de l'art judaïque doit peu nous étonner, lorsqu'on réfléchit que le pays de Canaan était, à l'époque des Patriarches, placé entre deux contrées où l'architecture et l'industrie étaient très-développées. La Mésopotamie au Nord et l'Égypte au Sud eurent nécessairement une grande influence sur les arts des Hébreux.

Ces peuples étaient, en effet, à leur sortie d'Égypte, très-habiles dans les arts industriels ainsi que dans celui de l'écriture. La statue du Veau d'or et les renseignements que le Deutéronome nous a donnés à cet égard, prouvent qu'ils étaient également très-avancés dans la préparation des métaux. D'après les Paralipomènes et le Livre des Rois, les Israélites avaient acquis, dès les plus anciens âges, une science égale à celle des Égyptiens, des Assyriens et

---

[1] *Histoire de l'art judaïque, tirée des textes sacrés et profanes*, par M. de Saulcy, membre de l'Académie des inscriptions et belles-lettres. Paris, 1858, un vol. in-8º.

des Phéniciens, et cela non-seulement dans les arts vulgaires, mais dans les plus élevés.

L'exactitude de ces faits, si elle pouvait être douteuse, a du reste été confirmée par un observateur habile, M. V. Guérin, qui a visité les mêmes lieux que M. de Saulcy; le témoignage qu'il a porté en faveur des recherches faites par ce dernier sur la mer Morte et les terres bibliques, est de la plus haute importance sur la solution des questions que ces recherches ont fait naître.

Les Égyptiens, qui semblent avoir ignoré une partie essentielle des constructions monumentales, ont aspiré néanmoins à une haute antiquité. Pour appuyer leurs prétentions, ils ont fondé une chronologie sans bases, car elle ne s'appuie que sur des événements fabuleux. D'après elle, sur les 36525 années auxquelles ils rapportaient le commencement de leur histoire, 33984 auraient été consacrées au règne des dieux; les autres 2541 années, ils les attribuaient à l'empire des hommes, ou jusqu'à la quinzième année avant la conquête d'Alexandre, époque qui correspondait à l'an 347 antérieurement à l'ère chrétienne. Ils donnaient ainsi à la durée du genre humain 4787 années avant l'époque actuelle, la seule date qui puisse être considérée comme réelle dans leur chronologie.

Le nombre de 3285 années que nous signalerons plus bas, paraît assez exact, d'après les progrès que l'étude des monuments de l'ancienne Égypte a fait faire à la chro-

---

[1] *Annales de la philosophie chrétienne*, tom. XVIII, pag. 85. Paris, 1858.

nologie de ce pays. L'histoire de cette contrée célèbre ne remonterait pas au-delà avant l'ère chrétienne, ce qui revient au nombre que nous avons fixé. Le reste du temps compté pour le règne des dieux et des demi-dieux, consacré aux fables mythologiques, n'a pas ce caractère positif qui convient à l'histoire. Dès-lors la véritable chronologie, celle qui se fonde sur une histoire réelle ou sur des monuments authentiques, ne permet pas d'assigner aux Égyptiens une plus haute antiquité.

On a supposé que les observations astronomiques des anciens habitants de cette partie de l'Afrique étaient en opposition avec une pareille chronologie, et portaient à considérer l'époque qu'elle fixe, comme trop courte pour les progrès qu'avaient faits ces observations. Nous ferons remarquer que les formules établies par les géomètres pour représenter les mouvements planétaires, sont arrivées à un tel état de perfection, qu'avec leur secours il n'est pas aujourd'hui, dans le système du monde, de phénomène observable que l'on ne puisse prévoir pour un avenir quelconque, ou reproduire pour une antiquité sans bornes.

On peut ainsi remonter dans la série des temps, reconstruire l'ancien aspect des cieux, et, en le comparant à la science ou aux traditions des peuples, assigner l'état de leurs connaissances positives, rechercher les idées qui leur sont propres ou qui leur ont été transmises, et donner de la sorte un élément de plus à l'histoire comparée de l'esprit humain.

En appliquant cette méthode aux documents que l'on possède sur l'ancienne Égypte, M. Biot a pu constater qu'à une époque aussi reculée que 3285 ans juliens avant l'ère chrétienne, les Égyptiens avaient déterminé dans le ciel la vraie position de l'équinoxe vernal, du solstice d'été et de l'équinoxe d'automne. Ces peuples avaient également reconnu 1505 ans plus tard, ou 1780 années avant l'ère vulgaire, que ces points primitifs s'étaient considérablement déplacés; aussi ont-ils exprimé ces deux états sur leurs monuments.

M. Biot est parvenu à ce résultat en étudiant les travaux astronomiques découverts en Égypte par Champollion, et leur appliquant les recherches de ce dernier sur l'ancienne année égyptienne. Il a prouvé par les monuments, que l'année, composée de douze mois de trente jours, y avait cinq épagomènes. Elle s'écrivait, depuis la plus haute antiquité, par des signes qui la partageaient en trois saisons. Ces saisons coïncidaient avec les plantes que le débordement du Nil assigne aux cultures annuelles, respectivement caractérisées par les symboles de la végétation, de la récolte et de l'inondation. En outre, à chacun des mois était attaché un personnage divin qui y présidait; parmi eux, Champollion a reconnu avec évidence les emblèmes des deux solstices de l'équinoxe vernal.

Ces notions astronomiques sont-elles nées d'abord en Égypte en commémoration de faits réels, et de là sont-elles passées aux Chaldéens; ou ceux-ci les ont-ils données aux Égyptiens, qui en auraient fait le fondement de leur année vague? C'est un point de chronologie important sans doute à éclaircir; mais comme il est indifférent à la solution de la question qui nous occupe, nous n'en dirons pas davantage à cet égard.

Les monuments mithriaques, qui sont les mieux caractérisés par des symboles astronomiques et qui permettent d'arriver à une pareille détermination, sont tous des ouvrages des Romains. On trouve également des vestiges des mêmes traditions sur les cylindres babyloniens et persépolitains, et sur divers bas-reliefs de Persépolis. Ces monuments ne remontent pas à plus de cinq ou six siècles avant l'ère chrétienne. A la vérité, on croit retrouver quelques traces de ces traditions jusque dans les racines de la langue persane.

Si l'on pouvait compter sur l'exactitude du fait si souvent cité, que Callisthène avait envoyé à Aristote des observations astronomiques chaldéennes remontant à dix-neuf mille ans, l'embarras concernant la question de priorité entre la Chaldée et l'Égypte augmenterait encore. Mais ce fait repose sur le seul dire de Simplicius, qui a vécu six cents ans après Aristote et qui le rapporte sur l'unique autorité de Porphyre; du moins le maître d'Alexandre n'en a rien dit, et aucun véritable astronome n'en a parlé. (*Note 33.*)

Cependant Ptolémée cite dix observations d'éclipses qu'ont véritablement faites les Chaldéens, mais elles ne remontent qu'à Nabonassar, ou à 721 ans avant l'ère chrétienne. Ces observations sont tout à fait grossières; le temps n'y est exprimé qu'en heures et en demi-heures et l'ombre qu'en demi ou en quart de diamètre. Comme elles avaient des dates certaines, les Chaldéens devaient avoir quelque connaissance de la vraie longueur de l'année et quelque moyen de mesurer le temps. Ils paraissent avoir connu la période de dix-huit ans, qui ramène les éclipses dans le même ordre, et que la seule inspection de leurs registres devait promptement leur donner ; mais il est constant qu'ils ne savaient ni expliquer ni prédire exactement les éclipses de soleil.

Les centaines d'éclipses que les Égyptiens sont supposés avoir calculées, mais seulement sur la foi de Diogène Laerce, prouveraient uniquement que, pendant plusieurs siècles, ils ont observé assidûment le soleil et la lune, et que, dans les cas d'obscurcissement, ils ont jugé à propos d'inscrire la date du phénomène sur leurs registres, sans en comprendre peut-être la cause. (*Note 34.*)

Ce fait est, du reste, douteux, n'étant appuyé que sur le dire de Diogène Laerce ; il est douteux parce que cet historien ne l'allègue que pour donner aux Égyptiens une antiquité de 48000 années, antiquité à laquelle le nombre des éclipses citées est loin de correspondre. Les observations d'éclipses devaient être bien grossières, puisque Ptolémée n'en mentionne pas une seule, tandis qu'il en cite plusieurs des Chaldéens, quoique celles-ci soient encore peu précises.

Si Thalès a pu prédire la fameuse éclipse sur la date de laquelle il règne tant d'incertitude, rien ne prouve que l'honneur doive en être rapporté aux Égyptiens. Le philosophe grec pouvait n'avoir dû sa méthode qu'à lui-même et avoir connu la période chaldéenne ; il devait du moins appliquer quelque procédé de ce genre, car, dans l'état d'imperfection où se trouvaient pour lors les sciences, un calcul d'éclipses était à peu près impossible. Aussi

Thalès ne put parvenir à prédire le jour et encore moins l'heure de l'éclipse, mais seulement l'année où ce phénomène devait avoir lieu.

Ce philosophe paraît avoir surpassé ses deux maîtres; il a enseigné du moins aux prêtres de Memphis à mesurer la hauteur des pyramides par leurs ombres. L'orientation exacte de ces monuments serait un fait significatif, s'il était certain que les Égyptiens ont eux-mêmes orienté et construit les pyramides. Or, c'est là un point douteux et contesté; quand il ne le serait pas, il serait facile de prouver qu'une méridienne déterminée à un tiers de degré près, a pu l'être au moyen d'ombres égales.

Si les Égyptiens ont connu les planètes, ce mérite leur est commun avec tous les peuples. Ils n'ont certainement pas inventé l'usage de la semaine; cette période, admise chez toutes les nations, serait, au défaut de la semaine biblique, un motif suffisant de leur en contester l'invention. En supposant qu'on leur en accordât le mérite, comme l'origine s'en trouverait dans le nombre des planètes pour lors connues ou dans la durée des quadratures de la lune, la renommée astronomique de cette nation y gagnerait sans doute, mais non pas au point qu'on pourrait supposer.

La composition et l'usage de la période sothiaque, employée par les Égyptiens jusqu'à l'ère chrétienne, prouve qu'ils n'avaient pas connaissance de la longueur de l'année tropique, et qu'ils considéraient l'année solaire comme composée de trois cent soixante-cinq jours et un quart. Cette connaissance fort peu précise ne supposerait pas, à la rigueur, cent années d'observations suivies, ce que l'on découvre chez tous les peuples et à toutes les époques. Une connaissance n'est pas toujours une découverte ; car les Égyptiens pouvaient tenir d'ailleurs de pareilles notions.

On prétend que ces peuples ont connu le vrai système du monde, et qu'ils l'ont révélé à Pythagore ; mais cette idée philosophique n'est pas venue à leur connaissance, et d'ailleurs elle ne constitue pas une véritable science. Elle est même compatible avec une certaine ignorance et des idées assez grossières ; aussi Philolaüs, de Crotone, qui le premier l'enseigna dans la Grèce, soutenait que le soleil n'était qu'un miroir réfléchissant la lumière et la chaleur des planètes. Les Égyptiens ne paraissent pas s'être élevés jusque-là ; ils ont connu seulement la révolution de Mercure et de Vénus autour du soleil, connaissance fondée sur la remarque qu'ils avaient faite, que les deux planètes s'éloignaient peu de l'astre central. Mais il y a loin de cette idée à celle du mouvement de la terre.

Ce dernier système, s'il avait été connu des Égyptiens, l'aurait été de Thalès, qui avait appris d'eux tout ce qu'ils savaient à cet égard. Aussi, imaginé en Grèce longtemps après, y passa-t-il pour une nouveauté assez étrange.

Les Égyptiens n'ont pas connu non plus le mouvement équinoxial et la vraie longueur de l'année. Il paraît seulement que les observations grecques comprennent un intervalle de quatre à cinq siècles, depuis Arystille jusqu'à Ptolémée, et qu'elles ont eu pour but de vérifier le soupçon d'Hipparque sur le mouvement des équinoxes. Ensuite Ptolémée, par ses propres observations, ne laissa aucun doute sur ce point de fait.

Le dernier de ces astronomes, comme, du reste, Arystille et Hipparque, vivait en Égypte au milieu des trésors de la science humaine rassemblés dans la bibliothèque d'Alexandrie. Ptolémée connaissait donc les observations des Chaldéens; dès-lors, comment n'aurait-il pas su que le mouvement équinoxial était un fait que n'ignoraient pas les Égyptiens, au milieu desquels il vivait? Cependant Ptolémée a cru qu'il avait été découvert par les Grecs, après quatre ou cinq cents ans d'études suivies! Voilà pourtant sur quoi l'on s'est fondé, pour prétendre que les philosophes de l'Égypte avaient de hautes connaissances en astronomie.

Il paraît cependant qu'il en a été tout à fait le contraire. Toujours est-il constant qu'Hipparque, pas plus que Ptolémée, n'a cité aucune observation astronomique due aux Égyptiens. Du moins ils n'en ont rapporté aucune à laquelle ils aient pu comparer les leurs, tandis qu'ils l'ont fait souvent à l'égard de celles dues aux Chaldéens. D'un autre côté, ces peuples ne pouvaient pas avoir une astronomie passable avant Thalès, puisque ce philosophe inventa la mesure des angles et les lignes proportionnelles. Plus tard, Pythagore découvrit les propriétés du carré de l'hypothénuse et sut en faire l'application. Ainsi, avec une géométrie aussi imparfaite que celle dont les Égyptiens se servaient à l'époque où ce philosophe alla les visiter, l'astronomie était à peu près impossible; une pareille science ne permettait pas de mesurer les hauteurs des astres. (*Note* 35.)

Leurs connaissances étaient encore si peu avancées, que

Plutarque nous représente les astronomes de l'Égypte mesurant la hauteur du pôle, non avec un instrument gradué, mais en dirigeant une tuile vers l'étoile polaire. L'absurde procédé que leur attribue Macrobe, pour mesurer la durée de la révolution diurne, n'est pas aussi incroyable qu'on l'a supposé, surtout lorsqu'on réfléchit que ces peuples n'avaient pas de cadran solaire. La part des Égyptiens dans l'invention et les progrès de la science astronomique, a donc été bien faible, si ce n'est tout à fait nulle.

Voudrait-on attribuer aux Phéniciens la gloire d'avoir posé les fondements de l'astronomie nautique? Cela est possible, mais le difficile est de fixer le degré auquel ils s'élevèrent dans cet ordre de connaissances. Il faut l'avouer, l'histoire est muette sur ce point important. La tradition, du moins d'après Strabon, leur accorde d'avoir découvert la constellation de la grande Ourse, ou plutôt son usage dans la navigation. Mais ce fait est en quelque sorte équivoque, car les hommes n'ont jamais ignoré que cette constellation est placée au ciel dans la région du Nord. Strabon leur attribue également l'invention de l'astronomie et de l'arithmétique; mais cette assertion, qui ne repose sur aucune donnée historique, est encore plus vague que la première.

Les plus anciennes observations astronomiques mentionnées dans les livres des Chinois remonteraient, d'après M. Biot, à 2400 ans avant notre ère. Elles seraient postérieures de neuf siècles à la position primitive des solstices et des équinoxes, rappelée par les notations et les tableaux sculptés des Égyptiens.

Le mode de division du ciel par ascension droite, le choix des constellations adopté par les astronomes chinois et les dénominations qui les désignent, n'ont aucun rapport avec le système astronomique des Égyptiens.

Il n'y a rien de commun entre les deux systèmes, qui puisse faire supposer une transmission de méthode ou de tradition, qui se serait propagée des Égyptiens aux Chinois. Les deux systèmes d'idées sur lesquels reposent les méthodes des uns et des autres, semblent indépendants et n'être pas provenus d'une même opinion fondamentale.

Si l'on découvre quelques analogies entre les systèmes adoptés par ces peuples, comme le culte du ciel, la gloire des ancêtres, l'assimilation des rois au soleil, l'emploi des signes figurés dans l'écriture primitive, ce ne peut être que parce qu'ils ont été conduits à ces usages par une pente naturelle à l'esprit humain. S'ils les avaient réellement puisés dans une communauté de patrie ou de race, ces relations auraient précédé le phénomène astronomique qui est devenu l'origine des traditions et de la notation égyptienne. Ainsi, elles auraient dû être antérieures à l'année 3285 avant l'ère chrétienne, époque qui correspondrait à l'an 5144 avant le moment actuel, 1859.

Les observations d'éclipses faites par les Chaldéens et citées par Ptolémée, ne remontent pas non plus au-delà de 2500 ans avant notre ère. Aussi, les millions d'années que s'attribuent les Chaldéens sont fabuleux comme l'est le nombre d'années à l'aide desquelles les Égyptiens ont voulu se donner une haute antiquité. Leurs périodes astronomiques ont été calculées sur des observations inexactes et même en rétrogradant; plusieurs de ces périodes sont de simples cycles arbitraires multipliés par eux-mêmes. Tout porte à croire que leur grande réputation en astronomie leur a été faite à des époques plus récentes, lorsque leurs successeurs vendaient dans tout l'empire romain des horoscopes et des prédictions. (*Note 36.*)

Delambre, l'historien des progrès de l'astronomie chez les différents peuples, croyait si peu à l'habileté des Chaldéens, des Égyptiens, des Chinois et des Indiens, qu'il les considérait comme étrangers à l'astronomie mathématique. Nous ne possédons, ainsi qu'il le fait observer, aucun monument ancien qui puisse faire présumer qu'ils aient acquis des connaissances dans cette science. Tout se borne, pour les Chinois et les Indiens, à des ouvrages assez modernes; on ne cite en faveur des Chaldéens et des Égyptiens, que quelques témoignages vagues et insignifiants, d'écrivains qui ne sont pas des juges bien compétents en pareille matière. Il n'existe donc aucun moyen de se former une idée exacte de la science des anciens en astronomie. Si toutefois cette science a existé chez eux, les preuves en sont tout à fait perdues [1].

Il est du moins certain, ainsi que Bailly le fait observer, que les connaissances astronomiques laissées par les peuples de l'Asie, ne remontent pas à plus de 3000 ans avant l'ère chrétienne [2]. Aussi Klaproth, dans ses mémoires relatifs à l'histoire de l'Asie, fait remarquer que les tables

---

[1] *Histoire de l'astronomie du moyen-âge.* — Discours préliminaire. Paris, 1819.
[2] *Lettres sur les sciences.*

astronomiques des Hindous, auxquelles on a voulu attribuer une antiquité prodigieuse, ont été construites dans le septième siècle de l'ère vulgaire et ont été postérieurement rapportées à une époque antérieure, par des calculs faits après coup [1]. D'un autre côté, Bentley a démontré que les tables si renommées de Trivalore, que l'on faisait remonter à l'époque du Cali-Yug, se trouvent écrites et datées du treizième siècle [2].

Si l'on voulait supposer aux Chaldéens des connaissances astronomiques plus avancées que celles qu'ils possédaient réellement, cette circonstance ne serait pas une preuve de leur plus grande ancienneté, lors même qu'il ne serait pas démontré que leur origine est la même que celle des Hébreux et qu'ils ne font avec eux qu'une seule et même nation. Des peuples pasteurs qui habitaient de vastes plaines sous un ciel pur, étaient ainsi dans la position la plus favorable pour observer le cours des astres. Leur vie pastorale et nomade, devait d'autant plus les porter à cette étude, que les astres pouvaient les guider pendant la nuit. Un esprit méditatif a suffi pour les faire arriver au degré de connaissance qu'ils ont eu, sans qu'il ait été besoin d'une longue série de siècles.

Ce que nous venons de dire des Chaldéens s'applique également aux Phéniciens, qui ne peuvent nous présenter des monuments historiques dont la date remonte au-delà de 4000 ou 5000 ans avant les temps actuels. Les Grecs

---

[1] *Mémoires relatifs à l'Asie*, tom. I, pag. 397, 1836.
[2] *De l'antiquité du Surga-Sidhanta. Recherch. asiat.*, tom. I, pag. 588.

sont encore plus nouveaux; l'étonnante civilisation à laquelle ils étaient arrivés, a été plutôt l'effet de leur constitution libérale et des circonstances fortunées sous lesquelles ils ont vécu, que celui du temps. Ils durent un pareil bienfait aux habitants de l'Égypte et de la Phénicie, surtout à ces derniers, qui vinrent s'établir en foule dans les champs heureux de la Grèce.

Les Hindous n'ont jamais eu d'histoire proprement dite. Leurs livres de théologie mystique ou de métaphysique abstruse, ne sauraient nous instruire sur leur origine et les vicissitudes de leurs sociétés. Aussi a-t-on de la peine à établir quelques lambeaux d'une chronologie indienne. Cette chronologie, interrompue à chaque instant, ne paraît pas remonter au-delà d'Alexandre.

Leur Surga-Sidhanta, qui, au dire des brahmes, aurait été révélé il y a plus de vingt millions d'années, ne peut avoir été composé que depuis environ 760 ans avant l'ère chrétienne. Leurs livres sacrés, ou Védas, postérieurs à la Bible, ne remontent pas à plus de 3200 ans. Leur histoire commence par un déluge et ne le place pas à plus de 5000 ans avant nous.

L'époque à laquelle les Hindous assignent le commencement de leurs souverains humains, qu'ils font descendre du soleil et de la lune, est la même que celle à laquelle Ctésias fait commencer les rois des Assyriens, environ 4000 ans avant Jésus-Christ. Les listes des princes que des Pandits ou docteurs indiens ont compilées d'après les Pouranas, sortes de légendes ou de romans versifiés, sont de simples catalogues sans détails ou ornés de circonstances absurdes. Tels sont ceux qu'avaient les Égyptiens et les Chaldéens; tels sont ceux de Trithème et de Saxon le grammairien, pour les peuples du Nord.

Ces listes, loin de s'accorder les unes avec les autres, ne supposent ni une histoire, ni des registres, ni des titres réels. Le fond même a pu être imaginé par les poëtes, dont les ouvrages ont été la source d'histoires fantastiques. Pleines de fables, ces tables ne remontent cependant qu'à 4500 années, sur lesquelles plus de 1200 ans sont remplis de noms de princes dont les règnes demeurent indéterminés quant à leur durée.

Cet état déplorable devait être celui d'un peuple où les prêtres, héréditaires d'un culte monstrueux dans ses formes extérieures et cruel dans plusieurs de ses préceptes, avaient seuls le privilége d'écrire, de conserver et d'expliquer les livres. Ces prêtres devaient redouter l'histoire, qui éclaire les hommes sur leurs véritables intérêts. Les mêmes causes ont agi en Égypte et en Chaldée; aussi, pour peu qu'on réfléchisse sur les fragments qui nous restent des traditions égyptiennes et chaldéennes, on s'aperçoit qu'elles ne sont pas plus historiques que celles des Hindous.

Si l'époque qui sert de point de départ aux tables astronomiques des habitants de l'Inde avait été observée, ces tables auraient une haute antiquité, qu'eussent partagée les peuples qui les auraient dressées. Mais les travaux de la Société de Calcutta ont prouvé qu'elles avaient été calculées en rétrogradant, et que leur résultat est inexact. D'un autre côté, Bentley a fait observer, d'après des calculs rigoureux, que les tables de Tréviranus, considérées par Bailly comme très-anciennes, avaient été calculées vers 1281 depuis l'ère chrétienne; il y a seulement 578 années.

Enfin, les solstices, les équinoxes indiqués dans les Pouranas et calculés d'après les positions que semblent leur attribuer les signes du zodiaque, avaient paru d'une grande antiquité; mais une étude exacte de ces signes a montré à M. Paravey qu'il ne s'agit que de solstices calculés 1200 ans avant l'ère chrétienne. De plus, le lieu de ces solstices y est si grossièrement fixé, qu'on ne peut répondre de leur détermination, à deux ou trois siècles près.

On le conçoit, les Hindous, naturellement impatients, observent peu et n'ont jamais eu d'instruments propres à des recherches utiles. D'un autre côté, la nouveauté du verre comme moyen d'observation dépose contre l'ancienneté de leurs tables astronomiques. Il a fallu tout le talent d'Hipparque, de Tycho-Brahé et le génie de Képler pour parvenir à construire sans faire usage du verre des tables aussi bien calculées que celles que nous leur devons, comme moyen d'observation.

Les Hindous ont connu des procédés de calcul fort ingénieux : sans prouver l'antiquité de leur astronomie, ils en montrent du moins l'originalité. On ne peut pas en dire autant de la construction de leur sphère; car, indépendamment de leurs maisons lunaires, qui ressemblent à celles des Arabes, ces peuples ont dans leur zodiaque les douze constellations que l'on voit dans celui des Égyptiens, des Chaldéens, des Grecs et enfin des Romains. Ces procédés ingénieux ne sauraient démontrer l'ancienneté d'une science réelle chez les habitants de l'Inde; ils annoncent seulement la sagacité et l'esprit de leurs géomètres, ce qui paraît à l'abri de toute contestation.

Les Hindous ont eu une science astronomique supérieure aux prétendues profondeurs des mythes égyptiens. Mais cette science est sans histoire, et ses découvertes sans époque certaine. On trouve chez eux une science toute faite, dont les brahmes se sont servis comme nos manœuvres font usage du levier et de la roue, sans s'inquiéter le moins du monde du principe de leur puissance. Les brahmes ont cependant calculé les éclipses avec une exactitude remarquable et, il paraît, avec une assez grande facilité.

Les formules, qu'ils ont maniées avec beaucoup de dextérité, sont d'une composition étrange, dont probablement nous ne posséderons jamais les secrets. Néanmoins, les deux calculs d'éclipses que nous a transmis Le Gentil, et qui appartiennent aux brahmes, sont en erreur sur les véritables moments, du moins d'après nos méthodes, d'environ 22 minutes de temps. Cette erreur annonce que, depuis l'invention de la méthode indienne, les résultats accumulés de quelque inégalité sidérale auront produit des différences et exigé des corrections que la décadence de la science astronomique des brahmes ne leur aura pas permis de reconnaître et encore moins de calculer.

Bailly a fait remonter l'origine de l'astronomie indienne à celle du Calyougan, dont la date paraît être de 3469 ans avant l'époque actuelle. A la vérité, Anquetil-Duperron a pensé qu'elle leur avait été apportée par les Arabes. Cette opinion semble d'autant plus probable, que les brahmes conviennent eux-mêmes que leur astronomie est venue d'ailleurs, et que les connaissances qu'ils ont eues dans cette science ils les tiennent d'autres peuples.

Les calculs de Laplace, ainsi que ceux de Delambre, confirment le dire d'Anquetil ; ils prouvent que l'état du ciel, à l'époque du Calyougan, n'était pas conforme à celui que les Hindous ont admis. Toutefois les formules indiennes n'ont pas les caractères particuliers à l'astronomie arabe, ni à aucune autre qui ait pu être importée sur les rives du Gange. C'est là une énigme dont nous ne saurons peut-être jamais le véritable mot.

Les Chinois se sont plu à se donner une haute antiquité; elle n'est pas plus réelle que celle des peuples dont nous venons de discuter l'histoire. Le Chou-King, leur plus ancien livre, a été rédigé par Confucius sur des lambeaux d'ouvrages, il y a environ 2272 ans. Ce fut deux cents ans plus tard qu'arriva, sous l'empereur Hoang-Ti, la persécution des lettres et la destruction des livres. Quatre cents ans après cette persécution, une partie du Chou-King fut rétablie, de mémoire, par un vieux lettré. Une autre partie fut retrouvée dans un tombeau, mais près de la moitié est perdue pour toujours. (*Note* 37.)

Après de pareils travaux, faits pour ainsi dire au hasard, de grandes incertitudes doivent envelopper une histoire fondée sur de telles bases. Elle commence par Yao, occupé à faire écouler les eaux de la surface de la terre. Cet empereur vivait il y a 4482 ans, selon certains manuscrits ; et, selon d'autres, il y aurait seulement 3960 années.

On a supposé, à la vérité, qu'il existait des empereurs

avant Yao ; mais on a admis pendant leur règne des circonstances tellement extraordinaires que leur existence est plus que problématique.

L'histoire des Chinois ne devient raisonnable et ne peut soutenir l'examen de la critique, que lorsqu'elle nous transmet des événements réels passés sous les yeux des historiens, ou du moins qui leur étaient bien connus.

La plus ancienne des observations astronomiques dues aux Chinois, parmi celles qui ont un caractère d'exactitude, est celle du gnomon ; sa date remonte à 2917 ans. A la vérité, on trouve dans le Chou-King des détails d'une éclipse qui daterait de 3982 ans ; mais cette éclipse est racontée avec des détails si absurdes, que la description en est évidemment imaginaire. L'état du ciel, à l'époque où l'on prétend que ce phénomène aurait été aperçu, s'oppose à ce qu'on puisse la considérer comme réelle. Il est question, dans le même livre, d'une conjonction qui aurait eu lieu il y a environ 4277 ans. Sans doute cette observation serait la plus ancienne connue ; mais elle a été rejetée par tous les astronomes comme n'ayant jamais eu lieu.

L'observation de l'ombre, faite par Tscheou-King vers 1100 avant l'ère chrétienne, ne porte pas en elle-même des caractères de fausseté ; quoique assez grossière, elle n'est pas moins un monument astronomique plus ancien que ceux des autres peuples. Antérieurement à cette époque, les astronomes chinois n'avaient aucun moyen de prédire les éclipses ; ils savaient tout au plus en fixer approximativement les époques. Ce qui le prouve, c'est que l'empereur Tschong-Kang condamna à mort ses deux astronomes officiels, Hi et Ho, parce qu'ils n'avaient pas su prédire une éclipse qui avait eu lieu l'an 2180 avant l'ère chrétienne.

Ce n'est que vers le commencement du IVe siècle avant notre ère qu'on trouve en Chine des observations suivies d'éclipses, de solstices et d'apparitions de comètes, ce qui indique une science suivie et établie. Peu avant l'ère chrétienne, les astronomes chinois publièrent des traités d'astronomie qui ont été conservés et qui annoncent des connaissances assez étendues. Il parut même, l'an 164 après notre ère, un catalogue de 3500 étoiles, plus complet que celui de Ptolémée, dont les travaux remontent à la même époque que les observations des Chinois. Dans le IIIe siècle, Yuchi découvrit le mouvement équinoxial, qu'il a supposé de un degré en cinquante ans, et calcula un grand nombre d'éclipses.

Plus tard, et vers le commencement du VIIIe siècle, l'astronome Y-Hang mesura la terre, opération dont nous ne pouvons pas apprécier le mérite, par suite de l'incertitude du *ly* ou de la base qui a servi à établir les dimensions du globe. Ce fut au XIIIe siècle que parut Cocheou-King, qui porta l'astronomie chinoise au point le plus élevé qu'elle ait jamais atteint. Il avait eu pour maîtres les Arabes; d'un autre côté, la trigonométrie sphérique, base de la véritable astronomie, dont on lui a attribué à tort l'invention, était connue avant lui en Chine, à l'époque des conquêtes de Khou-Bisaï-Khan. (*Note* 38.)

Ce Cocheou-King avait épuisé les forces du génie chinois; aussi, à partir de ce savant, la science du ciel ne fit plus de progrès. Les jésuites n'eurent en effet qu'à se montrer au xviiie siècle, avec leur astronomie encore imparfaite, pour évincer les astronomes officiels du pays. Ce fait est d'autant plus remarquable que les Chinois ont été constamment fiers de leurs connaissances, qu'ils croyaient plus avancées que chez les autres peuples. Depuis lors les jésuites ont conservé le sceptre de la science et la direction des affaires astronomiques.

On a donc singulièrement exagéré les connaissances astronomiques des Chinois, puisqu'elles étaient et sont encore assez bornées. Il serait possible cependant que quelques-unes de leurs découvertes eussent été perdues ; car ces peuples ont eu, comme les Grecs d'Alexandrie, à déplorer des catastrophes littéraires. Telle est entre autres celle qui eut lieu sous l'empereur Tsin-Chi-Hoang, qui reconstruisit le grand empire de la Chine. Cet empereur fit brûler, l'an 246 avant notre ère, tous les livres qui se trouvaient dans ses États.

Cependant, après la conquête de Gengis-Khan, vers 1280, Koblay, petit-fils de ce prince, encouragea l'astronomie en Chine, pendant que Holagou, son frère, la renouvelait en Perse. Sous leur règne, les Persans communiquèrent quelque instruction aux Chinois. Malgré les connaissances que ces peuples durent aux Persans, ils étaient si peu avancés en astronomie, que l'empereur Cam-Hi ne put faire calculer par le président du tribunal mathématique, la longueur de l'ombre méridienne pour le lendemain et pour plusieurs gnomons.

Le jésuite Verbiest y parvint seul; aussi fut-il chargé de présider le tribunal de mathématiques; depuis lors les connaissances astronomiques des Chinois s'enrichirent de celles de l'Europe. Mais peu à peu les connaissances apportées en Chine par les missionnaires tombèrent dans l'oubli. Leur science en astronomie fut bientôt si peu avancée, que leurs savants ne furent plus capables de rédiger un almanach et que les événements célestes, les éclipses et les comètes, furent vus par eux avec crainte et devinrent l'objet de lamentations publiques. Ils croyaient naguère que les planètes exerçaient non-seulement une certaine influence sur les hommes, mais surtout sur la Chine et son gouvernement.

Les Chinois auraient depuis longtemps banni de leur empire le petit nombre d'Européens qui y ont pénétré, s'ils ne s'étaient vus obligés de les retenir pour la régularisation du temps, pour le travail de l'almanach et de la chronologie. Leur ignorance était si grande, que lorsque le roi d'Angleterre eut envoyé comme cadeau à l'empereur de la Chine un excellent planétaire, l'astronome anglais Baron ne put faire comprendre à la Société astronomique chinoise, l'usage et les applications de cet instrument.

Ainsi, les observations grossières et incomplètes que l'on trouve dans les annales de ce peuple, avant l'arrivée des Européens, quoiqu'elles indiquent une certaine ancienneté, sont loin de confirmer la fabuleuse antiquité qu'ils ont voulu s'attribuer. Ce qui appartient en propre aux Chinois est d'une si faible valeur scientifique, qu'il est impossible d'admettre qu'ils aient eu besoin d'un temps considérable pour acquérir les connaissances que suppose un état aussi imparfait de la science. On peut, enfin, appuyer cette opinion sur les observations que M. Petit a faites sur l'astronomie des Chinois, dans ses *Lettres historiques*[1].

Cependant, M. Édouard Biot a découvert une nombreuse série d'observations astronomiques faites avec soin sur la planète Mercure, par les anciens Chinois. Elles sont énoncées avec assez de détail dans la collection des vingt-quatre historiens du Céleste-Empire. La plus ancienne remonte à l'an 118 de notre ère.

Ce document, précieux à plus d'un titre, ne l'est pas au point de présenter des faits assez précis pour y trouver le moyen de rectifier les éléments des tables de cette planète.

Ces observations prouvent toutefois que Mercure parcourait, dans ces temps reculés, l'orbite qu'il décrit aujourd'hui ; elles nous donnent, du reste, une idée de l'état de l'astronomie dans l'antiquité de la Chine. Malheureusement, des considérations astrologiques ont plus ou moins dirigé les observateurs ; en effet, chacune de leurs données est accompagnée d'une prédiction dans le texte chinois. A la vérité, les préjugés de l'astrologue n'ont pas beaucoup influé sur la fidélité de l'astronome. Du moins dans le petit nombre de cas où M. Leverrier, qui les a vérifiées, a eu quelques rectifications à opérer sur le texte, ces rectifications ont uniquement porté sur le jour où elles ont été faites, jamais sur le phénomène en lui-même.

Ces observations, dont il est très-facile de comprendre

---

[1] *Lettres historiques sur l'astronomie*, par M. Petit. Toulouse, Lavergne, 1841, pag. 31 et suiv.

l'importance, ne font pas remonter les connaissances astronomiques à une époque assez reculée, pour qu'il soit nécessaire de rien changer aux conclusions qui précèdent.

Il en est de même des monuments de la Chine. Leur antiquité est loin d'égaler celle des constructions de la haute Égypte. D'après les traditions les plus authentiques, ces monuments sont postérieurs de plus de mille ans à l'empereur Yao-Chu. Il en est ainsi de leurs vases et de tous les objets qui sont susceptibles de se conserver. On n'en connaît pas dont la date soit antérieure à 1766 ans avant l'ère chrétienne, ou à 3625 ans avant l'époque actuelle. Ces vases, peu chargés de caractères, sont difficiles à déchiffrer à raison de leur uniformité ; ils nous apprennent seulement l'époque de leur fabrication et nous éclairent sur la chronologie de la Chine. Du reste, les hiéroglyphes dont ils sont parfois chargés n'ont aucune valeur historique.

Il résulte de l'examen attentif de l'histoire de cette partie de l'Asie, que pendant longtemps les Chinois n'ont pas observé le ciel en astronomes, mais uniquement en astrologues ; dès-lors, les premières observations de leurs mandarins n'ont aucune autorité pour l'histoire comme pour la chronologie, en même temps qu'elles sont sans importance pour la science.

En un mot, les recherches astronomiques, les livres, les monuments historiques nous manquent lorsque nous voulons dépasser la date que nous avons fixée à l'apparition de l'homme. C'est sans raison comme sans fondement qu'on a voulu aller au-delà pour le soutien de systèmes plus ou moins ingénieux, mais sans appui et sans base. (*Note* 39.)

Un simple hasard ne saurait donner un résultat aussi uniforme que celui dont nous venons de démontrer la certitude. D'après les monuments les plus authentiques, aussi bien que d'après les traditions les plus certaines, l'origine des monarchies égyptienne, assyrienne, indienne et chinoise, ne remonterait pas au-delà de 4000 ou au plus de 5000 ans. Les idées de nations aussi diverses et dont les relations ont été si peu fréquentes, chez lesquelles la langue, la religion, les lois et les habitudes n'avaient rien de commun, n'auraient pu s'accorder sur un point aussi important de leur histoire, s'il n'avait pas eu la vérité pour base. Elles l'auraient pu d'autant moins, que toutes ces nations ont eu un désir bien prononcé de s'attribuer une antiquité sans bornes, afin de se donner un genre d'illustration auquel elles attachaient le plus grand prix.

VII. Des Cosmogonies païennes comparées à la Cosmogonie de Moïse.

Après avoir examiné en détail et avec attention la cosmogonie de Moïse, il ne nous reste plus qu'à la comparer à celles que nous devons aux philosophes les plus illustres de l'antiquité comme aux peuples les plus avancés en civilisation. Le grand œuvre de la création a excité de tout temps l'intérêt des hommes éclairés. Cependant les païens n'admettaient point la création du monde dans le sens rigoureux de ce mot. Ce qu'ils appelaient ainsi, n'était pour eux que la reproduction du monde à la suite d'un violent cataclysme antérieur à celui de Noé ou de la même époque; aussi leurs cosmogonies sont-elles mêlées d'allusions à de violentes éruptions des eaux.

Les plus beaux génies de la Grèce et de l'Italie antique se sont occupés de la solution du problème de la création; aucun d'eux, quelle qu'ait été parfois la profondeur de leurs vues, ne s'est approché de cette solution, dont les siècles modernes nous ont fait seuls comprendre toutes les difficultés.

Les anciennes cosmogonies, toutes imparfaites et souvent bizarres lorsqu'elles ne sont pas calquées sur celle de Moïse, sont à peu près sorties du souvenir et de la mémoire des hommes. Comment pourrait-il en être autrement? Les philosophes auxquels elles sont dues, avaient les idées les plus fausses et les plus étranges de Dieu et de sa puissance.

Ce que nous disons des philosophes de l'antiquité, nous pourrions le dire tout aussi bien des plus illustres que de ceux dont les travaux ne méritent aucune attention. Platon, qui a touché pour ainsi dire aux dernières limites de l'intelligence, n'a embrassé la création ni dans son essence ni dans ses résultats, parce qu'il n'était point fixé sur le principe éternel de toutes choses : on peut facilement s'en convaincre en portant ses regards sur le *Timée* et sur le *Traité des lois*[1].

De même Aristote, ce génie si vaste, qui a embrassé

---

[1] Platon; *Traité des lois*, lib. VII. — *Le Timée*, pag. 306 et suiv. Un volume in-8°, édition des Deux-Ponts.

l'étude de la nature entière, quoique moins incertain dans ses opinions que Platon, n'a pas été plus heureux. A ses yeux, l'univers a toujours existé ainsi que le genre humain. Les êtres qui embellissent et animent ce monde, n'ont jamais eu de commencement et ne doivent point avoir de fin. Hippocrate, la grande renommée des temps antiques, s'est également égaré lorsqu'il a voulu porter son esprit sur la création et sur son auteur.

Leurs erreurs prouvent combien la cosmogonie de Moïse est digne de l'attention des hommes éclairés ; car, longtemps après cette cosmogonie, on a eu les opinions les plus fausses sur l'origine du monde. Les uns, tels que Ocellus Lucanus, soutenaient que le monde était éternel quant à sa nature et sa forme [1]. De même Platon, bien qu'il reconnût que le monde était l'ouvrage de Dieu, présumait pourtant que l'époque de sa formation était illimitée. D'après lui, le monde était une image éternelle du type immuable, uni de toute éternité à une matière variable. Enfin, les disciples de Platon enchérirent de plus en plus sur la doctrine de leur maître, et enseignèrent le dogme de la co-éternité absolue de Dieu et de l'univers. (*Note* 40.)

Aristote partagea la même opinion et supposa que les êtres vivants, comme les corps inorganiques, étaient incréés. Néanmoins, il reconnaissait qu'une substance spirituelle était la cause du mouvement et de la forme de l'univers.

---

[1] Ocellus, ancien philosophe de l'école de Pythagore, était natif de Lucanie, ce qui lui valut le nom de *Lucanus*. Il vivait longtemps avant Platon ; il nous a laissé un Traité sur l'*Univers*, dont nous possédons plusieurs éditions en grec et en latin.

A ses yeux, l'univers était moins une création qu'une émanation de la divinité.

Plusieurs autres philosophes anciens ou modernes sont allés encore plus loin : ils ont soutenu non-seulement que le monde était éternel, mais qu'il existait par lui-même et ne formait qu'un avec la divinité. Cette opinion, professée par Spinosa, avait été enseignée par Xénophane, chef de l'école éléatique, ainsi que nous l'apprend Diogène de Laerce. Le dernier soutenait également qu'il n'y avait qu'un seul être, lequel incréé, essentiellement inaltérable, restait toujours le même et n'était autre chose que Dieu. Cette doctrine a été partagée par Parménide, Mélissus et Zénon d'Élée, de l'école de Pythagore.

Strabon de Lampsaque s'est entièrement écarté du système de Platon et d'Aristote. La nature était pour lui animée; il ne reconnaissait d'autre Dieu qu'elle. Quoiqu'il soit fort difficile de démêler le sens de ses paroles, il paraît qu'il regardait Dieu et l'univers comme une seule et même chose. Enfin, Alexandre l'épicurien se rapprocha de l'opinion de Xénophane; car, à ses yeux, Dieu n'était autre que la matière. Quelque étrange que soit une pareille opinion, elle n'en a pas moins été adoptée par plusieurs philosophes du moyen âge, et s'est propagée jusqu'à l'extrémité de l'Orient.

Parmi les hypothèses cosmogoniques qui excluent toute influence divine sur la production de l'univers, on peut remarquer celles des Phéniciens, dont il est question dans un fragment de Sanchoniaton recueilli par Eusèbe. Cette doctrine, fondée sur l'athéisme, a cependant quelques analogies avec la théogonie grecque d'Hésiode, qui considérait l'amour comme le premier effet de la puissance génératrice du chaos. Des idées semblables ont été adoptées par les Égyptiens dans leur cosmogonie. D'après eux, l'univers était dans le principe des choses une masse inerte, où le ciel et la terre se trouvaient confondus ; ce ne fut qu'après la séparation fortuite des corps que le monde aurait pris la forme et l'aspect que nous lui voyons. Tout, dans la cosmogonie des Égyptiens, était l'effet du hasard, et leurs systèmes ne supposaient pas même l'existence de Dieu.

S'il faut en croire Plutarque, mais non Diodore, les Égyptiens auraient reconnu un principe actif et intelligent, uni de toute éternité au chaos, qui aurait régi l'univers et présiderait aux effets, dont il serait la cause suprême.

Les Babyloniens regardaient le monde comme éternel de sa nature, et rejetaient toute idée de production primitive et de futur anéantissement. Cependant ces peuples ont attribué à une providence divine l'ordre admirable dont l'univers offre le spectacle.

Les anciens poëtes grecs qui nous ont conservé les traditions mythologiques de leur nation, supposaient l'univers né du chaos, sous l'influence de la divinité. Tels sont Hésiode dont nous avons déjà parlé, et Aristophane ; tous deux considéraient le chaos comme la source de tous les êtres et des corps bruts. Tel est aussi le système de la formation du monde de Leucippe et de Démocrite d'Abdère, dans lequel les atomes jouent un si grand rôle ; ces atomes, après de nombreux tourbillons, se sont donné à eux-mêmes l'organisation propre à ce que nous appelons des corps.

Ce système, bizarre s'il en fut jamais, est assez semblable, aux tourbillons près, à celui d'Épicure, tel que Lucrèce nous le présente. Cependant Épicure ajouta la pesanteur aux deux autres propriétés attribuées aux corps par Démocrite, savoir : la forme et l'étendue ; selon lui, si les atomes n'avaient pas été pesants, il n'y aurait point eu de mouvement.

D'autres philosophes grecs pensèrent que le feu était le principe et la fin de toutes choses, et qu'il était Dieu. Cette idée, sortie des écoles d'Hérodote et d'Hippase de Métaponte, était aussi celle que professait le Père de la médecine, Hippocrate. A ses yeux, comme à ceux d'Héraclite, le feu immortel connaissait le passé, le présent et l'avenir. Les opinions des stoïciens ne furent guère plus raisonnables, car, tout en distinguant deux principes, Dieu et la matière, ils les firent également corporels.

On trouve des idées plus sensées sur l'origine du monde, dans les systèmes imaginés par les Étrusques, les mages, les druides et les brahmes. Selon eux, Dieu aurait tiré l'univers du néant, idée à peu près analogue à celle que l'on trouve dans quelques anciens livres chinois.

Anaxagoras avait également proclamé que le monde était l'ouvrage de Dieu ; aussi sa cosmogonie fut-elle adoptée par les Romains, malgré les efforts de Lucrèce pour faire prévaloir le système d'Épicure. Quant aux Métamorphoses d'Ovide, qui eurent à Rome un succès prodigieux, elles ont quelque air de ressemblance, dans leur premier chapitre du moins, avec la Genèse. Quelques écrivains ont pensé, d'après un passage de Clément d'Alexandrie, que le Pentateuque était connu à Rome et en Grèce avant l'ère chrétienne, ce qui a été confirmé par plusieurs autres autorités.

On pourrait admettre la même supposition à l'égard des Hindous. D'après leur cosmogonie, que l'on trouve consignée dans les lois de Menou, l'univers n'aurait existé que dans l'idée première et éternelle de la divinité. Enveloppé d'abord dans les ténèbres et le chaos, le monde ne serait sorti de l'obscurité dans laquelle il était plongé, que par l'effet et la volonté de la divinité elle-même. A sa voix puissante, le ciel en aurait occupé la partie la plus élevée, la terre l'extrémité inférieure, et au milieu aurait été établie la région des airs. C'est sur la terre que furent placés les êtres vivants, que Dieu anima de son souffle divin. Après avoir achevé son œuvre, la cause première de toute existence fut absorbée de nouveau dans l'esprit dont elle était émanée, et rentra dans son état primitif de repos et d'inaction.

On a cru voir dans les incarnations de *Wistnou*, *Wishnou*, *Wichnou*, *Wischnu* ou enfin *Wichnum*, dieu qui selon les Hindous gouverne le monde, une preuve de la connaissance des lois de la succession des animaux en raison directe de la complication de l'organisation. Cette connaissance résulterait de ce que, dans la première métamorphose, Wistnou s'était transformé en poisson pour chercher le *Védam* au fond de la mer, où un mauvais génie l'avait caché; et dans la seconde, en reptile. Cette dernière métamorphose aurait eu lieu parce que, suivant les brahmes, la terre ne pouvant plus porter la pesanteur des montagnes,

Wistnou aurait pris la forme d'une tortue pour la soutenir sur son dos. (*Note 41*.)

A la troisième incarnation, les péchés du genre humain ayant augmenté le poids de la terre, comme le serpent *Signag*, sur lequel elle reposait, n'aurait pas eu la force de la supporter, elle serait tombée au fond de la mer et tout le genre humain aurait péri. Wistnou, transformé en cochon, descendit des cieux, il grandit sous cette forme d'une manière si étrange que sa tête touchait aux étoiles. Il souleva pour lors la terre, avec ses défenses, et la remit sur la tortue qui était elle-même posée sur le serpent *Signag*. Brahma repeupla ensuite la terre d'hommes nouveaux, qu'il créa par l'effet d'une seule de ses paroles.

Dans la quatrième métamorphose ou incarnation, Wistnou se transforma en monstre effroyable afin de châtier l'insolence du démon, et l'ayant saisi par le milieu du corps il le tua. Le dieu accomplit dans la cinquième d'autres actions; ainsi il détrôna *Malvalx*, le dieu qui gouvernait le monde durant l'âge d'or et le culbuta dans l'abime, l'esprit de désolation disparut pour lors de dessus la terre. Lors de la sixième incarnation, Wistnou accorda trois enfants à deux pieuses brahmines qui ne pouvaient avoir de postérité. Dans la septième, il tua *Ravana*, qui, oubliant ce qu'il devait à *Ixora*, voulait se faire reconnaître pour dieu.

L'histoire de la huitième incarnation paraît avoir quelque analogie avec la vie de Moïse. Un *raiah* qui avait marié sa sœur à un brahme, apprit qu'elle mettrait au monde sept enfants et que le dernier lui enlèverait la couronne.

Ce prince fit donc massacrer les enfants de sa sœur, mais la brahmine étant accouchée d'un nouveau garçon, qui n'était autre que Wistnou incarné, le fit échanger contre un autre et se sauva avec lui et son mari.

Wistnou fit bientôt éclater sa divinité; il rencontra sur ses pas la femme d'un jardinier, celle-ci l'engagea à venir loger chez elle et lui tint des discours analogues à ceux que le Centenier adresse à Jésus-Christ. Un autre événement a encore plus de conformité avec ceux de la vie du Sauveur : pour honorer Wistnou, une indienne répandit sur sa tête un vase plein d'essence et de parfums. Dans la neuvième incarnation, Wistnou se manifesta aux hommes sous le nom de *Boudhe*, ou de médiateur du genre humain.

Quant au temps de la dixième incarnation, il n'est pas encore venu; lorsqu'il arrivera, Wistnou paraîtra sur un cheval ailé, afin de châtier les méchants. Le serpent *Signag*, pas plus que la tortue, ne pourra soutenir le poids de la terre, et le monde alors sera détruit. Ce sera la dernière période de l'univers, jusqu'au moment où le premier âge reviendra. Les Hindous, comme les autres peuples idolâtres de l'Orient, ont en effet admis une révolution cosmogonique pareille à celle des platoniciens.

Telle est l'histoire des dix incarnations qui renferment les mystères de la théogonie des brahmes, du moins comme elle est racontée par Baldans. Cette histoire [1] primitive n'a presque aucune conformité avec celle d'Abraham Roger

---

[1] *Dictionnaire de la Fable*. Voy. l'article Wistnou; Paris, 1803.

et de Noël, non-seulement pour l'ordre des incarnations, mais encore pour le nom des personnages.

Le récit de ces diverses incarnations, ou cet ensemble de traditions mythologiques plus ou moins fantastiques, ne saurait, sous aucun rapport, être comparé à une véritable cosmogonie. Les incarnations de Wistnou n'en donnent pas même l'idée et paraissent avoir été imaginées dans un tout autre but. Si un dieu s'est métamorphosé d'abord en poisson, puis en reptile, enfin en mammifère, ces transformations n'indiquent pas pour cela que les brahmes se soient doutés que la succession des êtres vivants avait eu lieu en raison directe de la complication de l'organisation. C'est un pur effet du hasard, que les incarnations de Wistnou aient commencé par sa métamorphose en poisson, la classe la plus simple des animaux vertébrés. Cette idée, toute mythologique, ne se rapporte nullement à la succession des êtres vivants, qui ont apparu sur la terre en vertu d'une loi que les anciens brahmes n'ont pas plus connue que nous-mêmes avant ces dernières années.

Les détails dans lesquels nous venons d'entrer ont pu faire saisir combien les cosmogonies des Hindous sont absurdes, indépendamment de toute comparaison avec celle de Moïse. On s'étonne, en lisant leurs Védas, que les peuples de l'Inde aient été considérés comme de la plus haute antiquité. On a cru cependant, mais sans motifs suffisants, qu'ils pouvaient réclamer l'honneur d'avoir été la première origine du genre humain et le principe de la civilisation. Il n'est donc pas exact de prétendre que toujours ancienne et toujours nouvelle, la contrée qui a vu naître les Hindous est constamment debout sur ses propres ruines, comme un foyer lumineux où viennent se concentrer les rayons épars qui ont longtemps éclairé le monde.

Les premiers symboles de la cosmogonie des Hindous, remplis de naïvetés et d'idées incohérentes, déposent contre l'antiquité qu'on a voulu leur supposer. D'après leurs idées mythologiques, ces peuples ont considéré le monde comme créé ou organisé par le concours de deux principes procédant d'un seul ou s'alliant à un troisième. Ce dernier, supérieur, préexiste de toute éternité; créateur par excellence, il paraît pour accomplir son œuvre, et rentre dans le sein du grand tout lorsqu'elle est consommée.

Cette *trimourti* ou trinité, et ces trois formes ou emblèmes physiques, le feu, l'eau, la terre, se combinent entre eux ou avec l'unité suprême d'où ils dérivent, d'après la doctrine des brahmes. Telle est la base de la cosmogonie des Hindous; en voici maintenant les détails.

Siva, le feu ou le soleil, ou plutôt le principe de la chaleur et de la lumière, y tient la place du grand générateur ou créateur, distinct du conservateur aussi bien que du destructeur. Son action a précédé toute autre action, c'est lui qui déposa dans les eaux primitives (représentées par *Bhlavani*), les germes producteurs de toutes choses.

Siva occupe ici le premier rang, mais dans d'autres cosmogonies Wistnou joue le rôle principal. Aussi, en les comparant les unes aux autres, on n'y voit pas la moindre unité, caractère cependant essentiel de la vérité. Ces cosmogonies représentent le dieu couché sur une feuille de figuier, dans l'attitude de la contemplation, nageant à la surface des eaux sous la figure d'un jeune enfant. Pendant qu'il repose sur son élément, enseveli dans ses méditations profondes, il sort tout à coup de son nombril une tige de lotus; Brahma paraît assis sur le calice de cette fleur pour accomplir la création.

L'eau y est considérée comme l'élément primitif et le premier ouvrage de la puissance créatrice; le monde sort du chaos et de la nuit; l'intelligence et le mouvement le développent, l'organisent et donnent la forme aux êtres innombrables dans lesquels se répand la vie universelle ou Dieu même.

D'après ces cosmogonies, les choses matérielles étaient plongées d'abord dans les ténèbres comme dans un sommeil profond; soudain parut celui qui subsiste par lui-même (*Swayamblou*), l'auteur et le principe de tous les êtres; invisible, incorruptible, il dissipe par sa seule apparition les ténèbres. Voulant tirer toutes choses de sa propre substance, il crée d'abord les eaux et y dépose une semence féconde. Cette semence devint un œuf d'or resplendissant à l'égal du soleil, et Brahma, le père des mondes, y prit naissance par sa propre énergie. Ce dieu, après avoir demeuré une année dans l'œuf divin, le divisa en deux parties égales; il forma de ces deux moitiés le ciel et la terre, plaçant au milieu l'éther subtil, les hautes régions du monde et le réceptacle permanent des eaux.

Le dieu suprême *Siva*, la lumière qui féconde, est aussi représenté par Wistnou. Ce dieu n'est pas seulement l'eau, mais plutôt l'esprit ou le souffle divin vivifiant et se mouvant sur les eaux. Il partage avec l'éternel créateur le nom de

Nardyama qui exprime cette idée. C'est l'âme du monde qui pénètre et conserve toutes choses depuis la création. Il les a produites par l'intelligence, au commencement des temps, et les recueillera au terme fixé dans son sein. En ce sens seulement, Brahma naissant de l'œuf primitif ou du nombril de Wistnou, paraît subordonné à ce dieu.

La divine intelligence (Brahma) a créé l'univers et tout ce qu'il renferme, les dieux aussi bien que les hommes, les animaux, les plantes, les forces de la nature et les puissances de l'esprit. Les temps commencèrent leurs révolutions et les mondes se succédèrent dans une perpétuelle alternative de destruction et de renouvellement. Quatre âges ou périodes ont été destinés à la durée de l'ordre actuel des choses; c'est ce que les Hindous ont nommé les quatre *yougas*.

Le premier de ces âges est le *Crita* ou *Satia-youga*, âge de justice et de vérité, où les hommes, également bons et vertueux, jouissaient d'une félicité sans mélange et vivaient de longues années.

Dans chacun des âges suivants (*Treta-youga*, *Dwapara-youga* et *Cali-youga*), le mal augmente à mesure que le bien diminue. Le bonheur et la durée de la vie humaine décroissent dans une proportion considérable. La durée même des âges suit un pareil rapport. Douze mille années des dieux ou quatre millions trois cent vingt mille années des hommes, forment la somme totale des quatre *yougas* qui composent ce que les cosmogonies appellent un âge divin.

Soixante et onze âges divins s'écoulent dans la durée du

gouvernement de Menou; mille ans ne forment qu'un jour de Brahma ou un *calpa*, c'est-à-dire quatre milliards trois cent vingt millions d'années humaines. Chacun de ces *calpas* est terminé par un déluge universel, à la suite duquel s'opère une nouvelle création. D'autres déluges séparent les *manwantaras*, et les âges divins se terminent eux-mêmes par un embrasement général.

Ainsi, l'être existant par lui-même, représenté par Siva ou par Wistnou, tire de son essence éternelle ou du sein de *Bhavani* ou du sacré lotus, les semences de toutes choses, qui s'y étaient réfugiées après la destruction de l'univers. Le premier Menou, surnommé *Swayambhouva*, en donnant l'existence aux premiers hommes, promulgua les lois saintes qui régissent encore leurs descendants. Cinq autres Menou avaient régné, et le septième, surnommé *Vaivaswata*, ou fils du soleil, se trouvait sur la terre corrompue par l'oubli de la parole divine.

Brahma se reposant après une longue suite d'âges, le démon *Hayagriva* s'approcha de lui et déroba les Védas qui avaient coulé de sa bouche. *Satyavatra* régnait alors; c'était un serviteur de l'esprit qui marche sur les eaux et qui en fait sa seule nourriture.

Ces traditions si étranges rapportent encore que ce prince s'acquittant de ses ablutions dans la rivière *Critamâla*, Wistnou lui apparut sous la figure d'un petit poisson, qui, recueilli par le saint monarque, devint si gros, qu'à la fin *Satyavatra* fut obligé de le placer dans l'Océan. Le dieu adressa ces paroles à son adorateur, qui l'avait reconnu : « Encore sept jours et toutes choses seront

»plongées dans une mer de destruction ; au milieu des
»vagues meurtrières, un grand vaisseau envoyé par moi
»paraîtra à tes yeux. Tu prendras toutes les plantes médi-
»cinales, et, accompagné des sept saints, entouré de cou-
»ples de tous les animaux, tu entreras dans cette arche
»spacieuse et tu y demeureras....... Tu reconnaîtras alors
»ma véritable grandeur, et ton esprit recevra des ins-
»tructions en abondance. »

La mer, franchissant ses rivages, inonda toute la terre;
elle fut accrue par les pluies que versaient des nuages immenses. Le roi, méditant les commandements du *Bhagavat*,
vit le vaisseau s'approcher et y entra avec les chefs des
brahmes, après s'être conformé aux préceptes de *Héri*.
Le dieu parut sur le vaste Océan comme un poisson resplendissant, armé d'une corne énorme à laquelle *Satyavatra* attacha le vaisseau en faisant un cable d'un grand
serpent..... Puis *Héri*, se levant avec Brahma du sein du
déluge destructeur qui venait de cesser, tua le démon
Hayagriva et recouvra les livres sacrés; *Satyavatra*, instruit
de toutes les connaissances divines et humaines, fut choisi
par le dieu pour septième Menou, sous le nom de *Vaivaswata*. Alors commença le septième *manwantara*, où nous
nous trouvons aujourd'hui.

Le *Bhagavat*, l'un des plus célèbres Pouranas, raconte la
première incarnation de Wistnou, nommée *Matsyavatara*,
ou la descente du poisson. Cette incarnation fait le sujet
d'une autre Pourana auquel il a donné son nom (*Matsya-
Pourana*). La seconde incarnation, le *Kourmavatara*, ou
incarnation en tortue, semble, aussi bien que la troisième,

Varahavatara (en sanglier), se rapporter, comme la première, à quelque révolution du globe par les eaux.

Les dieux ayant tenu conseil pour inventer un breuvage qui donnât l'immortalité, ou, selon d'autres traditions, une lutte violente s'étant élevée entre les bons et les mauvais génies, au sujet du divin breuvage, celui-ci se perdit. Le mont Mérou fut précipité dans la mer, et comme il s'enfonçait dans le grand abîme, toute la terre en fut bouleversée. Alors parut Wistnou, sous la forme d'une immense tortue; le dieu ayant plongé, souleva la montagne, et la soutint sur son dos avec le monde entier. (*Note* 42.)

Le Mérou fut cependant enlacé dans les replis de l'énorme serpent *Secha* ou *Vasouki*; les démons en saisirent la tête, et les dieux la queue; par l'effet de ces efforts contraires l'axe du monde tourna au milieu de la mer de lait, comme un bloc de bois sous la main du tourneur. Ce mouvement de rotation fit répandre l'*Amrita* ou la liqueur de l'immortalité à la surface des eaux. Six autres choses précieuses ou êtres excellents apparurent en même temps; ils sortirent de la mer de lait.

La lune d'abord, puis l'éléphant *Airavata*, ensuite le grand médecin *Dhavantari*. Celui-ci recueillit l'*Amrita* dans un vase et la présenta au dieu conservateur, assis sur le sommet du mont Mérou. Wistnou distribua l'*Amrita* aux dieux ou bons génies, sans en faire part aux mauvais génies ou géants. Ceux-ci s'étant répandus sur la terre, la désolèrent par leurs cruautés en s'y faisant adorer comme des dieux. Ces outrages faits à la divinité donnèrent lieu aux incarnations suivantes du pouvoir protecteur du bien.

Un des géants, ou le démon des eaux, menaça de détruire le globe encore une fois ; Wistnou descendit du ciel, à la prière de *Pruhivi*, déesse de la terre, sous la forme d'un sanglier. Il vainquit le géant, et soulevant le globe à l'aide de ses défenses, il le replaça en équilibre sur l'Océan.

Le géant *Hiranya* provoqua par son orgueil la quatrième incarnation en homme lion. Le monstre divin sortit d'une colombe, et s'étant précipité sur *Hiranya*, il éteignit dans le sang du géant toute sa vengeance.

Dans cette lutte constante que les cosmogonies des Hindous ont admise entre les principes malfaisants et les bons principes, chaque victoire nouvelle du bien sur le mal est liée à une nouvelle incarnation.

Ce progrès de perfection et de puissance se manifeste surtout dans les incarnations suivantes.

Le *Treta-youga* en vit trois : la cinquième, la sixième et la septième. Le géant *Bali* ou *Mahabali* avait obtenu la souveraineté des trois mondes ; tyran usurpateur, il était devenu pour les dieux un objet de colère. Wistnou se chargea de la vengeance commune. Ayant pris la figure d'un brahme nommé *Vamana*, il se présenta devant le monarque et le pria de lui donner trois pas de terrain. *Bali* condescendit à sa demande et engagea sa parole. Alors *Vamana*, développant un corps prodigieux, mesura la terre d'un pas, le ciel de l'autre. Il allait embrasser les enfers du troisième, quand le géant, tombant à ses genoux, reconnut humblement le pouvoir du dieu suprême. Wistnou lui laissa la souveraineté du sombre royaume. On appelle cette incarnation *Vamanavatera*, et l'on désigne le nain merveilleux sous le nom de *Trivikrama*, qui veut dire trois pas.

Dans la sixième incarnation, Wistnou châtia l'insolence des rois de la race du soleil, ou une race particulière de guerriers nommés *Kchatnyas*. Après avoir détruit cette caste impie, il se retira sur la chaîne des Gates, alors baignée par la mer. Vivant dans la solitude, il voulut toutefois donner une nouvelle preuve de sa divinité, et fit sortir du sein des eaux la côte de Malabar.

Un autre *Rama*, contemporain du précédent, termine le deuxième âge. On peut y comprendre la huitième incarnation ou l'incarnation de *Crichna*, la plus magnifique de toutes. Elle signale la fin du troisième âge, durant lequel les vertus et les vices furent dans une espèce d'équilibre. Cette incarnation est en quelque sorte double. *Crichna* eut pour frère aîné le troisième *Rama*, et fut un bienfaiteur de l'humanité.

Quant à *Bouddha*, la neuvième incarnation et la dernière, les uns la placent dans le troisième âge peu après la mort de *Crichna*, les autres au commencement de l'âge actuel ou *Kali-youga*; enfin, certains la rapportent à mille ans environ avant l'ère chrétienne.

La dixième incarnation, *Calkiavatara*, est encore à venir. A la fin de l'âge présent, Wistnou paraîtra monté sur un coursier d'une blancheur éclatante, avec un glaive resplendissant à l'égal d'une comète, pour mettre fin aux crimes de la terre. Ce sera l'alliance de Wistnou et de Siva. Quand *Calki* le destructeur viendra, ou, selon d'autres, le serpent *Secha*, celui-ci, vomissant des torrents de flammes, consumera tous les mondes et détruira toutes les créatures.

Au milieu de cet embrasement général, les semences seront recueillies dans le sein fécond de *Bhavani*. Une nouvelle création, un monde nouveau, commencera pour lors, ainsi qu'un nouvel âge de pureté et d'innocence. Le lotus deviendra, comme le *lingam*, le symbole de l'éternelle génération, comme *Siva* le dieu de la vie et de la mort tout à la fois. Rien ne sera anéanti : la substance demeurera dans la variation perpétuelle des formes. Tous les êtres retourneront à la divinité, dont l'essence est leur source commune, le commencement, le milieu et la fin de toutes choses.

Telle est la doctrine de l'émanation, véritable base de la religion des Hindous. Elle permet d'expliquer les nombreuses descentes de la divinité sur la terre, dont nous avons décrit les dix principales. Elle seule peut rendre compte de cet accroissement progressif du mal, contre lequel le bien s'est sans cesse élevé dans une proportion analogue, par un effet nécessaire de la vertu dont la pratique lui est confiée. Ces manifestations de la divinité sous des formes humaines, ont donc un but moral.

Le système de mythologie des Hindous revêt à l'intérieur les formes les plus diverses et souvent les plus extraordinaires. Ainsi Wistnou, pour combattre le mal, pour amener le triomphe du bien, et pour porter son attention sur les choses mortelles, doit devenir mortel lui-même. Il accepte donc un corps, il s'incarne sur la terre, agit en personne et partage tous les accidents de cette périssable et mortelle condition. Quelque bizarres que soient les moyens qu'il emploie et sous quelque forme qu'il apparaisse, animal, monstre, héros ou berger, se mêlant aux passions comme aux affaires du monde, vivant dans la retraite ou dans les plaisirs, son action invariable est le succès assuré; à ses œuvres on reconnaît le dieu.

Ainsi, Wistnou, fils de l'Éternel et sa seconde révélation, lien visible du monde avec son invisible auteur, porte dans ses incarnations le caractère d'un médiateur divin, dévoué au salut des créatures et réparateur constant des désordres dont une cause de destruction mine sans cesse l'univers.

Ces idées cosmogoniques qui ont régné dans l'Inde, sont consignées dans les Védas et les livres écrits d'après les lois de Menou. Ces livres ont été rapportés par M. Schlegel à la première époque littéraire des Hindous.

On trouve dans la deuxième période presque tous les systèmes philosophiques antérieurs à la philosophie *Védanta*, tels que la philosophie *Sankya* et autres. Les Hindous y ont également fait entrer le *Ramayan* et le fond de plusieurs Pouranas. Dans la troisième période, on a placé tous les ouvrages de *Vyasa*, c'est-à-dire les dix-huit Pouranas, le *Mahabharat* et la philosophie *Védanta*.

La quatrième embrasse l'époque où *Kalydassa*, et une foule d'autres écrivains, s'emparant des anciennes traditions, qui jusque-là avaient été la propriété exclusive des poètes, les proposèrent à la multitude dans les drames et quelquefois sous diverses formes poétiques. Ainsi se sont formés les Védas, desquels ont découlé les Pouranas, espèce de romans mystiques dus à la féconde imagination de *Vyasa* et de ses contemporains.

Examinons maintenant si les cosmogonies phéniciennes sont plus raisonnables que celles dont nous venons de donner une idée. Tout ce que nous en savons, nous le devons à Eusèbe, évêque de Césarée, qui a répandu quelques lumières sur l'histoire de la Phénicie.

La tradition rapportée par Eusèbe est présentée comme une parole divine, exprimée par la suprême Intelligence elle-même, gravée d'après ses ordres en caractères célestes par les divinités planétaires, révélée sur la terre par les dieux inférieurs. Cette incarnation graduelle de la loi est analogue aux incarnations successives dans lesquelles la divinité elle-même a voulu se révéler aux hommes ; elle est semblable à l'incarnation des Védas de l'Inde.

Le Temps, le Désir et la Nuit étaient, au rapport de Damascius, les trois principes de toutes choses, selon les Sidoniens. De l'union des deux derniers parurent l'Éther ou l'air mâle, et l'Aura ou l'air femelle ; ils produisirent un œuf. D'après Eusèbe, le souffle de l'esprit ou le vent et la nuit primitive figurent comme principes des choses.

Sanchoniaton admet un limon primitif ou *Môt*. De ce limon naquirent certains animaux dépourvus de sentiment, et doués plus tard d'une certaine intelligence. De là sont dérivés le soleil, la lune et les étoiles. Le souffle primitif et la nuit enfantèrent *Æon* et *Protogonos* (la durée et le premier-né). Ceux-ci mirent au jour *Genos* et *Genea*, genre, race ou espèce. La lumière, le feu et la flamme parurent ensuite, d'où dérivèrent le Casius, le Liban et l'Anti-Liban.

Après bien des générations parurent *Sydik* et les Cabires. Les mêmes cosmogonies admettent ensuite qu'un fracas épouvantable produit par un nombre infini d'éclairs et de tonnerres, réveilla tous les animaux, qui commencèrent pour lors à se mouvoir dans la mer et sur la terre.

Les traditions des Phéniciens représentent, de même que le système égyptien, l'esprit et la matière, tous deux incréés et préexistant en Dieu. *Môt* est un nom d'Isis pris dans un sens élevé. Ce qu'il y a de remarquable dans ces traditions, c'est la ressemblance qui se manifeste entre les puissances intelligentes et les incarnations.

Le Protogonos phénicien correspond au dieu égyptien *Kneph*, à la fois serpent divin et bon génie (*Agathodæmon*). Le *Chasorus*, dieu ouvreur, dont il est question chez Damascius, représente le *Phtha* des Égyptiens qui brise l'œuf du monde en deux parties distinctes : l'une forme le ciel et l'autre la terre.

Ici, comme en Égypte, de nombreuses divinités sortent de la sphère théogonique pour recevoir dans un culte public les hommages des mortels et prendre possession des temples. Les noms qu'on leur donne sont en partie grecs. *Uranus* (le ciel) a de sa sœur *Ge* (la terre), *Ilus* ou *Chronus*, puis le *Bétyle*, ensuite *Dagon*, plus tard encore *Siton*, et enfin *Atlas*.

Uranus veut faire périr ses enfants; mais Chronus le détrône avec le secours d'Hermès, son fidèle conseiller, et d'Athènes ou Minerve. Chronus prend successivement pour femmes Astarté, Rhéa, Dioné, ses sœurs. Il a de la première un grand nombre d'enfants, le second Chronus,

Jupiter, Bélus, Apollon, Thyphon et Nérée père de Pontus.

Un fils naturel d'Uranus, frère consanguin de Chronus, *Démaroön*, met au jour *Melkarth* (Hercule). Chronus, devenu le souverain des dieux et le maître du monde, veut encore en être le bienfaiteur. Il bâtit la ville de Byblos, qu'il donne en présent à sa femme et sœur, *Baaltis*, la même que Dioné. Il donne également la cité de Beryte à *Poséidon* ou Neptune, et en même temps aux Cabires, ainsi qu'aux laboureurs et aux pêcheurs. Cependant *Taaout* poursuivait le cours de ses inventions. Il avait fait une image d'Uranus; il fit encore celles de Chronus, de Dagon et des autres dieux; elles devinrent plus tard les caractères d'une écriture sacrée.

La cosmogonie chaldéenne, telle qu'elle nous a été transmise par Berose, se rapproche sur les points principaux de celle des Phéniciens. A la tête des dieux figure *Bel*, ou *Omoroca* ou *Omorca*, suivi de beaucoup d'autres divinités. *Bel* coupe en deux *Omoroca*. Une des moitiés forme le ciel et l'autre la terre. Du sang de *Bel* naît la race humaine. A ces faits succèdent la dispersion des ténèbres, la séparation du ciel et de la terre, et enfin l'ordonnance du monde.

Une nouvelle race d'hommes sort du sang d'un autre dieu, qui s'immole de ses propres mains; alors paraît *Oannès* l'amphibie, homme-poisson. Cet être mystérieux s'élève chaque jour de la mer Rouge pour enseigner aux Babyloniens la loi et la sagesse.

Il y a dans les deux pays une succession de Baals. En Phénicie, se trouvent Bel-Uranus, Bel-Chronus, Bel-Zeus et les déesses correspondantes Gé, Astarté, Baaltu ou Dioné. On y découvre encore *Melkarth* et le soleil incarné *Adonis*;

puis d'autres divinités, les sept Cabires avec leur huitième frère *Esmun* (Esculape) et les dieux et les déesses poissons. A Babylone, c'est *Oannès*, tandis que chez les Phéniciens Dagon ou *Dercéto* est identique avec la déesse syrienne *Atergatis*.

Telles furent les divinités adorées dans la plupart des temples de l'Asie antérieure et moyenne; elles n'en avaient pas moins leurs sanctuaires de prédilection, là où elles s'étaient, pour ainsi dire, établies à demeure. Ainsi, Astarté était adorée avec son Adonis à Byblos, Melkarth à Tyr, Dagon à Azotus, Dercéto à Joppé.

Toutefois on reconnaît dans cette multiplicité de formes et de cultes populaires, une idée fondamentale qui a son principe dans l'antique sabéisme et dans la plus simple intuition de la nature. Un roi et une reine des cieux (*Bel-Baal*, *Baaltis-Uranie*), le soleil et la lune, se retrouvent sur la terre comme générateur et mère suprêmes.

Baal ou *Bel* des Chaldéens, des Assyriens et des nations assyriennes, était une dénomination générique signifiant, comme l'*Adom* des Phéniciens, seigneur ou dieu. Elle s'appliquait au soleil, à Jupiter, ou à quelque autre planète. Ce nom a été, dans l'antiquité, d'un usage aussi répandu que sa signification était vague, du moins relativement à ses diverses attributions.

Il nous reste seulement de la chronologie des Chaldéens quelques fragments de Berose, recueillis par Georges le Syncelle[1]. Ces fragments, au milieu de leur confusion, ont

---

[1] Georges, surnommé le Syncelle, à cause de son office près le

de nombreux rapports avec le récit de la création fait par Moïse. On trouve également quelques analogies entre ce récit et la cosmogonie suivie par les Latins. Ainsi, d'après eux, avant la mer, la terre, et le ciel qui les enveloppe, la face de la nature était la même dans tout l'univers. On l'appelait chaos, masse informe, grossière, et amas confus de semences ennemies. Aucun soleil ne fournissait encore sa lumière au monde. Le froid combattait dans le même corps la chaleur, les principes humides luttaient contre les secs, les matières molles contre les dures, enfin les pesantes contre les matériaux légers.

Un dieu ou la nature puissante mit fin à ces divisions; il sépara le ciel d'avec la terre, la terre d'avec les eaux et l'air le plus pur d'avec l'air épais ou grossier. Le feu, qui n'a point de poids, emporté par sa rapidité, brilla bientôt dans le ciel et choisit sa demeure dans les régions célestes les plus élevées. L'air, dont la légèreté naturelle en approche davantage, le suivit immédiatement. La terre, plus solide, entraînant les éléments les plus lourds, se fixa dans les lieux les plus bas où l'arrêta sa pesanteur. L'onde fluide, s'étendant autour, occupa la dernière place.

Après avoir débrouillé le chaos, le dieu façonna la terre de ses mains et lui donna la forme d'un globe, afin qu'elle fût égale dans toute sa surface. Il répandit les mers sur elle et leur ouvrit un lit dans son sein. Les mers furent peuplées par les poissons, et la terre conçut et nourrit à

---

patriarche de Constantinople, était un moine grec qui vivait au VIIIe siècle.

la fois différents animaux, tandis qu'une foule innombrable d'oiseaux s'étendirent dans les airs.

Il manquait à cet ouvrage un être plus noble, plus parfait et qui pût étendre sa domination sur tous les autres. L'homme fut créé, et, au lieu d'avoir comme les animaux ses yeux baissés sur la terre, il porta sa tête élevée et ses regards se tournèrent vers le ciel.

Les cosmogonies des Égyptiens ne sont guère plus raisonnables que celles des autres peuples de l'antiquité. C'est surtout sur les mythes d'Osiris qu'elles sont fondées. Le lotus renfermait, d'après elles, les mystères d'Isis et d'Osiris, principales divinités de l'Égypte. Le lotus est pour ces divinités le lieu de la naissance et le lit de l'hymen. Cette union du frère et de la sœur, qui se retrouve dans les divinités nationales de tous les pays, est un hymen mystique déjà consommé dans le sein de leur mère commune, dans le sein de Rhéa, l'humidité primitive, le principe et l'origine du monde.

L'union d'Isis et d'Osiris est la légende proprement dite de l'histoire de la nature et de l'année en Égypte. D'après cette croyance, toutes choses sont provenues de l'eau, leurs dieux sont représentés portés dans des barques.

Le choix des symboles de ce peuple tient à la nature du climat et du sol qui ont vu se former ses idées cosmogoniques. Le lotus, cette plante mâle et femelle, était la plus sacrée de toutes aux yeux des Égyptiens. La terre y présentait une image fidèle de l'union mystique des deux divinités nationales. Le lotus est encore un pronostic certain de l'inondation, et les pensées religieuses se sont emparées de ce rapport. Cette plante était le symbole de la terre nouvellement arrosée par les eaux du Nil.

Le lotus, l'image de la création par les eaux, était aussi le symbole de l'immortalité. L'univers, d'après les anciens Égyptiens, était sorti des eaux. Osiris, dieu de l'Égypte, né du fleuve égyptien, était le maître de la vie dans les deux mondes, et en quelque sorte comme l'être suprême.

Dans les cosmogonies égyptiennes comme dans toutes celles de l'Orient, domine le système de l'émanation. Ce système distingue les divers attributs du dieu unique et universel. Ainsi chaque attribut de la divinité devient une personne à part, en sorte qu'un seul dieu fait une multitude de dieux.

Osiris est une de ces émanations du grand être. Il se révèle en trois personnes : 1° comme *Ammon* (Ammon Jupiter), qui met au jour les modèles non révélés des choses, c'est la toute-puissance; 2° comme *Phtha*, le démierge ou démiurge, éternel ouvrier réalisant les idées primitives et les modèles de la perfection de l'art divin, c'est la sagesse; 3° comme *Osiris*, l'auteur du bien, la source de toute vie et de toute fortune, en un mot, la bonté.

Cet être, considéré dans ses trois personnes, prend le nom d'Osiris. Les prêtres le désignaient sous le nom d'*Amoun* ou *Knoph*. Les Grecs l'ont traduit par *Agathodæmon*, ou le bon génie. Osiris s'offre donc à eux ayant les mêmes attributs et les mêmes qualités; en second lieu comme le soleil, fils adoptif du grand *Amoun*; enfin, comme le Nil, émanation de la source de la vie et de la prospérité.

Les systèmes religieux de l'Orient reposent sur une idée commune et fondamentale. On ne saurait, d'après elles, concevoir l'ordre de l'univers, la véritable existence, sans admettre que l'être suprême réside en personne dans l'univers. Ceci s'opère par l'émanation telle que l'ont conçue les Orientaux. La chronologie joue également un rôle dans cette doctrine. Les manifestations successives du grand être s'opèrent dans une suite de périodes distinctes et déterminées. Ces manifestations sont comme des personnes différentes, et l'essence de cette métaphysique religieuse est de se représenter l'unité divine comme enfermée au sein de ses ineffables profondeurs. L'être éternel se produit au dehors, d'abord sous la forme de la toute-puissance personnifiée, puis successivement sous telle ou telle autre forme ou propriété qui apparaît toujours comme une personne ou un être distinct.

D'après Hérodote, les Égyptiens reconnaissaient jusqu'à trois dieux ; tandis que, d'après Diodore et Manéthon, huit divinités suprêmes auraient composé et formé la première race ou dynastie, et, entre autres, *Pan Mendès*. Les dieux placés au commencement des temps, désignaient l'origine des choses. Ce sont les dieux immatériels auxquels la raison pure peut seule atteindre.

Ce premier ordre de dieux contient le principe du monde matériel ; du foyer de la primitive lumière découlent, dans une série de dégradations, d'autres puissances lumineuses qui les reproduisent plus ou moins. Ainsi, *Pan Mendès* signifie le feu immatériel, principe du monde en un sens, et dans l'autre, principe de l'enthousiasme moral.

La deuxième race ou dynastie est composée de douze dieux, parmi lesquels se trouve Hercule. Ce dernier représente l'année personnifiée dans son cours laborieux.

La troisième race est née de la deuxième, comme celle-ci de la première. Hermès jouant aux dés avec la Lune, lui gagna la soixante et dixième partie de chaque jour. Cinq jours nouveaux en sont provenus, et furent ajoutés aux temps, ou au trois cent soixante-cinq jours que comptait déjà l'année solaire. Dans ces cinq jours intercalaires naquirent cinq dieux également nouveaux; ils composèrent la troisième dynastie, issue de la réforme du calendrier égyptien.

Ces dieux furent *Osiris*, *Aroueris*, *Typhon*, *Isis* et *Nephthys*. Ils sont des incarnations des divinités supérieures. Ces dieux naissent, meurent, descendent sur la terre pour accomplir leur œuvre; ils retournent ensuite aux cieux, où ils apparaissent à nos regards sous la forme de constellations.

La religion égyptienne, comme la plupart des religions orientales, dérive, ainsi que nous l'avons fait observer, du principe de l'émanation. Ainsi, le génie de l'Orient et de l'antiquité en général, présente toujours sous la forme historique ce que la métaphysique moderne expose dans une suite d'idées et de raisonnements abstraits.

Les règnes des dieux, les dynasties divines qui se succèdent pendant des siècles, jusqu'aux dynasties humaines et au commencement des temps historiques, ne sont autre chose que la plénitude infinie de l'être suprême. Sortant peu à peu de ses profondeurs, cet être se répand enfin et par gradation dans toutes les sphères, vivifiant par sa présence jusqu'aux moindres parties du grand tout. Dans sa dernière manifestation, cet être infini descend jusqu'à la condition humaine, se fait homme, souffre et meurt comme l'homme. Fidèle à son essence, il ressuscite par sa force divine, et devient l'auteur et le conservateur du monde visible.

Osiris, égal dans son essence aux dieux du premier ordre, tombe dans le troisième par son incarnation. La condition des hommes où il s'abaisse, et la mort même qu'il endure, ne lui ôtent rien de sa divinité.

Telles sont les principales idées cosmogoniques des Égyptiens; loin d'offrir l'admirable simplicité qui caractérise celle de Moïse, elles sont aussi étranges et aussi peu raisonnables que celles des autres peuples de l'Orient.

Enfin, les Persans ont admis dans leurs cosmogonies des époques diverses; ils ont supposé que Dieu avait créé le monde en six époques principales. Chacune d'elles comprenait un nombre de jours considérable, quoique inégal; néanmoins la totalité de ces jours portait l'ensemble des six époques à l'étendue exacte d'une année. Durant la première les cieux furent créés, dans la deuxième les eaux. La troisième fut employée à produire la terre, la quatrième à la formation des arbres et des plantes. Dans la cinquième, les diverses espèces d'animaux apparurent et reçurent l'existence. La sixième époque, par une conformité frappante avec le sixième jour de la cosmogonie mosaïque, fut consacrée entièrement à la création de l'homme.

La cosmogonie des Persans est trop en rapport avec celle

de l'écrivain sacré, pour ne pas avoir été calquée sur ce document ; elle est du moins la seule qui, avec la Genèse, ait admis la succession des êtres vivants et l'apparition des végétaux avant celle des animaux, qui, les uns et les autres, ont précédé la venue de l'homme. La cosmogonie persane, par sa ressemblance avec le récit mosaïque de la création, nous annonce qu'elle a été tirée de la même source.

La théogonie persane n'est pas la seule, comme on pourrait le supposer, qui ait admis deux principes : celui du bien et celui du mal. Les mêmes idées se retrouvent dans les théories mythologiques des Scandinaves, qui nous présentent une lutte continuelle entre les dieux, les géants et les nains, ou, en d'autres termes, entre le principe du bien et celui du mal.

Dans cette théogonie domine l'idée de dualité ; au commencement était l'abîme, au-dessous se trouvaient deux mondes : celui de la lumière et celui des ténèbres. Ces deux mondes s'étant rencontrés, des étincelles jaillirent du fluide lumineux et atteignirent la glace suspendue au-dessus de l'abîme. Elle fondit, et les gouttes tombant dans l'abîme produisirent le premier être, le géant *Ymir*.

Les trois Ases, *Odin* et ses deux frères, tuèrent ensuite le géant *Ymir*, jetèrent son corps dans l'abîme, et formèrent le monde de ses débris. Le corps devint la terre, son sang la mer, ses os les montagnes, ses dents les pierres, ses cheveux les forêts, son crâne le ciel, et ses yeux les astres. L'homme parut après cette création ; puis il y eut une succession d'âges humains et divins.

La croyance des différents peuples de l'Amérique est à peu près la même, relativement à la création de l'univers. L'extrait que le P. Laffiteau nous a donné des traditions américaines suffit pour qu'on puisse les comparer avec celles de Moïse ; aussi croyons-nous devoir renvoyer à ce travail consciencieux.

Telles sont les idées qui ont dominé dans le monde païen et qui ont fait la base des diverses cosmogonies admises dans l'antiquité. Lorsqu'on les compare avec la simplicité du récit de Moïse, on n'y reconnaît qu'un assemblage fantastique d'événements fabuleux, et que l'on ne saurait concilier avec les récits de la véritable histoire. Un amour continuel du merveilleux, une répugnance invincible à rapporter les circonstances les plus simples, sans y mêler quelques exagérations ; enfin, la vanité nationale, jalouse de faire honneur à un pays seul des faits qui concernent le genre humain tout entier : voilà les traits les plus frappants des cosmogonies païennes.

Nous ne devons pas être surpris de trouver une certaine conformité entre ces cosmogonies ; car, malgré leurs différences, elles sont toutes fondées sur les mêmes principes. Mais leurs données, toutes mythologiques, n'ont rien de commun avec celle de l'écrivain sacré, la seule d'accord avec la raison et les faits physiques, qui ne sauraient nous tromper. Cette dernière est aussi la seule qui frappe notre intelligence, et dans laquelle se trouve la véritable histoire des premiers âges, que les peuples idolâtres de l'antiquité nous ont transmise à travers les voiles de la fable et de l'allégorie.

Quelque évidents que soient ces faits, certains esprits, par suite de fausses préventions, ont encore paru douter de la supériorité de la cosmogonie de Moïse sur celles que nous devons aux philosophes de l'antiquité. Il est donc essentiel d'ajouter quelques détails à ceux que nous avons déjà donnés.

Lorsqu'on étudie les doctrines théogoniques des anciens sur la divinité, on est frappé de leur incohérence, et on voit combien peu ils avaient compris la grandeur de Dieu. Il suffit, pour en être convaincu, d'ouvrir Homère, dont les idées sur la divinité suprême sont les moins déraisonnables. Sous ce rapport, Homère est resté supérieur à Hésiode, et sous quelques points de vue à Platon lui-même. (*Note* 43.)

On est encore plus convaincu lorsqu'on jette les yeux sur les cosmogonies des Grecs, les théogonies des boudhistes et des brahmes, ainsi que sur les codes religieux des mahométans. Ces idées cosmogoniques sont fondées non-seulement sur les systèmes les plus repoussants touchant la divinité, mais sur les erreurs les plus grossières en ce qui concerne le monde matériel.

Si l'on ouvre le Schaster, le Pourana et les quatre livres du Védam ou de la loi des Hindous, on est étonné de leur incohérence. Selon eux, la lune serait cinquante mille fois plus élevée que le soleil, elle brillerait d'elle-même et jouirait d'une lumière propre. Puissance active, elle animerait la nature entière et jusqu'au corps de l'homme. Quant à la nuit, elle serait produite par la descente du soleil derrière la montagne *Someyra*, située au milieu de la terre, et haute de plusieurs milliers de lieues.

Les idées que ces livres nous donnent de notre planète sont bien autrement étranges. D'après eux, sa forme serait plate et triangulaire. Elle serait composée de sept étages ; chacun aurait son degré de beauté, ses habitants et ses mers. La première des mers serait de miel, les autres de sucre, de beurre, de vin ou d'autres liqueurs. La masse entière du globe serait portée sur les têtes d'innombrables éléphants, dont les mouvements violents produiraient les tremblements de terre.

Ces absurdités sont surpassées par les rapports fantastiques que les livres des brahmes admettent entre leurs dieux et le monde physique, ou avec l'ensemble des phénomènes de l'univers. Elles sont du même genre que celles du Coran. Ainsi, elles font créer les montagnes pour empêcher la terre de se mouvoir et pour la faire tenir en place, comme si elle était arrêtée par des ancres ou des cordages.

Si de pareilles erreurs se rencontraient dans la Genèse, quels reproches ne lui aurait-on pas adressés ! Elle en aurait même mérité, si elle avait parlé de la nature comme les anciens sages, et si elle avait rapporté la formation de l'univers à quatre éléments principaux.

Philolaüs de Crotone n'a-t-il pas supposé que les astres étaient de cristal, tandis que, d'après Empédocle, deux soleils éclairaient les deux hémisphères de notre globe. D'un autre côté, d'après Leucippe, les étoiles, embrasées par la vitesse du mouvement diurne de la terre, allumaient le soleil de leurs feux. Diodore de Sicile, en cela d'accord avec les sages de l'Égypte, voyait la formation des cieux et de la terre dans le mouvement de l'air et l'ascension du feu. Par suite d'une idée non moins étrange, Philolaüs croyait l'éclat du soleil tout à fait emprunté ; cet astre n'était pour lui qu'un miroir qui nous renvoyait la lumière des corps célestes.

Aux yeux d'Anaxagore, de Clazomène, la lune était une masse de fer dont la grandeur dépassait peu celle du Péloponèse, et la terre une montagne immense dont les racines s'étendaient à l'infini. Que n'aurait-on pas eu le droit de dire de l'Écriture, si elle avait considéré le ciel comme une sphère solide où étaient attachées les étoiles ! Telles étaient cependant les idées de presque tous les philosophes de l'antiquité, et notamment d'Aristote, ce génie le plus étonnant des beaux temps de la Grèce.

Le philosophe de Stagyre a même cru devoir conserver le souvenir de l'admiration qu'éprouvèrent ses disciples, lorsque Anaxagore vint leur dire que le principe des choses était la raison universelle, l'intelligence ou l'esprit, ὁ Νοῦς, qui avait créé l'univers avec toutes ses perfections. Du reste, les idées d'Aristote et des philosophes de son temps ont régné dans le monde jusqu'à Galilée.

On aurait pu adresser bien d'autres reproches à la Bible, si, comme la plupart des interprètes grecs ou latins, elle eût considéré la voûte céleste comme un corps ferme et solide, un véritable στερέωμα ou *firmamentum;* enfin, si, comme le pensaient naguère encore quelques nations chrétiennes, les Livres Saints avaient admis l'influence du mouvement des cieux sur les événements de ce bas monde, ainsi que sur les caractères des hommes et sur le cours des choses humaines.

Ainsi, quoique la Bible embrasse l'universalité de la nature, qu'elle raconte sa grandeur, explique la formation des corps célestes, de la terre elle-même, et sa coordination successive, on n'y trouve aucune de ces taches qui déparent les cosmogonies païennes. Ce livre a pourtant précédé de près de dix siècles les plus anciens philosophes de l'ancienne Grèce et de l'Asie. Celui qui en a écrit les premières et les plus belles pages, avait été le disciple des prêtres de Memphis et des sages des autres parties de l'Égypte, sans en partager cependant les opinions.

Non-seulement la Bible, et le Pentateuque, le premier chapitre de ce livre admirable, ne contiennent pas des erreurs comme les autres cosmogonies, mais ils nous rendent compte de faits que les siècles modernes nous ont seuls révélés.

Après cet aperçu sur les cosmogonies des peuples de l'antiquité, qui nous font connaître leurs mœurs, leurs institutions et leur état social, il ne nous reste plus qu'à étudier leurs monuments, ainsi que leurs traditions et leur histoire. Nous commencerons cet examen par les Hébreux ; en effet, ce peuple possède le livre le plus ancien que nous puissions interroger sur les premiers âges du monde et l'époque de l'apparition de l'homme. Nous passerons ensuite à l'examen des faits à l'aide desquels les nations païennes ont voulu s'attribuer une haute antiquité, et nous les comparerons à ceux qui résultent des Livres Saints.

A l'aide des lumières que nous y puiserons et de celles que nous fourniront les observations récentes, nous pourrons démontrer que la véritable histoire des nations païennes s'accorde avec l'Écriture, lorsqu'on la dépouille des faits fantastiques et fabuleux dont on s'est plu à la surcharger. Il doit d'autant plus en être ainsi, que la certitude historique, fondée sur des faits positifs, est une et simple comme la vérité, dont elle est en quelque sorte l'image et l'émanation.

La véritable histoire a un caractère particulier qui la fait reconnaître partout où l'on en découvre quelques traces. Ce caractère se trouve dans la manifestation des desseins de Dieu sur la destinée des différentes nations.

Ces desseins sont seulement plus évidents dans les traditions des Hébreux que dans celles de tout autre peuple; c'est ce qui donne un si grand intérêt à l'histoire sacrée et au développement que nous en a donné Bossuet[1]. Il nous montre l'ingratitude des Israélites se renouvelant sans cesse, malgré les biens dont le Très-Haut les avait comblés, ingratitude constamment punie et finissant par un retour sincère à Dieu et à l'observation de ses commandements.

L'histoire des nations profanes ne révèlerait pas moins l'action de la Providence sur leurs destinées, si, au lieu d'une foule de divinités aussi absurdes que fantastiques, elles n'avaient reconnu qu'un Dieu unique, créateur de l'univers.

---

[1] *Discours sur l'histoire universelle* de Bossuet. Paris, 1829; 2 vol. in-8°.

LIVRE III.

A. HISTOIRE SACRÉE.

CHAPITRE PREMIER.

LES TRADITIONS ET LES MONUMENTS HISTORIQUES DES ANCIENS PEUPLES CONTRARIENT-ILS LA DATE DONNÉE PAR LES HÉBREUX A L'APPARITION DE L'HOMME?

Nous avons déjà étudié cette question sous les rapports physiques; il ne nous reste plus qu'à la traiter sous un point de vue historique.

Dans cette partie, qui se rapporte à l'histoire sacrée, nous nous appuierons sur le plus ancien des livres[1]. Avant de discuter les données qu'il nous fournit, il s'agit de savoir si ce livre, ou le Pentateuque, qui comprend la Genèse, l'Exode, le Lévitique, les Nombres et le Deutéronome, est réellement l'ouvrage du législateur des Hébreux[2].

---

[1] Tous les critiques ont été forcés de reconnaître que le *Pentateuque* est la plus ancienne tradition écrite qui soit parvenue jusqu'à nous. Voyez la *Notice sur le séjour des Hébreux en Égypte pendant le règne des Pharaons*, dans le grand ouvrage sur cette contrée, publié par l'Institut d'Égypte.

[2] Le *Pentateuque* est ainsi appelé, parce qu'il comprend cinq livres: la *Genèse* ou la création, l'*Exode* ou la sortie d'Égypte, le *Lévitique* ou l'histoire de la tribu de Lévi, les *Nombres* ou le

Si cette question était résolue négativement, on sent quelle influence une pareille solution exercerait sur la chronologie admise par la Bible; car alors les doutes les plus graves pourraient s'élever sur son authenticité, et par conséquent sur la vérité des faits et des dates qui y sont consignés [1].

Le Pentateuque offre un ensemble imposant; toutes les parties sont trop bien liées les unes avec les autres pour ne pas avoir été inspirées par une même pensée et écrites par un seul homme. Aussi, les critiques qui supposent que le Pentateuque a été rédigé par le pontife Helkias, sont forcés de reconnaître que ce livre est l'ouvrage d'un unique écrivain. D'après eux, sa rédaction aurait été faite sur des traditions ou des mémoires conservés par Moïse, ce qui, en définitive, lui en donnerait toujours la gloire.

Pour faire admettre le contraire, on a fait observer que le récit de la mort du législateur des Hébreux termine le Deutéronome; mais cet événement n'a aucune importance pour les vérités dogmatiques renfermées dans le Pentateuque et les faits miraculeux qui établissent la mission

---

dénombrement du peuple, le *Deutéronome* ou répétion de la loi (*secunda lex*, δεύτερος et νόμος). Cette définition se trouve rapportée pour la première fois par Josèphe. Les écrivains de l'*Ancien Testament* ne paraissent pas l'avoir connue; du moins ils ne désignent le *Pentateuque* que sous le nom de Loi ou du livre de la loi, comme les Juifs qui ne l'ont appelé que du nom de loi. En un mot, le *Pentateuque* est le livre qui nous donne l'idée la plus exacte des lumières et des connaissance que possédaient les Hébreux.

[1] Voyez le beau discours de M. Frayssinous, sur Moïse considéré comme auteur du *Pentateuque*, tom. II, pag. 188, seconde édition. Paris, 1825. (Conférences.)

divine de son auteur. Il est vraisemblable, et les auteurs les plus graves ont soutenu cette opinion, que ce récit a été écrit par Josué. Il ouvrait probablement le livre qui porte son nom, et les Hébreux l'ont placé à la suite du Deutéronome, comme le complément de la vie de Moïse et le terme de ses travaux.

On peut encore invoquer en faveur de cette opinion la manière dont le Deutéronome est rédigé. Celui qui l'a écrit est évidemment un homme qui, par les plus grands prodiges, a tiré son peuple d'Égypte. C'est le législateur qui, au pied du mont Sinaï, lui a donné un gouvernement et des lois; c'est encore le même qui plus tard l'a conduit dans le désert pendant quarante années et l'y a nourri d'une manière miraculeuse.

Ce législateur parle au peuple en présence duquel les prodiges et les événements qu'il rappelle à sa mémoire se sont passés. Il les raconte avec des détails si circonstanciés qu'il doit en avoir été témoin. L'historien qui retrace de pareilles merveilles se trouve dans les mêmes circonstances où devait être Moïse, et le peuple auquel il s'adresse dans la même situation que celle du peuple hébreu.

L'ensemble du Deutéronome convient donc à Moïse et ne peut convenir qu'à lui. Or, le Pentateuque suppose la connaissance des faits racontés dans les Nombres, le Lévitique et l'Exode, puisqu'on y recommande l'observation des lois qui y sont contenues et qu'on s'appuie sur les faits qui y sont rapportés, pour engager les Hébreux à y être fidèles.

Ces quatre livres, à leur tour, supposent que la Genèse était déjà écrite, puisqu'ils renvoient à ce qui s'y trouve consigné. Moïse, auteur de la Genèse, doit l'être des autres livres qui composent le Pentateuque. L'uniformité du style dont il y est fait usage, en est aussi la preuve. On peut citer encore en faveur de cette opinion le livre de Josué. Après la mort de Moïse, Josué exhorte les Hébreux à consulter le recueil de ses lois. Il en fait mention, ainsi que des traditions, des menaces et des promesses qui remplissent le Pentateuque.

Les autres parties de l'Ancien Testament parlent souvent du livre des lois de Moïse et des livres de la loi de Jéhova. Ces appellations désignent le Pentateuque. C'est encore sous ce nom que les Hébreux en comprennent l'ensemble ; ils ne l'appellent jamais que la loi (*lex*). Il était ainsi désigné du temps de Jésus-Christ, qui parle de la loi des Psaumes et des Prophètes. Ce livre, l'histoire complète de la législation mosaïque, n'a jamais eu d'autre nom, soit dans le temps de la captivité, soit depuis lors.

La croyance qui regarde le Pentateuque comme l'ouvrage de Moïse est si ancienne, qu'on ne saurait en assigner l'origine. Elle était populaire et en quelque sorte universelle, au temps de Josèphe et de Philon. (*Note 44.*)

Dès-lors, comment ne pas admettre l'authenticité d'un livre auquel tous les prophètes et tous les peuples ont payé le tribut de leur admiration et de leur respect ? Ils l'ont appelé du nom de Loi, ne pouvant lui donner une qualification supérieure et qui exprimât mieux leur pensée.

On a voulu tirer un argument contre cette opinion si généralement adoptée, de ce que Moïse aurait désigné Dieu, dans la Genèse, tantôt sous le nom d'*Elohim*, tantôt sous celui de *Jéhova*[1]. Cette diversité d'expressions semblerait, d'après quelques critiques, annoncer que ce législateur n'avait pas composé cet ouvrage de son chef, mais sur plusieurs mémoires dont il aurait arrangé les fragments.

On ajoute que le Dieu des Hébreux était unique et s'appela *Jao* ou *Jéhova*, ou l'Être par excellence. Il est désigné dans la Genèse, particulièrement dans le premier chapitre, sous le nom d'*Elohim*, qui, mis au pluriel, semblerait plutôt indiquer les dieux qu'un Dieu unique.

On a été jusqu'à supposer que Moïse, imbu des opinions des Chaldéens et des autres peuples de l'Orient, aurait attribué à des dieux secondaires et non pas à un Dieu unique l'organisation du monde. On a enfin objecté que ce législateur, dont le but constant a été de porter le peuple hébreu à l'adoration d'un seul Dieu, n'aurait pas employé le pluriel *Elohim* s'il avait été réellement l'auteur de la Genèse.

On peut répondre à ces objections, que les Hébreux ont souvent employé le pluriel, non dans le sens vulgaire pour désigner plusieurs personnes, mais pour exprimer l'idée la plus élevée qu'il soit possible à l'homme de concevoir et de comprendre. Ils ont nommé Dieu *Elohim*, forme plurielle du mot *Eloha*, qui signifie proprement

---

[1] La *Genèse*, le premier des livres du *Pentateuque*, a été ainsi nommée du mot γενέσις, *generatio vel procreatio*, en raison de ce qu'elle contient l'histoire de la création. On suppose que Moïse l'a écrite dans les déserts de l'Arabie, lorsqu'après le murmure ou la révolte de Juifs à Cadès-Barnès, Dieu les condamna à errer pendant quarante années à travers ces solitudes.

Dieu, et qui lui-même est dérivé de *El,* force et puissance. Moïse et les Hébreux se sont servis de cette forme, parce qu'ils ont considéré l'Éternel comme l'assemblage de toutes les perfections. Il ont employé le pluriel pour en rappeler l'idée, et non parce qu'ils croyaient qu'il y avait plusieurs dieux[1].

Quoique d'après Pagnin, *Elohim* soit au pluriel, on n'a jamais voulu rappeler par cette forme l'idée de plusieurs dieux. Il se pourrait qu'*Elohim* fût une expression mystérieuse qui fît entendre d'une manière cachée l'existence de plusieurs personnes en Dieu. On trouve du moins des analogies de ce mode d'interprétation dans divers passages de l'Écriture[2].

---

[1] Le mot hébreu *Elohim*, traduit dans le premier verset de la Genèse par *Deus*, est à la vérité pluriel, mais il s'emploie aussi pour désigner le singulier. Non-seulement le pluriel *Elohim* se rapporte à un Dieu unique, mais on y joint quelquefois un adjectif pluriel. *Elohim* n'est pas le seul pluriel qui dans l'hébreu se mette au singulier. On emploie encore dans cette même langue *chaïn*, la vie ; *phanim*, la face ; *maïn*, l'eau ; *shamaïn*, le ciel, et bien d'autres encore.

[2] On pourrait citer, à cet égard, le verset 26 du chapitre Iᵉʳ de la *Genèse*, où Dieu dit : « Faisons l'homme à notre image et à notre ressemblance ; » et le verset 7 du chapitre XI de la *Genèse* où l'Éternel, ayant voulu voir la ville et la tour de Babel que les hommes venaient de bâtir, dit : « Descendons, et confondons-y leur langage. » Dans ces passages, Dieu, parlant au pluriel, semble indiquer qu'il y a plusieurs personnes en Dieu.

Quand Dieu chasse Adam et Ève du paradis terrestre, il emploie le langage suivant : « L'homme est maintenant comme nous pour connaître le bien et le mal. » Ainsi Dieu, parlant de lui, se sert du pluriel comme dans le passage précédent. D'après l'ensemble des versets du chapitre III, il rapporte cette comparaison à lui-même et non, comme l'ont supposé certains commentateurs, aux

Sans doute, le mystère de la Trinité n'a été clairement révélé et proposé à la foi des fidèles que dans la loi Évangélique ; mais il n'est pas moins indiqué d'une manière cachée dans une multitude de passages de l'Ancien Testament. Le mot *Elohim* en est peut-être l'expression.

L'objection que nous combattons ne pourrait avoir de la force, que si Moïse avait employé les mots *Elohim* et *Jéhova* dans deux sens différents : le premier, pour exprimer l'idée de plusieurs dieux; le second, pour désigner le grand Dieu, le Dieu par excellence[1]. C'est ce que le législateur des Hébreux n'a jamais fait et n'a jamais entendu faire ; peut-être même ne s'est-il servi de deux mots différents pour la même idée, qu'afin de donner à son style plus de grandeur et de solennité, en parlant aux hommes de ce que l'esprit humain ne saurait comprendre.

On a également fait observer que le mot *Elohim* se trouve dans les premiers versets de la Genèse ; tandis que celui de *Jéhova* ne se rencontre pour la première fois qu'au quatrième verset du deuxième chapitre. Mais, dans la place différente des deux mots, on peut trouver la solution de la question qui nous occupe. Le premier chapitre de la Genèse est celui où la puissance de Dieu se manifeste par les œuvres les plus grandes et les plus hautes ; c'est celui où il

---

Anges. Le verset 22 du chapitre III de la *Genèse* est plus concluant, en faveur de l'opinion que nous soutenons, que celui que nous avons cité du chapitre XI.

[1] Les Hébreux ont constamment nommé l'existence universelle ou absolue, l'être Dieu ou *Jéhova*.

tire du néant le magnifique assemblage de l'univers et anime la terre d'êtres divers et nombreux.

Elohim, ainsi que le fait observer Pagnin, s'applique d'une manière toute spéciale à l'idée de Dieu relativement à sa présence et à sa puissance ; tandis que l'expression *Jéhova* s'entend plutôt de Dieu considéré dans son essence. Après cette observation sur le mot *Jao*, le même Pagnin fait remarquer que, sans les points voyelles, les mêmes consonnes du mot *Jéhova* pourraient signifier *Jéhové*, lequel dériverait de *Jéhéyé*, qui veut dire *ce qui est*. Aussi Dieu, en parlant à Moïse, dit : *Je suis celui qui est*. Les mots *Elohim* et *Jéhova* se trouvent également dans les quatre derniers livres du Pentateuque ; c'est là une nouvelle preuve que ce monument est l'œuvre de Moïse, auquel il a été constamment attribué [1].

On a prétendu que le rôle que ce législateur prête au serpent dans le jardin d'Éden, suffirait pour faire présumer qu'il n'est point l'auteur de la Genèse. En s'appuyant sur l'autorité de Thomas Heath, auteur d'une traduction anglaise du livre de Job, publiée en 1756, on a observé que la notion d'un malin esprit portant le nom de Satan ne se trouvait mentionnée dans aucun des livres de l'Ancien Testament, et que, dès-lors, ces livres avaient été écrits après la captivité de Babylone. Cette notion aurait donc été acquise par les Hébreux pendant leur captivité chez les

---

[1] D'après Dom Calmet, Moïse n'aurait fait usage du mot *Jéhova*, que parce que Dieu se serait désigné ainsi, lorsqu'il lui apparut à Hereb ou Oreb.

peuples de l'Orient ; aussi, aux yeux des critiques, elle n'apparaît qu'après leur délivrance. La Genèse aurait donc été rédigée du temps de Jérémie, lorsque le système de Zoroastre régnait depuis plus de cinq siècles dans l'Asie occidentale.

Il y a ici une double erreur, car l'idée de Satan ou d'un ange déchu se trouve mentionnée, non-seulement dans la Genèse, mais aussi dans le livre de Job. La même idée se trouve presque à chaque page dans ce dernier ouvrage. Or, il est incontestable qu'il a été écrit avant la captivité de Babylone, suivant les uns par Moïse, suivant d'autres par Isaïe, enfin, ce qui est plus probable, par Job lui-même.

Dès-lors, comme on ne saurait contester que la Genèse n'ait été écrite par Moïse longtemps avant la captivité de Babylone, et que l'idée de Satan y est formellement exprimée, ainsi que dans le livre de Job, on ne peut pas supposer que l'un ou l'autre ait emprunté aux peuples de l'Orient cette opinion de l'existence d'un malin esprit, ou d'un ange déchu, ou enfin de Satan. Moïse et Job la tenaient d'une tout autre source. Cette idée les dominait l'un et l'autre avant la captivité des Hébreux, qui leur est de beaucoup postérieure.

D'ailleurs, il n'y a aucune analogie entre le principe du bien et du mal, des peuples orientaux, et le serpent ou le démon. Ce dernier est une créature qui s'est pervertie elle-même ; il ne saurait être comparé par son origine et par sa puissance à Dieu, principe et source unique du bien. Dans la théogonie de Zoroastre, de laquelle est dérivé le manichéisme, les deux principes du bien et du mal, Orimaze et Arimane luttent longtemps ensemble et avec des forces peu différentes. Des doctrines aussi différentes, dont la dernière est évidemment absurde, puisqu'elle suppose que la puissance de Dieu ou du bien a pu être contrebalancée par celle du mal, n'ont pas été calquées l'une sur l'autre et n'ont pas eu la même origine.

Elles annoncent seulement que l'idée d'envisager le serpent comme le principe du mal remonte à la plus haute antiquité. L'Écriture a toujours considéré le serpent comme la cause de la première transgression de l'homme. Arimane, prenant la forme d'un serpent, cherche en vain à terrasser son antagoniste Orimaze, qui représente le bon principe dans l'idéalisme des anciens Perses. Plus tard, les Grecs adoptèrent l'allégorie du grand serpent tué par les traits d'Apollon. Ils voulurent représenter par là les vapeurs pestilentielles qui émanaient du limon dont la terre était couverte après le déluge, et qui ne pouvaient être dissipées que par les rayons du soleil.

Ainsi, dans toutes ces allégories, on rencontre bien les idées-mères énoncées dans la Bible, mais elles y ont été défigurées par les croyances mystérieuses et singulières des premiers temps.

On ne trouve donc dans le Pentateuque aucune trace de ces suppositions fantastiques apportées de Babylone et des pays plus orientaux, pendant les relations de Salomon avec l'Orient, ou lorsqu'une partie des tribus d'Israël y fut transplantée. L'histoire des anges, de leur révolte envers Dieu, de leur chute, des projets du prince des anges contre l'homme, prouve que les croyances des Hébreux n'étaient point d'accord avec celles des autres peuples de l'Orient. La lutte que ces derniers ont supposée entre le génie du bien et le génie du mal, ou Orimaze et Arimane, avait lieu entre deux forces à peu près égales; tandis qu'aux yeux des Israélites, il n'y avait aucune parité entre les anges déchus et Dieu qui les avait créés.

Outre le secours de la révélation, Moïse doit probablement aux souvenirs des anciens patriarches ce qu'il nous apprend de la création du monde, de la chute d'Adam, du déluge, de la tour de Babel et de la fondation de la monarchie de Nemrod. Il se pourrait, en effet, que les Hébreux eussent eu, antérieurement à ce grand législateur, quelques connaissances des monuments écrits des principaux faits historiques qui pouvaient les intéresser.

L'usage de conserver le souvenir de ce qui se passait de plus remarquable, paraît avoir été général dans l'Orient; aussi les peuples qui habitaient ces belles contrées ont-ils été plus soigneux d'écrire leur histoire que les nations de l'Occident, par cela même qu'ils étaient plus anciens et plus jaloux de perpétuer leur mémoire. Le même désir a porté les Assyriens, les Phéniciens, les Perses et les Égyptiens, ainsi que les Hébreux, à conserver les traditions propres à faire connaître leur origine et les divers événements qui se rapportaient à leurs princes.

Hérodote et Diodore de Sicile parlent des anciennes annales des Égyptiens[1], et Platon, dans le *Timée*[2], assure

---

[1] Hérodote, lib. II, cap. III; — Diodore de Sicile, lib. II, pag. 16, 44, 45.
[2] *Plato in Tim.*, pag. 21. A. B.

que ces derniers conservaient la mémoire de tout ce qui était venu à leur connaissance d'événements mémorables arrivés, non-seulement dans leur pays, mais encore dans ceux qui leur étaient étrangers. D'un autre côté, Manéthon, cité par Josèphe, assure avoir extrait ce qu'il raconte des livres sacrés des Égyptiens et des Tyriens[1].

Moïse nous apprend l'usage qu'il a fait des anciennes traditions, quand il s'écrie : « Considère les années de chaque génération, interroge ton père et les anciens! » Seulement il épura ces traditions et n'admit que celles qui lui parurent certaines. D'après les Hébreux, les patriarches anté-diluviens avaient conservé le souvenir de certains faits, parce qu'ils avaient observé la nature et s'étaient transmis les uns aux autres le fruit de leurs recherches. Berose a également suivi, dans son *Histoire des Chaldéens*, de très-anciens documents qui existaient sur la contrée dont il se proposait d'écrire l'histoire. L'Écriture mentionne les annales que les Persans possédaient sur les révolutions de leur patrie.

Moïse a donc pu, indépendamment de ses propres lumières, profiter des traditions comme des connaissances qui existaient avant lui. Il s'en est servi, mais avec bien plus de fruit que les écrivains qui lui ont succédé; malgré les attaques dont son livre a été l'objet, il est démontré aujourd'hui qu'il n'y a de chronologie positive que la sienne[2].

---

[1] Josèphe; *Contr. Appion*, lib. I, pag. 1032.
[2] Les théories géogéniques inscrites dans le livre attribué à Moïse, prouvent que ce grand législateur avait des connaissances

On ne peut donc plus opposer aux annales des Hébreux l'antiquité tout au moins fabuleuse des Égyptiens, des Hindous et des Chinois. C'est uniquement dans la Bible, le livre le plus ancien de l'Orient, que se trouve l'histoire des premiers âges du monde.

Moïse a des droits incontestables à notre confiance, comme le chronologiste le plus exact des premiers âges; il en mérite une non moins grande, comme le seul écrivain qui nous ait laissé des idées raisonnables sur la création; c'est ce qui nous a engagé à repousser de toutes nos forces les attaques dont il a été l'objet.

Ce que nous venons de faire observer rend raison du respect, et l'on peut même ajouter de la vénération, que les siècles ont accordé à ce prophète; l'examen des dates que nous allons lui emprunter justifierait pleinement au besoin sa haute renommée, qui s'accroît d'autant plus que l'on connaît mieux les œuvres qu'il nous a laissées.

Avant d'entrer dans ces détails, on nous permettra de faire remarquer combien Moïse, si supérieur sous les rapports que nous venons d'indiquer, nous le paraîtrait encore si nous l'envisagions comme législateur ou jurisconsulte, ou même comme géographe. Rien n'est plus admirable que la distribution assignée par lui aux quatre-vingts peuples dont il parle au chapitre X de la Genèse. Aussi, quoique Moïse ne dise point que ce qu'il raconte lui a été révélé, toutes les croyances l'ont admis.

---

très-avancées sur la plupart des objets de la nature et même sur des objets spéciaux, tels que l'exhaussement des montagnes et la présence des eaux sur les continents.

Les docteurs de l'Église, même Bossuet, ont considéré le Pentateuque comme écrit sous l'influence d'une inspiration venue d'en Haut. Cette inspiration ressort de l'ensemble de cette œuvre admirable; elle est aussi liée aux prodiges qui ont établi et accompli la mission de Moïse. Or, dans la supposition que le Pentateuque a été composé sous une pareille influence, il est difficile de ne point l'admettre pour la partie de la Genèse où il décrit l'ensemble de la création. Nous ne devons pas aller plus loin, ni oublier que nous n'avons considéré le législateur des Hébreux que sous des rapports purement humains [1].

La Pentateuque, dont la date remonte à environ trente-cinq siècles, porte des caractères incontestables d'antiquité, la Genèse surtout. En lisant avec attention le texte hébreu, on reconnaît que chaque pensée principale de la Genèse renferme presque le même nombre de mots, et que les versets consacrés à chaque époque de la création se terminent par le même refrain. Il semble dès-lors que ce récit cosmogonique est une espèce d'ode. Cette circonstance témoigne de la haute antiquité de cette partie du Pentateuque. Les refrains qui terminent cette espèce d'ode, annoncent que ses parties étaient peut-être chantées, comme les anciens rapsodes le faisaient de leurs poèmes.

De tous les monuments historiques qui se rapportent aux époques primitives de l'humanité et à l'histoire des

---

[1] Saint Pierre et saint Paul ont enseigné la même doctrine; cette croyance est celle de toute l'Église, qui a considéré la Bible comme une œuvre inspirée. La même opinion a également régné chez les Juifs. 2 Petr., I, 21; — 2. Tim., III, 16.

contrées où l'homme a apparu pour la première fois, c'est-à-dire à l'Asie, le plus important, sans doute, le plus riche en documents, c'est la Bible. Ceux-là mêmes qui ont fait de ce livre l'objet de leurs attaques, n'ont pu s'empêcher de recourir sans cesse au texte sacré, toutes les fois qu'ils ont voulu jeter quelques lumières sur les vieux souvenirs de l'Asie.

C'est donc dans la Bible, la première en date de toutes les histoires des âges primitifs, que nous puiserons les données de l'histoire sacrée. Nous verrons plus tard si les traditions des peuples profanes sont en contradiction avec elles.

L'histoire des anciens âges se divise naturellement en deux périodes, l'anté-diluvienne et la post-diluvienne. La première comprend l'espace de temps écoulé depuis l'apparition de l'homme sur la terre jusqu'au déluge, et la seconde, l'intervalle compris entre ce grand événement et l'époque actuelle. Cette seconde période se partage en deux grandes époques; la première s'étend depuis le déluge jusqu'à l'ère chrétienne, et l'autre depuis cette ère jusqu'à nos jours.

Ces divisions admises, il est facile de comprendre que les plus grandes difficultés historiques se rapportent à la première période, c'est-à-dire à celle des âges qui ont suivi l'apparition de l'homme. La plus grande incertitude règne sur la date précise de cette apparition; cependant elle est le point de départ de tous les événements historiques. Sans doute, l'espèce humaine est loin d'avoir l'antiquité qu'on lui a supposée, car un grand nombre de faits positifs nous annoncent sa nouveauté. Les dates que nous avons présentées dans notre tableau prouvent néanmoins les difficultés qui règnent à cet égard. Ces époques sont uniquement tirées du plus ancien livre que nous possédons.

Nous ne pouvons en demander de précises sur les premiers âges du monde qu'aux Hébreux. Considérés comme nation particulière, les Juifs ont seuls une chronologie basée sur des faits, et par cela même certaine. Ils doivent cet avantage à leur premier législateur. Moïse, instruit de toute la science des Égyptiens et des traditions du peuple dont il voulait tracer l'histoire, nous en a laissé des données qui renferment les principaux faits arrivés depuis le commencement du monde jusqu'à sa mort. Il faut donc remonter jusqu'à lui, lorsqu'on veut connaître les événements qui ont eu lieu avant le renouvellement du genre humain. Son livre nous a transmis des documents précis sur des temps qui, sans les monuments historiques que nous lui devons, seraient restés inconnus. (*Note 45.*)

Sans doute, il convient de faire un choix dans la chronologie de l'Écriture, car le texte hébreu des Juifs, la version des Septante et le texte des Samaritains sont loin d'être d'accord. Parmi ces différentes versions, deux jouissent d'une grande autorité, celle des Septante et la Vulgate, faite sur le texte hébreu de l'Ancien Testament. La première a été suivie par les anciens Pères et les Docteurs de l'Église, peut-être parce qu'à l'époque où elle fut faite, sous Ptolomée Philadelphe, on s'occupait peu d'hébreu.

Cependant saint Jérôme, tout en reconnaissant l'autorité de la version grecque, faite par les Septante sur l'original hébreu, ne lui accorde pas la même confiance qu'au texte, qui, dans le doute, doit toujours être préféré.

Quand les auteurs sacrés du Nouveau Testament citent les anciennes Écritures, ils emploient presque toujours la traduction grecque, dite des Septante, écrite à Alexandrie, deux siècles et demi avant Jésus-Christ. Dès-lors cette version, tout humaine encore au temps du Sauveur, ne peut pas avoir acquis, par le seul fait des citations apostoliques, une autorité qu'elle n'avait pas auparavant.

Un pareil caractère n'existe pas davantage pour la version latine de saint Jérôme, quoiqu'elle ait été déclarée authentique par le concile de Trente. On le peut d'autant moins, que cette version n'était pour saint Jérôme lui-même et ensuite pour l'Église, qu'un ouvrage humain, respectable sans doute, mais qui pouvait renfermer de notables imperfections. Il suffit d'étudier la manière dont les apôtres emploient la version des Septante, pour saisir le cas qu'ils en faisaient et les motifs de la préférence qu'ils lui accordaient.

Ce qui prouve combien on est libre d'interpréter cette version, dans toutes les matières qui ne tiennent pas à la foi et qui ne touchent pas aux mœurs, c'est que, lorsque les apôtres n'ont pas été satisfaits du travail des Septante, ils l'ont corrigé et plus ou moins modifié. Ils ont fait alors leurs citations d'après l'original hébreu, et l'ont traduit avec plus d'exactitude et de fidélité. Enfin, lorsque les disciples de Jésus-Christ ont senti la nécessité d'indiquer avec plus de clarté dans quel sens ils entendaient tel ou tel passage des Livres Saints, ils l'ont paraphrasé en le citant.

Le savant Horne, dans son Introduction à l'étude critique de la Bible, a compris sous cinq classes distinctes les citations que le Nouveau Testament a faites de la version des Septante [1]. Sans doute, ces distinctions numériques sont plus ou moins fondées; elles suffisent toutefois pour faire saisir l'indépendance que les apôtres ont mise dans leurs citations, relativement à l'usage qu'ils ont fait des versions de l'Ancien Testament.

Malgré les efforts tentés récemment, on a été forcé de convenir que les variantes du texte sacré étaient peu nombreuses. Ainsi, les différentes versions des manuscrits hébreux, recueillies avec peine par le savant Kennicott, ont si peu d'importance relativement à leurs différences, qu'elles sont loin d'être en rapport avec le travail qu'elles ont occasionné [2].

Le texte a pourtant été copié un grand nombre de fois; soit en hébreu pendant trente-trois siècles, soit en grec pendant environ dix-huit cents ans. Aussi, pour arriver à d'autres conclusions que celles généralement admises, on a en vain prodigué le temps, le talent et la science [3].

Pour en revenir à la version des Septante, saint Jérôme, tout en reconnaissant sa haute autorité, ne lui a jamais accordé la même confiance qu'au texte. Fort d'une pareille sanction, nous nous sommes aussi attaché à l'original, toutes

---

[1] Vol. I, pag. 503.
[2] *Einleitung*; 2. Th. 3. 700.
[3] Voyez Wisemann; *Discours sur les rapports de la science avec la religion*, tom. II, disc. 76.

les fois qu'il nous a paru qu'on n'en avait pas compris le véritable sens.

Ce que nous avons fait pour la traduction des Septante, nous l'avons tenté pour la Vulgate[1], quoiqu'elle ait été sanctionnée par le concile de Trente et qu'elle ait été déclarée authentique. Cette traduction, comme la version grecque, ne doit être suivie que dans les points relatifs à la foi, ou dans les dogmes essentiels aux mœurs et à la religion. Le concile de Trente n'a jamais défendu de recourir aux originaux et de leur accorder la préférence, lorsqu'on pouvait en deviner le véritable sens. La controverse est permise, même aux yeux de l'Église, à l'égard de la Vulgate ; mais comme nous n'avons à discuter que les dates adoptées par chacune de ces versions, nous nous livrerons sans réserve à leur examen.

Au milieu des difficultés de la chronologie des premiers

---

[1] On appelle Vulgate le texte de la Bible approuvé par le concile de Trente. La version la plus universellement adoptée est celle que les anciens ont connue sous le nom d'Italienne ou d'Italique ; elle a été nommée *ancienne*, depuis que saint Jérôme en a donné une nouvelle sur le texte hébreu. L'Italique avait été faite sur le texte grec ; on lui avait accordé le premier rang parmi les autres versions, parce qu'elle était plus claire et plus littérale : *Verborum tenacior cum perspicuitate sententiæ.*

L'auteur de cette traduction paraît avoir vécu au commencement des premiers siècles de l'Église. Comme il est resté inconnu, on a supposé qu'elle était l'ouvrage des Apôtres et de leurs premiers disciples. La Vulgate a été reconnue, non-seulement par l'Église, mais par les protestants, comme la meilleure des traductions. Aussi l'ami de Luther et de Calvin, Théodore de Bèze, n'a pas osé désapprouver cette version, ainsi qu'on peut le voir dans sa préface sur le Nouveau Testament. *Vid. Beza, præf. in Novum Testamentum.*

âges, il en est une à peu près insoluble. Cette difficulté tient aux diverses manières adoptées par les anciens peuples pour mesurer le temps. Une pareille incertitude a répandu les doutes les plus graves sur les premières époques historiques, d'autant qu'on est porté à admettre dans un sens absolu les expressions qui nous sont les plus familières.

Pour certains peuples, l'année était un intervalle d'un mois, tandis que pour d'autres elle se composait de quatre ou de six mois. Il en est qui formaient leur année d'un été ou d'un hiver, en sorte qu'à leurs yeux il y en avait autant que de saisons. D'un autre côté, tandis que quelques-uns comprenaient uniquement dix mois dans leur année, les plus éclairés voyaient dans cette période le même nombre de mois que nous.

Les uns supposaient qu'il fallait suivre le cours de la lune pour régler la durée des mois et des années; les autres, au contraire, le fixaient d'après la marche des années solaires, dont le commencement et la fin, loin d'être uniformes, suivaient la diversité des croyances.

La manière de partager l'année a également éprouvé de grandes variations. Ainsi, tandis que les uns la divisaient en quatre saisons, d'autres n'en admettaient que deux ou trois au plus. Les diverses parties du jour et de la nuit ont été également prises dans des sens différents. La nuit, selon certains peuples, était divisée en trois ou quatre veilles, tandis que les parties du jour l'étaient par rapport aux progrès du soleil sur l'horizon.

Il est facile de comprendre quels embarras jettent sur

la chronologie des premiers âges, des manières aussi arbitraires d'évaluer le temps. Ainsi les Égyptiens, en prenant pour une année deux mois, se sont attribué, au dire de Pline, une antiquité mensongère. D'ailleurs, ils avaient des dynasties contemporaines que quelques historiens ont regardées comme successives. Des idées aussi imparfaites ne régnaient déjà plus en Égypte à l'époque de Moïse. Du moins ce législateur, qui sortait de cette contrée, a compté les années par douze mois et les mois par trente jours. L'année égyptienne était déjà formée; c'est seulement à partir de cette époque que la chronologie de ce peuple commence à prendre un certain degré de probabilité.

Il en est de même de celle des Chaldéens, en y comprenant la chronologie des Assyriens, des Mèdes, des Perses; car, avant Moïse, rien n'est certain dans leur histoire, ainsi que l'a fait remarquer Bossuet.

La diversité que nous venons d'observer entre les dates fournies par les différents textes de l'Écriture, et qui jettent quelque incertitude sur les données historiques des Livres Saints, n'intéresse nullement la foi, ni les doctrines religieuses. L'Église n'a jamais entendu proscrire les discussions propres à éclaircir les difficultés qu'elles font naître; elle a non-seulement toléré la controverse à cet égard, mais elle l'a même autorisée. Ces discussions n'offrent de l'intérêt que pour l'histoire; elles sont tout à fait étrangères au dogme et à la foi; aussi ont-elles été abandonnées aux recherches des savants. Ici, comme en tant d'autres manières, elle a livré cet objet à la dispute et à la controverse (*tradidit mundum disputationi eorum*). Les esprits les plus scrupuleux n'auront donc pas à s'effaroucher des discussions auxquelles nous allons nous livrer.

L'événement sur la réalité duquel toutes les nations s'accordent, est celui dont la date est la plus difficile à préciser; elle a cependant la plus grande importance. En effet, c'est sur cette époque qu'est en quelque sorte fondée la date de l'apparition de l'homme et du renouvellement du genre humain. La tradition d'un déluge, d'une famille sauvée et d'une arche merveilleuse, a été généralement répandue chez la plupart des peuples anciens, principalement chez ceux de l'Orient.

Josèphe assure que tous les historiens de son temps en ont parlé, entre autres saint Jérôme l'Égyptien qui avait écrit sur les antiquités phéniciennes, ainsi que Mnazias et Nicolaüs de Damas. Le récit de Berose, auteur chaldéen de l'époque d'Alexandre, semble en quelque sorte calqué sur la Genèse. D'après les prêtres égyptiens, avant les inondations ou les déluges des Grecs, il y en avait eu un autre plus général. Les Chinois, les Perses et les brahmes ont tous admis des déluges dont les effets ont produit l'anéantissement presque total de l'espèce humaine.

La réalité d'un ou de plusieurs déluges est donc un fait historique certain. Cet événement ne remonte guère au-delà de cinq ou six mille ans au plus, avant l'époque actuelle.

C'est ce que nous apprennent la marche des dunes, qui, poussées par les flots, s'avancent et s'élèvent sur les rivages des mers; l'accumulation des atterrissements qui se forment à l'embouchure des fleuves et des rivières; enfin le progrès des talus qui s'amoncèlent au pied des hautes montagnes. Ces phénomènes ont dû commencer après le cataclysme dont nous cherchons à déterminer la date, et se continuer avec plus ou moins de régularité. L'observation fournit le moyen d'évaluer leur augmentation annuelle, et nous donne ainsi la manière d'apprécier l'époque où ces faits ont commencé à s'opérer. D'après les effets produits, cet événement ne saurait être de beaucoup postérieur à l'époque que nous lui avons attribuée.

Ces circonstances, plus ou moins susceptibles d'appréciation positive, s'accordent pour confirmer l'exactitude des traditions humaines sur la nouveauté du déluge; elles offrent même une étonnante conformité, à quelques siècles près.

Les difficultés qui s'élèvent sur la date d'un événement qui a anéanti la presque totalité de l'espèce humaine, tiennent principalement à en circonscrire l'époque entre des limites aussi précises que les grands faits de l'histoire.

L'observation des phénomènes naturels fournit à cet égard des données tout aussi certaines que l'histoire, puisqu'elle s'appuie sur des documents qui ne peuvent nous tromper. Ces documents ne sauraient pourtant nous donner des dates positives comme les monuments historiques ou les traditions écrites qui les déterminent, non d'une manière relative, mais absolue.

Les faits physiques, ainsi que les traditions de l'histoire, conduisent tous à la même conséquence, à la nouveauté d'un grand cataclysme suivi du renouvellement du genre humain.

Examinons ces traditions, afin de nous assurer de leur accord avec ce que l'histoire peut nous permettre de déterminer, à quelques siècles près, sur la date du déluge. Les annales des peuples anciens nous parlent de cette catastrophe; toutes la fixent à des époques à peu près semblables.

Le texte hébreu place cet événement l'an 1656 après l'apparition de l'homme et en 2336 avant l'ère chrétienne, ce qui donne le total de 3992 années pour l'époque écoulée entre l'apparition de l'homme et l'ère chrétienne. Ce nombre s'accorde peu avec celui qui a été adopté par les Septante. Ceux-ci admettent, en effet, 2262 années pour le premier de ces intervalles, 2987 pour le second, ce qui donne un total de 5249 années, ou de 7108 années avant l'époque actuelle (1859).

Il existe entre 3992 et 5249 une différence de 1257 années, différence trop grande pour que nous n'en cherchions pas la cause. Les uns ont supposé que les Hébreux, qui n'admettaient guère plus de six mille ans depuis la création du monde jusqu'à nos jours, avaient, par des motifs qu'on ne sait pas expliquer, raccourci le temps écoulé depuis le déluge jusqu'à l'ère chrétienne. D'après eux, les Septante auraient allongé cet intervalle, afin de se rapprocher de l'opinion des Égyptiens, qui se plaisaient à se donner une haute antiquité.

S'il fallait se prononcer entre les deux opinions, on serait enclin, d'après l'exactitude portée par les Septante dans leur version, à adopter les données qu'elle nous fournit. On peut, du moins, faire rentrer dans l'intervalle de 5249 années tout ce que les anciens nous ont appris de la civilisation et de la prospérité des premiers habitants de l'Égypte. Ce nombre suffit également pour y placer l'érection de leurs lourds monuments et la construction de leurs villes populeuses. Ce chiffre s'accorde beaucoup mieux avec celui adopté par le texte samaritain, qui admet un intervalle de 4293 années entre le premier homme et la venue de Jésus-Christ. Par conséquent, au lieu de différer de celui donné par les Septante, de 1257 ans, comme le nombre admis par le texte hébreu, il en diffère seulement de 956, c'est-à-dire d'environ 300 ans de moins [1].

Voyons si nous ne pourrons pas démontrer par une tout autre voie que la date des Septante doit être préférée à celle du texte hébreu. Écoutons ce que nous disent à cet égard les peuples de l'antiquité qui ont aussi cherché à régler leur chronologie sur les années de la création de l'homme. Pour ne nous occuper que des anciens écrivains qui nous ont fourni à cet égard des données exactes, nous commencerons par l'historien Josèphe. Il compte, depuis Adam jusqu'à la ruine du second temple, ou jusqu'à la soixante-seizième année de l'ère chrétienne, 4233 années; d'où il résulte que, dans son calcul, cette ère a pour époque 4157, et ce nombre, ajouté à 1859, donnerait 6016 ans d'existence à l'homme.

Mais poursuivons : Clément d'Alexandrie attribue aux Juifs hellénistes de son temps une autre manière d'apprécier

---

[1] Voyez à cet égard le *Traité de la vraie religion*, par l'abbé Bergier, tom. V, pag. 395, et le *Dictionnaire de théologie* du même auteur, nouvelle édition, tom. III; Paris, Gauthier frères, 1828.

ces époques, avec lesquelles il fait concourir la mort de l'empereur Commode, vers 5818. Il assigne lui-même cet événement à l'an de Jésus-Christ 194; c'est donc un espace de 5624 ans que ce calcul met entre l'apparition de l'homme et l'Incarnation. Ces 5624 années, ajoutées à celles écoulées depuis l'ère chrétienne, ou à 1859, font un total de 7483, qui comprendrait l'intervalle entre la venue de l'homme et l'époque actuelle.

Théophile d'Antioche donne un peu moins d'étendue à cet intervalle. Ainsi, il rapporte la mort de Marc-Aurèle à l'an du monde 5695, en sorte que si cette mort a eu réellement lieu l'an 180 de l'ère chrétienne, cet intervalle correspondrait à l'an 5515 après l'apparition de l'homme [1]. D'un autre côté, Jules l'Africain, qui acheva sa chronique, comme il le dit lui-même, sous le consulat de Gratus et de Séleucus, l'an du monde 5499, fait commencer la première année de l'Incarnation avec 5500, en sorte que, d'après cette opinion, l'âge du monde serait, en 1859, de 7359 années, nombre bien supérieur à celui admis par le texte hébreu.

Quoique la supputation d'Eusèbe de Césarée varie dans les différents exemplaires, il existe cependant une version qui paraît authentique et qui a été plus généralement suivie. Cette version place en 5200 la naissance de Jésus-Christ. Cette époque, adoptée par plusieurs écrivains du moyen âge, a été également préférée par le Martyrologe romain. Elle donne encore à l'existence de l'homme 7059

---

[1] Lib. I, *Ab autolycum*.

années, ou 1210 ans de plus que le texte hébreu, qui adopte le chiffre de 3992 entre l'apparition de l'homme et la naissance de Jésus-Christ, ou 5851 ans avant 1859.

La version des Septante mérite donc la préférence sur le texte hébreu, par la sanction que lui ont accordée les apôtres; elle met un plus grand intervalle entre le déluge et l'ère chrétienne que les autres versions dont nous venons de parler. Les Septante étaient des hommes trop consciencieux pour ne pas avoir rapporté les faits avec la plus grande exactitude [1].

Comment supposer que ces érudits, qui écrivaient sous les yeux de Démétrius de Phalère, délégué de Ptolémée Philadelphe, aient pu, sous les inspirations des Égyptiens, tromper les siècles à venir sur une date aussi essentielle à l'histoire du genre humain? On peut d'autant moins admettre une pareille supposition, qu'on aurait pu facilement les convaincre de fausseté, à l'aide du texte qu'ils étaient chargés de faire passer dans une langue connue de tous ceux qui les entouraient.

Les calculs précédents n'ont pas cependant fait loi; il en est un, celui de Jules l'Africain, qui a reçu la sanction générale. On l'adopta particulièrement à Alexandrie. Cette circonstance a valu à la date donnée par cette version le

---

[1] La version des Septante est une traduction grecque du texte hébreu, faite par septante-deux Hébreux, sous le règne de Ptolémée Philadelphe, d'après la proposition faite à ce prince par le garde de sa bibliothèque, Démétrius de Phalère. Cette traduction aurait été faite, selon Aristée, dans l'île de Pharos; saint Jérôme semble avoir ajouté une grande confiance à ce dire, quoiqu'il soit loin d'être certain.

nom d'ère d'Alexandrie. Mais pour la bien entendre, il est nécessaire d'entrer dans quelques développements qui, pour n'avoir pas été saisis par d'habiles chronologistes, les ont jetés dans des difficultés qu'ils n'ont pu surmonter.

La première remarque que l'on peut faire est que, dans ses calculs, Jules l'Africain avançait l'époque de l'Incarnation de trois années sur l'ère vulgaire. Ainsi, au lieu de la faire concourir avec la première année de la cent quatre-vingt-quinzième olympiade, il la faisait correspondre à la seconde de la même olympiade, en sorte que, d'après ses calculs, l'année 5505 du monde, quatrième de Jésus-Christ, répond, selon lui, à l'ère vulgaire de l'Incarnation.

Cette différence s'accrut encore par le retranchement de dix années que l'on fit subir au calcul de Jules l'Africain, ce qui eut lieu au commencement du règne de Dioclétien. Au lieu de compter l'an du monde 5787 à l'an 287 de Jésus-Christ, on ne compta plus que 5777 pour la première de ces périodes et 277 pour la seconde. Dans l'un et l'autre de ces calculs, la création du monde remontait toujours à plus de sept mille ans avant les temps actuels, ce qui confirme la version des Septante ; car la principale différence est relative à ce nombre de dix années.

On en a la preuve dans la chronologie de Théophane, laquelle s'appuie sur l'ère d'Alexandrie. Aussi cette chronologie, qui paraît exacte, réunit les deux époques au commencement de l'empire de Dioclétien, par où elle débute. Telle est la solution des nombreuses difficultés qui ont embarrassé tant de chronologistes dans la lecture des anciens écrivains. Parmi ces derniers, nous citerons particulièrement saint Maxime et Théophane, qui ont constamment suivi l'ère d'Alexandrie.

La réforme que les Alexandrins avaient faite au calcul chronologique de Jules l'Africain, ne fut pas la seule qu'il subit. Panodore, moine égyptien qui vivait vers la fin du ive siècle, entreprit de le remanier, et son travail produisit une ère nouvelle, qui paraît surtout avoir été en usage dans l'Église d'Alexandrie.

La méthode que ce moine adopta est aussi simple qu'ingénieuse. Il recula de dix ans la date de l'homme et de trois l'époque de l'Incarnation. Il en résulta que, d'après ses calculs, il fallait compter 5491 ans jusqu'à la seconde année de la cent quatre-vingt-quatorzième olympiade et la première de l'olympiade suivante, en commençant, à la manière des Orientaux, l'année en automne.

Par là, l'année du monde de Panodore 5491 correspondait à l'an 5500 des Alexandrins, qui était pour eux la première de l'Incarnation. L'année 5492, adoptée par les mêmes, correspondait à l'année 5501 des Alexandrins, et son année 5493 à leur année 5502, quatrième selon eux et première selon lui de l'ère chrétienne. Ainsi, plus de différence pour les années du monde entre Panodore et les Alexandrins, depuis le retranchement que ceux-ci firent de dix années avant leur ère, au commencement de Dioclétien. Il n'en exista que pour l'époque de l'Incarnation, que Panodore retardait comme les derniers de trois années. Ceci prouve que le P. Pétau a été dans l'erreur, lorsqu'il a supposé que l'ère de Panodore rentrait dans celle d'Alexandrie pour la supputation des années de l'Incarnation, et ne s'en éloignait que pour celles de la création, car c'est précisément le contraire.

L'ère de Constantinople, qui, comme celle d'Alexandrie, commence à l'apparition de l'homme, s'accorde beaucoup mieux avec la version des Septante, qu'avec celle du texte hébreu. D'après ses supputations, la première année de l'Incarnation ou de l'ère chrétienne répond à 5509, comme dans l'ère vulgaire, ce qui donne à l'espèce humaine une existence de 7368 années en 1859.

La même époque correspond à la dernière de la cent quatre-vingt-quatorzième olympiade et à la première de l'olympiade suivante. L'Église grecque n'en connaît point d'autre aujourd'hui. Les Moscovites, qui l'avaient reçue des Grecs avec le christianisme, l'ont de même conservée jusqu'au règne de Pierre-le-Grand.

Appliquons à la recherche de cette date la règle posée par Jules Scaliger, pour faciliter la réduction des années de l'époque de la période julienne, ou de cette ère fictive imaginée par ce savant, avec celle des années d'une tout autre époque. La période julienne résulte, comme on le sait, du produit des cycles de la lune, du soleil et des indictions multipliées les unes par les autres. Ainsi, en multipliant 19 ou le cycle lunaire par le nombre 28 du cycle solaire, le produit sera 532; lequel, multiplié à son tour par 15 qui est le cycle des indictions, donnera la somme de 7980 années qui compose la période julienne.

La première année de l'ère vulgaire est placée à l'an 4713 de la période julienne, d'où il suit que pour trouver une année quelconque de Jésus-Christ dans cette période, il faut ajouter 4713 à cette année. En additionnant ce nombre avec 1859, on a pour la somme des deux 6572, qui est l'année de la période cherchée.

D'après le P. Pétau, le déluge aurait eu lieu l'an 1656 du monde, ou 2336 années avant l'ère chrétienne. D'après ces dates, l'existence de l'homme ne remonterait qu'à 5851 ans avant l'époque actuelle 1859. On peut toutefois faire entrer dans cet intervalle, le plus court qui ait été admis, les faits historiques qui se sont succédé sur la terre depuis la venue de l'homme, ainsi que les événements physiques qui ont eu lieu sur le globe depuis le déluge [1].

Néanmoins, nous nous en tiendrons à la date donnée par les Septante, comme la plus exacte et celle qui rattache le mieux les faits physiques aux monuments et aux traditions historiques.

Nous voudrions trouver, dans les annales des autres nations, des moyens de résoudre les questions que fait naître l'époque du dernier événement qui a ravagé la surface de la terre; mais les monuments que nous pouvons consulter ont des dates si incertaines, qu'elles ne sauraient éclaircir des questions aussi délicates.

Les Grecs ont admis deux déluges : l'un qu'ils ont nommé d'Ogygès, et dont la date s'accorde tellement avec celle qui a été attribuée à cet événement par le texte hébreu, qu'elle paraît avoir été puisée à cette source. En effet, Varron et Censorinus ont placé le déluge d'Ogygès,

---

[1] *Petavii rationarium temporum. Editio ultima; Parisiis*, 1741, pag. 5.

qu'ils ont appelé le premier déluge, quatre cents ans avant Inachus, ou 1600 ans avant la première olympiade, ce qui le porterait à 2576 avant l'ère chrétienne[1]. Le déluge de Noé est fixé par le texte hébreu à 2536. Toute la différence qui existe entre les deux nombres se réduit donc à quarante ans en plus pour le premier.

On est assez d'accord sur la parfaite identité de Noé, et le Noah des Arabes, le No d'Apamée, le Deucalion des Syriens, des Phrygiens et des Grecs, le Hictymus d'Arcadie, le Xisuthrus des Assyriens, et le Satyavatra des Indiens. Ces peuples commencent leur histoire ou leur dernier âge par le déluge ; les détails qu'ils en donnent sont tellement conformes à ceux que nous devons aux Hébreux, qu'il est difficile de ne pas voir qu'ils ont une commune origine.

Le second déluge des Grecs, ou celui de Deucalion, n'est peut-être qu'une tradition du premier, altérée et placée par ces peuples à l'époque où ils supposaient qu'avait existé ce personnage réel ou fictif. On le regardait, en effet, comme l'auteur de la nation des Hellènes, et on confondait son histoire avec celle des chefs des nations renouvelées. Du reste, le déluge de Deucalion, loin d'avoir eu la généralité du premier, paraîtrait avoir été une inondation partielle. L'époque à laquelle se rapporterait cet événement n'a pas été fixée par les auteurs anciens, dont le plus grand nombre ne nous ont rien dit du déluge de Deucalion, ni

---

[1] *De die natali*, cap. XVI.

même de celui d'Ogygès ; tels sont particulièrement Homère, Hésiode, Hérodote, Thucydide et Xénophon.

Pindare parle du déluge de Deucalion [1], et Platon en a dit également quelques mots dans le Timée, ainsi qu'Aristote, et plus tard Apollodore [2]. Les uns et les autres semblent l'avoir considéré comme un fait général, un vrai cataclysme, et le seul qui soit réellement arrivé. Il se pourrait que ces différents écrivains eussent confondu le déluge de Deucalion avec celui d'Ogygès. Il existe tellement de doutes sur ce point de fait, dans les traditions que nous possédons sur la Grèce antique, que, d'après Aquilinus et Eusèbe, il aurait eu lieu l'an 1796 ; ce qui, en admettant la fixation du déluge à 2576 avant l'ère chrétienne, ne supposerait à l'existence de l'homme que 6029 années, nombre trop rapproché de celui donné par le texte hébreu pour ne pas en provenir.

On trouve également des traces du déluge dans les écrits des Hindous, dans leurs Védas ou livres sacrés, révélés, selon eux, par Brahma lui-même. L'antiquité de ces livres ne saurait remonter au-delà de 3200 avant les temps actuels, date postérieure à celle adoptée par Moïse [3].

Lorsqu'on se rappelle que les époques des tables astronomiques des Hindous ont été calculées après coup et mal calculées, et que leurs traités d'astronomie sont modernes

---

[1] *Odes*, olymp. IX.
[2] *Meteor.*, tom. XIV et *Bibl.*, 18, 7.
[3] Voyez les Mémoires de M. Colebrocke, sur *les Védas. Mémoires de Calcutta*, tom. VII de l'édit. in-8°, pag. 193.

et antidatés, on est porté à diminuer de beaucoup l'antiquité prétendue des Védas.

Cependant, au milieu des fables dont ces livres sont surchargés, il échappe quelques traits dont la concordance avec ce qui résulte des monuments occidentaux est faite pour étonner. Ainsi, leur mythologie consacre les destructions successives ou les inondations violentes que la surface du globe a essuyées; elle fixe la dernière à moins de cinq mille ans. L'une de ces révolutions, que l'on place à la vérité plus loin de nous, est décrite dans des termes presque correspondants à ceux de Moïse. Le personnage de Satyavatra y joue le même rôle que Noé; il s'y sauve avec plusieurs couples de saints. On voit également, dans un autre événement de cette mythologie, figurer un personnage assez semblable à Deucalion par l'origine, le nom et les aventures [1].

D'un autre côté, d'après Scaliger, les Hindous font commencer le quatrième âge du monde par l'âge de la terre, et cela par un déluge dont ils fixent l'époque à 3102 avant l'ère chrétienne. Si l'on ajoute à ce nombre le chiffre adopté par les Septante (2262 années), et enfin le temps écoulé depuis l'ère chrétienne, on trouve 7223 années pour l'apparition de l'homme, nombre assez d'accord avec celui des Septante, et qui confirme leur chronologie.

Voyons maintenant quelle date les Chinois, ces peuples si différents de tous les autres par leurs mœurs, leurs

---

[1] Voyez Will. Johnes; *Mémoires de Calcutta*, tom. I, in 3º, pag. 230.

coutumes, leur religion et leur langage, ont assignée à ce grand événement. Si l'on consulte leur Chou-King, leur livre le plus ancien, rédigé, à ce qu'on assure, par Confucius, l'on y voit un des plus anciens empereurs de la Chine, Yao, faisant écouler les eaux qui s'étaient élevées jusqu'au ciel et baignaient encore le pied des plus hautes montagnes. D'après ce livre, le déluge serait arrivé, selon certains commentateurs, vers 4177 ou 4196 avant l'ère chrétienne, et selon d'autres 3958 avant la même époque.

La variété des opinions sur cette date va même jusqu'à 284 annéés en plus. Or, si nous ajoutons ces 284 années avec le chiffre 4196, nous aurons 4480 pour la date de cet événement, antérieur de 6339 années à l'époque actuelle. En combinant ces observations dues à Confucius, et supposant avec les Septante que le déluge est arrivé l'an du monde 2262, l'homme, d'après les Chinois eux-mêmes, n'existerait sur la terre que depuis 7699 ans. Ce simple aperçu détruit d'une manière évidente la haute antiquité qu'on s'est plu à supposer à ces peuples.

S'il règne sur la date du déluge de nombreuses incertitudes, celles qui existent sur l'âge du monde sont plus grandes encore. Comment pourrait-il en être autrement! Un épais nuage doit nécessairement couvrir le berceau du genre humain. Les efforts des historiens qui ont cherché à le déchirer, pour marquer nos premiers pas sur la terre, ressemblent assez à ceux d'un homme qui, voulant se rappeler les actions de son bas-âge, adopte les illusions de son esprit pour des souvenirs réels.

Ce reproche peut être adressé aux écrivains profanes;

mais il n'en est pas de même des historiens sacrés, auxquels nous devons trois principales chronologies sur les premiers âges : celles des Septante, des Samaritains et des Juifs. Malheureusement ces chronologies s'accordent peu entre elles.

En effet, d'après les Septante, il se serait écoulé depuis l'apparition de l'homme sur la terre jusqu'au déluge, 2262 années ; tandis que les Hébreux samaritains ont réduit cet espace de 955 ans, et l'ont fixé par conséquent à 1307. Quoique les Juifs aient un peu plus allongé ce terme, puisqu'ils ont admis qu'il s'était écoulé 1656 années depuis Adam jusqu'au déluge, ils sont cependant encore de 606 années au-dessous du nombre adopté par les Septante.

Les mêmes raisons qui nous ont fait préférer le calcul admis par ces derniers, relativement à la date du déluge, nous portent à admettre le chiffre qu'ils nous ont laissé sur l'époque à laquelle cet événement aurait eu lieu.

Les temps antérieurs au déluge intéressent peu, sans doute, l'histoire de la société humaine ; ils n'en sont pas moins importants, car ils doivent s'accorder avec les faits physiques qui se sont passés sur notre planète. Aussi avons-nous mis le plus grand soin à fixer, autant que possible, la date de l'intervalle qui s'est écoulé entre la première apparition de l'homme sur le globe et le déluge. A partir de cette époque, les causes actuelles ont dû suivre la marche régulière et peu active que nous leur connaissons.

Cet intervalle serait plus grand si, au lieu d'adopter, comme nous l'avons fait, le nombre des Septante, on admettait celui des tables Alphonsines. Elles supposent que depuis l'apparition de l'homme jusqu'à l'ère chrétienne, il s'est écoulé 6934 années, ce qui porterait à 8793 cet espace de temps en 1859.

La préférence que nous avons donnée à la version des Septante lui avait été accordée par Eusèbe[1], et plus tard par le P. Pezron, de l'ordre des Bernardins, qui a ajouté de savants développements à l'opinion d'Eusèbe[2]. Ce dernier, en rapprochant les trois textes de la Bible, a fait remarquer les différences qu'on y trouve, quant à la supputation de l'intervalle entre Adam et la naissance d'Abraham.

En effet, les Septante et les Samaritains ont placé la naissance d'Abraham 942 ans après le déluge; tandis que d'après les Juifs il ne se serait écoulé entre les deux époques qu'un intervalle de 292 ans, ou moins du tiers du temps admis par les premiers. Eusèbe nous indique les points où ces textes s'accordent, comme par exemple le samaritain avec le grec, relativement à l'intervalle du déluge à Abraham. Il examine également les nombres du texte hébreu tels qu'ils étaient de son temps et tels qu'ils sont encore; il n'hésite pas à les considérer comme erronés.

D'après cet évêque, la version des Septante a été faite sur le texte hébreu, mais avant que des intercalations y eussent été ajoutées; elle a dû être préférée aux autres versions. Ce docteur l'adopte dans sa chronographie, parce que

---

[1] Eusèbe, évêque de Césarée, a écrit en grec une chronologie générale; elle a été traduite en latin par saint Jérôme. C'est dans cette chronologie qu'il est question de la version des Septante. Voyez l'édition de Venise publiée en 1518, 2 vol. in-4°.

[2] *Antiquité des temps rétablie et défendue contre les Juifs et les nouveaux chronologistes.* Paris, 1687, in-4°.

l'Église la suit généralement, et enfin parce que les apôtres et les disciples de Jésus-Christ ont cité l'Ancien Testament selon la version des Septante. Cette version était admise dans la primitive Église ; elle était même, dans l'Orient, la règle suivie pour la détermination des époques relatives à Adam, au déluge et à Abraham, ou au calcul des temps historiques écoulés depuis l'origine des sociétés humaines. Aussi donnerons-nous la préférence à cette chronologie, avec Eusèbe, le P. Pezron, Champollion et plusieurs autres commentateurs, comme à celle qui concilie le mieux les faits historiques et les faits physiques [1].

Les recherches de la critique moderne, ainsi que le fait observer Champollion, confirment de plus en plus la date admise par les Septante. Aucun des monuments antiques de l'histoire profane, encore subsistant de nos jours et remontant à une époque certaine, ne contredit la date assignée au déluge par cette version. Ces monuments ne peuvent, au contraire, se concilier avec l'époque donnée au déluge par les textes hébreux de la Bible et de la Vulgate, qui en est la traduction. La version des Septante éclaire donc seule les premiers temps de l'histoire sacrée et profane ; dès-lors elle doit être préférée relativement aux événements des âges primitifs.

Tel est l'intervalle de temps qui a séparé la création de l'homme du déluge. Cette première époque constitue ce que les chronologistes ont appelé le premier âge du monde.

---

[1] Voyez *Résumé de chronologie*, par Champollion. Paris, 1830, pag. 102 et 103.

Le second âge s'étend depuis le déluge jusqu'à Abraham. Ce patriarche termine la vingtième génération d'hommes dont Adam forme le premier chaînon. Du moins Eusèbe la règle ainsi, et nous adopterons sa chronologie sur ce point, sans discuter les opinions qui ont été émises sur une époque aussi importante. La naissance d'Abraham se lie avec l'histoire profane d'une manière plus intime que celle des patriarches qui l'ont précédé. S'il pouvait entrer dans notre plan d'établir le synchronisme entre cette époque et celle du règne des divers souverains de l'Orient, nous profiterions des lumières que l'évêque de Césarée a répandues sur cette double chronologie; mais cette discussion nous entraînerait trop loin.

Nous ne perdrons pas de vue que les différences qui existent entre les événements de ce second âge intéressent principalement l'histoire profane; aussi y porterons-nous toute notre attention.

La diversité des versions de l'Écriture est grande sur ces intervalles et sur la durée totale du second âge, quoiqu'elle soit moindre qu'en ce qui concerne la première époque de l'histoire sacrée.

La version des Septante et celle des Samaritains font naître Abraham 942 ans après le déluge, tandis que le texte hébreu n'admet qu'un intervalle de 292 années entre ces deux événements. Il suit de ces nombres, dérivés de la succession des générations qui ont eu lieu depuis Noé jusqu'à Abraham, que leur différence n'est pas moindre de 650 ans. Cette différence entre les Hébreux d'une part, les Septante et les Samaritains de l'autre, relativement au second âge, affecte sensiblement la durée générale des temps depuis Adam jusqu'à la naissance d'Abraham.

On peut comprendre les temps historiques écoulés depuis la première apparition de l'homme jusqu'à la naissance d'Abraham dans les termes suivants. D'après les trois textes principaux de l'Écriture, cette supputation donne également la date de l'apparition de l'homme à l'époque où parut ce patriarche.

	Septante.	Samaritain.	Texte hébr.
Âge du monde au déluge........	2262	1307	1656
Âge du déluge à Abraham.......	942	942	292
Total de l'âge du monde à Abraham.	3204	2249	1948

Le texte des Septante assigne, d'après ces nombres, à la durée des temps antérieurs à Abraham, 955 ans de plus que les Samaritains, et 1256 de plus que les Hébreux.

Cette différence reste constante pour les temps postérieurs à Abraham ; car, après ce patriarche, les textes marchent d'accord ; tous mettent le même intervalle entre sa naissance et le commencement de l'ère chrétienne. Selon eux, il se serait écoulé entre la venue de l'homme et la naissance de Jésus-Christ 5248 années, d'après les Septante ; 4293 d'après les Samaritains, et seulement 3992 d'après les Hébreux.

Si l'on soustrait le total des années écoulées depuis l'apparition de l'homme jusqu'à Abraham, de ceux admis par les Septante et les Samaritains, on aura pour les deux textes le même chiffre 2984, qui correspond à l'intervalle écoulé entre ce patriarche et Jésus-Christ. Cet intervalle ne sera plus que de 2336 années, si l'on suit le texte hébreu.

On peut arriver au même résultat d'une tout autre manière. Nous avons vu que les Septante donnent à l'existence de l'homme, à l'époque d'Abraham, 955 de plus que les Samaritains et 1206 de plus que les Hébreux. Maintenant, si l'on soustrait de 5248, intervalle d'Adam à Jésus-Christ admis par les Septante, le nombre 4293 adopté par les Samaritains pour le même intervalle, la différence entre ces deux nombres est seulement de 955 années.

On obtient également le même chiffre en additionnant l'époque du déluge avec le chiffre 942, qui représente la naissance d'Abraham, ce qui donne en totalité 3204 ; en retranchant ensuite de cette somme le nombre 2249, qui résulte de l'addition des deux chiffres 1307 et 942, admis par les Samaritains pour les époques du déluge et de la naissance d'Abraham, on reconnaît par ce calcul que les textes des Septante et des Samaritains ne sont en désaccord que pour les temps antérieurs à Abraham.

Il en est de même pour les deux versions des Septante et des Hébreux. Si l'on retranche 3992, nombre adopté par les derniers pour l'intervalle écoulé d'Adam à Jésus-Christ, de 5248, admis par les Septante, on trouve une différence de 1256 années. Si nous répétons à l'égard de ces nombres les mêmes opérations que nous avons faites pour la comparaison des autres versions, nous arriverons toujours au même résultat.

On se rappellera que les Septante admettent 3204 années d'Adam au déluge, qui, ajoutées à 2044 années depuis ce patriarche, donnent bien 5248, admis par eux depuis l'apparition de l'homme jusqu'à l'ère chrétienne. Si de ce nombre 3204 on soustrait le chiffre 1948, somme de 1656 et 292, admis par les Hébreux pour le déluge et la naissance d'Abraham, on aura également 1256 années, nombre trouvé par l'autre mode de calcul. Ainsi, il n'y a désaccord entre les différents textes que pour les époques antérieures à Abraham ; car tous placent la naissance de ce patriarche 2044 années avant l'ère chrétienne.

L'époque d'Abraham intéresse moins directement l'histoire profane que la date du déluge. Cette dernière est liée d'une manière immédiate aux progrès de la civilisation, qui ont été si rapides après ce grand événement. Ces progrès pourraient paraître prodigieux, quoiqu'ils ne doivent jamais être calculés sur le temps, si des traditions antédiluviennes ne s'étaient conservées et avec elles la pratique des arts. Aussi l'Écriture en nomme les inventeurs, dès les premières générations qui suivirent le renouvellement du genre humain. Il serait d'un grand intérêt de remonter par elles jusqu'aux arts que l'homme, guidé par le besoin autant que par son intelligence, inventa dès l'enfance de la civilisation.

On arriverait ainsi aux premières ébauches de l'industrie naissante, et l'on pourrait démêler quelques traits de cette archéologie anté-diluvienne, dont les premiers pas se perdent dans la nuit des temps.

Quelque importance que puisse avoir un pareil travail, il est trop étranger à nos études habituelles pour que nous osions l'entreprendre. Sans doute cet objet éveillera l'attention des savants, et nous leur devrons ainsi quelques lumières sur des temps dont l'homme a si peu gardé de souvenirs.

Il ne nous reste plus qu'à résumer nos observations, et, pour être plus clair, nous le ferons sous forme de tableau.

Date des principaux événements qui ont eu lieu depuis l'apparition de l'homme, jusqu'à l'époque actuelle, 1859.

	I. Selon les Septante.	II. Selon les Samaritains.	III. Selon les Hébreux.
Du premier homme au déluge [1]	2262 années.	1307 années.	1656 années.
Du déluge à Abraham	942 —	942 —	292 —
D'Abraham à l'ère chrétienne	2044 —	2044 —	2044 —
Du déluge à l'ère chrétienne	2986 —	2986 —	2336 —
Date du premier homme à Jésus-Christ	5248 —	4293 —	3992 —
Age du monde depuis le premier homme jusqu'à l'époque actuelle, 1859	7107 années.	6152 années.	5851 années.

Moyenne entre ces trois nombres : 6370.

Tel est le résumé des dates que l'on peut assigner aux événements qui se sont passés sur la terre depuis que l'homme y a posé le pied. Les dernières de ces dates, et même la moyenne des trois, s'accorde moins bien avec

---

[1] Le système du premier homme a été admis non-seulement par Moïse; mais par d'autres cosmogonies. Les Perses ont adopté cette opinion, comme la croyance d'un Dieu unique se retrouve avant le législateur des Hébreux chez Abraham.

les faits historiques et physiques qui se sont succédé depuis le déluge. Aussi adopterons-nous la plus longue, celle admise par les Septante, parce qu'elle se concilie mieux avec les événements que ces dates rappellent.

Pour terminer ce que nous avons à dire sur l'histoire sacrée, il ne nous reste plus qu'à faire mention des faits historiques de la troisième époque dont parle l'Écriture.

Sans doute, les faits qu'elle rapporte n'ont pas une relation bien directe avec les questions que nous nous sommes proposé d'éclaircir; ils nous permettront toutefois de fixer avec une plus grande précision la naissance de Moïse, ainsi que la date de la délivrance des Israélites, points historiques qui ont une assez grande importance pour l'objet de notre travail. Ces époques déterminées, nous serons fixé sur celle du Pentateuque, livre dans lequel nous avons puisé les documents dont nous avons fait usage.

La troisième époque comprend l'espace de temps écoulé depuis la vocation d'Abraham jusqu'à la sortie des Israélites d'Égypte. Sa durée a été fixée par Moïse lui-même et par saint Paul, à 450 ans.

Nous avons vu que la naissance d'Abraham se rapportait, d'après les trois textes, à la même date, c'est-à-dire à 2044 années avant l'ère chrétienne. Ainsi, en admettant que sa vocation eût eu lieu quarante-quatre ans après sa naissance, cela porterait la délivrance des Israélites, qui paraîtrait avoir eu lieu 450 ans après, vers l'an 1550 avant Jésus-Christ. D'un autre côté, si l'on admet que Moïse était pour lors dans sa soixantième année, ce calcul fixerait la naissance de ce législateur vers l'an 1630 avant l'ère chrétienne, en sorte que Moïse serait antérieur à l'époque actuelle d'environ 3469 ou 3589 années, nombres assez généralement adoptés.

Ce calcul n'a pas été cependant admis par tous les commentateurs de la Bible. Dom Calmet, auquel nous devons d'excellentes dissertations sur l'Écriture sainte, rapporte la vocation d'Abraham à l'an du monde 2237 et à 1921 années avant l'ère chrétienne.

La différence est ici peu considérable, car elle n'est que de 79 ans en moins, relativement à la date de 2000 avant Jésus-Christ, que nous avons adoptée. Comme tous les commentateurs ont admis qu'il s'était écoulé 430 années entre la vocation d'Abraham et la délivrance des Hébreux, ce nombre sert à fixer la date de la naissance de Moïse. Il s'ensuit que si l'on regarde comme justes les nombres 2237 et 1921, fournis par dom Calmet comme exacts, cette délivrance aurait eu lieu vers 2687 après Adam et 1491 avant l'ère chrétienne. Mais ces données ne s'accordent pas avec celles des Septante; celles-ci fixent l'époque du déluge à 2262 ans après la création du premier homme, et portent la délivrance des Hébreux à 3316 années après la même époque.

La date que nous venons d'assigner à la naissance de Moïse n'a pas été adoptée par MM. Poirson et Cayx. Ils en ont avancé l'époque et l'ont placée l'an 1725 avant Jésus-Christ, 95 années plus tôt que nous ne l'avons fait, d'après un calcul fondé sur deux données principales : la première, celle de la naissance d'Abraham, suivie par les trois versions de l'Écriture, et la seconde qui se rapporte au troisième âge de monde, dont la durée a été fixée par Moïse lui-même à 430 ans, ainsi que l'ont admis dans la suite saint Paul, et de nos jours dom Calmet.

L'époque de 1630 avant l'ère chrétienne, admise par la plupart des commentateurs pour la naissance de Moïse, semble plus d'accord avec les faits historiques qui servent à la déterminer, que celle adoptée par MM. Poirson et Cayx. Ces historiens font naître et mourir Moïse en 1725 et 1605, nombres qui ne s'accordent pas avec ceux admis par plusieurs chronologistes pour l'établissement du gouvernement des Juges. Ils fixent, en effet, cet établissement à l'an 1554 avant l'ère chrétienne. Leur institution a été nécessairement postérieure à Moïse; si l'on convient que la date de 1630 est la véritable époque de sa naissance, sa mort doit avoir eu lieu 1510 ans avant l'ère chrétienne. Elle aurait été de 44 années postérieure au gouvernement des Juges, si la date de 1554 était exacte, ce qui ne saurait être admis.

Le plus grand nombre des historiens s'accordent à considérer la Genèse comme écrite il y a trente-cinq siècles, date qui coïncide avec celle que nous avons adoptée. Elle diffère du reste fort peu de celle qui résulte des calculs de MM. Poirson et Cayx. En effet, d'après eux Moïse aurait composé le Pentateuque en 1695, époque de la délivrance des Hébreux; quant à sa mort, ils la rapportent à l'an 1605 avant l'ère chrétienne. Ainsi, en admettant qu'il l'ait écrit 1655 ans avant cette époque, ce livre aurait maintenant (1859) 3514 années, date semblable à celle que nous avons obtenue par une tout autre voie.

D'après l'Écriture, les événements postérieurs à l'apparition de l'homme, et que nous avons compris dans deux périodes, embrassent cinq espaces de temps, caractérisés par des faits historiques dont l'importance est assez grande d'après les événements qui s'y sont passés.

Le premier âge s'étend depuis l'apparition de l'homme jusqu'au déluge ; sa durée la plus longue a été fixée par les Septante à 2262 années.

Le deuxième âge comprend le temps qui s'est écoulé depuis le déluge jusqu'à la vocation d'Abraham, ou un espace de 986 années.

Le troisième âge commence à la vocation d'Abraham et s'étend jusqu'à la sortie d'Égypte ou jusqu'à la délivrance des Israélites. De la comparaison des dates égyptiennes avec celles données par le Pentateuque, il résulte que les Hébreux sont sortis de l'Égypte sous la conduite de Moïse plus de seize siècles avant l'ère chrétienne, ce qui rapporte cet événement à environ 3456, ou, en compte rond, 3500 années avant l'époque actuelle[1] (1859). Moïse, et plus tard saint Paul, ont fixé la durée de ce troisième âge à 450 années, ainsi que nous l'avons déjà dit. (*Note* 47.)

Le quatrième âge embrasse un espace de temps plus considérable ; commençant à la délivrance des Israélites, il se prolonge jusqu'à l'ère chrétienne et comprend un intervalle de 1570 années.

Enfin, le cinquième âge du monde, le plus récent de

---

[1] Cette date de 3456 est fondée sur la supposition que la naissance de Moïse a eu lieu en 1630 avant l'ère chrétienne, et que Moïse est sorti de l'Égypte à l'âge de 40 ans.

tous, commence à la naissance de Jésus-Christ, sa durée n'est encore que de 1859 années. Les cinq âges réunis comprennent ainsi un intervalle de 7127 années.

Telles sont les divisions admises par l'Écriture et dans lesquelles elle a fait entrer les temps écoulés depuis l'apparition de l'homme jusqu'à l'époque actuelle. Si nous avons insisté sur ces divisions, c'est afin de faire saisir les motifs qui ont guidé les écrivains sacrés dans leurs calculs et leurs supputations.

Dans ce qui précède, nous avons porté l'attention sur plusieurs dates importantes pour la détermination des principaux faits historiques, tels que la venue de l'homme, le déluge, la naissance d'Abraham et de Moïse, et nous avons fait saisir combien il est difficile de fixer avec précision ces diverses époques.

Les véritables données historiques, qui ne sont contrariées par aucun monument authentique et dont l'accord avec les faits physiques est non moins positif, nous disent que si la terre est fort ancienne, l'homme y est fort nouveau. (*Note* 48.)

En adoptant la date des Septante, l'apparition de l'espèce humaine ne remonterait pas au-delà de 7127 années. Sans doute, cette période a paru bien courte aux faiseurs de systèmes du siècle passé. Elle suffit cependant pour expliquer les progrès de la civilisation de la société humaine, et pour renfermer les événements physiques qui se sont accomplis sur la terre, depuis que sa surface a été le théâtre d'une grande révolution, rapportée par les mêmes monuments historiques à plus de 5000 ans avant l'époque à laquelle nous appartenons.

Si l'on consulte à cet égard les phénomènes de la nature, qui ne peuvent nous tromper, ils nous tiendront le même langage. Tous nous disent que l'ordre des choses actuelles ne remonte pas très-haut et que l'action des causes agissantes ne s'exerce avec une aussi faible intensité que depuis des temps peu éloignés de nous. Partout l'homme nous parle comme la nature, soit que l'on consulte les vraies traditions des peuples, soit que l'on examine leur état moral et politique et le développement intellectuel qu'ils avaient atteint au moment où ils ont élevé leurs monuments.

Ainsi s'évanouissent les longues séries de siècles que certains peuples s'étaient plu à s'attribuer, sur de prétendues observations astronomiques dont la science moderne a démontré la fausseté. D'un autre côté, une critique sévère a renversé les traditions d'une pareille antiquité, qui ne reposent sur aucune base solide et n'ont rien de commun avec la véritable histoire. Le progrès des connaissances a détruit d'un seul mot ces calculs, d'une ancienneté indéfinie mais mensongère.

En résumé, les découvertes récentes ont établi, de la manière la plus incontestable, que la venue de l'homme ne remonte guère au-delà de 7556 ou de 7760 années avant les temps actuels.

La science humaine est ici d'accord avec la science révélée, et l'une conduit à l'autre ; c'est là le plus beau triomphe de l'intelligence. Dieu, en envoyant dans le monde la vérité, a permis à l'homme de remonter jusqu'à elle et d'élever le majestueux édifice des sciences qui doivent lui servir d'aide et d'appui. Sans doute nos connaissances ne sont pas nécessaires à sa gloire, elles lui rendent cependant hommage comme dérivant de lui. Elles nous font comprendre la beauté de ses œuvres et nous permettent de soulever le voile qui couvre la vérité, dont il est la source et l'essence.

Après ce précis d'histoire sacrée, voyons si les traditions et les monuments des peuples idolâtres de l'antiquité contrarient la date que nous avons assignée à l'origine du genre humain. Nous avons exposé les faits relatifs à la chronologie de l'histoire sacrée, en nous fondant sur les Livres Saints qui en sont l'unique base : nous en ferons de même à l'égard des chronologies profanes. Ce sera sur le dire des écrivains les plus accrédités et sur les monuments les mieux observés, que nous en établirons les fondements, rejetant avec soin les récits fabuleux et les témoignages mensongers à l'aide desquels les peuples des premiers âges ont voulu se donner une haute antiquité. Nous les écarterons comme peu dignes de la véritable histoire, qui ne s'appuie que sur des événements réels et établis d'une manière certaine.

Nous nous occuperons, en premier lieu, de l'histoire des Égyptiens, des Grecs et des Romains; nous en examinerons les principaux éléments et nous distinguerons parmi eux les suppositions inhérentes aux systèmes dont différentes nations ont embarrassé les certitudes historiques; nous verrons combien ces suppositions s'évanouissent, à mesure que l'on arrive à des temps sur lesquels il existe des données positives. Aussi, les seules et réelles difficultés des chronologies des anciennes époques se rapportent aux premiers âges de l'histoire. En dépouillant leurs traditions des événements fantastiques dont ils ont voulu environner leur origine, on arrive pour toutes à des dates qui frappent par leur harmonie et leur accord.

Nous ramènerons ainsi l'histoire des Hindous et des Chinois aux mêmes proportions que celles qui régissent les traditions des autres nations. Leurs annales nous prouveront, comme celles des autres peuples, que les vrais monuments historiques, loin de contrarier la date donnée à l'apparition de l'homme par les Hébreux, la confirment d'une manière puissante lorsqu'on fait disparaître de leurs annales ce qu'elles renferment de chimérique. (*Note* 49.)

B. HISTOIRE PROFANE.

CHAPITRE PREMIER.

I. HISTOIRE DES PEUPLES IDOLATRES DE L'ANTIQUITÉ MISE EN RAPPORT AVEC CELLE DU PEUPLE HÉBREU.

Pour l'intelligence de ce que nous avons à dire sur l'histoire des nations idolâtres, nous avons dressé le tableau synchronique de leur histoire. Ce tableau comprend neuf colonnes qui se rapportent aux différents peuples de l'antiquité. Au premier rang nous avons placé les Hébreux, parce que, étant les plus anciens, ils nous fournissent seuls des données positives sur les temps antérieurs au déluge.

Nous avons mis les Égyptiens à côté des Hébreux, à cause de leur ancienneté et du long séjour que les enfants d'Israël ont fait en Égypte. Quant aux autres nations, nous les avons classées d'après leur proximité et leurs relations politiques. Nous avons mis au dernier rang les Hindous et les Chinois, ces peuples n'ayant eu que peu de rapports avec les Hébreux et les Égyptiens.

Les Romains, les plus modernes de cette série, qui précèdent dans le tableau les Hindous et les Chinois, ont fini par porter leurs armes, non-seulement en Grèce et en Macédoine, mais encore en Égypte.

L'Inde et la Chine ne paraissent pas avoir attiré l'attention des Romains ; du moins les dominateurs du monde n'ont eu, avec ces deux pays, que des rapports fort éloignés. Ces diverses considérations nous ont porté à placer les Hindous, les Chinois et les Latins dans les dernières colonnes, quoique les premières de ces nations aient une plus grande antiquité que les Romains, qui les précèdent dans le tableau.

I. Hébreux.

Les observations que nous avons faites dans le précis de l'histoire sacrée, nous dispenseront d'entrer dans de grands développements sur le peuple hébreu. Nous nous bornerons à indiquer dans le tableau de l'histoire profane, les dates que nous n'avons pas données dans celui qui est relatif à l'histoire sacrée. Les unes confirment celles du premier tableau, et les autres se rapportent à des événements importants qui se sont passés depuis le déluge jusqu'à l'ère chrétienne. Nous y avons ajouté le détail des différentes générations qui ont existé depuis Adam jusqu'à Noé, et de celles qui, depuis ce patriarche, se sont succédé jusqu'à Abraham. Ces générations fixent d'une manière plus précise les dates des premiers âges de l'histoire, sur lesquelles règnent les plus grandes incertitudes. (*Note* 50.)

Toutefois, les doutes qui existaient uniquement sur les premiers événements historiques, ne sauraient nous empêcher de reconnaître que la Judée a jeté le plus grand éclat parmi les nations de l'antiquité, par sa grandeur morale et religieuse. Considérée sous ce rapport, elle a été infiniment supérieure aux Égyptiens, dont l'illustration tient aux progrès qu'ils ont faits de bonne heure dans les sciences, ainsi que dans l'art de construire de grands monuments, qui ont été érigés par l'abus du pouvoir et que le temps n'a pu effacer.

Les Hébreux sont encore supérieurs aux premiers habitants de l'Égypte sous ce dernier point de vue, ainsi que nous l'avons déjà prouvé [1].

Du reste, que sont les arts et les monuments, privés de la notion de Dieu? Ils sont sans action sur le cœur et la pensée de l'homme. Les idées qui dominaient chez les anciens Égyptiens, ainsi que chez les autres nations païennes, étaient les plus fausses et les plus absurdes quant à ce qui concerne la toute-puissance de Dieu. Ils attribuaient à la divinité suprême les mêmes passions qu'à l'homme, lorsqu'ils ne la considéraient pas comme au-dessous de l'homme lui-même ; en effet, dans leurs fictions mythologiques, ils l'envisageaient comme étant le partage des animaux les plus vils et les plus immondes.

---

[1] Voyez la page 68 du même volume.

Les Hébreux, par la connaissance qu'ils avaient de Dieu et de ses perfections, étaient non-seulement au-dessus des Égyptiens et des autres peuples idolâtres, mais ils étaient également supérieurs aux autres nations païennes d'une moindre ancienneté. Tels sont les Grecs, qui n'ont dû leur haute renommée qu'aux arts et à la perfection de leur littérature, où ils ont créé tant de chefs-d'œuvre. Les Hébreux ont eu les mêmes avantages sur les peuples de l'ancienne Rome, qui se sont également illustrés dans la culture des lettres. Les Romains, devenus si fiers par leur haute prospérité et l'éclat de leurs victoires dues à leur esprit politique et guerrier, n'étaient pas plus avancés sous le rapport religieux que les Grecs, qui les avaient précédés sur la scène du monde.

Les progrès que les Hébreux avaient faits eux seuls dans la connaissance de Dieu, donnent à leur histoire un intérêt particulier; cet intérêt s'accroît lorsqu'on compare les lumières qu'ils avaient acquises sous un rapport aussi essentiel pour l'amélioration de l'humanité, à l'ignorance complète en matière religieuse des nations au milieu desquelles ils étaient disséminés.

Il est enfin une dernière observation dont l'importance est trop grande pour que nous la passions sous silence. L'histoire du peuple hébreu place l'origine du genre humain dans le centre de l'Asie, point où se trouve la plus haute chaîne du monde. Cette contrée est la plus favorable à la dispersion des peuples; qui sont partis de ce centre, d'où ils ont irradié et ont pu répandre avec plus de facilité que de toute autre partie de la terre leurs nombreuses tribus.

On peut faire une autre remarque, qui a aussi une certaine valeur. La plupart des écrivains de l'antiquité ont admis que les premiers établissements de l'homme ont été placés sur les points élevés de ce grand continent, d'où ils se sont répandus dans les autres régions. Les fleuves qui naissent de ces hauteurs ont été leurs premiers guides, et comme les premières routes de leurs antiques migrations. En effet, les premiers peuples ne se sont jamais avancés dans la direction des grandes chaînes; ils ont constamment suivi le cours des fleuves et des rivières; aussi les courants d'eau et non les montagnes ont-ils servi de limites aux peuplades primitives, dont les habitations sont venues se grouper sur les bords des eaux courantes.

Ces circonstances nous expliquent pourquoi l'Asie a été le berceau du genre humain et pendant longtemps le centre et le point de départ de la civilisation; elle a dû cet avantage à l'élévation de la plupart des régions qui en font partie. Ainsi se justifie le dire de la Bible sur la partie du monde la première habitée. En plaçant l'origine des hommes auprès des chaînes de l'Himalaya et du Caucase, l'Écriture ne s'écarte pas de l'opinion qui assigne l'origine des sociétés humaines auprès de cette chaîne, dont les hauteurs séparent le midi du nord de l'Asie. (*Note* 51.)

Les sommets les plus élevés du globe sont, en effet, dans cette vaste partie de l'ancien continent. C'est de l'Asie que nous sont venus les principaux animaux domestiques; nous lui devons également les plantes potagères les plus utiles et les arbres fruitiers les plus savoureux. Elle nous a enfin dotés des céréales, si nécessaires à notre nourriture, et dont les tiges presque indestructibles nous abritent contre la rigueur des saisons. (*Note* 52.)

C'est de l'Asie que nous sont venues les traditions qui nous éclairent sur les premiers pas que nous avons faits dans la civilisation, à laquelle nous avons été comme poussés par une puissance irrésistible. Les bienfaits que cette vaste contrée en a obtenus la première, ont été en partie la cause des progrès que les anciens Égyptiens ont fait de bonne heure dans la culture des sciences et des arts. Ce perfectionnement fait par les nations asiatiques, suivi plus tard par celles qui habitaient la partie orientale de l'Afrique, leur a permis d'élever des monuments aussi remarquables par leur grandeur, la solidité de leurs matériaux, que par le luxe de leur sculpture et de leurs ornements. (*Note* 53.)

Les traditions que Moïse nous a laissées sur la dispersion des peuples, particulièrement sur les enfants de Noé, se trouvent dans le chapitre X de la Genèse, monument précieux non-seulement sous le rapport historique, mais par l'intérêt général qu'il présente sous le point de vue de la classification des diverses races humaines. La marche adoptée par l'auteur de la Genèse est, en effet, en tout point conforme à la méthode suivie par les historiens et les naturalistes modernes.

D'après le tableau ethnographique tracé par Moïse dans le chapitre X de la Genèse, Noé et ses trois fils, Sem, Cham et Japhet, se dispersèrent et se partagèrent la terre.

Sem, le frère aîné de Japhet, eut plusieurs fils, Elam, Assur, Arphaxad, Lud et Aram. Le premier donna son nom à l'Élymaüs, et Assur fonda Ninive, que la Bible distingue soigneusement de Babylone. La date de cette ville paraît antérieure à l'époque où la race sémitique conquit l'empire de l'Asie occidentale. Arphaxad s'étendit sur la rive orientale du Tigre, dans la haute Mésopotamie; Lud, le quatrième fils de Sem, le père de la nation lydienne, étendit considérablement ses conquêtes au nord-ouest du berceau des Sémites, au sein de l'Asie Mineure.

Il reste encore, dans la filiation de Sem, Aram qui occupa les pays situés au sud-ouest en deçà et au-delà de l'Euphrate, en suivant les vallées du Liban.

Elam, Assur et Arphaxad marchèrent tous trois vers le Midi, et Lud, trouvant la plupart des positions occupées dans cette direction, se rejeta à l'Occident, dans des contrées également favorisées par la nature[1]. Aram prit une route différente et nouvelle, la seule qui restait encore à parcourir aux Sémites, à l'exception du Nord et du Levant, d'où devaient les repousser la hauteur des montagnes et la rigueur du climat.

Tel est l'ordre de la marche suivie par les enfants de Sem dans leur dispersion. Cet ordre de la filiation des petits-fils de Noé est comme un témoignage comparatif de leurs établissements; la situation géographique des empires sémitiques se prête très-bien à cette interprétation du texte sacré. Il est vraisemblable que les Sémites, auxquels les Hébreux comme Moïse lui-même appartenaient, avaient conservé un souvenir exact de l'ordre dans lequel les colonies émigrantes s'étaient dispersées lorsqu'elles avaient quitté le sol de leur patrie primitive.

---

[1] *Genèse*, chap. X, vers. 22 et 32.

On a voulu voir dans les nègres les descendants de Cham, quoique Moïse ne les ait pas compris parmi les enfants de ce patriarche. On a cru pouvoir le supposer, en raison de ce que les nègres occupaient dans l'Afrique ancienne les mêmes limites qu'aujourd'hui, et qu'ils auraient pu avoir des rapports fréquents avec les Égyptiens. Mais pour faire admettre cette supposition, il faudrait prouver que les nègres existaient il y a au moins trente-cinq siècles ; c'est ce que l'on ne peut établir par aucune preuve positive.

Il importe peu que le nom de Cham, le père des Chamites, signifie en hébreu *chaud*, ou quelque chose de brûlé, (*calidus*), car cette expression s'applique aussi bien à des peuples dont la peau est olivâtre qu'aux nègres proprement dits.

Comme les Égyptiens et les Phéniciens étaient de race blanche et que les fils de Cham étaient tous frères, d'après Moïse, les Chamites ne devaient pas être nègres. Ce fait est d'autant plus probable que le mot *Cham*, dans son sens originaire, veut dire visage brûlé mais non nègre[1].

---

[1] L'expression *Cham*, ou plutôt *Ham*, s'applique à la grande tribu dont les peuples de la Phénicie et de l'Égypte étaient primitivement descendus. Le mot *Ham* en hébreu signifie proprement chaleur ou feu ; aussi l'a-t-on donné aux peuples placés sous l'influence d'un soleil ardent, et dont la peau noire était comme brûlée.

Cette couleur n'était que secondaire chez les Chamites ; elle n'avait pas la même intensité ni la même noirceur que chez les nègres. Les Égyptiens continuèrent longtemps de désigner leur pays sous le nom de *Ham* ou de *Chemi*. Ce nom était bien celui que la race égyptienne s'était elle-même donné. Cette dénomination ne leur avait pas été imposée par les étrangers, ni même par les Hébreux,

Les Grecs, en appelant Éthiopiens, Αἰθίοπες, les peuples de Kousch, autre branche de la grande famille des Chamites, y ont attaché le même sens. Aussi, dès que les Phéniciens apparaissent dans l'histoire, il sont signalés au milieu des Éthiopiens de l'Asie, que Moïse leur donne pour frères et qui étaient de race blanche. Les notions que nous devons à la Genèse sur les différentes branches de la race de Cham, sont donc exactes [1].

La peau noire ne caractérise pas seule la race nègre; car les Abyssiniens et les Hindous ont la peau très-foncée et n'en appartiennent pas moins à la race caucasique ou blanche. Il en est de même des Maures, quoique, dans le moyen âge, on les ait confondus dans le langage vulgaire avec les nègres [2].

Serait-ce enfin parce que les Chamites ont été maudits par Noé, et que les nègres semblent en porter plutôt les marques que tout autre peuple [3]? Mais les effets de cette malédiction ne se sont pas moins accomplis dans toute leur

---

leurs devanciers. On a prétendu que comme les peuples qui habitaient l'Égypte étaient assez avancés dans les arts industriels, on avait donné le nom de leur pays, *Chemi*, à la science sur laquelle se fondent bien des branches de l'industrie. *Chimie* dériverait donc, si cette étymologie est fondée, du mot égyptien *Chemi*.

[1] Il en est différemment aujourd'hui, où le nom de race éthiopienne est synonyme de race nègre.

[2] On sait que l'on désigne sous le nom d'Abyssiniens les anciens peuples qui habitaient l'Abyssinie, et Abyssins ceux qui habitent maintenant la même contrée.

[3] L'infériorité de la race nègre et sa laideur ne sont pas une preuve de son origine chamique, et comme une marque de la colère divine, dont elle éprouverait encore les effets.

rigueur. Les Chamites ont entièrement disparu de la terre; la Syrie et la Palestine n'ont plus que des Sémites pour habitants ; la population actuelle de l'Égypte est arabe ou grecque ; les Barabras et les Kabyles n'ont plus qu'une vague ressemblance avec les Nubiens et les Libyens des âges reculés. Les exemples qui pourraient nous faire juger de la race de Cham n'existent plus que dans les productions de l'art et dans quelques momies des catacombes de l'Égypte.

Quant aux races ensevelies dans les vastes tombeaux de cette dernière contrée, il n'y en a pas que l'on puisse rapporter aux nègres. Les crânes de toutes les momies ont la forme européenne, sans aucun rapport avec l'organisation des têtes de la race nègre ; leurs cheveux noirs, bien plantés, longs et divisés en nattes, sont souvent retroussés sur le crâne, en raison de leur longueur.

Le roi Aménophis, premier fondateur de la dix-huitième dynastie égyptienne, est bien représenté une ou deux fois sur les monuments de l'Égypte avec la peau noire ; mais il y est aussi, et en plus grand nombre, avec une teinte rougeâtre, ainsi que l'a fait observer Rosellini. Il en est de même de la femme d'Aménophis, également figurée parmi les peintures des hypogées de Thèbes, et que l'on y voit indifféremment avec la peau noire ou rouge. Néanmoins, le roi Aménophis, pas plus que sa femme, n'étaient nègres, ce qui prouve qu'une raison symbolique a présidé au choix de la couleur que le peintre leur a attribuée.

Ces faits ne peuvent donc pas nous apprendre l'époque où les Égyptiens ont connu les véritables nègres, puisqu'aucun d'entre eux ne se rapporte à cette race. On croit toutefois en avoir reconnu les traces dans le tombeau de Ménephthah Ier. Ce tombeau paraît renfermer quatre types principaux. Le premier se rapporte aux Égyptiens; le deuxième à un peuple beaucoup plus blanc; le troisième à une nation à peau noirâtre, que l'on a rapprochée de la race nègre; enfin, le dernier de ces types signale des hommes encore plus blancs que ceux de la deuxième race et d'une stature plus élevée.

Peut-être les statuaires égyptiens ont-ils voulu par là indiquer les variétés humaines qui leur étaient connues, premièrement les hommes à peau noirâtre ou les nègres, à leur gauche et dans le midi de l'Afrique; les Sémites, à leur droite et au nord de la vallée; enfin, les différentes tribus japhétiques, distantes de l'Égypte et reléguées sur les montagnes de l'Asie intérieure.

Mais pour que ce monument sépulcral pût nous apprendre si les nègres étaient connus des Égyptiens à l'époque de Moïse, il faudrait que l'on fût certain qu'il a été érigé ou à la naissance ou pendant la vie de ce législateur. Il faudrait enfin que des naturalistes habiles vinssent nous certifier que les hommes à peau noire figurés sur le tombeau de Ménephthah, sont réellement des nègres et non des individus de la race caucasique analogues aux Abyssiniens ou aux Hindous. Tant que cette double preuve ne sera pas faite, ce monument ne saurait rien nous dire de certain touchant une question sur laquelle Moïse a gardé le silence.

Toutefois, parmi les peintures coloriées du voyage

de Hôoskings en Éthiopie, on a représenté, à côté des Égyptiens, des hommes dont la peau est d'une couleur noire de jais, avec des cheveux crépus et la face proéminente. Comme ces caractères signalent des hommes de la race nègre, il ne s'agirait plus que de savoir à quelle époque se rapportent ces peintures, pour apprécier celle où les nègres ont été assez connus pour que les peintres aient pu les représenter sur les monuments.

On voit sur quelques édifices égyptiens dont la date remonte, à ce que l'on présume, à plusieurs siècles avant l'ère chrétienne, quelques portraits de races colorées qui ont une certaine analogie avec les nègres, ou, du moins qui contrastent, par le profil de leurs têtes, avec les peuples de l'Égypte. Cette circonstance, jointe au dire de Diodore de Sicile, qui rapporte qu'à une époque que la chronologie ne peut fixer, l'Égypte avait reçu des colonies éthiopiennes, pourrait peut-être nous expliquer les peintures du tombeau de Ménephthah, et celles qui ont été publiées dans le *Voyage de Hôoskings*[1]. Elle servirait également à nous faire comprendre comment l'on voit sur plusieurs sandales conservées dans les collections d'antiquités égyptiennes, des figures de Scythes, peuples pasteurs, accolées à celles d'hommes à peau noire qui ont quelque analogie avec les nègres.

Enfin, sur l'un des monuments de Thèbes, probablement dédié à un intendant du roi Toutmosis III (le cinquième monarque de la dix-huitième dynastie), on suppose que l'on a

---

[1] *Hôoskings travels in Æthiopia above the second cataract of the Nils*, London, Longman, 1835, in-4° avec cartes.

voulu représenter des nègres, des populations mélangées, ou des espèces de mulâtres, des Kouschites de Méroé, de race blanche, différents Éthiopiens, probablement des Nubiens de la race caucasique, et des Scythes. Ce monument, postérieur au tombeau de Ménephtah, le serait par conséquent à l'auteur du Pentateuque ; il semble prouver que Moïse n'a pas pu désigner les nègres dans son tableau ethnographique des peuples, puisqu'il ne les connaissait pas, et peut-être même n'existaient-ils pas encore comme race distincte.

Japhet, le troisième fils de Noé, eut lui-même sept enfants, qui occupèrent une plus grande étendue de pays que ne le firent les autres enfants du même patriarche. Aussi, d'après la Genèse (chap. IX, vers. 27), Japhet, dont le nom signifie *extension*, indique-t-il celle que ses nombreux enfants ont prise dans leurs lointaines migrations. Probablement cette circonstance a porté plusieurs historiens à rattacher les Tartares à la race japhétique, comme d'autres ont vu dans les nègres les descendants de la race chamite.

Cette dernière opinion n'a pas paru fondée à un grand nombre d'écrivains modernes, qui ont considéré les Chamites non comme de race éthiopienne, mais de race blanche, dont les traces sont entièrement effacées. Malgré toutes leurs recherches, ils n'ont pas pu trouver de place pour les nègres parmi les nations de l'antiquité ; aussi n'ont-ils pas été étonnés que Moïse ne les ait pas même nommés dans le tableau général qu'il nous a laissé des peuples de son temps.

Les monuments de l'art judaïque confirment puissamment l'antiquité des Hébreux, que l'on avait si longtemps contestée ; on avait même soutenu que ces monuments n'avaient jamais existé. M. de Saulcy a prouvé, à l'aide des vestiges archéologiques encore subsistants en Judée, qu'il en était différemment; ce que démontrent, du reste, les faits artistiques fournis par l'Écriture sainte dans plusieurs livres de la Genèse, comme l'Exode, les Nombres, le Deutéronome, qui sont relatifs aux temps antérieurs à l'établissement définitif d'Israël sur la rive droite du Jourdain. Le même archéologue a pu également, à l'aide des livres de Josué, des Juges, de Samuël, des Rois, des Prophètes, parcourir les époques comprises entre l'installation à Jérusalem de la dynastie de David et la captivité des soixante et dix années; il a pu même s'assurer de la date à laquelle a eu lieu la reconstruction du temple après le retour de Babylone et le règne des dynasties Asmonéenne et Hérodienne, jusqu'à la destruction définitive de la nationalité judaïque.

M. de Saulcy a eu le premier le bonheur de reconnaître l'emplacement de la cité biblique nommée Hazor, capitale du royaume de ce nom dans le Kénaan, démolie par Josué, relevée plus tard de ses ruines et de nouveau détruite par Nabuchodonosor. Le même antiquaire y a découvert un vaste édifice qu'il a considéré comme un temple construit à l'imitation de celui de Jérusalem; il s'est même convaincu que parmi les ruines de l'antique Hazor, il y en avait de deux âges. Ainsi, les monuments cyclopéens, d'appareil vraiment gigantesque, lui ont paru se rapporter à cette ville, détruite de fond en comble par Josué et par Barak. Quant aux vestiges de construction qui couronnent le pâté de diverses collines, il y a reconnu l'immense acropole de cette même cité, rebâtie par Salomon, prise par Teglat-Phalasar et ruinée pour toujours par Nabuchodonosor.

On sent quel intérêt s'attache à des monuments qui appartiennent aux rois de Juda et d'Israël, et même au temple de Salomon. L'historien Flavius Josèphe a servi de guide à notre voyageur à travers les magnifiques fragments de construction salomonienne, répandus aujourd'hui sur de très-grandes étendues. Il y a ainsi aperçu une muraille d'enceinte bâtie par Salomon et dont il existe encore de grands vestiges, fait des plus remarquables, après les destructions successives dont la ville de Jérusalem a été si souvent affligée. Ces ruines, tant est merveilleuse leur conservation, tant est splendide le choix des matériaux qui les composent, pourraient facilement être prises pour des monuments de construction récente.

M. de Saulcy a également observé aux pieds-droits d'une porte encore debout, des moulures qui ne sont ni byzantines, ni romaines, ni grecques; du moins elles ne ressemblent en rien à celles que l'architecture classique nous montre; elles sont donc des moulures juives et, mieux encore, des moulures salomoniennes.

Ce qui est non moins curieux, on voit sur l'un des bords du petit vallon appelé Tyropœon, trois rangs de voussoirs magnifiques ayant appartenu à l'arche d'un pont qui traversait la vallée et reliait en ce point le plateau du mont Moriah ou du Temple, avec celui du mont Sion ou du Palais. Cette découverte est d'autant plus précieuse, que l'on n'a pas trouvé la moindre trace de voûte dans les édifices antiques de l'Égypte. Cette absence prouve que les Juifs n'ont pas tiré de l'Égypte les principes de l'art architectural qu'ils ont adopté. On constate facilement que l'art judaïque a été grandement influencé par les architectes assyriens. Ce qui le confirme, c'est que M. V. Place a trouvé une magnifique voûte en plein cintre et de douze mètres sous clef, dans les fouilles de Korsabad.

Ces monuments, étudiés avec soin par M. de Saulcy, donnent la plus haute idée de la science des constructions pratiquées par les Juifs dès le règne de Salomon, c'est-à-dire plus de dix siècles avant l'ère chrétienne. L'usage de la voûte circulaire et de l'emboîtement pour les sols de balcon, existait donc et était pratiqué par les Juifs. Ce genre de construction annonce une science très-avancée de la coupe des pierres et de l'appareillage des voussoirs. L'art judaïque avait ainsi des ressources que les Égyptiens eux-mêmes ne possédaient pas, puisque probablement ceux-ci n'ont pas connu l'art d'établir des voûtes.

Les murailles d'Hazor se rattachent du reste au monument le plus somptueux dont l'antiquité sacrée nous ait conservé le souvenir ; encore debout après tant de siècles, elles nous disent ce qu'était l'art en Judée à l'époque de l'érection de ces monuments.

II. Égyptiens.

L'histoire des Égyptiens se divise naturellement en deux périodes. La première se rapporte aux temps fabuleux ; la seconde, fondée sur de véritables annales conservées dans les archives des anciens temples, et sur l'autorité des monuments publics dont l'Égypte est couverte, a seule quelque chose de certain. Leur autorité est devenue plus grande depuis les recherches faites de nos jours dans cette terre si féconde en souvenirs[1].

Ces recherches ont prouvé que, malgré les ravages que les édifices de l'ancienne Égypte éprouvent depuis deux mille ans, aucun État moderne ne peut lutter avec elle pour la grandeur et la magnificence de ses monuments. Malgré leur nombre, ils n'attestent cependant pas une aussi haute antiquité que le feraient supposer les annales égyptiennes. Il y a, en effet, dans la chronologie sur laquelle reposent ces annales, deux époques distinctes : les temps fabuleux et les temps historiques. Les Égyptiens s'étaient fait un système de chronologie particulier, que leurs annales nous ont transmis et dont nous pouvons nous former une idée précise.

Jaloux de se donner une haute antiquité, et ne pouvant remplir leur histoire d'événements réels, ils l'ont embellie de narrations hypothétiques à l'aide desquelles ils ont prétendu que leurs monarchies avaient commencé 36525 ans avant l'ère chrétienne. Cette supputation a été reconnue mensongère par tous les chronologistes qui se sont occupés de leurs annales.

Les Égyptiens, par suite de l'abus du pouvoir absolu

---

[1] Nous devons espérer avec M. Biot que, conformément au témoignage d'Aristote ou de Sénèque, on trouvera tôt ou tard, dans les monuments égyptiens ou dans les *papyrus*, des documents astronomiques importants, tels que les dates d'éclipses de soleil ou de lune, au moyen desquelles on pourra reconstruire en toute rigueur la chronologie de l'ancien empire égyptien, sur lequel nous n'avons jusqu'ici que des données confuses, éparses, disjointes et souvent contradictoires.(*Comptes-rendus de l'Académie des sciences de Paris*, 16 août 1853, tom. XXXVII, pag. 257.)

qui les régissait, ont élevé sans doute des monuments admirables et presque indestructibles. Mais ces édifices attestent le peu d'antiquité de leur construction ; ils sont loin de confirmer ce que leurs traditions rapportent.

On doit considérer seulement comme historique la partie de ces annales confirmée par les monuments ; tandis que celle qui se rattache à des événements hors de la marche ordinaire des choses, doit être envisagée comme problématique et même comme fabuleuse. Celle-ci ne repose sur aucun document authentique, ni sur des faits réels ; elle ne saurait donc être regardée comme certaine et mériter le nom d'histoire. Cette partie des anciennes annales de l'Égypte comprend les temps que l'on ne peut appuyer sur aucun genre d'autorité et qui ne reposent sur rien de réel ni de certain. (*Note* 54.)

L'histoire authentique de l'Égypte commence à l'époque où des faits positifs et des monuments contemporains des événements qu'ils rappellent, viennent unir leur témoignage à celui des annales écrites. Cette histoire, la seule qu'on puisse considérer comme véritable, est basée sur deux principaux écrits rédigés par Manéthon, qui nous ont été conservés par Georges le Syncelle et Eusèbe. Ces annales sont la vieille chronique et la liste des dynasties royales égyptiennes. Il existe également d'autres traditions écrites, analogues à ces annales : telles sont les listes des anciens rois d'Égypte, tracées sur papyrus en caractères hiéroglyphiques, et les tables généalogiques de ces mêmes rois, plus ou moins complètes, dressées pour différentes époques.

Peu de livres nous restent sur l'histoire de l'Égypte, jusqu'au temps où ce royaume devint une province de l'empire des Perses. Ces écrits, réduits à peu près au second livre d'Hérodote et au premier de Diodore de Sicile, se rapportent aux dynasties rappelées par Manéthon et à quelques fragments historiques. Ces fragments ont été cités par Josèphe, Eusèbe et Georges le Syncelle. Nous devons enfin à Eratosthènes, bibliothécaire d'Alexandrie, une liste des rois de Thèbes. Divers auteurs juifs et arabes nous ont laissé également des catalogues des anciens rois de l'Égypte.

Ces historiens, même Hérodote, le plus ancien de tous, sont postérieurs à l'expédition de Cambyse. Ce dernier écrivait du temps d'Artaxerxès Mnémon, plus de cent ans après Cambyse, tandis que Manéthon et Eratosthènes ont paru sous les successeurs d'Alexandre, et Diodore du temps d'Auguste.

Hérodote énumère 340 rois d'Égypte, depuis Ménès jusqu'à Cambyse. Il évalue la durée de leurs règnes à trois par siècle, ce qui fait plus de onze mille années. Il n'en nomme pourtant qu'une vingtaine, ce qui explique les incertitudes qui règnent sur l'existence de ces prétendus rois. Diodore en compte 120 jusqu'à la même époque; mais, comme Hérodote, il n'en nomme que vingt, à peu près les mêmes que ceux de Manéthon. Diodore nous a fait connaître la durée de leur règne. Les mêmes listes nous ont été données par Jules l'Africain, Eusèbe et Georges le Syncelle. Ces divers historiens ne s'accordent pas cependant sur la durée du règne de ces souverains ni même sur l'ordre de leurs dynasties.

Ératosthènes, qui a écrit du temps de Manéthon, nous a laissé aussi une liste de 30 à 40 rois de Thèbes. La plupart de ces princes ne se retrouvent pas dans les dynasties de Manéthon.

Telles sont les principales sources où nous pouvons puiser des documents sur l'histoire de l'Égypte. Elles sont loin de présenter la certitude qui convient aux traditions historiques. Le seul fait sur lequel ces événements s'accordent est le commencement du règne des hommes par Ménès, ou Minès, qu'ils placent à la tête des rois d'Égypte.

On a voulu voir dans ce Ménès le même personnage que Noé; l'un et l'autre étant les pères communs des hommes et les premiers chefs du genre humain. Ainsi Noé, dont le nom en hébreu s'écrit *Net*, et signifie repos, paraît être le même que *Mnée* qui en est dérivé et a le même sens [1].

Enfin, suivant Hérodote, l'Égypte n'était du temps de Ménès qu'un marais, à l'exception du seul canton de Thèbes [2]. Il en était de même à l'époque de Noé, où la terre fut submergée par le déluge. L'arche, nommée en hébreu *thbé* ou *thebah*, fut seule exceptée de la submersion totale [3]. On a voulu assimiler cette arche au canton de Thèbes. On conçoit qu'à l'aide de pareilles ressemblances et des noms qui peuvent avoir quelque analogie, il n'est rien qu'on ne puisse assimiler.

---

[1] Voyez le verset 29 du chapitre V de la *Genèse*, ainsi que le verset 21 du chapitre VIII, où il est question de *Noah* (*Noé*) qui veut dire repos, adoucissement ou consolation. Aussi Lemech dit qu'il le consolera de ses travaux et de la malédiction que Dieu a répandue sur la terre.

[2] Voyez Hérodote, liv. II, 4.

[3] Voyez les chapitres VI, VII et VIII de la *Genèse*.

Nous ne nous arrêterons pas sur des similitudes aussi hypothétiques, d'autant qu'on en trouvera les principaux traits dans l'Histoire des temps fabuleux, par M. Guérin du Rocher [1]. Il paraît que, pour composer leur histoire, les Égyptiens, dispersés comme les Hébreux dans les États des rois de Babylone, puisèrent leurs principaux documents dans les Livres Saints. Ils le firent avec d'autant plus de raison, que ces Livres concernaient toutes les nations, particulièrement les Égyptiens. Aussi les traditions véritablement historiques, loin de contredire l'Écriture, lui prêtent au contraire leur appui, et la confirment depuis Ménès jusqu'à Amasis, ou depuis le déluge jusqu'à la captivité de Babylone.

Les livres de Moïse, connus des Égyptiens dès la plus haute antiquité, paraissent avoir été traduits avant la version des Septante. Aristobule, ancien écrivain juif cité par Eusèbe, assure qu'avant Démétrius de Phalère, et antérieurement au règne d'Alexandre et du temps des Perses, l'histoire de la sortie des Israélites d'Égypte avait été traduite [2]. Il semble en avoir été ainsi de l'histoire des prodiges opérés en leur faveur, comme de celle de la conquête de la Terre promise et l'exposition de toute la Loi.

On présume qu'à l'époque de Salomon, par suite des relations que ce prince établit avec Hiram, roi de Tyr, les Phéniciens avaient eu connaissance des Livres Saints. Ils ont pu les emporter avec eux, comme ils avaient fait de

---

[1] Tom. I, pag. 126 et suivantes; tom. IV, pag. 144.
[2] Voyez Eusèbe; *Præpar.*, lib. XIII, cap. 12.

plusieurs objets consacrés à Dieu, qu'ils avaient enlevés et transportés dans leurs temples [1].

Parmi les tables gravées sur les bas-reliefs de plusieurs temples, la plus célèbre est celle que MM. Drovetti et Cailliaud ont découverte au nord d'Abydos. Le dernier roi de cette liste est Sésostris, chef de la dix-neuvième dynastie. Quant aux premières, effacées en partie par suite des mutilations, elles paraissent remonter au-delà de la seizième dynastie, c'est-à-dire, au-delà de celle qui seule semble avoir une date certaine.

Ces listes et ces tables ont à peu près la même valeur historique que la vieille chronique et les listes de Manéthon. A la vérité, la critique, surtout pour les temps anciens, ne saurait accorder une grande confiance à de pareils documents. Ceux-ci, du moins pour les époques reculées, semblent avoir été faits après coup. On y a placé bout à bout les noms des princes contemporains qui régnaient en même temps dans les différents États de l'Égypte. On a ainsi admis pour cette partie de l'Afrique jusqu'à sept dynasties, placées non parallèlement, comme cela aurait dû être, mais les unes à la suite des autres. Elles présentent donc une période sept fois plus considérable qu'elle ne l'a été réellement. Sans nier l'antiquité de cette monarchie, ou plutôt des monarchies égyptiennes, la saine critique ne saurait leur supposer une date aussi ancienne que celle qu'on s'est plu à leur attribuer.

Les Égyptiens, au lieu d'établir d'une manière solide leur ancienneté, ont mis la postérité dans l'impossibilité de

---

[1] Joël, III, 5.

fixer l'époque de leur origine et de déterminer l'ordre de succession de leurs princes.

On ne peut pas non plus distinguer les principaux monarques cités dans l'Écriture sainte sous le nom de Pharaons; car cette dénomination, commune à un grand nombre de princes, a le même sens que le mot roi et ne peut rien spécifier. Aucun souverain d'Égypte n'a été mentionné dans l'Écriture sous son véritable nom, avant Sésac, c'est-à-dire, antérieurement à l'an 971 avant l'ère chrétienne.

Pour arriver à quelque chose de certain sur l'histoire des Égyptiens, il faut revenir à ce que nous en dit l'Écriture, qui attribue leur origine à Cham, fils de Noé, et à Mesraïm, fils de Cham, ce qui ferait remonter la colonisation de l'Égypte vers l'an 2600 ou 2700 avant l'ère chrétienne, et 4559 avant l'époque actuelle.

Aussi est-elle parfois désignée sous le nom de terre de Chanaan dans les Psaumes. Cette circonstance ne fait pas cependant que, dès la plus haute antiquité, l'Égypte n'ait eu un système d'annales nationales uniformes dans leur ensemble et dans leurs détails, du moins pour celles qui se rapportent à une suite d'événements réels. Ces annales nous ont été conservées par Manéthon, grand-prêtre préposé à la garde des archives des temples de l'Égypte, sous le règne de Ptolémée-Philadelphe. (*Note* 55.)

La certitude n'est cependant complète que pour celles qui sont appuyées sur d'autres monuments. Ainsi, lorsqu'on trouve sur la porte d'un temple une inscription qui rapporte le nom d'un roi et le nombre d'années qu'il a régné, l'on doit croire à son existence. Si l'on avait un ou plusieurs témoignages de cet ordre, pour chacun des princes nommés dans les listes de Manéthon, il serait bien difficile de ne pas accorder une entière confiance aux données que ces listes nous fournissent et aux conséquences qui en découleraient. Ces témoignages manquent pour la partie la plus ancienne de ces catalogues. Ils existent, au contraire, pour les époques suivantes ; la certitude des annales égyptiennes, fondée sur les monuments contemporains, ne commence, en effet, qu'à partir de ces époques récentes.

Si nous examinons les principaux monuments du système général de chronologie historique adoptée par les anciens Égyptiens, nous verrons que la vieille chronique telle que Georges le Syncelle nous l'a conservée en grec, ne mérite pas une entière confiance. Cette chronique, dont l'auteur est resté inconnu, offre des noms grecs qui certainement n'étaient pas dans le texte égyptien, où les dieux portaient le nom qui leur avait été donné dans le pays où ils étaient adorés.

Du reste, une pareille tradition a quelque chose de singulier ; tout en donnant pour l'âge du monde, à l'époque où elle était écrite, la date de 36525 années, elle consacre la plus grande partie de cet espace de temps, ou 34204 ans, au règne des dieux et des demi-dieux. Par une fiction non moins étrange, elle ne réserve pour le règne des hommes que 2324 années. Une pareille disproportion annonce que ce monument est uniquement certain pour les derniers événements.

En effet, d'après la vieille chronique, Héphaistos (Vulcain ou le feu) régna d'abord, mais elle ne dit pas combien son règne a duré. Hélios, le soleil, fils d'Héphaistos, prolonge ensuite sa domination pendant 30000 ans. Saturne, Chronos ou le Temps, avec douze autres dieux, seraient restés sur le trône pendant............ 3984 années.

Les huit rois demi-dieux............ 217 —

Après eux, treize générations comptées du cycle sothiaque, comprennent 443 ans.

La XVIe dynastie, les Tanites, de 5 générations.... 190
La XVIIe dynastie, les Memphites, de 4 générations. 103
La XVIIIe dynastie, les Memphites, de 14 générations 348
La XIXe dynastie, les Diospolites, de 5 générations. 194
La XXe dynastie, les Diospolites, de 8 générations.. 228
La XXIe dynastie, les Tanites, de 6 générations... 122
La XXIIe dynastie, les Tanites, de 3 générations... 43
La XXIIIe dynastie, les Diospolites de 2 générations. 19
La XXIVe dynastie, les Saïtes, de 3 générations... 44
La XXVe dynastie, les Éthiopiens, de 3 générations. 44
La XXVIe dynastie, les Memphites, de 7 générations. 177
La XXVIIe dynastie, les Perses, de 5 générations... 124
La XXVIIIe dynastie, ici il y a une lacune........
La XXIXe................................... 39
La XXXe dynastie, les Tanites, premier roi....... 18

Somme totale donnée par le texte grec.. 36,525 ans.

Georges le Syncelle fait remarquer que le nombre de 36525 ans, divisé par 1461, donne juste 25 périodes sothiaques. Chaque période était formée de 1461 années vagues, composées de 365 jours.

Cette circonstance infirme singulièrement l'autorité de la vieille chronique égyptienne. Il n'est pas trop possible de supposer que le hasard ait produit 25 périodes justes, entre le commencement du règne du soleil et la fin de celui du roi Nectanèbe, le premier de la trentième dynastie.

Probablement ces dynasties ont été inventées après le gouvernement de ce prince. L'arbitraire à l'aide duquel on est arrivé à la somme des années nécessaires pour former les périodes sothiaques, paraît avoir porté sur les nombres antérieurs à la seizième dynastie. Il était en effet indifférent que le soleil, les dieux et les demi-dieux eussent régné quelques années de plus ou de moins. Aussi, la partie réellement historique de cette chronique ne commence qu'avec la seizième dynastie.

Les listes de Manéthon, conservées par Josèphe, Eusèbe et Jules l'Africain, ont un tout autre caractère. Ces listes diffèrent encore entre elles pour le nombre, comme pour la durée essentielle des règnes ; la différence est assez grande pour jeter de l'embarras dans la chronologie de l'ancienne Égypte. Mais, pour concilier avec la Genèse la partie de cette chronologie qui repose sur des monuments authentiques, il n'est nullement nécessaire de retrancher les quinze premières dynasties de Manéthon.

M. Marsham a démontré que les dynasties n'avaient pas été successives, mais collatérales et contemporaines, puisqu'elles se rapportaient à des princes qui avaient régné en même temps sur les différents États dont se compose l'Égypte.

Lorsqu'on veut apprécier d'une manière exacte la valeur de la chronologie adoptée par tel ou tel historien, comme par exemple celle d'Hérodote, il faut, avant tout, se fixer sur le mode qu'il a suivi pour composer l'année, base première de pareils calculs. Plusieurs historiens, et entre autres Hérodote, n'ont pas formé leur année comme nous qui la composons de 365 jours, sauf quelques modifications. L'année n'était pour ce dernier historien qu'un intervalle de trois ou quatre mois, ainsi que nous l'apprend Diodore de Sicile. Dès-lors, on doit réduire de beaucoup les 11344 années que cet historien attribuait au règne des hommes, depuis Ménès jusqu'à Solon. En assimilant, avec Ferret, les années à des saisons de trois mois, ou à 2794 années solaires, on détermine par là l'intervalle compris entre l'an 3504 et l'an 710 avant l'ère vulgaire[1].

Quant aux 9500 ans de Diodore, pris pour des saisons de quatre mois lunaires, ils reviennent à 2964 années solaires qui se seraient écoulées entre Ménès et Cambyse. Ce calcul ferait remonter l'empire de Ménès à l'an 3502, en sorte qu'il n'existe qu'une différence de deux ans entre le calcul d'Hérodote et celui de Diodore de Sicile, ce qui en prouve à la fois la réalité et l'exactitude.

Les progrès qu'a faits de nos jours la chronologie de l'Égypte, font remonter d'une manière à peu près certaine l'histoire de ce pays à 2272 années avant l'ère chrétienne, ou à 4131 années avant l'époque actuelle (1859) ou à 672 avant Moïse. Ceux qui allongent le plus ce terme, ne le portent pourtant pas au-delà de 2888 années avant l'ère chrétienne. Si ce calcul était exact, la chronologie égyptienne remonterait à 1288 ans avant Moïse, ou à 616 ans de plus que le calcul que nous avons adopté.

---

[1] *Nouvelles recherches sur la division de l'année des anciens Égyptiens.* (Journal des savants, année 1857.)

En effet, à partir de Ménès, le premier prince du règne des hommes, auquel Manéthon ne donne pour prédécesseurs que des dieux ou des demi-dieux, l'histoire de l'Égypte prend un certain caractère d'authenticité ; avant cette époque, on n'a rapporté dans les tableaux chronologiques que des événements fabuleux dont la réalité ne saurait être admise. Toutefois, on y trouve la mesure du temps qu'a duré chacune des seize premières dynasties et le nombre des rois dont elles ont été composées ; mais elles n'indiquent jamais l'époque à laquelle elles ont commencé ni celle où elles ont fini. Il existe à cet égard une incertitude complète, et rien ne prouve que les dynasties n'aient pas été contemporaines.

On ne peut admettre comme réelles les supputations d'années admises par Manéthon pour les dieux et les demi-dieux, quoique ces supputations se trouvent sur des fragments de papyrus découverts dans les catacombes de l'Égypte. Ces fragments sont sans doute les restes d'une chronique écrite en hiéroglyphes et dont les rapports avec les listes de Manéthon ne sauraient être contestés. Mais tout ce qu'ils prouvent, c'est que Manéthon était l'historien le plus accrédité de l'Égypte et que l'auteur de cet écrit a puisé les documents à la même source, ou peut-être dans Manéthon lui-même, comme l'a fait Georges le Syncelle.

Voici du reste le tableau des dynasties royales égyptiennes, tel qu'il a été tracé par le garde des archives de l'Égypte et tel que nous l'a conservé Eusèbe, dont nous avons souvent invoqué l'autorité. Nous ne le ferons pourtant que pour la partie de ce tableau qui ne paraît pas susceptible d'une contestation sérieuse. Celle-ci comprend uniquement les événements arrivés depuis la seizième dynastie thébaine jusqu'à la fin du règne d'Alexandre, ou depuis 2272 jusqu'à l'année 323 avant l'ère chrétienne, comprenant ainsi un intervalle de 1949 années.

Tableau des Dynasties royales égyptiennes, tiré de l'historien Manéthon, par Eusèbe.

XVIᵉ Dynastie Thébaine, avant l'ère chrétienne.		5 rois ont régné	190	2272
XVIIᵉ Dynastie Pharaons { Thébains.	6 rois.....	}	260	2082
{ Pasteurs.	6 —			
XVIIIᵉ Dynastie Thébaine............	17 —		348	1822
XIXᵉ Dynastie Thébaine............	6 —		194	1473
XXᵉ Dynastie Thébaine............	12 —		178	1279
XXIᵉ Dynastie Tanite............	7 —		120	1101
XXIIᵉ Dynastie Bubastite............	9 —		120	971
XXIIIᵉ Dynastie Tanite............	4 —		89	851
XXIVᵉ Dynastie Saïte............	1 —		44	762
XXVᵉ Dynastie Éthiopienne.........	3 —		44	718
XXVIᵉ Dynastie Saïte............	9 —		150	674
XXVIIᵉ Dynastie Persane............	8 —		120	524
Conquête de l'Égypte, par Cambyse...........				525
XXVIIIᵉ Dynastie Saïte............	1 —		6	404
XXIXᵉ Dynastie Mendésienne..........	5 —		21	398
XXXᵉ Dynastie Sebmitique............	3 —		38	377
XXXIᵉ Dynastie Persane............	3 —		8	339
Conquête de l'Égypte, par Alexandre...........				331
Fin du règne d'Alexandre....................				323

Cette seule partie du tableau de Manéthon présente assez de probabilités pour être admise; elle repose sur des monuments encore existants, qui prouvent qu'à compter de la seizième dynastie, l'histoire de l'Égypte prend un caractère de vérité qu'on est loin de trouver pour les temps antérieurs. Le tableau des dynasties égyptiennes se termine à la conquête d'Alexandre et à la fin de son règne. Le fils de Philippe forme, avec les rois grecs ses successeurs, la trente-deuxième dynastie, à laquelle a succédé la domination romaine, dont nous expliquerons plus tard la durée.

L'almageste de Ptolémée, où toutes les observations astronomiques sont liées entre elles par un catalogue chronologique très-étendu, est encore un monument historique précieux. On y trouve une énumération continue, régulière et précise, de l'intervalle de temps que ces observations embrassent. (*Note* 56.) L'almageste commence à l'avènement historique de Nabonassar, roi de Babylone. D'après l'usage consacré et conservé depuis en Égypte, le premier jour où ce prince est monté sur le trône correspond au 26 février de l'an 746 de notre ère ou de la période julienne 3967[1].

Le même catalogue se prolonge, suivant la même règle, par une suite d'années égyptiennes complètes à travers la

---

[1] *L'almageste*, nommé aussi *compositio magna*, est dû au même Ptolémée (Claude), mathématicien de Péluse, auquel nous devons un système du monde ; il y a placé la terre au centre de l'univers. Sa Géographie est un ouvrage bon à consulter pour la connaissance du monde ancien.

C'est dans *l'almageste* que Ptolémée, qui vivait sous les empereurs Adrien et Marc-Aurèle, vers l'an 138 de l'ère chrétienne, a placé son catalogue des étoiles et celui qui en avait été dressé par Hipparque.

série des souverains assyriens, mèdes, persans, grecs et romains, qui successivement ont régné sur la Chaldée ou sur l'Égypte jusqu'à Antonin, qui était sur le trône au moment où Ptolémée composa son ouvrage. Ce document, unique dans l'histoire, nous est connu sous la dénomination de *Canon des rois*. On ignore complétement d'où il provient et dans quelles sources ont été puisés les matériaux qui ont servi à le construire.

On présume seulement que les plus anciennes traditions antérieures à Alexandre qui s'y trouvent consignées, ont été tirés des registres des prêtres chaldéens. Elles ont été progressivement complétées depuis, d'après les annales grecques. Hipparque doit avoir eu ces traditions sous les yeux, puisqu'il a combiné les observations chaldéennes avec les siennes propres. Ptolémée, qui s'appuie constamment sur les dates signalées par ce grand astronome, dates qui se vérifient par les éclipses qu'il y rattache, ne l'a pas cité une seule fois. Cet élément fondamental de tous ses calculs ne nous a été connu que parce qu'on l'a retrouvé dans les manuscrits de Théon. Ce commentateur l'a rapporté sans aucune explication, comme un texte consacré par l'usage, tant l'esprit de critique scientifique a été rare chez les anciens.

Cette pièce, si précieuse pour l'histoire et l'astronomie, ne nous fournit cependant aucun renseignement qui s'applique à la chronologie de l'ancien empire égyptien proprement dit. Comme Ptolémée, pas plus que ses contemporains et ses commentateurs, n'a employé aucune observation astronomique faite par les habitants de l'Égypte;

ils ne nous ont pas non plus transmis une seule date relative à son histoire. Cette longue suite de souverains, qui ont régné pendant tant de siècles sur la haute et basse Égypte, qui l'ont couverte de monuments dont les restes nous étonnent encore par leur grandeur, et qui l'ont fertilisée par d'immenses ouvrages d'art, atteste une civilisation déjà très-avancée, quand les Grecs étaient encore barbares. Ces monuments ont cependant été érigés et en quelque sorte confondus les uns avec les autres, à des époques incertaines et perdues dans la nuit des temps.

Ils nous apprennent toutefois qu'à une époque récente, qui se rapporte au règne de Ptolémée-Philadelphe, un prêtre d'Héliopolis dont nous avons déjà parlé, Manéthon, avait compilé, par l'ordre de ce prince, une histoire chronographique des princes dont les noms et la durée de leurs règnes étaient rangés consécutivement depuis une antiquité fabuleuse. Ce travail ne nous est parvenu qu'en fragments incomplets rapportés en quelque sorte accidentellement par des écrivains postérieurs, et cela avec des différences déplorables. La critique moderne, malgré tous ses efforts, n'a pas trouvé le moyen d'y rattacher une seule date absolue, quoique les recherches de Champollion aient constaté que les Égyptiens tenaient des registres continus des règnes de leurs rois, soigneusement spécifiés en années, mois et jours.

C'est cependant sur ces données incomplètes que l'on a voulu attribuer aux Égyptiens une haute antiquité, mais complètement chimérique. Lorsqu'on essaie seulement de remonter jusqu'à huit ou neuf siècles avant notre ère, on trouve entre les dates absolues de leur histoire, des incertitudes [1] que l'on ne saurait évaluer à moins de deux cents ans.

Parmi les événements importants de l'histoire de l'Égypte, on peut citer : 1º l'invasion des rois pasteurs, qui a eu lieu vers la fin de la seizième dynastie ; les deux dynasties contemporaines qui régnèrent en même temps pendant 262 ans; 2º l'administration de Joseph en Égypte sous les rois pasteurs, qui occupèrent Memphis, tandis que les Pharaons restèrent les maîtres de la haute Égypte ; 3º la réunion de l'Égypte à la Perse, après la conquête de Cambyse, et le commencement de la vingt-septième dynastie ; 4º la conquête d'Alexandre et la fondation d'Alexandrie, commencement de la trente-deuxième dynastie ; 5º l'établissement de la trente-troisième dynastie, dont l'origine remonte vers l'an 300, et qui a subsisté jusqu'à la domination romaine, l'an 31 avant l'ère vulgaire. Cette dynastie a reçu le nom d'indépendante.

Nous aurions pu étendre ce tableau historique ; mais comme la suite de la chronologie n'est plus contestable, il nous a paru inutile de prolonger cette discussion. Notre but est de faire comprendre que la véritable histoire profane n'est point en contradiction avec l'histoire sacrée, et que l'une et l'autre ne donnent guère à l'homme plus de 7600 à 7800 ans d'existence.

---

[1] Voyez le Mémoire de M. Biot, sur quelques dates absolues qui peuvent se conclure des dates vagues inscrites sur les monuments égyptiens. *Comptes-rendus de l'Académie des sciences de Paris*, tom. XXXVI, pag. 245 (7 février 1853).

Nous avons préféré dans ce travail l'autorité d'Eusèbe à celle de Jules l'Africain, particulièrement pour la confection de nos tableaux, parce que nous n'avons qu'une seule copie des listes de cet historien, tandis que nous possédons trois copies différentes d'Eusèbe : l'une en grec recueillie par le Syncelle, la version arménienne, et la traduction latine de saint Jérôme depuis la seizième dynastie.

Ce que nous venons de dire suffit pour faire juger à quel point les historiens profanes ont exagéré l'antiquité de la monarchie égyptienne. La seule chronologie raisonnable est celle de Manéthon ; encore suppose-t-elle qu'il s'est écoulé un intervalle de 5300 ans depuis la fondation de la monarchie d'Égypte jusqu'à Ptolémée-Lagus. Pour concilier cette chronologie avec celle de l'Écriture, il faut supposer, avec les critiques les plus judicieux, que les différentes parties de l'Égypte avaient été gouvernées à la fois par différents princes. Manéthon, né à Sébénuytis, ville de la basse Égypte, pendant le règne d'Alexandre, jaloux de flatter l'orgueil national de ses compatriotes, avait réuni les noms de tous les rois dans un seul et même catalogue, comme si chacun d'eux avait régné successivement sur l'Égypte. De cette manière, cet écrivain est parvenu à donner à l'histoire précise et non fabuleuse de la monarchie de l'Égypte une durée de 5300 ans, depuis sa fondation jusqu'au règne de Ptolémée-Lagus.

Cette explication n'est pas seulement ingénieuse, mais elle paraît vraie. On en trouve en quelque sorte la preuve dans les actions attribuées à plusieurs des princes dont il est question dans les listes de Manéthon. Le plus grand nombre des faits historiques démontrent que ces princes ont été contemporains et ont gouverné simultanément les différentes provinces de l'Égypte. Aussi cette manière d'entendre l'histoire de cette contrée a-t-elle été adoptée par la plupart des chronologistes et des critiques modernes.

Du reste, ainsi qu'on a pu en juger, Manéthon est plus modéré dans ses exagérations que la vieille chronologie égyptienne dont nous avons parlé. On ne peut pas demander des éclaircissements ni des lumières sur le berceau de la monarchie égyptienne, à Hérodote et à Diodore de Sicile ; tout ce qu'ils en rapportent est purement mythologique. Les récits rapportés par ces historiens, récits qu'ils tenaient des prêtres égyptiens et qui ne s'accordent point entre eux, ne peuvent soutenir les regards de la critique. Ce que nous savons des temps primitifs de l'ancienne Égypte, se borne à ce que nous apprend la Genèse de la dispersion des peuples, époque peu éloignée de l'origine de la première de leurs monarchies.

D'après l'Écriture, lors de cette dispersion, Cham, l'un des fils de Noé, passa en Afrique avec ses quatre fils, Chus, Mesraïm, Phuth et Chanaan. Chus s'établit en Éthiopie ; Phuth dans la partie de l'Afrique qui est à l'occident de l'Égypte ; Chanaan dans le pays qui depuis a porté son nom ; enfin Mesraïm se fixa dans l'Égypte, nommée le plus souvent Chemmis, du nom de Cham et Mesor, celui-ci paraîtrait dériver de Mesraïm. Les Juifs désignent encore l'Égypte sous le nom de *Cham*, ou sous celui de *Misraïm*, dénomination qui rappelle le premier mois de l'année, du moins d'après les anciens habitants de cette contrée.

Nous verrons plus tard que des doutes graves se sont élevés sur la question de savoir si Mesraïm est le même que Ménès; quant à ce dernier, il serait, d'après Hérodote et Diodore, le premier prince qui aurait régné en Égypte. Ménès eut cinquante-deux successeurs; quoique Diodore nous en ait donné la liste, il n'a pu rapporter aucune de leurs actions; cependant ces princes auraient gouverné l'Égypte pendant quatorze siècles. Au milieu de ces incertitudes, on ne peut rien présenter de suivi ni de complet sur les premiers rois de l'Égypte, et encore moins sur l'origine de la monarchie égyptienne.

On n'est pas plus heureux lorsqu'on veut se rendre compte de l'époque à laquelle l'Égypte fut divisée en quatre dynasties: celles de Thèbes, de Thin, de Memphis et de Thanis. Ces quatre dynasties ne peuvent remonter très-haut, car elles n'ont pu se partager l'Égypte qu'à une époque où cette contrée était parvenue à un certain degré de civilisation. En effet, pour habiter l'Heptanome et le Delta, inondés une partie de l'année, il fallait connaître l'art de construire et d'élever des chaussées; ce qui suppose des connaissances positives, et par conséquent une certaine civilisation.

Ces progrès ne sont en effet arrivés, d'après Champollion, que 2200 ans avant notre ère, époque à laquelle on doit rapporter l'érection des grands monuments de l'Égypte. Cet illustre archéologue n'en suppose aucun antérieur à cette époque; c'est du moins ce qu'il a affirmé dans sa fameuse lettre datée de Paris, le 23 mai 1827[1]. La même

---

[1] Par suite des travaux entrepris par M. Biot, sur un calendrier

supposition a été partagée par Rosellini, qui a accompagné Champollion dans son voyage en Égypte. Ce dernier a démontré dans ses recherches sur les monuments de cette contrée, que cette opinion, fondée sur les faits les moins contestables, devait être adoptée avec une entière confiance[1]. Les travaux de MM. Burton et Wilkinson sont venus lui prêter leur appui, et en ont confirmé les résultats.

Voilà à quoi se borne ce que nous savons sur l'origine de la monarchie égyptienne et sur la première histoire de cette contrée, dont l'antiquité est loin de remonter aussi haut qu'on l'avait supposé. De même, lorsqu'on examine avec une critique sévère les fondements de l'histoire de toutes les nations idolâtres, on reconnaît bientôt que leur commencement n'atteint pas la date de plus de sept ou huit mille ans que la Genèse a fixés pour bornes à l'établissement du genre humain.

Champollion, qui a compulsé les dates authentiques des inscriptions royales de l'Égypte et les a comparées avec celles des monuments de la même contrée, s'est assuré

---

astronomique et astrologique trouvé à Thèbes, en Égypte, dans les tombeaux de Rhamsès VI et de Rhamsès IX, les découvertes de Champollion en ont reçu une valeur inattendue; elles nous montrent l'astronomie pratique déjà officiellement établie, assidûment cultivée, obtenant à la simple vue des déterminations beaucoup plus précises que nous n'aurions pu le croire, et les coordonnant avec un art qui décèle une certaine connaissance du ciel. *Comptes-rendus de l'Académie des sciences*, tom. XXXVII, pag. 263, n° 7 (16 août 1853).

[1] *I monumenti dell' Egitto e della Nubia*, tom. I, pag. 111.

qu'aucune d'elles ne remontait au-delà de la seizième dynastie égyptienne de Manéthon. Le premier roi de cette dynastie paraît avoir été contemporain d'Abraham, en sorte que d'après les monuments historiques de l'Égypte et les traditions les plus positives, la civilisation de la contrée que le Nil fertilise ne remonterait pas au-delà de 2200 ou 2300 ans au plus avant l'ère chrétienne, ou 4159 années avant l'époque actuelle.

L'histoire de l'Égypte reste donc dans les termes de la chronologie de Moïse, selon le texte des Septante qui paraît le plus exact. Ainsi s'évanouissent les rêves de la vanité nationale ou de l'imagination fantastique et déréglée de quelques peuples, et les prétentions chimériques de la philosophie moderne pour détruire les dates admises par l'Écriture. La vérité ne peut que gagner à l'accroissement de la science; ses progrès ne peuvent que dissiper les nuages à l'aide desquels on a voulu, par suite d'idées préconçues, l'obscurcir et en voiler l'éclat.

Ainsi les progrès de l'histoire ont prouvé que ce n'est point sur les bords du Nil, où existe une grande variété de végétaux et où se maintient une température favorable aux principales récoltes, que nous devons chercher le berceau du genre humain. En vain les anciens Égyptiens ont-ils prétendu que nulle terre n'aurait présenté, comme celle qu'ils habitent, le pouvoir de fournir aux premiers peuples, et cela presque sans culture, des moissons abondantes pour subvenir aux besoins de leur existence.

Lors même que l'Égypte aurait offert ces divers avantages (ce qu'il serait bien facile de lui contester), ce n'est pas de ses plaines, quelque fertiles qu'elles pussent être, que l'homme est parti pour aller porter partout les premiers germes de la civilisation, vers laquelle il a été poussé par une force en quelque sorte irrésistible. Cet avantage est dû à une autre terre, bien mieux placée que l'Afrique orientale pour la facilité de la dispersion des tribus humaines. L'Asie le réclame pour elle-même, et la véritable histoire le lui attribue.

III. Chaldéens, Babyloniens, Assyriens, Phéniciens.

Il n'existe donc pas de documents certains de l'ancienne Égypte, qui la puissent faire remonter au-delà du règne de Ménès, le premier roi de cette contrée[1]. C'est le seul fait sur lequel s'accordent Hérodote et Diodore. Il en est de même des Chaldéens, des Babyloniens et des Assyriens, qui occupent la troisième colonne du tableau, et dont l'origine certaine ne paraît pas remonter au-delà de Nemrod et d'Assur. Aussi, au lieu de placer comme Evhémère ou comme Barnier, la mythologie dans l'histoire, il faudrait plutôt reporter une grande partie de l'histoire dans la mythologie.

Les premières annales des Babyloniens et des Assyriens

---

[1] Ménès passe généralement pour le même que Mesraïm. Manéthon, Hérodote, Diodore et tous les auteurs qui ont considéré Ménès comme le premier roi de l'Égypte, n'ont pas connu le nom de Mesraïm. Il est cependant difficile d'attribuer à un prince qui, comme le fils de Cham, serait si rapproché du déluge, les grands monuments dont Hérodote et Diodore font honneur au prince qu'ils appellent Ménès.

sont enveloppées de ténèbres aussi épaisses que celles qui couvrent les premiers événements de l'ancienne Égypte. Les documents historiques relatifs à ces peuples ne commencent à prendre un certain degré de certitude, et même de vraisemblance, qu'à l'époque du second empire d'Assyrie. Seulement à partir de cette époque, l'histoire de l'Égypte devient à peu près positive; du moins elle repose sur des faits qui par leur importance ont été constatés avec quelque précision.

Les rois de Babylone, de Ninive et de l'Égypte, désireux presque tous à la fois d'étendre leurs empires, en vinrent aux mains et se livrèrent des combats qui ensanglantèrent les champs de la Syrie et de la Palestine.

Le récit de ces batailles intéresse, par l'influence que ces combats eurent sur les peuples qui, sous la conduite de leurs princes, versaient leur sang pour la défense de leur pays ou pour l'agrandissement de son territoire.

Après ces événements réels, comment ajouter foi à Berose, historien né à Babylone, lorsqu'il veut nous persuader que l'empire des Babyloniens remontait à 150000 années avant l'époque où il écrivait? Ce fait est encore plus exagéré que ceux rapportés par les écrivains grecs, Hérodote, Ctésias et Diodore de Sicile, qui ont prétendu nous donner quelques notions sur l'histoire de ces peuples dont la Bible nous a fait connaître l'origine. Malheureusement, elle est restée muette sur les événements historiques de l'ancienne Égypte, et les détails qu'elle nous a fournis sur les Babyloniens et les Assyriens sont si peu circonstanciés, qu'il est difficile d'établir sur eux une histoire suivie.

Le royaume chaldéen de Babylone paraît avoir été établi avant celui des Assyriens de Ninive. Du moins la plupart des historiens placent l'empire babylonien à l'époque où vivait Nemrod, environ 150 ans après le déluge suivant les Livres sacrés. La fondation du royaume d'Assyrie, et de Ninive qui en fut la capitale, ne peut guère avoir eu lieu sous le règne de Ninus, puisque la Bible lui assigne Assur pour fondateur[1]. Du reste, l'érection de Babylone et de Ninive peut très-bien se rapporter à des époques très-rapprochées du règne de l'un et de l'autre de ces princes. Cette supposition ou cette manière d'interpréter la Bible a du moins l'avantage de concilier les dires contradictoires des écrivains qui se sont occupés de l'histoire des premiers âges.

L'histoire de l'empire babylonien est environnée des plus grandes obscurités, jusqu'au temps où Ninus paraît sur la scène du monde. L'empire assyrien ne semble avoir acquis de l'importance que lorsque les populations occidentales par rapport à l'Euphrate et au Tigre ont exercé une certaine influence sur les opulents orientaux. (*Note* 57.)

Les royaumes de Babylone et de Ninive n'ont donc pas la haute antiquité que quelques historiens, et entre autres Berose, ont voulu leur supposer. Du moins, d'après la Bible,

---

[1] M. de Brotonne fixe le commencement du règne de Ninus à l'an 1968 avant l'ère chrétienne, ce qui en rapporterait l'époque à l'âge du monde 4280 années, ainsi que l'ont admis un assez grand nombre d'historiens.

le commencement des deux empires daterait seulement de la cinquième génération après le déluge. Nemrod, dit-elle, se rendit puissant sur la terre et fut un grand chasseur devant le Seigneur. Il établit son empire à Babel, à Erec, à Accard, à Cané, au pays de Seinhar ou Sennaar, nom que Moïse donne à la Babylonie [1].

Il est difficile de se persuader que lorsque les Chaldéens étaient dans une grande incertitude relativement aux premiers âges de leur histoire dans le cinquième siècle avant l'ère chrétienne, Berose, écrivain assez moderne, car il était contemporain d'Alexandre, ait pu les résoudre deux siècles plus tard [2]. C'est aussi en imaginant des antiquités fabuleuses, lui qui était babylonien, qu'il a prétendu que l'origine des habitants de la Chaldée remontait à 430000 années avant le déluge, et qu'entre cet événement et Sémiramis il s'était écoulé 35000 ans, chiffre qu'il aurait puisé dans des registres dont la date remontait à environ 150000 années avant lui, registres qu'il avait eu l'avantage de consulter!

Ces nombres sont évidemment inexacts; car il paraît maintenant bien établi qu'il n'y avait pas d'histoire ancienne à Babylone, à Ecbatane, pas plus qu'il n'y en avait en Égypte et dans les Indes.

Il est toutefois certain que l'empire d'Assyrie a été fondé par Assur, qui bâtit Ninive et Rhebothstir. On suppose même qu'il fonda Calah et Riesen, villes situées entre

---

[1] Voyez le chap. X, versets 8 et 11 de la *Genèse*.
[2] Berose écrivait environ 120 ans après Hérodote.

Ninive et Calah, dont l'étendue était considérable. Telle paraît avoir été l'origine de l'empire d'Assyrie, qu'il serait fort difficile de faire remonter plus haut, à moins de porter la mythologie dans l'histoire. Aussi, tous les critiques modernes n'ont pas balancé à faire concourir la fondation de cet empire avec l'érection des villes construites par Assur.

Nemrod, partagé entre les violents exercices de la vie sauvage et les habitudes sédentaires de la vie civilisée, fonda l'empire de Babylone, en bâtit la capitale, ainsi que trois villes ou bourgades au sud de la Mésopotamie, sur les bords de l'Euphrate. Il devint le premier fondateur de l'empire chaldéen. Nemrod entoura de vastes murailles la tour de Bel, qui paraît avoir été la même que la tour de Babel, dont il est question dans la Genèse [1].

Assur, qui avait fondé l'empire d'Assyrie sur les bords du Tigre, par la construction de Ninive, paraît y avoir été troublé par Nemrod. Ce prince, après avoir soumis les pays voisins du royaume de Babylone, passa en Assyrie et déposséda Assur, d'après ce que rapportent les plus anciens historiens profanes. Il resserra ce royaume dans de plus étroites limites, et agrandit le nouvel empire qu'il avait formé, d'une partie du territoire de la monarchie assyrienne.

Ninive paraît avoir été une des plus belles villes de l'antiquité, du moins d'après le dire des voyageurs modernes qui en ont visité les ruines. On peut en avoir la preuve

---

[1] Voyez le grand ouvrage de M. Botta sur le monument de Khorsabad, chap. VI, pag. 174.

dans les ouvrages de MM. Botta et Layard, qui ont publié de fort beaux travaux sur les monuments de cette fameuse cité[1]. On assure même que depuis les publications dues à ces archéologues, on a trouvé, d'après une inscription, que plusieurs des temples de Ninive avaient été construits environ 1900 ou 2000 ans avant l'ère chrétienne, monuments qui, si le fait de leur érection est bien constaté, remonteraient à l'époque la plus ancienne de l'histoire de l'Égypte.

Aussi l'importance de ces découvertes, par rapport à l'histoire sacrée et profane, a porté un grand nombre de personnes distinguées de Londres à instituer une association dans le but de favoriser l'exploration des ruines de l'Assyrie et de la Babylonie, au point de vue spécial de la Bible.

Quoique les monuments de Ninive, dont la destruction paraît se rapporter à l'an 625 avant Jésus-Christ, soient d'une extrême simplicité quant à leur construction et même par rapport à l'art architectural, ils n'en présentent pas moins des décorations d'une extrême richesse. Il en est surtout ainsi des monuments de Khorsabad, comme l'a fait remarquer M. Botta, qui les a visités, décrits et figurés avec détails, de concert avec M. Flandin. (*Note* 58.)

Cette circonstance tient à ce que l'art de la sculpture était arrivé de bonne heure, à Ninive, à un haut degré de perfection, vers 750 ans avant l'ère chrétienne, et peut-

---

[1] La puissance des souverains de l'Assyrie fut bientôt établie et redoutée ; aussi, au dire de Manéthon, que nous avons si souvent cité, les premiers rois pasteurs en craignaient tellement les effets, qu'ils placèrent la plus grande partie de leur armée sur les frontières de cet empire.

être même à une époque encore plus reculée. Du reste, l'art assyrien, bien différent de celui des autres peuples contemporains, était intermédiaire entre l'art égyptien et l'art grec. La sculpture était sous quelque rapport supérieure chez les Assyriens à celle des Égyptiens, mais elle l'était surtout à celle des Persans, quoique leur architecture fût en quelque sorte inférieure à celle de ces derniers peuples.

L'industrie des Assyriens avait atteint sous ce rapport une perfection remarquable; ils savaient du moins travailler les matières les plus dures comme les plus tendres et s'en servir dans les constructions et tous les genres d'embellissements.

C'est ce que démontrent les cylindres de jaspe ou de cristal, comme les bas-reliefs de Khorsabad sculptés sur le gypse et sur le basalte siliceux, deux genres de pierre bien différents, surtout par rapport à leur dureté. Ils connaissaient le verre, diverses espèces d'émaux et de couleurs; ils savaient façonner et cuire l'argile pour en faire des briques et des vases à pâte plus ou moins fine.

Ils connaissaient également l'art de fondre et de travailler différents métaux, genre d'industrie qui avait acquis chez eux un grand degré de perfection. Le métal que les Assyriens employaient le plus, était le cuivre; il en était du reste de même chez tous les peuples de l'antiquité, qui faisaient généralement peu d'usage du fer. La préparation de ce métal et son emploi dans les arts ont été des plus lents à s'établir, tandis qu'il en a été tout le contraire du cuivre, quoique l'on soit peu tenté de le supposer d'après les difficultés que cette substance métallique présente dans son extraction. L'acier n'ayant été connu que fort tard, il a bien fallu que les anciens fissent tous leurs efforts pour soumettre le cuivre à la trempe, afin de le faire servir aux divers usages auxquels nous employons l'acier. Ils y étaient parvenus, ainsi que nous l'attestent les instruments qu'ils nous ont laissés.

Le royaume d'Assyrie continua, malgré les conquêtes de Nemrod, à être séparé de l'empire de Babylone, et s'étendit jusqu'à l'extrémité occidentale de l'Asie-Mineure. Quant aux listes des rois de cette contrée, elles en comprennent sept, entre Nemrod et Chinzir. La suite des princes que ces listes établissent, prouve que la forme du gouvernement était monarchique. Par l'effet de la civilisation que ce genre de gouvernement amène avec lui, les villes se multiplièrent, la population prit un nouvel essor, et bientôt la domination de Babylone s'étendit sur toute la Mésopotamie.

Le temple de Belus ou de Bel fut édifié; les prêtres chaldéens commencèrent dans son enceinte les recherches astronomiques qui ont donné à cette contrée une si haute renommée. Mais leurs recherches sont loin d'avoir l'antiquité qu'on leur a supposée; elles ne remontent pas au-delà de deux mille ans, et non point, comme on l'a prétendu sans preuves, à cinq mille ans avant notre ère[1]. La première de ces dates est la seule qui mérite quelque confiance.

---

[1] Hérodote, I, 191. — Strabon, I, XVI, pag. 175. — *Simpl. Com.* 46, in lib. II. — Aristote, *De cœlo*. — Volney, tom. V, pag. 176, 184, dernière édition.

Voilà ce que rapporte l'Écriture sur Nemrod, ce premier despote qui fonda en Asie une forme de gouvernement absolu, laquelle y a duré jusqu'à nos jours. On a cherché, mais en vain, à trouver ce prince parmi les souverains de l'histoire profane et même à l'assimiler au Belus des Grecs et au Bel des Babyloniens. Tout ce que l'on a dit à ce sujet est tellement mêlé d'événements fabuleux, que la véritable histoire ne saurait y puiser des renseignements utiles et d'une certaine exactitude.

Berose, dans son histoire des Assyriens, confirme le témoignage de l'Écriture sur l'origine de l'Assyrie, par l'analogie des fables païennes avec les traditions de la Genèse. Il est certain qu'avant Nemrod et Assur nous n'avons aucune lumière sur les empires de Babylone et d'Assyrie, ainsi que sur les lois qui les régissaient.

Il est du moins fort douteux que les temps historiques des Babyloniens remontent jusqu'à Alorus, et de ce prince jusqu'au déluge, qui aurait eu lieu sous Xisuthrus. Ce souverain est considéré par les écrivains profanes comme le père de l'humanité renouvelée après cette grande catastrophe. Xisuthrus aurait été le dixième roi après Alorus, de même que dans la Bible Noé est le dixième patriarche après Adam.

Quant aux *sares*, manière de supputer le temps propre aux Assyriens, aux Babyloniens et aux Chaldéens, chacun paraît avoir été de 223 mois lunaires, environ dix-huit ans et onze jours, du moins d'après Suidas. Si cette fixation est réelle, les 120 sares qui se seraient écoulés entre Alorus et Xisuthrus comprendraient un espace de

2165 années 225 jours[1]. Cette date s'accorde assez bien avec celle adoptée par les Septante et donne une certaine probabilité à la réalité de cette chronologie.

La deuxième période embrasse neuf sares et demi ou 176 années, jusqu'au règne d'Evechous, fils et successeur de Nemrod. Après ce roi, on ne compta plus par sare, mais par année solaire composée de 365 jours. Ainsi, d'après Georges le Syncelle, il se serait écoulé 1865 années entre cette époque et la destruction de l'empire d'Assyrie sous le dernier des Sardanapales, 608 ans avant l'ère chrétienne.

D'un autre côté, Jules l'Africain, Eusèbe et Georges le Syncelle donnent au royaume des Babyloniens une durée de 440 ans, qu'ils comptent entre Nemrod qui en aurait été le fondateur, et Ninus. D'après eux, treize rois partagés en deux séries auraient occupé cet intervalle, et l'un d'eux, Chinzir, après un règne de quarante-cinq ans, aurait été détrôné par les Arabes, l'an 2218 avant Jésus-Christ. La monarchie babylonienne paraît avoir été ensuite démembrée. Les royaumes de Mésopotamie, de Sennaar, d'Elam, d'Ellazar et quelques autres petites souverainetés dont il est question dans la Bible, se formèrent de ses débris. Ce fut sous le règne de Chinzir que les Chaldéens, occupés depuis longtemps à la contemplation des astres, commencèrent à mettre en ordre leurs observations astronomiques.

---

[1] Laplace, dans son *Système du monde*, pag. 509, et M. Francœur, dans son *Uranographie*, pag. 95, ont adopté l'un et l'autre le même nombre de 18 ans 11 jours pour la valeur et la durée d'un sare.

Cette tradition, que les faits connus rendent presque certaine, prouve combien les Chaldéens sont peu fondés, lorsqu'ils veulent faire considérer leurs recherches en astronomie comme remontant à la plus haute antiquité. Cicéron y croyait si peu, qu'il n'a pas craint de considérer les assertions des Chaldéens sur ce sujet comme folles et erronées[1].

Il en était de même d'Aristote, qui chargea Callisthènes de s'assurer à Babylone si l'on savait quelque chose de positif sur les travaux scientifiques des Chaldéens. Pour répondre aux désirs de ce grand philosophe, Callisthènes lui transmit des observations célestes qui avaient exigé 1903 ans. Elles comprenaient l'espace de temps écoulé entre le commencement de la monarchie babylonienne et Alexandre le Grand. Cette date, quoique plus ancienne que celle citée par Simplicius (1703 ans avant le siècle d'Alexandre), est loin de coïncider avec l'antiquité fabuleuse que, d'après des calculs hypothétiques, les Chaldéens avaient voulu s'attribuer.

La deuxième dynastie, composée de six princes arabes, eut pour premier roi Mardocentès. Il détrôna, l'an 2218 avant Jésus-Christ, Chinzir, qui avait déjà régné quarante-cinq années. Cette dynastie dura pendant 215 années et finit, selon les mêmes chronologistes (Jules l'Africain, Eusèbe et Georges le Syncelle), en la personne de Nabonal, qui fut détrôné par l'assyrien Belus. Ce dernier, après avoir régné trente ans sur une partie de l'Assyrie, gouverna encore

---

[1] *Lib. III, De divinationibus.*

pendant vingt-cinq ans les deux royaumes et laissa le trône à son fils Ninus, l'an 1968 avant Jésus-Christ.

L'histoire primitive de l'Assyrie est si incertaine, que Diodore de Sicile ne dit pas que Ninus ait été le premier roi de cette contrée, mais seulement le premier dont l'histoire ait fait mention. Les noms des anciens souverains de l'Asie sont, d'après Diodore, tout à fait inconnus, peut-être parce qu'on n'a pu rapporter aucun événement ni aucune de leurs actions qui eût quelque importance. (*Note* 59).

Parmi les successeurs de Ninus, les uns nomment la fameuse Sémiramis, tandis que d'autres, tels que Diodore de Sicile, Athénée, Justin, Suidas et Grégoire Posthume, mentionnent Ninias comme successeur immédiat de ce prince, et ne parlent pas de Sémiramis. Ils donnent à Ninus des vertus guerrières et lui attribuent de vastes conquêtes, tandis que d'autres historiens le représentent comme plongé dans la mollesse et l'oisiveté. Il en aurait été de même de ses successeurs, qui, jusqu'au règne de Sardanapale, occupèrent le trône pendant un intervalle de plus de douze cents ans.

Ces contradictions, et une foule d'autres qu'il serait facile de relever, prouvent combien l'histoire de la monarchie assyrienne est incertaine et peu connue. Il paraît que sous le gouvernement des successeurs indolents de Ninias, Sésostris, roi d'Égypte, porta fort loin ses conquêtes en Orient (vers l'an 1591); il se contenta cependant de prélever des tributs, sans chercher à détruire l'empire d'Assyrie. La chute de ce royaume eut lieu plus tard, sous Sardanaple (l'an 759 avant Jésus-Christ), qui surpassa tous ses prédécesseurs en mollesse et en voluptés.

Depuis lors, les annales de l'Asie ne présentent plus les destinées d'un seul empire qui embrasse ou du moins qui domine toute cette partie du monde; mais elles portent l'attention sur les trois empires que fondèrent les successeurs de Ninus. Au premier rang, on peut citer la monarchie assyrienne de Babylone établie par Bélésis, qui renversa l'empire de Sardanapale et devint en partie le successeur de ce prince efféminé. On peut encore signaler l'ancien royaume des Assyriens de Ninive, qui se perpétua en la personne de Phul; enfin, en troisième lieu, l'empire des Mèdes, qui dut son indépendance au courage et à la valeur d'Arbacès.

La première de ces monarchies, celle de Babylone, dura pendant 221 ans, jusqu'à la conquête de Cyrus, roi de Perse, qui eut lieu vers l'an 538 avant l'ère chrétienne. La durée de la monarchie de Ninive n'a pas été longue : elle fut réunie à celle de Babylone l'an 625 avant Jésus-Christ, ou 134 ans après sa fondation. Enfin, l'état des Mèdes, devenu monarchique sous Déjocès, dura 222 ans, ou jusqu'à l'an 537 avant Jésus-Christ; il fut alors compris dans le vaste empire des Perses.

On ne peut, avec la chronologie des Babyloniens, remonter plus haut que nous ne l'avons fait relativement à celle de l'Égypte. Seulement, le nombre des princes admis par ces dernières annales est plus considérable que celui qui résulte des documents historiques des Chaldéens : les Égyptiens comptent jusqu'à 92 rois successifs pour le même intervalle de temps, lorsque les Babyloniens n'en admettent que 86. Quoi qu'il en soit, on ne trouve aucune certitude dans l'une ou dans l'autre de ces chronologies, avant les époques que nous avons fixées, ainsi que Bossuet l'a fait remarquer dans son *Discours sur l'histoire universelle* [1].

En effet, l'ère de Nabonassar, si célèbre parmi les chronologistes, ne peut être étendue au-delà de l'année 3967 de la période julienne, ou 747 ans avant l'ère vulgaire. Dès-lors ce prince ne remonte pas bien haut, car il paraît le même que Baladan, père de Mérodach ou Bérodach, dont il est parlé à la fois dans Isaïe et le livre IV des Rois. Ce fut lui qui envoya des ambassadeurs à Ézéchias [2].

Cette ère, qui commence avec le second empire de Babylonie, est fort nouvelle à côté de celle dont nous venons de parler; aussi la date de cette époque est-elle bien constatée. On ne peut pas, en effet, se former des doutes sérieux sur son origine; la seule chose sur laquelle il règne de l'incertitude, tient aux actions du prince qui ouvre l'ère à laquelle il a donné son nom. (*Note* 60.)

Les dates que nous avons adoptées dans notre tableau relativement à Ménès, fondateur du royaume de l'Égypte, ainsi que celles de Nemrod et d'Assur, sont très-incertaines. On ne doit les considérer que comme des données approximatives sur les époques auxquelles ont vécu ces souverains, à peu de chose près contemporains. Les notions les

---

[1] Première partie, pag. 47.
[2] *Reg.*, XX, 18. — *Psalm.*, XXXIX, 1.

plus positives que nous ayons sur Nemrod et Assur se réduisent à ce qui en est dit dans le chapitre X de la Genèse.

Les Babyloniens et les Chaldéens, en s'occupant des sciences et des arts, oublièrent peu à peu l'art de la guerre, auquel Nemrod avait dû ses victoires et ses succès. Cette inexpérience les fit tomber sous le joug d'un peuple voisin, les Arabes, dont le courage égalait l'habileté, et qui, deux mille ans environ avant notre ère, s'emparèrent du royaume de Babylone.

Il est singulier de retrouver dans l'histoire ancienne et à une époque aussi reculée, une conquête faite par les Arabes, assez semblable à celle qui eut lieu beaucoup plus tard sous les successeurs de Mahomet; seulement cette conquête s'étendit sur un moindre nombre de pays que les victoires des kalifes. La raison de cette différence est facile à comprendre : les anciens Arabes n'avaient pas plus de point central dans leur gouvernement que de chef suprême et unique; aussi n'agissaient-ils jamais de concert, ni d'après un plan préparé et médité d'avance.

Ces peuples nomades se trouvaient pour lors dans la même situation et le même état qu'au moment où parut Mahomet; mais ils n'avaient pas à leur tête un chef aussi remarquable par son expérience et son intrépidité. Néanmoins les tribus arabes se précipitèrent sur la Babylonie et s'en rendirent maîtres. Indépendantes les unes des autres, quoique associées à la manière des Arabes, ayant chacune ses chefs, leurs tribus s'emparèrent des états de Chinzir et les démembrèrent. L'un de leurs capitaines nommé Macerdontès, dont nous avons déjà parlé, régna sur Babylone, et, d'après Eusèbe, cinq rois de sa nation, dont les noms sont rappelés dans des listes particulières, lui succédèrent.

L'histoire est muette sur le nombre et les exploits des successeurs d'Assur, prince qui avait fondé l'empire d'Assyrie, après l'établissement de celui de la Babylonie par Nemrod. Elle nous apprend seulement que la chute du royaume de Babylone avait averti les souverains de Ninive de se tenir en garde et de se prémunir contre les Arabes; aussi ces souverains réunirent des forces considérables pour les combattre.

Un de leurs chefs, que l'histoire désigne par le surnom de Belus, attaqua les Arabes dominateurs de Babylone et les vainquit. Georges le Syncelle (*Chronogr.* pag. 92, A.), ainsi qu'Eusèbe (*Fragm. apud Scaliger*, pag. 14), nous représentent la Babylonie comme une contrée florissante, mais dont les habitants étaient plus adonnés à l'industrie et au commerce qu'à l'art de la guerre. Belus eut donc peu de peine à en triompher et à les soumettre à ses lois. Il leur imposa un tribut annuel et emmena captif le roi de Babylone ainsi que ses enfants. Il paraît en avoir ordonné la mort, et avoir mis fin à l'empire des Arabes qui avait succédé à celui des Chaldéens.

L'empire des souverains de l'Assyrie, ou des contrées situées sur les bords du Tigre et dans les plaines de la Mésopotamie, devint très-florissant sous Ninus; deux reines le gouvernèrent ensuite avec gloire et s'illustrèrent en même temps par des travaux devant lesquels reculerait la puissance moderne. Elles étendirent ainsi leur domination sur la plus grande partie de l'Asie, et firent parvenir après bien des efforts les contrées qui leur étaient soumises à un haut degré de civilisation, à en juger par les monuments de Nimroud ou de Nemrod, et de Khorsabad [1].

Toutefois, l'architecture des palais de Ninive n'annonce pas la perfection qu'elle avait atteinte en Égypte à cette époque. Mais il n'en était pas de même de l'art de la sculpture, ainsi que nous l'avons fait observer, car les monuments de Khorsabad paraissent supérieurs par la richesse de leurs décorations à tout ce que l'Égypte nous a laissé de plus somptueux [2]. La découverte de ces anciennes constructions nous a révélé les progrès que l'art avait faits en Assyrie, en même temps qu'elle nous a prouvé que la sculpture de Ninive, tout en rappelant celle de l'Égypte et de la Grèce, n'en était pas moins originale. (*Note* 61.)

Les Assyriens, qui ont construit le monument de Khorsabad, ne sont du reste mentionnés qu'accidentellement dans les Livres Saints, c'est-à-dire lorsque les circonstances

---

[1] A la vérité, M. Hœfer a prétendu que ces monuments n'appartenaient pas à l'ancienne capitale de l'empire assyrien ou à Ninive; mais M. Quatremère a réfuté d'une manière victorieuse l'opinion de cet érudit, tout en faisant remarquer que Ninive a laissé dans l'histoire peu de traces de son existence. Voyez le numéro du mois de juin du *Journal des savants* pour l'année 1850, pag. 353. — *Id., Description des monuments de Ninive*, découverts et décrits par M. E. Botta; Paris, imprimerie nationale, in-4°, 1847 et 1849.

[2] M. Raoul Rochette a vu dans les sculptures de l'ancienne Ninive une représentation de la lutte des deux principes du bien et du mal, signalée au moyen de combats d'animaux. D'un côté sont figurés le lion, le griffon, le sphinx, et de l'autre le taureau, la chèvre, la gazelle ou la biche. *Journal des savants*, février 1850, pag. 84, 92 et suiv.

les ont mis en rapport avec le peuple hébreu. Les anciens historiens nous ont parlé de deux villes immenses, de Babylone et de Ninive, qui en ont été tour à tour les capitales. Ces villes étaient embellies par des temples ornés de peintures et de sculptures magnifiques, de palais et d'édifices somptueux, et de fortifications dont l'étendue dépassait tout ce que l'on pourrait imaginer. Ils nous représentent enfin cet empire détruit par les fautes sans nombre du prince qui régnait à Ninive, et qui est devenu la personnification du luxe poussé jusqu'à la mollesse.

C'est à peu près à ces quelques mots, dispersés dans les livres prophétiques et historiques de la Bible, que se borne tout ce que nous savons sur l'empire d'Assyrie. Les annales de cet empire, fameux dans l'antiquité, que nous devons probablement à Hérodote, sont entièrement anéanties. Il en est de même de celles tracées de la main de Ctésias, et qui ne nous sont connues que par les extraits incomplets que Diodore de Sicile nous en a conservés.

D'après cet écrivain, l'origine du royaume d'Assyrie et la fondation de Ninive remontent aux plus anciens temps historiques; le prophète Jonas en avait jugé ainsi d'après la grande quantité d'habitants qu'il avait vus dans cette capitale. Ce prophète en porte, en effet, le nombre à plus de douze myriades, à l'époque où il en parcourait les rues en lui annonçant les maux qui allaient fondre sur elle.

Ctésias, en rapportant la fondation de Ninive aux temps rapprochés du déluge, s'accorde à cet égard avec le témoignage de Moïse. Il avait du reste composé trois principaux documents : 1° une histoire de la Perse ; 2° une description de l'Inde ; 3° enfin une histoire de l'Assyrie. A ces données incomplètes, on aurait pu joindre les traditions rapportées par Berose, Abidène, Mégasthène, Alexandre Polyphiste, si le temps les avait épargnées ; mais elles sont totalement perdues. Les fragments peu nombreux que citent Josèphe, Eusèbe, Georges le Syncelle, etc., sont loin de nous fournir des matériaux propres à nous éclairer sur les événements relatifs à l'Assyrie ; ils ne servent qu'à nous faire apercevoir les pertes que la science a faites à cet égard. (*Note* 62.)

Ce que nous avons dit du commencement des monarchies chaldéenne, babylonienne et assyrienne a prouvé que leur origine ne pouvait reculer celle du genre humain. C'est uniquement faute d'un sérieux examen, qu'on a pu penser que les traditions de ces peuples et celles des anciens Égyptiens étaient en opposition avec la nouveauté de l'homme, attestée par les faits physiques, aussi bien que par les monuments de l'histoire.

Lorsqu'on examine avec attention les anciennes traditions des peuples idolâtres, et qu'on les soumet à une critique sévère, on ne tarde pas à s'apercevoir qu'elles n'ont rien de réel ni de certain. Loin d'ébranler ce que le temps nous a conservé de documents positifs sur les premiers établissements des nations, elles annoncent mieux que tout autre genre de preuves que l'Écriture nous éclaire seule sur les premiers âges du monde.

D'après les monuments naturels et les faits physiques, cette antiquité indéfinie, attribuée par les anciens écrivains aux nations dont ils ont tracé la marche de leur civilisation, doit être rapportée non à l'homme mais à la terre, sur laquelle il a été placé si longtemps après sa formation.

Ce que nous avons déjà fait observer de l'antiquité relative des Hébreux et des Chaldéens, a acquis un nouveau degré de certitude par les recherches de M. Dureau de la Malle. Cet archéologue a, le premier, fixé l'attention sur la conformité qui existe entre les deux peuples. Il a démontré l'identité de leur origine, en constatant l'uniformité des traits des Chaldéens, des Kurdes et des Mèdes sculptés sur les bas-reliefs de Persépolis, et ceux des Juifs reproduits sur les monuments grecs ou romains. Il a prouvé, d'après la similitude du type caractéristique de ces différents peuples avec celui des Juifs établis dans le faubourg du Ghetto, à Rome, qu'ils ne formaient qu'une seule et même nation.

Cette race vit en quelque sorte parquée au milieu de la capitale du catholicisme. Comme elle ne s'allie jamais avec les étrangers, elle a gardé, plus que toute autre branche de la race juive, le caractère indélébile de sa physionomie. D'un autre côté, M. Boré a remarqué dans son voyage en Orient, particulièrement dans la Perse et le Kurdistan, la ressemblance frappante qui existe entre les traits des Juifs et des Chaldéens. Ces derniers, répandus depuis le Pont-Euxin jusqu'aux bouches du Tigre et de l'Euphrate, y sont connus sous les noms de *Childam*, de *Chalb*, de *Kard*, de *Kurd*, de Chalybes, de Kalmuques et de Gordiens des anciens.

Le même observateur a trouvé entre ces divers peuples une identité de langage des plus remarquables, ce que confirme d'une manière puissante l'observation de leurs traits et de leur physionomie. Ses guides, Chaldéens ou Kurdes, s'entendaient, en parlant leur patois, avec les Juifs parlant l'hébreu littéral, tout comme les paysans des comtés de Galles et de Cornouailles s'entendent avec les Bas-Bretons du Finistère. M. Boré a prouvé par le rapprochement des deux langues hébraïque et chaldéenne, qu'il étudie depuis plusieurs années au milieu d'hommes qui n'en ont pas d'autres, que les Hébreux et les anciens Chaldéens sortent d'une même souche et sont un seul et même peuple. (*Note* 63.)

Ainsi, la philologie et l'histoire naturelle marchent d'accord, comme toutes les sciences qui ont pour but la connaissance de la vérité ; elles démontrent que les Chaldéens, loin d'être plus anciens que les Hébreux, dérivent d'une même origine et ne sauraient en être distingués. Cette démonstration est venue, en quelque sorte, confirmer ce que nous avons fait observer sur l'antiquité des uns et des autres. (*Note* 64.)

Il est remarquable de retrouver non plus l'histoire d'un peuple, mais ce peuple lui-même. C'est ce qu'a fait M. Boré, en prouvant que les Chaldéens, qu'on croyait éteints depuis si longtemps, existaient encore au centre de l'Asie occidentale, dans les montagnes qui étendent leurs innombrables rameaux entre Mossoul et Sultimania. Ils se nomment eux-mêmes et sont appelés par les Arméniens, leurs voisins, *Childam* ou *Assori*, et *Mukin* par les Kurdes.

Ces faits doivent nous faire espérer que les difficultés que l'on rencontre à chaque pas dans les annales des premiers âges des peuples sémitiques disparaîtront, du moins en partie, par la comparaison que l'on commence à établir entre les langues dont ces peuples ont fait usage.

La philologie comparée a déjà été très-utile pour la connaissance et l'origine des anciens peuples et des monuments qu'ils nous ont laissés.

Cette science, en nous faisant connaître les lois ou les modes divers qu'ont suivis les antiques idiomes en se transformant en d'autres plus récents, nous a permis d'apprécier en quelque sorte la dégénérescence qui a fait dériver du sanscrit les langues modernes de l'Inde, à peu près comme nous le faisons des idiomes *néo-latins* sortis du langage superbe de l'ancienne Rome. D'un autre côté, elle nous a montré que l'indoustan et le français se rencontrent parfois dans des expressions presque identiques rendant du moins les mêmes idées, coïncidence qui ne se conçoit que lorsqu'on a égard à l'affinité d'origine qui existe entre le latin et l'idiome des Vedas.

Comme la similitude ou la différence de langues est presque toujours l'indice de l'unité ou de la diversité de l'origine des peuples qui les ont parlées, on trouve dans la philologie comparée, ou l'étude comparative des idiomes, un guide sûr pour éclairer les ténèbres de l'histoire primitive.

Toutes les grandes nations de l'antiquité, quelques-unes de celles qui ont laissé les traces les plus profondes dans notre civilisation européenne, et qui sont même les véritables causes de sa grandeur morale, n'appartiennent pas à la famille *indo-européenne*.

Il se trouve au sud de la vaste région où ces idiomes sont parlés, un autre groupe de langues qui en diffère complètement dans son organisme, et accuse par cela même une diversité d'origine. Tels sont les *idiomes sémitiques* parlés par les Hébreux ou les Juifs, les Chaldéens, les Assyriens, les Phéniciens, les Syriens, les Lydiens et les Arabes. A cet idiome appartiennent les Livres sacrés des Hébreux, des chrétiens, ainsi que ceux que les Musulmans regardent comme tels.

Cette simple énumération suffit pour faire saisir l'immense importance des peuples sémitiques dans l'histoire du monde, auquel ils ont donné la croyance d'un Dieu unique créateur de tout ce qui existe. A côté de ce grand titre moral, il en est d'autres aussi glorieux : tels sont la création du commerce, de la navigation, de l'industrie, de l'administration intérieure, qui sont également l'œuvre des peuples sémitiques. Voilà quelques-unes des causes qui nous ont porté à éclaircir autant qu'il nous a été possible l'histoire de ces peuples, qui ont joué un si grand rôle dans l'antiquité.

Ainsi, quoique les Hébreux aient été constamment les seuls qui ont professé le culte d'un seul Dieu, et que le paganisme soit resté le partage des autres nations sémitiques, une pareille croyance, en s'infiltrant en Grèce, a exercé la plus notable influence sur la grandeur du peuple hellénique, et l'a purifié des extravagances qui déparent à la fois la religion et l'art indiens.

L'unité originaire des langues sémitiques, reconnue depuis deux siècles environ, nous a prouvé que c'était à ces langues que se rapportait celle dont les Hébreux ont fait constamment usage. La langue hébraïque, qui est aussi celle de la Bible, la plus ancienne de toutes, n'a rien de commun avec les idiomes de l'Europe, auxquels elle est complètement étrangère. Quoique Israël ait eu seul de tous les peuples d'Orient l'avantage d'écrire pour le monde entier, il ne faut pas pour cela considérer la langue des Hébreux comme la source de tous les idiomes connus, erreur que n'autorisent nullement les textes sacrés, et qu'ils ne sauraient sanctionner en aucune manière.

Cet aperçu, tout succinct qu'il est, suffit pour faire saisir l'intérêt de la philologie comparée pour résoudre quelques-unes des difficultés que présente l'histoire des premiers âges.

Le nom de Childam est le même que celui de Chaldéens; quant à celui d'Assori, il dérive de ce que les anciens Chaldéens occupaient la Babylonie, la Mésopotamie, la Syrie occidentale et le royaume d'Assyrie. Enfin, la langue de ces *Childam* est la même que celle des Chaldéens. S'il est vrai que chez tous les peuples le perfectionnement du langage soit en rapport avec le développement de l'intelligence et le progrès des sciences et des arts, l'industrie et l'habileté des peuples de l'Asie occidentale nous annoncent à quelle hauteur de civilisation devaient être parvenus les Chaldéens, si souvent cités par les auteurs sacrés et profanes.

Nous aurions voulu inscrire sur les tableaux les noms et les listes des rois qui ont gouverné la Phénicie aux premiers âges historiques; mais nous avons été forcé d'y renoncer, faute de données précises pour le faire avec quelque certitude.

Tout ce que nous savons de l'histoire des Phéniciens nous a été conservé dans la Genèse, et en partie par Philon. Les Livres Saints nous apprennent que ces peuples étaient gouvernés par un prince du nom de Sidon, qui donna son propre nom à la ville qu'il fonda dans la Palestine. Du moins les Sidoniens semblent les mêmes que les Phéniciens, car les uns et les autres habitaient la terre de Chanaan, que l'on nomma plus tard la Palestine. Cette contrée était peuplée également par les Æthéens, les Jéduséens et les Amorrhéens ; aussi, lorsque Josué en fit la conquête, il y trouva ces nations réunies, qui s'opposèrent en vain à sa marche triomphante.

Ces différents peuples descendaient de Chanaan, fils de Cham, qui, suivant toutes les apparences, vint au monde peu de temps après le déluge. L'Écriture ne les a pas désignés sous le nom de Phéniciens, quoiqu'elle parle de la Phénicie à l'époque d'Abraham, et qu'elle place cette contrée dans les environs de Damas [1].

Chanaan, s'étant dirigé vers la Palestine peu de temps après la construction de la tour de Babel, y fonda un empire nouveau, qui devint plus tard l'origine de celui de la Phénicie, dont il est question dans la Genèse. Ainsi, lorsque Abraham arriva en Palestine, il y trouva les Chananéens, qui, déjà établis dans cette contrée, n'y avaient été précédés par aucune autre nation ; seulement, les peuples

---

[1] Voyez *Genèse*, chap. XIV, v. 15.

qui habitaient la contrée à l'époque à laquelle Josué en fit la conquête, ne paraissent pas avoir été les mêmes que ceux qui y étaient établis du temps d'Abraham. (*Note* 65.)

Lorsque Josué se fut emparé de la Palestine et qu'il en eut chassé les anciens habitants, ceux-ci se retirèrent sur les côtes de la Méditerranée et y prirent le nom de Phéniciens. Ces peuples s'adonnèrent à la navigation, et ceux qui restèrent dans la Palestine s'établirent auprès des côtes. Ils abandonnèrent aux Hébreux la culture des terres et le soin d'élever des troupeaux.

Les nouvelles habitudes des Phéniciens les portèrent sur les bords de la Méditerranée, particulièrement dans les Gaules, l'Espagne et l'Afrique. Ils s'étendirent également dans quelques parties de l'Asie-Mineure et acquirent de grandes richesses par leur activité et leur industrie. Ces richesses ne firent que s'accroître par leurs progrès dans les arts et la navigation; elles leur donnèrent un grand renom chez les Grecs, et plus tard chez les Romains.

Aussi est-on peu surpris de voir Homère faire mention des Phéniciens dans ses deux poèmes de l'Illiade et de l'Odyssée. Il y parle même de Sidon, capitale de la Phénicie, comme d'une ville remarquable par ses richesses et la quantité de métaux précieux qui s'y trouvaient réunis. Le poète nomme, parmi ces métaux, le cuivre, dont l'emploi était si répandu dans la haute antiquité [1]. Hérodote, tout en mentionnant les Phéniciens, les a signalés comme les premiers auteurs des divisions qui éclatèrent plus tard entre les Grecs et les peuples barbares.

---

[1] *Illiade*, XXIII, v. 747. — *Odyssée*, XV, v. 424.

Tout ce que nous savons de l'histoire des Phéniciens se borne à quelques fragments de Sanchoniaton recueillis par Eusèbe et par Porphyre, enfin à ce que nous apprennent l'Écriture et Josèphe [1]. Sans ces documents, qui n'ont pas une grande importance, à raison de leur faible étendue et du peu de détails qu'ils renferment, les Phéniciens, fameux dans l'antiquité, nous seraient à peu près inconnus, faute d'annales et de traditions. Josèphe nous apprend encore que la fondation de Tyr, ville bâtie par ces peuples, remonte à 240 ans avant l'édification du temple de Salomon, ce qui en fixe l'époque vers l'année 1244 avant l'ère chrétienne [2].

D'après Hérodote, la presqu'île de Tyr, qui fut convertie en une ville florissante, reçut les premiers colons phéniciens 2300 ans avant lui, c'est-à-dire 2800 ans avant l'ère chrétienne. Cette date n'est, du reste, qu'approximative, ainsi que le fait observer M. Ch. Lenormand, dans son *Cours d'histoire ancienne.*

Ce que Moïse rapporte de Sidon est un témoignage décisif en faveur de l'authenticité du Pentateuque; s'il garde le silence sur Tyr, c'est que cette ville ne fut fondée que lorsque les Philistins d'Ascalon, jaloux de la prospérité des navigateurs phéniciens, eurent attaqué et détruit Sidon, leur ancienne capitale.

Quant à la ruine de cette grande cité, elle paraît avoir

---

[1] Josèphe; *Contra Appion*, lib. I, pag. 1042, et lib. VII. — *Antiquit.*, cap. II.

[2] Voyez le *Commentaire* de dom Calmet sur Josué, chap. XIX, v. 29.

eu lieu, du moins d'après Trogue Pompée [1], un an avant la prise de Troie. Quelque antiquité que puisse avoir cet événement, on ne peut pas le regarder comme antérieur à Moïse, qui a considéré Sidon comme la capitale de la ligue phénicienne, Tyr n'existant pas encore [2].

L'histoire des premiers habitants de la Phénicie est bien incomplète, puisqu'elle se borne à ces données. Les annales de toutes les nations ne sont guère plus précises ni plus certaines, lorsqu'on veut remonter jusqu'à leur berceau ; elles seraient environnées de plus graves difficultés, si nous ne possédions le Pentateuque, le seul guide que nous ayons pour les premiers temps historiques.

IV. Mèdes et Perses.

Parmi les peuples de l'ancienne Asie mentionnés dans notre tableau, il en est deux dont les traditions présentent les plus grandes incertitudes. Les dates que nous avons

---

[1] Trogue Pompée est un historien latin qui a vécu lors du commencement de l'ère chrétienne. Il nous a laissé une histoire universelle en 44 livres, qui ne nous est connue que par l'abrégé que nous en a laissé Justin.

[2] *Ap. Justin*, XVIII, 3-5. — Il existe les plus grandes incertitudes sur la date de la prise de Troie. Les documents qui la portent le plus haut, la font remonter à 1280 avant l'ère chrétienne, ce qui en fixe l'époque à 3139 ans avant les temps actuels. Quant à ceux qui la reculent le plus, cette date se rapporterait à 3239 années avant l'époque à laquelle nous appartenons.

Or, la naissance de Moïse ayant eu lieu 1630 ans avant J.-C., il en résulte que l'auteur de la *Genèse* serait antérieur d'environ 350 ou 460 années à la prise de Troie, suivant l'opinion que l'on adopte sur les dates que nous avons fixées à cet événement.

adoptées, purement approximatives et incertaines, sont loin d'être à l'abri de toute contestation.

Les Mèdes paraissent avoir dû leur nom à Médée, fille du roi Colchus, illustre magicienne qui, chassée d'Athènes par Thésée, vint s'établir dans leur pays où elle trouva un asile. C'est du moins l'opinion d'Hérodote; elle n'a point été partagée par Josèphe, mieux instruit que la plupart des historiens anciens sur la véritable origine des nations. D'après lui, les Mèdes seraient les descendants de Madaï, troisième fils de Japhet, et son sentiment a prévalu.

Diodore de Sicile, d'après Ctésias, suppose à la monarchie des Mèdes une haute antiquité et une durée fort considérable. Mais ces données sont fort douteuses : tout ce que l'on sait de positif sur leur histoire, c'est que ces peuples restèrent longtemps sous la dépendance des rois d'Assyrie. Ce ne fut que lorsque Arbacès, gouverneur de la Médie, et le babylonien Bélésis, eurent renversé du trône le somptueux Sardanapale, que les Mèdes recouvrèrent leur liberté et formèrent un royaume à part, tout à fait indépendant et régi par des princes particuliers.

Après ces événements, Arbacès délivra du joug des Assyriens le pays où il établit sa domination; il se rendit maître d'une partie de l'Asie, et gouverna glorieusement la Médie pendant environ dix-huit années. Les uns ont fixé l'époque de son règne vers 836 avant l'ère chrétienne; d'autres la reculent de plus d'un demi-siècle et la placent en 759. Ceux qui admettent la dernière de ces dates fixent les époques de Déjocès et de Phraortès, de 755 à 690. Comme nous avons adopté le nombre de 836, nous avons préféré suivre celles de 698 et de 647 pour les dates du règne de ces princes[1].

Après Arbacès, vingt-huit rois mèdes occupèrent le trône pendant environ 350 ans, et cela jusqu'à Astyage, le dernier de ces souverains. Aucun événement mémorable ne se passa sous les quatre successeurs immédiats d'Arbacès, qui gouvernèrent la Médie pendant un espace d'environ 152 années. Sous Artæus, sixième roi des Mèdes, éclata la longue rivalité entre ces peuples et les Cadusiens, qui donna lieu à tant de combats. Ce fut sous le règne d'Astyage, fils de Cyaxare, que le royaume de Médie, la plus puissante monarchie de toute l'Asie, se confondit avec l'empire des anciens Perses et de Cyrus, dont nous allons tracer l'histoire d'une manière sommaire. (*Note 66.*)

Les Perses, comme tous les anciens peuples, ont eu des idées fort exagérées sur leur antiquité. Ils ont admis dans leurs annales quatre âges, comme l'ont fait les Hindous; ils ont composé leurs deux premières dynasties de dieux et de demi-dieux, comme les peuples du Japon et de la Chine.

Les quatre âges des Perses sont composés d'un assez grand nombre d'années. Les uns portent ce nombre à 100000 ou 20000, tandis que d'autres l'évaluent seulement à 12000. La moitié de cet espace de temps aurait précédé le déluge, ou leur premier roi Kaioumaratz ou Caiumarath, personnage qui paraîtrait correspondre ou à l'Alorus des Chaldéens ou à Xisuthrus.

---

[1] Voyez Hérodote et Justin, lib. I, cap. VII, pag. 10.

Ces idées que les anciens Perses s'étaient faites sur leur première origine résultent en quelque sorte de leur Châh-Nâmeh, ou livre des Rois, rédigé par Firdoussi ou plutôt Ferdoucy[1], historien qui vivait vers le XIe siècle de notre ère ou l'an 1020 de cette même ère[2]. D'après lui, l'origine de la première dynastie, ou celle des Pech-Daydens, remonterait très-haut. Mais ce qu'il rapporte des princes qui en ont fait partie ne peut pas soutenir les regards de la critique. A l'en croire, le premier roi persan, qui aurait vécu mille ans, n'aurait régné cependant que trente années. Ses successeurs, au nombre de huit, auraient occupé le trône pendant 2302 ans, ce qui donnerait à cette dynastie une durée de 2332 années.

Le chef de la seconde dynastie, désigné sous le nom de Kai-Koursou dans le livre des Rois, livre qui est une autorité pour ces peuples, paraît avoir été le même que le Cyrus des historiens grecs, auquel ceux-ci ont rapporté la fondation de l'empire des Perses à Babylone.

---

[1] Ferdoucy fut en même temps poète et historien ; il fut chargé par Mah-Mand, roi des Perses, d'écrire le *Châh-Nâmeh*, ou histoire de leur empire. Ferdoucy s'occupa pendant trente années de ce travail ; il fut publié en persan à Londres, en 1829, en 4 vol. in-8°, et traduit plus tard en anglais par Atkinson, en 1835. M. Mahl en a donné ensuite une édition française, publiée à Paris de 1838 à 1850, en 4 volumes in-folio. On admet assez généralement que Ferdoucy, né en 940, est mort en 1020.

[2] Les données qui nous sont fournies par leur *Boundesch* ne sont pas plus certaines ni plus positives que celles de leur *Châh-Nâmeh* ou livre des Rois. Le *Boundesch* des Perses n'est pas antérieur de plus de sept siècles à l'ère chrétienne, ou 2559 ans avant l'époque actuelle 1859.

Cette monarchie ne commence du reste à prendre un certain caractère d'authenticité qu'à l'époque de Cyrus, dont la naissance est rapportée vers l'an 518 ou 549 avant l'ère chrétienne. Du moins, s'il y a eu en Perse des princes antérieurs à Cyrus, on voit, d'après ce qu'en rapporte Ferdoucy, quelles incertitudes existent sur leurs noms, la durée de leur règne et l'époque à laquelle ils ont vécu.

Les anciens Perses n'ont point eu d'autre historien de leur nation, que celui que nous venons de nommer. C'est surtout aux Grecs que sont dus les documents qui nous éclairent sur l'histoire de la nation persane. On trouve aussi quelques mots sur ces peuples dans le chapitre X, verset 22 de la Genèse, où il est question d'*Élam* et de *Sem* ou *Chême*, qui peupla l'Élymaïde, contrée voisine de la Perse, et qui fut la souche des Élyméens.

Aussi l'Écriture désigne-t-elle la Perse sous le nom d'*Elam*, nom dérivé d'*Élam*, fils de Sem, qui, selon la Genèse, aurait été le père des Élyméens ou des Perses, dénomination très-rarement employée dans les Livres Saints. Du reste les peuples de l'Orient ont presque tous désigné la Perse sous le nom d'*Hyraum* ou d'*Yraum*. Quant aux Persans eux-mêmes, ils désignent leur pays sous les noms d'*Iroum* ou d'*Irun*, noms que les Tartares ont également adoptés et que leurs successeurs leur ont conservés.

Si l'on pouvait accorder quelque confiance aux dates du Châh-Nâmeh ou Livre des Rois, les annales des Persans remonteraient à 4405 ans avant l'ère chrétienne. Ainsi, d'après les annales royales :

Kaioumaratz aurait vécu ou régné environ	1000 années
La dynastie des Pech-Daydens.........	2302 —
La dynastie des deux prédécesseurs de Cyrus.........	250 —
Le règne de Cyrus et de ses successeurs.	555 —
Ce qui fait un total de................	4185 années.

Si l'on suppose maintenant que Kaioumaratz était né un demi-siècle après le déluge, il en résulterait que, d'après Ferdoucy, cet événement serait arrivé 4155 ans avant l'ère chrétienne. La première dynastie persane remonterait ainsi à l'an 1775 avant la même ère; la seconde, celle des Yanyem Kayângem, à l'an 803; enfin, Cyrus, le troisième roi de cette dynastie, à l'époque que nous avons adoptée.

Si l'on admettait la date donnée au déluge par Ferdoucy, on reculerait sans doute l'époque que la plupart des historiens ont fixée à l'apparition de l'homme, puisque, d'après ce calcul, elle serait portée à 8241 années; mais l'on ne peut supposer que Guilchâh ou Kaioumaratz ait régné mille années. Après une pareille erreur, comment accorder la moindre confiance aux annales des Persans? Ces annales paraissent avoir été rédigées d'après l'usage admis chez les anciens, de se donner avant tout une haute antiquité.

L'histoire ancienne de la Perse n'offre qu'un très-petit nombre de faits qui aient quelque degré de certitude. Nous n'avons du moins aucune donnée qui nous apprenne si le pouvoir a passé sans interruption entre les mains d'Élam, le père des Élyméens ou des Perses, ou si, au contraire, il leur a échappé par suite des révolutions plus ou moins violentes que leur pays aurait éprouvées. Il faut aller jusqu'au règne de Chordosahomor, pour trouver quelques traditions un peu précises. Ces traditions nous annoncent qu'un siècle environ avant l'époque où Ninus jeta les fondements de l'empire d'Assyrie, ce prince avait porté ses armes victorieuses vers la Méditerranée, dans les provinces occidentales de l'Asie.

Ce fut après de nombreuses victoires remportées par ce souverain sur les princes ses voisins, qu'il rendit ses tributaires, que ce roi éprouva à son tour des défaites et fut vaincu par Abraham. Ce revers fit perdre sans retour au roi des Élyméens un grand nombre de villes ; il n'en conserva pas moins les provinces qu'il possédait dans le reste de l'Asie.

Les nombreuses colonies d'Élyméens qui, à cette époque ou plus tard, se répandirent dans les parties de cette vaste contrée, et dans d'autres régions, propagèrent son nom, et attestent assez dans quel état florissant se trouvait le royaume d'Élam. Celui des Perses ne fut pas porté plus haut par les expéditions guerrières de Cyrus et de ses successeurs.

La puissance que ces peuples et les rois qui les gouvernaient, avaient acquise autant par leur sagesse que par leurs exploits, finit par leur échapper. Vaincus par Ninus et Sémiramis, leur pays fut asservi et devint une province du vaste empire d'Assyrie. Les Élyméens n'en conservèrent pas moins leur ardeur belliqueuse; réunis aux

Mèdes et aux Babyloniens, ils finirent par renverser le trône de Sardanapale.

La confirmation de ce que nous avons dit de l'origine de ces peuples, se trouve dans le livre d'Ézéchiel, où l'on lit pour la première fois le nom des Perses, au lieu d'Élyméens. Après Ézéchiel, Daniel les a appelés indifféremment Perses ou Élamites; il ajoute que les premiers descendaient des Élyméens. On en est peu surpris, lorsqu'on fait attention qu'au temps de Cyrus, la Susianne était appelée la province d'Élam.

Ce nom d'Élamites, ou d'Élyméens, n'a pas été connu d'Hérodote; il a désigné ces peuples sous le nom d'Artéens, tout en convenant que ceux-ci avaient pris le nom de Perses 800 ans environ avant la prise de Babylone.

Quoi qu'il en soit, la langue dont les Élyméens ou les Perses anciens, ainsi que les Persans modernes, ont fait usage, paraît dériver du sanscrit, du moins d'après les comparaisons des mots propres aux deux langues.

V. Grecs et Macédoniens.

Le commencement des annales historiques des Grecs est également environné de beaucoup d'incertitudes. Leurs premiers écrivains, tous poètes, ont donné aux événements qu'ils racontent un air fabuleux et fantastique qui inspire peu de confiance. D'un autre côté, la division de la Grèce en petits états séparés, ne permet pas de présenter des notions exactes sur leur chronologie; aussi la plus grande obscurité règne dans la supputation des temps qu'embrassent les annales de l'ancienne Grèce, fondées sur les traditions ou les monuments.

Les Grecs ont eu cependant un mode uniforme de calcul historique, basé sur la succession des générations; quoique fort équivoque, ce mode n'en a pas moins été adopté par Hérodote. Les familles illustres, jalouses de perpétuer la mémoire de leurs aïeux, conservèrent soigneusement leur généalogie. Homère donne une grande attention à la généalogie des héros dont il nous fait connaître les exploits et la renommée.

Les historiens s'étant aperçus, un peu tard il est vrai, que la série des vainqueurs aux jeux olympiques pourrait servir d'ère chronologique, on adopta ce mode; il a été généralement suivi depuis lors. On admit donc comme première olympiade celle où le vainqueur avait obtenu les honneurs d'une statue. Cette ère commença à Coroebus, le premier qui ait eu cette gloire; elle se rapporte à l'an 776 avant l'ère chrétienne. (*Note* 67.)

A l'aide des olympiades, les chronologistes ont trouvé quelques moyens qui leur ont permis de mettre un certain ordre dans les annales de la Grèce primitive. Ils ont compté les générations par la succession des rois, et leur règne par le nombre des années et par leur durée. De cette manière, ils nous ont donné des listes de rois de la Grèce, qu'ils ont adaptées à une échelle dont l'olympiade de Coroebus est le premier degré. On remonte ainsi jusqu'à l'origine des divers États de la Grèce.

Nous devons ce système de chronologie à Eusèbe, qui a suivi les traditions helléniques. A l'aide de son travail, on peut tracer la chronologie particulière de chacun des États principaux, antérieurement à l'époque si importante de l'histoire de la Grèce, celle des olympiades.

Il est, dans les événements historiques de cette contrée, plusieurs dates qui offrent pour notre travail un certain intérêt. Ces dates sont, d'une part, celles des déluges d'Ogygès et de Deucalion ; en second lieu, celle de la première colonisation de cette contrée. On se demande d'abord si le déluge d'Ogygès est différent ou non de celui de Deucalion. Si l'on s'en tient aux dates assignées à ces événements par Eusèbe et adoptées par Champollion, il n'y a pas le moindre doute que ces cataclysmes ne soient différents.

Du moins, d'après eux, le déluge d'Ogygès serait arrivé sous Phoronée d'Argos, fils et successeur d'Inachus, l'an 1822 avant l'ère chrétienne. Quant au déluge de Deucalion, il aurait eu lieu plus tard ou vers l'an 1580 avant la même époque[1].

A la vérité, d'après d'autres chronologistes, le déluge d'Ogygès serait moins éloigné de nous et se rapporterait à l'an 1796 avant Jésus-Christ. Cette date en fixe l'époque à l'an 1080 avant la première olympiade ; elle repose sur

---

[1] On suppose que le nom de Deucalion est indien et se compose de *deu*, qui signifie esprit, génie, et de *kali*, temps ; ce qui voudrait dire l'esprit ou le dieu du temps. La formidable déesse *Kali*, à laquelle depuis des milliers d'années l'Indostan offre des victimes humaines, est l'épouse du dieu destructeur Siva. Dans l'Asie occidentale, *Chronos*, le dieu du temps ou Saturne, annonce le déluge au chaldéen *Xisuthrus*.

l'autorité d'un ancien chronographe de Paros, extrait des marbres d'Arundel et publié par Solden.

L'époque de la colonisation paraît se rapporter à l'an 2200 avant l'ère chrétienne, car on cite OEgialus comme ayant régné sur Sicyone vers 2126. Aussi, cette ville prétendait que le premier de ses rois avait précédé celui d'Argos de 235 ans, et celui d'Athènes de 533. Il est à peu près certain que cette ville, si fière de son antiquité, fut gouvernée pendant 998 ans par des prêtres, et que de cette époque à la première olympiade il s'est écoulé un intervalle de 352 ans. Sicyone aurait eu pour roi OEgialus, qui régna 1350 ans avant cette olympiade, ou 2126 ans avant l'ère chrétienne, ainsi que nous l'avons fait observer.

La ville d'Argos reconnut pour premier roi Inachus; ce prince eut treize successeurs qui occupèrent le trône pendant 544 années. Les Pélopides transportèrent ensuite le siège royal à Mycènes, où ils régnèrent 215 ans jusqu'aux Héraclides; il s'écoula depuis cette époque à la première olympiade environ 327 années. D'après ces données, le règne d'Inachus se rapporterait à l'an 1862 avant l'ère chrétienne.

Corinthe, qui devint célèbre dans toute la Grèce par son luxe et ses richesses, fut gouvernée par des rois à l'époque du retour des Héraclides dans le Péloponèse. La royauté fut ensuite détruite à Corinthe par les Bachiades; le gouvernement oligarchique établi par les Bachiades fut substitué à cette monarchie; ce gouvernement de la multitude dura jusqu'en 657, époque où Cypselus se rendit maître du pouvoir.

La royauté s'établit sur de nouvelles bases à Lacédémone. A l'époque des Héraclides, Eurysthène et Proclès, fils d'Aristodème, premier roi de cette dynastie, se partagèrent l'autorité suprême. Comme la dixième année du règne d'Alcamène, leur dernier successeur, correspondait à la première olympiade, la période des rois de Lacédémone est comprise entre 1103 et 776 ans avant l'ère chrétienne, et renferme par conséquent 327 années.

La Macédoine, l'Épire et la Thessalie eurent pendant longtemps les mêmes princes; les peuples qui habitaient ces contrées rapportaient l'origine de leurs rois à Hercule. Le premier souverain signalé par les plus anciens historiens, est Caranus. Ce prince eut vingt-trois successeurs, dont le dernier fut Alexandre. Les vingt-quatre règnes réunis forment un total de 465 ans. Quant au premier, il remontait seulement à 13 ans avant la première olympiade, ou à 789 années avant l'ère chrétienne.

Telles sont les données les plus positives que les historiens et les chronologistes nous ont fournies sur les premiers temps et la constitution des divers États de la Grèce. Ces données sont bien incertaines lorsqu'on veut établir d'après elles quelques dates un peu précises. Un seul exemple suffit pour faire saisir combien les notions qu'elles fournissent sont incomplètes, lorsqu'on les applique à des événements importants ou à des hommes remarquables par leur savoir ou leur célébrité.

A leur aide, on ne peut assigner l'époque précise de la naissance d'Homère, le poëte le plus renommé et le plus populaire de l'antiquité; cependant son nom, comme ses poésies, étaient dans la pensée et le souvenir de tous. L'incertitude est ici si grande qu'elle porte sur deux siècles. En effet, les uns placent avec Ératosthène[1] la naissance d'Homère vers 1180; d'autres, avec plusieurs écrivains grecs, la mettent 80 ou même 140 ans plus tard. Si l'on s'en rapporte à la chronique de Paros, Homère aurait vécu vers 907 avant l'ère chrétienne ; hypothèse qui est la plus répandue et peut-être la plus vraie. Des différences non moins considérables existent entre les autres documents qui pourraient servir à fixer cette date[2].

Nous avons déterminé par un calcul assez simple la date d'Inachus, le premier roi d'Argos, à 1862 avant l'ère chrétienne; d'autres chronologistes ont adopté un tout autre chiffre, qui porte le règne de ce prince à 1970 ou 1986 avant la même ère, ou même 124 ans plus tard.

La date de 1862 paraît préférable à celle de 1970,

---

[1] Quoique tous les auteurs n'aient pas adopté cette manière d'écrire ce nom, M. Jomard, qui a eu occasion de citer cet écrivain dans le grand ouvrage sur la description de l'Égypte, le signale sous le nom d'Ératosthène et non sous celui d'Érastothène. M. Bouillet a adopté la même opinion. Voyez, du reste, le 4me volume des antiquités égyptiennes, pag. 217.

[2] Les dates que nous venons de donner et qui se rapportent à l'époque à laquelle florissait Homère, sont loin d'être les seules qui aient été rapportées à cet événement.

Ainsi, d'après Velleius Paterculus, Homère aurait vécu vers 966 ans avant l'ère chrétienne, et suivant d'autres écrivains l'an 884, enfin selon les marbres d'Arundel 907 ans avant la même ère, nombre qui s'accorde parfaitement avec la chronique de Paros.

Plusieurs historiens fixent la date de la mort du prince des poètes l'an 960 avant J.-C., tandis que d'autres avancent singulièrement cette date et la portent à 600 ans avant la naissance du Sauveur.

quoique l'on ne doive pas attacher une grande confiance aux dates relatives aux règnes d'Inachus ou d'Ogygès. Cuvier a adopté celle de 1853 à 1856 pour la première; elle se rapporte à environ 350 ans avant l'établissement des principales colonies phéniciennes et égyptiennes.

D'après Acusilaüs, suivi en cela par Eusèbe, la date vulgaire d'Ogygès se rapporterait à 1796; elle serait ainsi de 66 années postérieure à celle d'Inachus[1]. D'après Varron, au contraire, le déluge d'Ogygès serait antérieur à Inachus de 400 ans et de la première olympiade de 1606, ce qui le porterait à 2382 années avant l'ère chrétienne, en adoptant la première des dates que nous avons admises.

Au milieu des incertitudes, qui augmentent à mesure que l'on remonte vers les premiers temps historiques, la civilisation de la Grèce paraît avoir commencé par Sicyone et Argos, deux villes qui surpassent toutes les autres cités du même pays en ancienneté. D'un autre côté, les plus anciennes époques historiques de la Grèce se rattachent à l'invasion des peuples pasteurs sur les côtes de l'Égypte et de la Phénicie. Ces événements mémorables remonteraient ainsi à 2005 ou 2010 années avant l'ère chrétienne; ils semblent avoir exercé une grande influence sur l'état d'une partie de l'Asie, de la Grèce et de l'Égypte.

L'époque de la prise de Troie est encore un événement chronologique, dans l'histoire de la Grèce, d'une aussi grande importance que la naissance de l'illustre poète qui

---

[1] Acusilaüs, ancien historien grec, a écrit sur la chronologie des rois d'Argos ; il ne nous en reste que quelques fragments.

a grandement contribué à en augmenter la renommée. Il règne cependant sur sa date les plus fortes incertitudes. Nous en avons fixé l'époque vers 1280; mais, au dire de quelques anciens écrivains, elle aurait eu lieu seulement en 1170, ou un siècle plus tard. Si l'on consulte les écrivains modernes, on trouve entre leurs opinions des différences non moins notables; ainsi les historiens anciens, plus à portée que nous de fixer d'une manière précise la chronologie grecque, ont cependant désespéré d'y réussir pour les époques antérieures aux olympiades.

Du reste, ceux qui voudraient étudier l'histoire de la Grèce, contrée placée si haut par ses poètes, ses orateurs, ses philosophes et ses capitaines, trouveront de quoi satisfaire leur curiosité dans les écrits de plusieurs érudits de nos jours, particulièrement dans ceux de M. Petit-Radel [1].

Ce sont encore les Livres Saints qui nous font connaître l'origine des premiers habitants de la Grèce. D'après Moïse, Éliza, Tharsis, Cetthim et Dodanim, fils de Javan et petits-fils de Japhet, se partagèrent les Iles des Nations. Les îles dont il est ici question sont probablement celles de la Grèce. Or, si nous consultons les traditions des peuples et les commentateurs des Livres Saints, ils nous diront que Javan a été le père des Ioniens, comme Cetthim de ceux qui ont peuplé la Macédoine, et Thiras des habitants de la Thrace. Les mêmes documents nous apprennent que les Ciliciens tirent leur origine de Tharsis, comme les peuples

---

[1] Voyez *Examen analytique et tableau comparatif des synchronismes de l'histoire des temps héroïques de la Grèce*. Paris, 1828, in-4°.

de l'Élide, d'Éliza. Toutes ces nations paraissent issues de Japhet, leur tige commune.

Les historiens grecs ont emprunté aux Égyptiens, peuple dont ils étaient voisins, la plupart des données qu'ils nous ont laissées sur l'antiquité de leur nation. De même leurs philosophes ont pris aux Livres Saints ce qu'ils nous ont dit de raisonnable sur Dieu et sur la création du monde; aussi saint Clément d'Alexandrie les appelle des ingrats, puisqu'ils ont dépouillé les Hébreux sans avoir la franchise de le reconnaître[1]. Il n'en est pas un seul, d'après Tertullien, qui ne se soit abreuvé à la source des prophètes[2].

VI. Latins ou Romains.

L'histoire de l'ancienne Italie ne prend un certain degré de certitude qu'à l'époque où Romulus fonda la ville à laquelle il donna son nom, et qui plus tard devint la capitale du monde. Ce que l'on sait sur les invasions dont l'Italie a été successivement le théâtre, c'est que la première invasion fut opérée par les Sicules, qui, à leur tour, furent chassés par les peuples étrangers venus avec la colonie des Pélages d'Ænothrus.

Nous avons adopté comme époque de la fondation de cette colonie, l'année 1790 avant l'ère vulgaire, date admise par Champollion. Les Thessaliens apparurent ensuite en Italie; plus tard, Évandre et les compagnons d'Hercule; enfin Énée avec ses guerriers échappés au sac

---

[1] *Stromata*, lib. V, pag. 530.
[2] *Apologet.*, § 47, pag. 86 et 87.

de Troie, vers l'an 1270, leur succédèrent. Ce prince, qui s'établit dans le Latium, eut quatorze successeurs, dont le dernier, Amulius, mort en 424 après la prise de Troie, précéda immédiatement Romulus.

A partir de cette époque, fameuse dans l'antiquité, la chronologie des Romains prend un certain caractère de certitude. Toute la différence qui existe entre les dates de la fondation de Rome tient à ce que, selon Varron, elle aurait eu lieu la première année de la septième olympiade, ou la 752e avant l'ère chrétienne, et selon Caton plutôt la 753e avant la même époque, ce qui du reste est peu différent.

Cette opinion a été assez généralement préférée par les anciens historiens comme par les nouveaux : Dion Cassius, Pline l'ancien et Velleius Paterculus l'ont suivie. Elle fut adoptée par l'empereur Claude, lorsqu'il fit de l'époque de la fondation de Rome une ère civile pour l'empire. Denys d'Halicarnasse et Tite-Live ont préféré le calcul de Caton ; mais, d'après les recherches de Varron, la fondation de Rome fut reconnue remonter au 21 avril 753 avant l'ère vulgaire, la quatrième année de la sixième olympiade.

Les Romains réunirent peu de temps après tous les peuples de l'Italie sous leurs lois. Les annales de ces peuples, malgré les soins que Varron paraît avoir pris de les rassembler, pour donner à ses travaux historiques toute la précision désirable, ne sont pas parvenues jusqu'à nous. Nous savons seulement que cet écrivain avait divisé les anciens temps de l'histoire d'Italie en trois périodes. La première qu'il a appelée incertaine, la seconde mythique presque fabuleuse, et la troisième historique. Celle-ci commençait avec la première olympiade, vers l'année 776 avant l'ère chrétienne, époque où Coroebus fut vainqueur aux jeux olympiques, la plus magnifique des institutions de l'ancienne Grèce.

Les faits historiques qui se sont passés après cette époque, et dont les dates ont pris une certaine précision, ont par cela même un caractère de certitude qu'ils étaient loin d'avoir eu auparavant. On employait, du reste, deux nombres dans la manière de compter les olympiades. L'un de ces nombres désignait l'olympiade, et l'autre indiquait l'année même à laquelle elle se rapportait. On écrivait d'ordinaire le premier de ces nombres en chiffres romains, et le second en chiffres arabes.

VII. Hindous ou Indiens.

L'histoire primitive des Hindous est peut-être encore plus environnée d'obscurités que celle des autres nations dont nous nous sommes occupé. La religion des brahmes paraît les avoir empêchés de conserver les anciennes traditions; elle leur défend du moins de garder la mémoire de ce qui se passe dans l'âge actuel, ou l'âge du malheur.

Du reste, ainsi que le fait observer Freret, là où il n'y a point de monuments, il ne peut pas y avoir d'histoire, et encore moins de chronologie; aussi tout est chimérique dans la partie des annales indiennes qui remonte au-delà de 3102 ans avant notre ère, c'est-à-dire au-delà de leur quatrième âge, le *Kali-Yougha*, dont le commencement se lie aux temps voisins du déluge.

Le plus ancien de leurs livres, ou les Védas, révélés, selon eux, par Brahma lui-même à l'origine du monde, et rédigés par Wistnou au commencement de l'âge actuel, ne remonterait pas, en adoptant les systèmes les plus favorables à son antiquité, au-delà de 3200 ans avant l'époque actuelle. Les Védas seraient donc postérieurs de plus de trois siècles au Pentateuque. La date que nous venons de citer paraît encore exagérée, lorsqu'on porte son attention sur les idées cosmogoniques qui y sont consignées. Le style des Védas ne ressemble en rien à celui des premiers âges. Les opinions philosophiques qui y règnent sont les mêmes que celles des Grecs, preuve de la nouveauté des livres où elles se trouvent inscrites; aussi Bailly et surtout les travaux de la Société asiatique de Calcutta, ont-ils démontré qu'il n'y a point de chronologie, ni de dates suivies, ni de détails géographiques exacts, dans les livres que les brahmes regardent comme révélés et considèrent comme le fondement de leurs croyances. (*Note* 68.)

La partie des prières contenues dans les Védas, et qui sont en vers, est connue sous le nom particulier de *Rig* ou de *Rech* ; mais lorsqu'elles sont en prose, on les désigne sous une dénomination particulière et toute différente de la première ; on les nomme *Yasouch*, et *Saman* lorsqu'elles sont destinées à être chantées.

Le *Rig-Veg-Veda* contient plus de panégyriques que de véritables prières. Le *Yagur-Veda* traite des oblations et des sacrifices. Quant au *Samta-Veda*, peut-être plus répandu que les deux premiers Védas, il renferme des prières pour obtenir le pardon des péchés.

Enfin l'*Athavar*, ou le plus récent des Védas, contient, d'une part des imprécations contre ses ennemis, ainsi que des formules ou des prières destinées à détourner les calamités qui pourraient menacer le monde. On y trouve également des hymnes et des prières appropriées à diverses circonstances.

Nous ferons enfin observer que M. Albert Weber, le célèbre professeur de Berlin, s'est demandé si sur les données hypothétiques qui ne reposent sur aucun fait certain, on pouvait admettre que les Védas sont du XIVe, du XVe ou du XVIe siècle avant Jésus-Christ.

Il est à peu près impossible de déterminer l'époque précise à laquelle ces livres ont paru, à un ou même à plusieurs siècles près ; tout ce que l'on peut affirmer, c'est qu'ils sont fort anciens. L'histoire des Hindous, leurs migrations géographiques, le caractère et l'esprit des poèmes qui constituent l'ensemble des Védas, sont les seuls témoignages que l'on puisse invoquer en faveur de leur antiquité, sans que cette antiquité atteigne celle qu'ont réellement les Livres Saints, et surtout le Pentateuque, le premier et le plus ancien des livres.

Outre les Védas et les Pouranas, les Hindous ont encore deux autres principaux poèmes, le Ramayana et le Machâbarat, mille fois plus merveilleux que l'Iliade et l'Odyssée. D'autres poèmes forment, avec les deux dont nous venons de parler, le grand corps des Pouranas, desquels on ne peut extraire des dates précises, et que l'on peut encore moins considérer comme un véritable corps d'histoire.

Il en est de même des listes de rois que des pandits ou docteurs indiens ont compilées, et qu'ils ont ornées de détails aussi absurdes que les fables des Chaldéens et des Égyptiens. Les listes qu'Abou-Fazel nous a données comme extraites des annales de Cachemire, malgré les événements fabuleux et extraordinaires qui s'y trouvent consignés, ne remontent cependant qu'à 4000 ans avant notre époque. Du reste, une grande partie de cet espace de temps, 2200 ans, est remplie de noms de princes dont les règnes demeurent indéterminés, du moins quant à leur date.

Pour mieux faire comprendre les incertitudes qui enveloppent la première histoire des Hindous, nous rappellerons avec M. l'abbé Dubois que les brahmes de l'Inde reconnaissaient quatre âges à l'histoire de notre monde : le premier aurait duré pendant 1728000 années ; le second environ 1296000 ans, et le troisième 864000000 années ; quant au quatrième, dans lequel ils se placent, il doit durer la moitié du troisième, ou 432000000 années.

D'après les calculs faits par le même historien, l'année 4940 de cet âge correspondrait à l'an 1839 de notre ère. La fin de chacun des trois premiers âges, ou *youghas*, aurait été marquée par un cataclysme et une révolution générale de la nature. Ces peuples, comme tous ceux dont nous pouvons interroger les annales, ont admis un grand déluge qui a précédé le *yougha* actuel, qu'ils ont rapporté à l'an 3102 avant l'ère chrétienne.

Les détails que les Hindous nous ont donnés de leur

déluge sont si semblables à ceux de Moïse, qu'ils paraissent tirés de la même source. On doit d'autant plus le supposer, que la date assignée par les brahmes à cette révolution de la nature, est à peu de chose près la même que celle des Septante.

La chronologie des Hindous se rapporte donc à quatre âges distincts ; le plus ancien est uniquement consacré au règne des dieux. Tous les événements qui se sont passés dans ces premiers temps sont purement mythologiques et remplis de fictions plus ou moins merveilleuses et souvent aussi fausses qu'absurdes.

Le premier âge forme donc une période à part, période suivie par trois autres âges relatifs au monde actuel et à l'homme qui l'anime. L'âge divin est celui où ont eu lieu les diverses incarnations de Wistnou, ou Wischnou, connu aussi dans la mythologie des Hindous sous le nom d'*Avatars*.

A cet âge le plus ancien ont succédé : 1° l'époque de l'apparition de Bouddha ; 2° le Kali-Yougha ; 3° l'ère de Chandra-Coupta.

D'après cette mythologie, la durée du monde, égale à un âge des dieux, serait partagée en quatre parties nommées *yougha*, qui se composent d'un nombre inégal d'années, dont les chiffres sont tout à fait hypothétiques, même après les recherches de Robertson.

Le seule époque de l'histoire de l'Inde que l'on ait considérée comme ayant quelque caractère de vraisemblance, est le *Kali-Yougha*, ou la période actuelle. Cette période presque historique commencerait, d'après les Hindous, à la neuvième incarnation de Wistnou, qui, d'après les calculs astronomiques des Hindous, aurait eu lieu au mois de janvier de l'an 3102 avant l'ère chrétienne.

Ce serait uniquement à partir du déluge et de cette révolution de la nature, que dateraient les temps réellement historiques de ces peuples ; car, avant cette époque, il est difficile de marquer la série des premiers siècles par des événements qui aient quelque certitude ; aussi Laplace fait-il observer (*Système du monde*, pag. 322) que les tables astronomiques indiennes ont eu deux époques principales : l'une remonterait à l'année 3102 avant notre ère, et l'autre à 1491. Ces époques sont liées par les mouvements du soleil, de la lune et des planètes, de manière qu'en partant de la position que les tables des Hindous assignent à ces astres vers la seconde époque, et remontant à la première au moyen de ces mêmes tables, on trouve la conjonction générale des planètes, qu'elles supposent avoir eu lieu à cette époque.

Bailly a cherché à établir dans son Traité de l'astronomie indienne, que cette époque était fondée sur des observations précises; mais il n'a pu y réussir. Malgré les faits rapportées par cet astronome à l'appui de son opinion, avec la clarté qu'il a su répandre sur les matières les plus abstraites, la date qu'il a fixée paraît avoir été imaginée pour donner dans le zodiaque une origine commune au mouvement des corps célestes. Les dernières tables astronomiques que plusieurs savants, et notamment Laplace, ont perfectionnées par la comparaison de la théorie avec un grand nombre d'observations, ne permettent pas d'admettre la conjonction supposée dans les tables des Hindous.

Elles offrent des différences beaucoup plus grandes que la somme des erreurs dont elles peuvent être susceptibles.

Il est donc démontré que l'époque historique de 3102 ans avant Jésus-Christ, loin d'être confirmée par les calculs astronomiques modernes, est, au contraire, justement suspectée de fausseté, puisqu'il est rapporté dans l'histoire des Hindous qu'à cette époque eut lieu une conjonction de toutes les planètes, ce que l'astronomie moderne regarde comme impossible. La date de 3102 ans avant l'ère chrétienne serait, du reste, postérieure à celle que les Septante attribuent au déluge.

Cette époque donnée par les traditions indiennes a pu paraître probable à Bailly, par suite d'idées préconçues; mais les progrès que les théories astronomiques et l'art d'observer ont faits de nos jours, ne permettent pas de l'adopter. Dès-lors, elle doit être rejetée de la véritable histoire, qui ne doit admettre que des faits certains, ou du moins exempts d'erreurs et à l'abri de toute suspicion.

M. David, l'un des premiers qui nous aient fait connaître l'état de l'astronomie des Hindous, d'après les traités originaux qui lui ont été communiqués par les brahmes, considère les périodes éloignées que ces peuples ont adoptées pour bases ou points de départ de leurs calculs, comme tout à fait arbitraires et hypothétiques. Elles ont été établies sur des supputations rétrogrades et non sur des observations réelles, ainsi que Bailly l'avait supposé sans fondement [1].

---

[1] *Recherches asiatiques*, tom. II, pag. 228; édition de Calcutta.

Du reste, avant la connaissance de ces traités originaux, Delambre[1], Montucla et plus tard Colebrooke, avaient prouvé que les supputations admises par Bailly ne reposaient sur aucune base solide, ni sur aucun fait positif. De même, Laplace, dans ses réflexions sur les tables indiennes, a démontré que si l'on s'en tenait aux observations qu'elles contiennent, elles annonceraient un état assez avancé de l'astronomie; mais qu'en jugeant leur ensemble avec une critique éclairée, on s'aperçoit bientôt qu'elles ne sauraient remonter à une haute antiquité.

Aussi sir W. Jones affirme-t-il qu'en compulsant les documents authentiques de l'Inde et les réduisant à leur juste valeur, il est impossible d'y voir un gouvernement régulier et établi avant les deux mille ans qui ont précédé l'ère chrétienne, c'est-à-dire avant Abraham. L'époque à laquelle a vécu ce patriarche nous montre toutefois l'Égypte ayant une dynastie légalement constituée, et le commerce et les arts florissant dans cette partie de l'Afrique, ainsi qu'en Phénicie.

Les travaux de ces savants, surtout ceux de la Société de Calcutta, ont prouvé sur quelles bases frivoles les Hindous avaient cherché à se donner une antiquité fabuleuse qu'ils n'ont pu établir sur aucun fait précis. Ainsi, les âges, les cycles et les longues périodes qui embrassaient des millions d'années, et dans lesquels ces peuples ont cherché à comprendre les diverses phases de leur histoire, ne sont que le fruit de leur imagination et de leur vanité.

---

[1] *Histoire de l'astronomie ancienne*; Paris, 1817, pag. 409.

Leurs époques étaient d'ailleurs astrologiques, et avaient été imaginées pour expliquer la restitution des aspects des astres qui devaient avoir lieu lorsque les planètes et les étoiles, après un grand nombre de révolutions, seraient toutes revenues au même point d'où elles étaient parties dans l'origine.

VIII. A. Chinois.

L'antiquité que les Chinois se sont plu à s'attribuer, paraît très-exagérée lorsqu'on consulte leurs annales et leurs Kings, ou livres sacrés, sur lesquels ils fondent leur chronologie et où sont déposées les preuves de leur civilisation. Ces livres sont au nombre de trois : le Chou-King, le Chi-King et le Tchune-Tsidon. On y trouve les fragments historiques qui ont survécu à l'incendie commandé par l'empereur Hoam-Ti.

La certitude historique des premières époques de la Chine repose sur ces uniques fragments échappés à la violence des flammes. Quant aux temps fabuleux des Chinois, ils ne méritent pas plus d'attention que les périodes imaginaires de leurs astronomes. La période de Liéoukine était de 143127 années ; d'autres, d'après lui, en inventèrent de plus longues encore, de 200 et même de 300 millions d'années. On juge facilement combien ces nombres sont exagérés ; aussi n'insisterons-nous pas davantage à cet égard.

L'antiquité des Chinois, bien appréciée, est au-dessous de celle des Hébreux ; car les certitudes historiques ne datent en Chine, d'après l'opinion de leurs lettrés, que du temps de Tchouen-Hiu, lequel a été rapporté à l'an 2514 avant l'ère chrétienne[1]. D'autres chronologistes ont adopté une autre date, et celle-ci est encore plus récente. Suivant eux, cette certitude commencerait seulement à partir du règne de Fo-Hi ou Fou-Hi, le fondateur de l'empire des Chinois. Ce prince aurait vécu, d'après Freret, vers 2386 avant l'ère vulgaire. Si l'on adopte cette opinion, les temps historiques ne s'étendraient pas au-delà de 2357 années avant Jésus-Christ, époque à laquelle vivait Yao, environ trois siècles après la construction de la tour de Babel[2].

Si l'on remonte un peu plus haut, on arrive aux temps mythologiques, où l'on suppose que régnait Schouen-Hi, avec lequel commence la véritable histoire, du moins d'après la plupart des lettrés qui se sont occupés des annales chinoises. Hyoang-Ti, bisaïeul de Yao, aurait régné vers l'an 2485; mais avant lui Tohi, aïeul d'Houng-Ti, avait gouverné la Chine, et l'on suppose que sa domination remonte à 2460 ans avant l'ère vulgaire. (*Note* 69.)

---

[1] Du reste, ceux qui portent le plus loin la certitude historique en Chine, ne l'étendent pas au-delà de Fou-Hi, auquel aurait succédé Chin-Noung (laboureur divin), c'est-à-dire en 3218 avant Jésus-Christ, ou plusieurs siècles avant Moïse. Ce Chin-Noung aurait appris aux Chinois l'usage de la charrue, ainsi que la culture des champs, la manière de se servir du blé et du sel contenu dans l'eau de la mer. On lui attribue bien d'autres inventions et d'autres connaissances, mais qui sont loin de pouvoir être mises en parallèle avec celles dont on découvre les germes dans les livres des Hébreux.

[2] D'après ces données, l'empereur Yao daterait de 4219 années avant l'époque actuelle 1859. Cuvier a adopté le chiffre de 4189 ou celui de 3963.

Si l'on adoptait ces nombres comme exacts, on pourrait très-bien les accorder avec ceux des Septante et des Samaritains, qui ont admis le chiffre de 2984 pour l'intervalle écoulé depuis le déluge jusqu'à l'ère chrétienne.

L'opinion qui fait remonter à Yao les commencements de la monarchie chinoise, a été adoptée par Meng-Tzé, le disciple chéri de Confucius. A la vérité, son maître a supposé que six rois avaient régné avant Yao ; mais il y a tellement d'incertitude à cet égard, qu'on ne connaît guère les actions de ces princes et qu'on en sait à peine les noms [1].

On doit dès-lors, à raison du silence de Confucius, révoquer en doute les actions attribuées à Fou-Hi, à Chin-Noung et même à Hoamti ou Hoang ; car elles paraissent n'avoir rien de réel, d'après le sentiment de Freret, l'un des critiques qui se sont occupés avec le plus de succès de l'histoire de la Chine [2].

Tout ce que les traditions rapportent sur les temps qui ont précédé Yao, n'est qu'un amas de fables et de traditions obscures ou incertaines qui ne méritent aucune croyance. Enfin, aux yeux des plus habiles lettrés de la Chine, il faut s'aider de la chronologie des Européens pour

---

[1] Le *Chou-King* est un livre historique qui commence au règne de Yao. Nous en avons une traduction par le père Gaubil. Elle a été publiée en 1770, à Paris, format in-4°.

[2] Confucius, le plus fameux philosophe de la Chine, naquit dans la province de Chan-Tong, l'an 551 avant notre ère. Il vint au monde à Tséan-Hy, aujourd'hui Fou-Hiem, ville de troisième ordre, dont son père était gouverneur. Sa mort arriva l'an 479 avant l'ère vulgaire, 80 ans avant la naissance de Socrate.

se fixer sur celle des premières époques de l'histoire de leur pays. Comment pourrait-il en être autrement, puisque leurs livres actuels ont été refaits à peu près en entier, sur des fragments mutilés et incomplets.

On a supposé cependant, malgré l'évidence de ces faits, que l'état de la civilisation dont jouissaient les Chinois aux premières époques de leur histoire, était trop avancé pour qu'on pût refuser à ces peuples une haute antiquité. Cette supposition n'est guère admissible, lorsqu'on se rappelle l'observation faite par les auteurs de l'Art de vérifier les dates, monument qui, plus qu'aucun autre, a fait reposer la chronologie des différents peuples sur une base solide.

D'après cet ouvrage, la civilisation n'aurait pas fait des progrès aussi rapides chez toutes les nations, en raison de la diversité de leurs mœurs. Les unes n'y seraient arrivées qu'après avoir été plongées pendant des temps plus ou moins longs dans l'ignorance et la barbarie. Tels sont, parmi les anciens, les Grecs, les Latins ou Romains, qui n'en sont pas moins parvenus au plus haut point de splendeur; chez les modernes, la plupart des peuples de l'Europe.

D'un autre côté, plusieurs nations des temps modernes ou des temps anciens, ont été policées ou éclairées jusqu'à un certain point, dès l'enfance de leurs sociétés. On peut citer : parmi les modernes, les habitants des États-Unis; et dans l'antiquité, les Chinois, de même que les Égyptiens, les Babyloniens, les Phéniciens, les Assyriens, enfin la plupart des peuples de l'Orient.

Quant aux Chinois, dont nous nous occupons dans ce

moment, ils sont sortis de ces colonies qui, après la confusion des langues dans les plaines de Sennaar, se dispersèrent dans les diverses contrées de la terre. Une de ces colonies fut conduite dans la Chine par Yao, lequel y fonda la monarchie chinoise avec Chun, que cet empereur associa au trône et qui devint plus tard son successeur.

Les souverains qui depuis Chun ont possédé la Chine jusqu'à nos jours, se divisent en vingt-deux dynasties. La première, celle de Hia, a eu pour auteur Yu, surnommé Ta ou le Grand. Cet empereur paraît avoir régné, d'après l'opinion la plus probable, vers 2208 avant l'ère vulgaire. La dynastie des Hia subsista pendant 441 années et eut sept empereurs. A cette dynastie succéda en 1766 avant l'ère vulgaire, celle des Chang et ensuite la dynastie des Tcheou. Cette dernière dura 864 ans et eut jusqu'à trente-trois empereurs différents. Mais comme nous donnons dans les notes placées à la fin de cet ouvrage la généalogie des différents princes qui ont gouverné successivement la Chine, il est inutile d'entrer dans plus de détails à ce sujet.

Depuis la fin de cette dynastie, l'histoire de la Chine ne présente plus guère d'incertitude; comme il n'y a pas de difficulté sérieuse sur cette partie des traditions du Céleste Empire, nous n'avons pas à nous en occuper. (*Note* 70.)

Les Chinois, comme les peuples de l'Orient, ont admis un déluge ou une inondation qui a ravagé la plus grande partie de la surface de la terre. Ce déluge serait arrivé, selon les uns, peu de temps avant le règne de l'empereur Yao. Aussi, le Chou-King, le plus ancien des livres de la

Chine, que l'on suppose avoir été rédigé par Confucius, et dont la moitié est perdue pour toujours, nous représente cet empereur occupé à faire écouler les eaux qui baignaient le pied des plus hautes montagnes.

Pour fixer la date du déluge, il faut déterminer celle du règne de Yao ; nous avons adopté le chiffre 2357, que Freret a reconnu pour être le plus exact, en supposant le déluge arrivé 284 années avant ce prince. Cet événement, d'après les traditions considérées en Chine comme exactes, remonterait vers 2600 ou 2644 avant l'ère vulgaire, ainsi que nous l'avons admis dans notre tableau [1].

Nous devons cependant faire remarquer que les anciennes observations astronomiques rapportées par les annales de la Chine, et qui sont assez bien circonstanciées pour être soumises à une vérification, ne remontent pas au-delà de 1100 ans environ avant l'ère chrétienne. Ces observations, relatives aux longueurs méridiennes du gnomon, aux solstices d'hiver et d'été, vérifiées avec soin, ont été reconnues exactes. Ces dates méritent d'être signalées, à raison de la certitude de la période où elles ont été faites.

L'époque à laquelle nous avons rapporté le déluge admis par les Chinois, serait moins éloignée si l'on consultait les monuments littéraires de la Chine ancienne. Les recherches faites dans ces annales par M. E. Biot, font présumer

---

[1] D'après l'Écriture, le déluge aurait eu lieu l'an 2262 de l'âge du monde, ou en 2986 avant l'ère chrétienne, c'est-à-dire 386 ou 342 plus tôt que ne l'admettent les Chinois.

que le déluge le plus ancien constaté par les Chinois ne remonte pas au-delà de 2500 avant l'ère chrétienne.

Les traditions chinoises distinguent deux inondations générales ou deux déluges. L'une de ces inondations, connue sous le nom de déluge de Yao, est citée dans le Chou-King. Sa date est fixée à 2400 ans avant l'ère chrétienne, d'après les calculs chronologiques des Chinois et le calcul approximatif d'une éclipse de soleil indiquée par le texte, sous le règne de l'un des premiers successeurs de Yao.

Le souvenir de l'autre déluge, de beaucoup antérieur au premier, s'est conservé dans les traditions recueillies par des compilateurs qui vivaient deux siècles seulement avant l'ère chrétienne. Ces compilateurs le font remonter vers 2500 ans avant notre ère, au temps de To-Hy, le chef du peuple conquérant qui descendit des montagnes orientales du Thibet et chassa devant lui les naturels de la Chine ancienne.

Cette époque, nullement certaine, se confond en quelque sorte avec les temps héroïques. Diverses indications portent à supposer que la Chine, avant le règne de Yao, a été ravagée à diverses époques par de grandes inondations ou des déluges plus ou moins violents. Les livres chinois qui font mention de ces catastrophes, ne les attribuent pas à des pluies accidentelles, mais les font dépendre de toute autre cause. On peut considérer comme causes principales de ces cataclysmes, les soulèvements qui ont eu lieu dans la Chine. Ces soulèvements paraissent avoir été analogues à ceux qui ont été constatés par M. de Humboldt dans la partie de l'Asie qui en est très-rapprochée.

D'un autre côté, comme des mers intérieures paraissent avoir existé dans le désert de Cobi et s'être déversées sur la Chine basse, on peut, à l'aide de cette circonstance et du grand nombre de soulévements, d'affaissements et de tremblements de terre mentionnés dans les annales chinoises, concevoir la cause des violentes inondations qui, à plusieurs reprises, ont ravagé cette contrée.

Les annales chinoises fixent l'époque de la plus grande irruption des eaux à la même date que le déluge de Noé, décrit dans les Livres Saints. Il règne une telle conformité entre l'époque assignée à ces événements, qu'elle fait présumer une commune origine à ces traditions historiques et témoigne de la réalité du fait physique, sur lequel toutes s'accordent.

La plupart des peuples que nous pouvons interroger et chez lesquels nous trouvons des annales et des monuments, les Hébreux, les Égyptiens, les Chaldéens, les Babyloniens, les Assyriens, les Indiens, les Chinois, et tous les peuples de l'Orient, ainsi que les premiers habitants de l'Étrurie et de la Grèce, ont conservé le souvenir de cette catastrophe et de la régénération presque totale du genre humain. Il n'y a pas jusqu'aux peuples du nouveau Monde qui ne nous tiennent le même langage ; dès-lors, comment ne pas voir dans une croyance aussi répandue, une preuve de la réalité du fait sur lequel elle repose?

Il n'y a rien d'incertain pour le déluge que sa date. Les chiffres que nous avons adoptés ne sont pour la plupart qu'approximatifs, comme les dates qui se rapportent aux premiers temps historiques. Il y a cependant plusieurs siècles d'incertitudes entre ce cataclysme et la première donnée positive de l'histoire profane. Aussi, d'après ces faits, n'y a-t-il de chronologie positive et réelle que celle de Moïse. Si nous en cherchons la cause, nous la trouverons dans ses hautes lumières qui lui ont fait mettre à profit les traditions existantes sur l'origine et l'histoire du peuple qu'il était appelé à gouverner.

Le législateur des Hébreux a tiré un grand parti des connaissances qu'il avait acquises chez les Égyptiens, sur leur propre histoire et sur celle des autres nations. En effet, lui seul nous a donné la chronologie des premiers âges, sans y mêler des événements fabuleux comme l'ont fait les anciens historiens. Il a fondé sur des bases certaines l'histoire du peuple juif, si remarquable au milieu des nations idolâtres dont il était entouré. Ces nations, occupées de leur mythologie, aussi fausse que le culte qu'elle leur imposait, sont restées impuissantes pour nous fournir sur les premiers âges quelques données précises, ou du moins des idées raisonnables sur leur commencement.

Si nous n'avons pas mentionné dans nos tableaux les peuples du nord de l'Europe, tels que les Gaulois et les Germains, c'est que ces peuples n'écrivaient point et n'ont laissé aucun monument propre à nous fixer sur leur origine, qui paraît ne pas remonter bien haut. Il n'en est pas tout à fait ainsi des nations du nouveau Monde; quoiqu'elles n'aient pas eu non plus d'écritures ni d'annales, elles étaient néanmoins plus avancées sous le rapport de la connaissance du déluge, que les anciens habitants des

Gaules et de la Germanie. On trouve, en effet, dans leurs hiéroglyphes quelques traces de ce grand événement.

Mais ce qui distingue essentiellement les anciens Américains des peuples de l'ancienne Gaule et de l'antique Germanie, ce sont les monuments gigantesques de tout genre qu'ils ont élevés à l'époque où les derniers étaient encore sauvages et barbares. Ces monuments annoncent une civilisation assez avancée, ce qui s'accorde peu avec les idées premières que nous nous étions formées des habitants du nouveau Monde, avant la découverte des ruines des grands édifices disséminés sur différents cantons de cet hémisphère.

B. Américains.

Nous avons fait observer que l'Amérique avait été peuplée en grande partie par les anciens habitants des diverses parties de l'Asie, et particulièrement par les Chinois. Cette circonstance, appuyée sur quelques faits précis, nous a porté à placer ici quelques données historiques sur l'âge de ces constructions américaines, dont certaines ont un caractère de grandeur qui n'est surpassé que par les monuments plus anciens qui couvrent le sol de la haute Égypte.

Parmi les nombreuses explorations entreprises dans l'hémisphère austral, nous ferons connaître d'abord celles qui ont été exécutées du Nord au Sud dans le continent mexicain. Ces recherches nous ont dévoilé l'existence de plusieurs édifices dont les ruines paraissent annoncer une plus haute ancienneté que l'on n'aurait eu lieu de supposer aux peuples du nouveau Monde. De nombreux *tumuli* ou des tertres immenses, semblables à ceux du nord de l'Asie, et qui servaient probablement de sépulture, ont été également rencontrés auprès de grandes circonvallations. Ces monuments n'ont du reste aucun rapport avec les édifices en pierre du Pérou et du Mexique.

On a encore trouvé dans l'état de Kentucky les ruines d'une ville antique que l'on a présumé avoir été abandonnée il y a quelques siècles. Des calculs, sans doute fort exagérés, ont fait supposer que ces ruines remontaient à 2000 ans avant l'époque actuelle. Des antiquités d'un tout autre genre ont été aperçues sur les bords du Mississipi; ce sont des rochers tout couverts de caractères inconnus qu'on prétend être phéniciens, enfin des roches tremblantes semblables aux monuments druidiques ou celtiques.

L'Amérique du Sud a offert des monuments d'une plus grande étendue, mais dans un espace plus restreint. Le Pérou seul présente des constructions en pierre faites avec plus d'art et de science. Ce qui prouve que lors de la conquête de l'Amérique il existait dans une certaine partie du nouveau Monde une civilisation assez avancée, c'est que le temps était partagé, dans la Nouvelle-Grenade, en semaines, en mois et en années. On y faisait usage de calendriers gravés sur pierre et de colonnes destinées à faire connaître les heures au soleil. On y trouva également des fonderies dans lesquelles on préparait et travaillait différents métaux.

On a de même rencontré au Brésil quelques débris d'édifices en briques, et des roches sculptées très-remarquables, vers l'embouchure de l'Arnagos et de l'Avoredo.

Chacun des caractères d'écriture qui y sont taillés en creux n'a pas moins de 40 pieds (environ 13 mètres) de hauteur; on aperçoit du reste ces monuments de plus d'une lieue en mer.

Le Mexique, la terre classique de la civilisation et des arts en Amérique, a éveillé depuis peu l'attention des savants. Leurs recherches ont fait découvrir la ville de Palenque, aux huit lieues d'étendue, aux temples de granite et aux sculptures colossales; on y a rencontré un bas-relief en marbre qui atteste un ancien culte de la croix. On y voit également la ville des morts, *Milta*, aux murailles de mosaïque, aux ornements grecs, enfin une foule d'autres monuments épars çà et là dans toute l'étendue du pays.

Les ruines de l'ancienne Matlan, capitale du grand royaume des Indiens Kachiquels, ainsi que celles plus considérables encore de Palenque au Mexique, sont loin, malgré leur étendue et la beauté des palais qu'on y a reconnus, d'assigner aux anciens habitans de l'Amérique une très-grande antiquité. (*Note 71*.)

Nous ferons observer avec M. Stephens, qui a décrit ces monuments, que Matlan est d'une date beaucoup plus moderne que d'autres villes de la même contrée, et par exemple que Copan et Quirigua. M. Stephens le suppose, parce que l'on ne voit dans la première aucune statue, ni la moindre trace d'hiéroglyphes et de tertres pyramidaux[1]. Il paraît que les ruines des constructions de l'intérieur du Yucatan,

---

[1] *Voyage dans l'Amérique centrale et dans le Yucatan*, par John Stephens.

et particulièrement celles d'Uxmal, dénotent à plusieurs égards des arts plus avancés que celles de Copan et de Palenque.

Les ruines que le capitaine Dupaix avait fait remonter à une époque antédiluvienne, sont simplement, aux yeux de M. Stephens qui les a étudiées avec soin, les restes de la civilisation américaine telle qu'elle existait lors de l'invasion espagnole.

Ce voyageur regarde comme probable que plusieurs anciens monuments du Mexique sont l'œuvre de la race qui a immédiatement précédé celle de la conquête. Cette opinion s'accorde avec ce que dit M. de Humboldt, des mœurs paisibles des Toltèques, de leurs progrès dans les arts, et en particulier du téocali de Cholula, qui paraît être leur ouvrage.

Cette opinion est du reste assez vraisemblable, d'après le mode qui a été suivi dans leur construction. Il existe, en effet, une grande différence entre les monuments américains et ceux de l'ancien continent, où l'on ne trouve aucune pyramide construite dans l'unique but de former le piédestal ou le support d'un édifice. Il n'y a aucun rapport entre les bas-reliefs, les sculptures, les hiéroglyphes américains, et ceux des Égyptiens, des Hindous et des Chinois.

Il existe, au contraire, une grande conformité entre les hiéroglyphes que M. Stephens a découverts, et ceux que M. de Humboldt a reproduits d'après le manuscrit mexicain de Dresde. On y a reconnu l'existence de linteaux de bois à Uxmal, à Palenque et à Ocosingo, dans un climat éminemment destructeur. On trouve une dernière preuve de leur peu d'ancienneté dans les divers récits des historiens espagnols, et en particulier de Bernard Diaz, qui ne tarissent pas sur la beauté des temples des indigènes et parlent à plusieurs reprises de leurs bâtiments de pierre et de chaux, ornés de peintures et de sculptures.

Ces constructions, aussi remarquables par leur beauté que par leur grandeur, prouvent que la race indienne a été coupée dans toute sa sève et sa vigueur, comme une fleur qu'une main sacrilége arrache avec ses racines et sa tige, pour la laisser retomber et pourrir sur le sol où elle aurait dû grandir en liberté. Elle est morte sans avoir presque vécu, cette race à laquelle sont dues ces merveilles. L'humanité entière recueillera ses restes, comme les amis du jeune poëte mort à la fleur de ses ans, réunissent avec bonheur les derniers tributs de sa plume.

Il paraîtrait qu'au nord du Texas, dans la contrée située entre Santa-Fé et l'océan Pacifique, il existe d'immenses ruines d'édifices, de temples et de maisons, particulièrement dans le voisinage de Rio-Puerco, et à l'ouest sur le Colorado. On observe également sur une des branches du Rio-Puerco, à peu de distance de Santa-Fé, des ruines qui ont appartenu à un ancien temple remarquable par son étendue. Des portions de murs encore debout sont formées par d'énormes pierres de taille cimentées les unes sur les autres. La couverture du temple a disparu; il reste seulement plusieurs chambres, de forme carrée, dans un assez bon état de conservation. Quant à la vaste contrée[1],

---

[1] *Écho du monde savant*, onzième année, n° 1, juillet 1844, pag. 24.

peu fréquentée par les Européens et qui s'étend des rives du Rio-Colorado jusqu'au golfe de Californie, elle présente des ruines plus ou moins considérables.

On rencontre également de toutes parts, au Mexique, d'immenses *tumuli*, des *teocalis* ou grands autels de 80 pieds de haut (environ 26 mètres), des pyramides quadrangulaires, des sépultures souterraines construites en pierre. Au milieu de ces monuments, on distingue surtout l'admirable pyramide de Papantla et les édifices encore plus merveilleux de Xochialco. On y voit une forteresse presque européenne, des ponts à construction cyclopéenne et des aqueducs en pierre. Les monuments presque grecs de Mitla, ceux à demi-égyptiens de Palenque, enfin les constructions non moins étonnantes du Yucatan et de l'Usman, sont dans un état de dégradation qui annonce une certaine antiquité.

A la vue de ces monuments, on se demande à quels peuples sont dus ces débris d'une civilisation passée, soit qu'elle ait été originaire du pays même, soit qu'elle provienne de communications étrangères. Une découverte récente semblerait permettre de répondre en partie à cette demande. Mais lorsqu'on y réfléchit bien, on voit qu'elle se borne à nous apprendre qu'un capitaine grec a abordé en Amérique du temps d'Alexandre. En effet, la pierre tumulaire découverte dans un champ, aux environs de Montevideo, par un laboureur, porte en caractères grecs ces mots : Sous le règne d'Alexandre, fils de Philippe, roi de Macédoine, dans la 63e olympiade, *Ptolemaios*.

D'après cette inscription grecque, un contemporain d'Aristote a foulé à cette époque le sol du Brésil et de la

Plata. Peut-être ce *Ptolemaios*, commandant de la flotte d'Alexandre, a-t-il été jeté par les vents sur les côtes du Brésil et y a-t-il déposé ce souvenir de son voyage dans ces régions lointaines. (*Note 72.*)

Un fait moins sujet à contestation que celui que nous venons de rappeler, prouve que beaucoup plus tard, en 942, les Normands abordèrent au Groënland, où ils arrivèrent d'Islande. Lorsque les Normands parvinrent en Amérique, ils la nommèrent Vinland, à raison des vignes qu'ils y trouvèrent. Cette circonstance n'est pas un obstacle à ce que le nouveau Monde ait été peuplé par le Nord et le Nord-Est. Quelques chroniques parlent d'un certain Madoc, fils d'un prince de Galles, qui, en 1170, partit d'Angleterre, fit voile à l'Ouest, laissant l'Islande au Nord, et découvrit une contrée fertile. Revenu dans sa patrie, ce prince retourna avec douze vaisseaux dans le pays qu'il avait découvert. On assure qu'il existe encore vers les sources du Missouri, de nombreux sauvages qui ont conservé quelque souvenir de la croix et parlent la langue celtique.

D'un autre côté, d'après M. de Humboldt, les Aztèques, sujets de Montézuma, les derniers venus sur le plateau du Mexique, qui arrivèrent en Amérique au XIIe siècle, y trouvèrent debout les pyramides dont la masse et la grandeur nous étonnent aujourd'hui. Ces peuples les attribuent aux Toltèques, qui les avaient devancés vers le VIe siècle. S'il en était ainsi, ces monuments auraient environ 1300 ans. L'âge des édifices de Palenque n'est probablement pas moindre. Le souvenir de leur construction était du moins totalement perdu lors de l'arrivée des Européens, au XVIe siècle.

On peut trouver la solution des difficultés que fait naître l'érection de ces monuments, dans la circonstance probable que les habitants de l'Amérique, avant l'époque de sa découverte par les Espagnols, auraient eu quelques relations avec certaines nations de l'ancien continent. L'inscription grecque dont nous avons rapporté les principaux traits semble du moins le prouver, mais surtout les diverses circonstances que nous avons énumérées. Elles annoncent, ainsi que M. de Humboldt l'a admis, que les Tartares et les Mongols ont passé du nord de l'Asie dans les contrées septentrionales de l'Amérique avant le vi^e siècle, et y ont étendu leurs migrations pendant les siècles suivants. Cette opinion est d'autant plus vraisemblable, que M. de Guignes, en compulsant les annales des Chinois, s'est assuré que ces peuples avaient commercé avec l'Amérique dès le ve siècle.

On pourrait encore regarder comme certain le voyage, considéré jusqu'à présent comme fabuleux, du Carthaginois Himilcon au continent d'Amérique. Certains écrivains ont cru pouvoir supposer que des tribus d'Israël ont également abordé en Amérique. D'après eux, les tribus captives de Salmanazar auraient passé d'abord dans la Médie et ensuite en Amérique, par le nord de l'Asie, 700 ans avant notre ère. Ils supposent, enfin, que des Phéniciens ont pu avoir été envoyés par Salomon et Hiram aux contrées américaines connues sous le nom d'Ophir et de Tarsis. Telle est du moins l'opinion de certains auteurs graves. (*Note 73.*)

Qui sait si, du côté de l'Occident, l'Atlantide de Platon ne fut pas une réalité, et si les édifices de Guatimala et de

Yucatan, qui n'ont rien d'analogue sur aucun autre point du globe, ne sont pas dus à la proximité supposée de cette île, dont l'engloutissement, tout problématique qu'il est, semble pourtant attesté par les courants circulaires connus, mais encore assez peu étudiés, de l'océan Atlantique?

Ce sont là des conjectures sans doute; mais elles ne laissent pas d'avoir quelques probabilités, depuis la découverte des antiquités américaines. Lors même que ces circonstances se confirmeraient complètement, elles seraient loin de faire attribuer aux peuples du nouveau Monde la même ancienneté qu'aux habitants de l'ancien continent, le premier élevé au-dessus des eaux et par conséquent le premier qui ait pu être habité.

Les faits que nous venons de rapporter prouvent que le plus ancien monument historique que nous possédons est le Pentateuque, écrit il y a déjà trente-cinq siècles. Les livres des anciens Égyptiens, récents à côté de la Bible, paraissent tous postérieurs à la dévastation de Cambyse. Le peu d'accord qui existe suffit pour prouver qu'ils ont été tirés de monuments mutilés; aussi est-il à peu près impossible d'établir le moindre rapport entre les listes des rois d'Égypte dressées par Hérodote, Ératosthène, Manéthon et Diodore. Il y a plus, on ne peut pas même accorder entre eux les différents extraits de Manéthon.

L'histoire de l'Égypte ne commence à avoir quelque probabilité qu'à partir de 4729 années avant l'époque actuelle. Cette partie de leur histoire se compose de 2344 années pour le règne des hommes, jusqu'à la quinzième année avant la conquête d'Alexandre ou jusqu'à l'an 347 avant l'ère chrétienne. On ne peut nullement admettre comme des événements certains le règne des dieux ou des demi-dieux, auxquels les anciens Égyptiens ont attribué une durée fabuleuse.

Les observations astronomiques dues à ces peuples sont loin de contrarier la date que nous venons de fixer. Les formules établies par les géomètres pour représenter les mouvements planétaires, sont arrivées à un tel état de perfection, qu'avec leur secours il n'est pas aujourd'hui, dans le système du monde, de mouvement observable que l'on ne puisse prévoir pour un avenir indéfini, ou reproduire avec la même certitude pour les siècles passés.

En appliquant ces formules aux plus anciennes observations que les Égyptiens nous ont laissées, on reconnaît qu'elles ne remontent pas au-delà de 2700 ans avant l'époque à laquelle nous appartenons.

Ici se termine ce que nous avions à dire sur l'histoire profane. Nous l'avons comparée avec l'histoire sacrée, afin de nous assurer si elle contrariait les Livres Saints lorsque, dépouillée de ses traditions mythologiques, elle se présentait à nous dans toute sa vérité.

Cette comparaison, appuyée sur les documents historiques qui nous sont connus, démontre que le Pentateuque est le livre le plus ancien de l'Orient. Son accord avec les données que les sciences modernes ont recueillies est une preuve nouvelle à ajouter à celles que nous avions déjà de sa vérité. C'est dans ce livre, le premier comme le plus excellent de ceux qui ont été écrits, que réside la certitude des premiers âges historiques. Lorsque nous interrogeons la chronologie des peuples qui se prétendent les plus anciens, à l'exception des Hébreux, on remonte à peine, par un fil continu, à plus de 3000 années. C'est à cette date, si peu éloignée de l'époque actuelle, que paraît s'arrêter la certitude historique. Du moins aucune nation ne nous offre avant ce temps, ni deux ou trois siècles après, une suite de faits liés ensemble avec quelque vraisemblance et une certaine précision.

Un simple hasard ne peut donner un pareil résultat, ni faire remonter à peu près à quarante ou au plus à cinquante siècles avant nous, l'origine traditionnelle des monarchies égyptienne, assyrienne, indienne et chinoise. Les idées de peuples aussi différents, dont la religion, les lois, les mœurs et les habitudes n'ont rien de commun, enfin dont les rapports ont été si rares, pourraient-elles s'accorder sur ce point, si elles n'avaient la vérité pour base?

Il n'est pas inutile, même après les investigations auxquelles nous venons de nous livrer, de revenir sur les données qu'elles nous ont fournies, pour les embrasser d'une manière générale, et montrer comment elles nous conduisent à la solution de la question que nous nous sommes proposé d'éclaircir.

Avant d'entrer dans ces explications, on voudra bien ne pas perdre de vue qu'il s'agit de savoir s'il est une nation qui puisse donner à l'apparition de l'homme une plus haute antiquité que celle qui est fixée par les Livres saints, du moins d'après les écrits et les monuments d'une certaine authenticité?

Sans doute, les Égyptiens ont prétendu ramener leurs

annales à 36525 ans avant l'ère chrétienne; mais il est facile de prouver que cette date est tout à fait chimérique. En effet, sur ces 36525 années, 34201 sont consacrées à des dieux ou des demi-dieux, et 2324 à des événements réels; ce qui indique que l'intervalle consacré à des faits fabuleux est aussi hypothétique que ces faits eux-mêmes. D'un autre côté, ce nombre de 36525 renferme ving-cinq périodes de 1461 années, et il serait vraiment singulier que le hasard eût donné ce multiple comme le total juste de ces périodes, et cela depuis le commencement du règne du soleil jusqu'à celui du roi de la trentième dynastie. Ce calcul paraît donc avoir été fait à plaisir et n'a aucune réalité.

La date de 2324 s'accorde avec celle que l'Écriture admet pour la colonisation de l'Égypte par Chun et Mesraïm, qu'elle rapporte vers l'an 2700 avant l'ère chrétienne. Elle doit donc être adoptée; mais il faut rejeter les autres dates comme erronées et n'étant appuyées sur aucun fait vraisemblable.

L'époque de 2334 ou celle de 2700 ans avant Jésus-Christ paraissent seules rapprochées de la vérité; en effet, Hérodote a voulu aussi donner aux Égyptiens une haute antiquité, et pour cela il a fait remonter leur origine à 11000 années; mais on sait que pour Hérodote l'année ne comprenait que des saisons de trois mois, ce qui réduit ce nombre de 11000 à celui de 2794, bien peu différent du chiffre admis par l'Écriture. Il en est de même de la date fixée par Diodore de Sicile au commencement de la monarchie égyptienne; d'après cet historien, ce commencement aurait eu lieu 9500 années avant l'ère chrétienne;

mais comme les années de Diodore ne sont que des saisons de quatre mois, le nombre réduit est seulement 2964.

Ce dernier chiffre, le plus fort des trois, ne peut faire supposer à l'homme une plus haute antiquité que celle que les autres faits lui donnent. En adoptant cette date comme postérieure au déluge, et y ajoutant celle de cet événement, nous trouvons un résultat de 5226 années, auquel il faut additionner 60 années, époque où, avant l'ère chrétienne, Diodore recueillit en Égypte les données sur lesquelles il a composé son histoire, ce qui forme un total de 5286 années.

Ce nombre est trop d'accord avec celui que les Septante ont admis pour la date de l'apparition de l'homme avant la venue de Jésus-Christ (5248), pour ne pas être vrai. Les traditions et les documents historiques des Égyptiens sont donc en parfaite harmonie avec ce que nous apprend le Pentateuque. Ce livre nous offre seul l'histoire des premiers pas que nous avons faits vers la civilisation, bien précieux vers lequel tendent toutes les sociétés humaines.

Ce que nous venons de dire des Égyptiens peut s'appliquer aux Chaldéens, aux Babyloniens et aux Assyriens, qui ne remontent pas au-delà de Nemrod et d'Assur, souverains dont le règne n'a commencé qu'à la cinquième génération d'hommes, à partir du déluge. (*Note* 74.) C'est en effet sans preuve que Berose a supposé à l'empire des Babyloniens une durée de 150000 années avant l'époque à laquelle il écrivait. (*Note* 75.)

Du reste, Hérodote, Ctésias et Diodore de Sicile n'ont donné aucune attention à cette date chimérique, inventée par Berose par suite de son orgueil national et d'une vanité trop commune aux anciens historiens. Aussi nous ne nous y arrêterons pas plus longtemps. Les vraies annales de ces peuples ne vont pas au-delà de 2700 ans avant l'ère chrétienne, à peu près comme celles des premiers Égyptiens. Elles sont loin d'être en opposition avec les faits historiques consignés dans l'Écriture. Ces annales contrarient encore moins l'époque de l'apparition de l'homme, fixée environ à 7500 ou 7600 ans avant les temps actuels.

L'histoire des premiers âges des Phéniciens est environnée de la plus grande obscurité, et ne saurait nous fournir des dates précises. Tout ce que nous en savons, c'est qu'elle commence à Chanaan, après la construction de la tour de Babel, époque bien récente eu égard à la date de notre venue sur la terre.

Les empires des Mèdes et des Perses sont trop nouveaux pour nous fournir des documents propres à faire envisager l'homme comme ayant une grande antiquité; aussi n'est-ce point sur ces peuples que l'on s'est appuyé pour y parvenir. On peut en dire autant des Grecs, dont l'histoire est remplie de fables; ces peuples ne font pas cependant remonter au-delà de 2200 ans avant l'ère vulgaire, leur réunion en corps de nation. Les traditions poétiques des Grecs, sources de leur histoire profane, n'ont rien qui contredise les annales des Hébreux. Elles s'accordent avec elles, du moins sur l'époque qu'elles assignent aux colons égyptiens et phéniciens qui, les premiers, portèrent dans la Grèce les germes de la civilisation.

Après la fondation des colonies qui s'établirent dans ces contrées, à peu près à l'époque où les Hébreux sortaient d'Égypte pour entrer en Palestine, il s'en faut de beaucoup que les Grecs eussent déjà une histoire suivie. Leurs annales sont remplies d'événements mythologiques et d'aventures de dieux et de demi-dieux, liés à l'histoire véritable par des généalogies fabuleuses, longtemps après les premiers établissements que les Hébreux fondèrent en Palestine. On ne trouve rien de réel dans ces récits chimériques sur les événements des premiers âges; on ne voit dans leurs plus anciens monuments aucune preuve qui puisse faire reculer la date donnée à l'homme par les Livres saints.

Aussi, quoique la réalité d'un certain nombre de faits de l'histoire primitive de la Grèce paraisse assez probable, leurs dates sont purement approximatives. Elles n'ont un caractère de certitude qu'à partir des Olympiades, dont l'ère commence seulement en l'année 776 avant Jésus-Christ. Ce point de vue, admis par tous les critiques, anciens ou modernes, suffit pour détruire, ainsi que le fait observer Jules l'Africain, cette haute antiquité que, par un désir de vaine gloire, les Grecs avaient voulu s'attribuer[1].

Ce n'est point aux Macédoniens, aux Latins ou Romains, que nous demanderons des dates sur la première apparition de l'homme. Ces peuples sont trop récents pour nous apprendre l'histoire des premiers âges, et surtout pour en fixer le commencement d'après quelque monument qui leur

---

[1] *Jul. Afric. in Euseb. præp. Evangel.*, lib. X, cap. x, pag. 487.

appartienne. On a beau scruter, comme nous l'avons fait, l'histoire des peuples de l'antiquité pour avoir des notions certaines sur la naissance du genre humain, on n'en trouve de pareilles que dans le récit de Moïse.

Les Hindous paraissent avoir été, avec les Hébreux, les Chaldéens et les Égyptiens, les peuples les plus anciennement civilisés de la race blanche; aussi à eux se sont adressés les écrivains qui ont essayé de combattre la date fixée à la civilisation des hommes par le législateur des enfants d'Israël. Mais la véritable histoire se trouve-t-elle chez les Hindous, ainsi qu'on l'a supposé? On peut affirmer qu'elle n'y existe pas. En vain cherchons-nous, parmi leurs livres de théologie mystique, quelques données vraisemblables sur l'origine et les vicissitudes de leurs sociétés: on ne peut y parvenir. Si l'on interroge à cet égard les érudits de la même nation, ils vous répondent que leur religion leur défend de conserver la mémoire de ce qui se passe dans l'âge du malheur.

On a cru cependant trouver chez les Hindous des notions et même des preuves pour renverser les époques admises par la Genèse. Tout ce que ces efforts ont produit a été de faire supposer à leurs premiers livres, ou Védas, une antiquité de 3200 ans avant l'époque actuelle. En admettant cette date comme réelle, quoiqu'elle soit peut-être exagérée, les Védas seraient encore postérieurs de plusieurs siècles au Pentateuque. Ils ne pourraient pas nous fournir des dates plus anciennes que celles qui nous sont données par le dernier de ces livres, et le convaincre d'erreur et d'inexactitude; c'est aussi ce qu'on n'a pas fait ni osé faire.

En effet, les listes des rois de l'Inde ne remontent pas au-delà de 4320 ans avant l'époque actuelle; encore la plus grande partie de cet intervalle est-elle remplie de noms de princes dont les règnes sont indéterminés quant à leur durée. Dès-lors leurs quatre âges du monde, dont un seul n'aurait pas moins de 864 millions d'années, doivent être considérés comme chimériques et indignes de figurer dans l'histoire.

Lorsqu'on réfléchit sur les traditions des Hindous, on est bientôt convaincu qu'elles ne sont pas plus certaines que celles que renferment les annales des Égyptiens et des Chaldéens. Cet état déplorable des connaissances historiques ne doit pas nous étonner chez un peuple dont les prêtres, héritiers d'un culte monstrueux dans ses formes extérieures et cruel dans beaucoup de ses préceptes, avaient seuls le droit d'écrire, de conserver et d'expliquer les livres. Aussi ces prêtres étaient-ils plus jaloux de graver profondément dans l'esprit des peuples le respect pour leur caste, que de recueillir des faits historiques propres à éclairer les hommes sur leurs droits et leurs rapports mutuels.

Il ne nous reste plus qu'à savoir si les peuples qui habitent au-delà des déserts de la Tartarie, et qui appartiennent à une tout autre race, nous fourniraient quelques lumières sur l'ancienneté de l'homme.

La seule date que nous leur devons sur cette grande époque, est celle qui est fixée au déluge par le plus ancien livre chinois, rédigé par Confucius, il y a environ 2770 ans, avec des lambeaux d'ouvrages antérieurs. Ce livre fait remonter cette époque à 2600 ou 2644 avant l'ère chrétienne. Cette date, ajoutée à celle qui est antérieure à cet événement, donne pour l'époque de la venue de l'homme 4908, nombre qui, loin de contrarier celui de la version des Septante 5249, lui est inférieur. Cet aperçu suffit pour repousser la haute antiquité qu'on a voulu attribuer aux Chinois, à raison de leurs observations astronomiques. Considérés sous ce point de vue, ces peuples ne sauraient prétendre à une grande ancienneté, car leurs observations vraies et réelles ne remontent pas au-delà de onze siècles avant l'ère vulgaire.

L'histoire des premières nations qui ont habité la terre, étudiée avec discernement, ne peut faire supposer à l'homme une plus haute antiquité que celle qui lui a été attribuée par le législateur des Hébreux. Cette date ne dépasse guère 7500 à 7600 ans ; car il n'existait pas, du temps de Moïse, de grand empire en Orient. Il n'est pas moins certain que la civilisation d'aucune nation ne s'étend au-delà de 4500 ans avant l'époque actuelle, et que les plus anciennes colonies d'Égypte ou de Phénicie, qui ont arraché la Grèce à l'état sauvage, ne remontent pas aussi haut.

La barbarie et l'ignorance des peuples des bords de la Méditerranée, attestent également la nouveauté de leurs établissements ; cette nouveauté confirme la catastrophe qui a renouvelé le genre humain, il y a plus de 5000 ans. Ainsi la vérité du récit de Moïse se trouve démontrée par les nombreux phénomènes du globe, genre de preuve qui ne saurait nous tromper; elle l'est également par les traditions des peuples, comme par les monuments irrécusables de leur civilisation.

L'histoire nous tient le même langage que la nature; l'une, aussi bien que l'autre, nous apprend que l'homme est depuis peu sur la terre. Les traditions et les monuments historiques des anciens peuples, loin de contrarier la date donnée à l'apparition de l'homme par les Hébreux, la confirment de toute leur puissance. Elles nous disent, comme les prêtres de l'Égypte le disaient des Grecs, que nous sommes bien nouveaux sur cette terre, si ancienne en comparaison de notre origine. Ce résultat, si différent de celui que les philosophes du dernier siècle avaient attendu des progrès de nos connaissances, est une nouvelle garantie de la vérité des croyances religieuses, et en même temps un des plus beaux triomphes de l'intelligence humaine.

Si donc les monuments et la partie de l'histoire qui mérite notre confiance nous apprennent que l'homme est depuis peu sur la terre, il en est de même de la nature. L'ensemble des faits déduits de la connaissance des couches terrestres nous dit que l'espèce humaine est la dernière venue entre les êtres vivants, et que ses débris ne se rencontrent nulle part au milieu des dépôts géologiques de l'ancien monde. Sans doute bien des observations ont été nécessaires pour nous faire arriver à une pareille conclusion, conforme du reste à toutes les données historiques recueillies dans ces dernières années.

LIVRE IV.

Des connaissances consignées dans la Bible, mises en parallèle avec les découvertes modernes.

Les détails dans lesquels nous venons d'entrer ont fait éclater les nombreux caractères de divinité empreints dans les Livres saints. Il semble que, sous ce rapport, nous n'ayons rien à ajouter à ce que nous avons dit. On peut cependant reconnaître les mêmes caractères par une tout autre voie, et donner à cette démonstration un nouveau degré d'évidence. Les progrès que les sciences ont faits de nos jours sont une des gloires du siècle auquel nous appartenons; si les vérités physiques qu'ils nous ont fait découvrir se trouvent pour la plupart énoncées dans la Bible, il faudra bien convenir que la Révélation, dont elle est l'expression, présente tous les caractères de la vérité. C'est ce que nous allons essayer de démontrer. Peut-être les érudits qui connaissent le mieux les saintes Écritures ne verront pas sans quelque surprise que tant de faits leur aient échappé [1].

---

[1] Les Livres saints sont une mine également féconde en faits physiques et moraux. On en sera surtout convaincu, lorsqu'on aura lu ce chapitre et l'extrait que M. Dupin a fait d'une série de

La raison en est bien simple : ceux qui méditent les Livres saints portent à peu près uniquement leur attention sur les idées religieuses qu'ils contiennent, sans se préoccuper de l'exactitude et de l'importance des faits physiques qu'ils renferment. Trouvant dans l'Écriture les vérités essentielles à la destinée et à la vocation des hommes, ils n'y ont pas cherché des lumières sur le monde matériel livré à nos investigations. Ils y ont d'autant moins pensé, qu'aux yeux de certains d'entre eux, ce genre de connaissances ne paraissait pas avoir une grande importance.

Pour réparer un pareil oubli, nous allons concentrer notre examen sur les faits physiques consignés dans la Bible, et que les sciences n'ont cependant connus que depuis des temps très-rapprochés de nous. Nous le devons d'autant plus, que nous avons surtout étudié les Livres saints sous le point de vue des notions positives qu'ils nous donnent de l'ensemble de la création. Nous ne saurions trop le répéter, nous avons envisagé l'Écriture en physicien et non en théologien. Le monde matériel a principalement attiré nos regards, dans l'examen auquel nous nous sommes livré.

Le point le plus important de la création, et que nous ne connaissons guère que par ce que la Bible nous en a dit, est la distinction qu'elle a établie entre la création de

---

textes qui renferment des maximes de droit public, textes qu'il a empruntés aux Livres saints. Il en a formé une sorte de code qu'il a intitulé : *Règles de droit et de morale tirées de l'Écriture sainte.*

l'univers et sa coordination. Ainsi, au commencement (*in principio*), toute la matière qui a composé les cieux et la terre avait été créée. Dans la suite, cette matière convenablement appropriée a formé les astres qui composent les systèmes stellaires, aussi bien que planétaires.

Nous avons déjà prouvé que cette interprétation était fondée ; elle le paraît surtout lorsqu'on dirige son attention non-seulement sur le premier verset de la Genèse, mais sur les suivants, et particulièrement sur les versets 7, 8, 9 et 10 du premier chapitre.

Toute la matière semble avoir été créée dans le principe des choses, et il ne s'en forme probablement plus de nouvelle. Mais elle n'a pas été coordonnée ni organisée, à l'origine des temps, dans son universalité; car il se produit tous les jours sous nos yeux des corps célestes qui sont le résultat de la condensation de cette même matière. Elle continuera à se concréter et constituera des astres plus ou moins complets, plus ou moins achevés, tant qu'il y aura des formes et des dispositions nouvelles à réaliser.

Si de pareilles condensations préparent et organisent encore des corps célestes, évidemment ces formations nous indiquent que la matière est sortie du néant au commencement, mais n'a été appropriée que longtemps après sa création. Ce travail s'est constamment poursuivi par le cours ordinaire des choses. Loin d'être achevé, bien des siècles s'écouleront avant qu'il ait atteint son terme.

C'est donc avec raison que l'écrivain sacré a distingué la création de la matière de son arrangement postérieur. Le chaos dans lequel la Genèse représente toute la matière qui plus tard a composé la terre, prouve que l'Écriture n'a pas distingué sans motifs la création de la coordination. Cette matière, d'abord informe et vaporeuse, de laquelle est provenu le globe que nous habitons, était probablement analogue à la matière nébuleuse ou éthérée.

A toutes les époques, la nature y a puisé les éléments dont elle a formé les astres, qui composent l'admirable assemblage de l'univers.

Ce qui n'est pas moins remarquable, seule entre toutes les cosmogonies, la Genèse a distingué la création primitive de toute la matière, de sa coordination. Naguère nos connaissances n'étaient pas assez avancées pour saisir ces différences dans les temps et dans les choses. Il n'a pas fallu moins de quelques milliers d'années pour nous faire comprendre combien ces différences sont réelles. Nous pouvons maintenant suivre pas à pas les transformations de la matière éthérée, et la voir passer par différents états avant de produire des astres stellaires et planétaires analogues à ceux du système solaire dont la terre fait partie. (*Note* 76.)

Cette distinction, établie par l'Écriture, est fondée sur deux ordres de faits indépendants ; par cela même, leur puissance et leur autorité sont plus grandes. Le premier se rapporte aux transformations qui ont lieu dans l'espace entre les nébuleuses et les nouvelles étoiles produites par leur coordination. Le second est relatif à l'espace de temps nécessaire pour que la lumière des nébuleuses les plus éloignées arrive jusqu'à nous. Cet espace est si considérable que, d'après les faits, le premier jet de la lumière primitive, différente de celle qui est due au soleil, a peut-être eu lieu environ cent mille années avant l'apparition de l'homme, ou antérieurement à l'époque à laquelle la terre a acquis sa stabilité et la configuration actuelle de sa surface.

Si donc les rayons lumineux transmis par les nébuleuses ont exigé, pour être visibles, un si long intervalle de temps, les astres qui nous les envoient ont dû être créés avant le dernier arrangement de la croûte superficielle de notre planète. Or, comme ces rayons, pour arriver jusqu'à nous, ont exigé probablement plus de cent mille années et que les dernières dispositions que la terre a reçues ne remontent guère à plus de sept mille cinq ou six cents ans avant l'époque actuelle, les astres auxquels nous en devons le bienfait ont dû être créés dans le commencement des temps, ou, pour nous servir de l'expression de la Genèse, *in principio* (bereschith). (*Note* 77.)

Un intervalle immense a donc séparé la création des corps célestes de leur coordination ou de leur dernier arrangement. Cet intervalle paraît plus grand encore, lorsqu'on porte son attention non pas sur les astres du système solaire, mais sur ceux qui n'en font point partie. Les premiers sont complètement terminés, mais il n'en est pas de même des seconds. Cette coordination a cependant commencé dès l'origine des six époques de la création, et bien des siècles s'écouleront sans doute avant qu'elle soit terminée.

L'appropriation d'une matière formée dans le principe des choses, ne saurait être considérée comme une véritable et réelle création. Celle-ci ne pourrait avoir eu lieu que si les matériaux dont sont composés les corps célestes avaient été tirés du néant par la puissance et la volonté du Créateur. Sans doute, la condensation de la matière nébuleuse fait prendre à cette matière des formes nouvelles ; mais en les acquérant, elle ne change pas de nature, elle passe seulement par des états divers. Cet arrangement et les dispositions nouvelles que prend une substance déjà formée, ne peuvent être assimilés à une création. Cette substance est amenée à un état nouveau par un dessein formé après sa sortie du néant, état qui est nécessaire à sa perfection.

Il y a bien ici changement dans l'arrangement et la forme des matériaux originaires, mais il n'y a point production nouvelle. Cette production serait cependant nécessaire, pour que ces passages et ces modifications pussent être considérés comme des actes émanés de la toute-puissance de Dieu.

La matière une fois créée, les causes secondaires émanées de la sagesse divine tendent à lui faire prendre des formes déterminées et à lui faire acquérir un cours régulier. Ainsi, les forces que la nature tient en quelque sorte en réserve, pour les faire agir dès qu'une cause perturbatrice menace de troubler l'ordre et l'harmonie des choses créées, elle les destine à des actes encore plus importants. Leur action, essentiellement conservatrice, amène les corps célestes nouvellement produits à cet état ferme et stable, caractère distinctif des astres arrivés à leur complet développement[1].

---

[1] Nous avons traduit le mot hébreu *iom* par époque, expression bien plus générale que ne l'est l'expression *jour*, espace de

Si les preuves de tant de faits dont nous devons la première connaissance à Moïse, sont écrites en caractères ineffaçables dans les couches du globe, celles de la vérité du premier verset de la Genèse sont tracées en caractères de feu sur la voûte céleste. C'est là que l'on en découvre la confirmation et que l'on en reconnaît l'exactitude.

Lorsqu'on porte ses regards sur l'immense cortége des nébuleuses et des étoiles qui brillent au firmament, et de la formation desquelles l'écrivain sacré a si bien entrevu les lois, on est moins étonné qu'il ait démêlé avec la même sagacité celles qui règlent et déterminent leurs mouvements. Moïse nous a fait comprendre que la stabilité du cours des corps célestes dépend de leur gravitation mutuelle et de l'étendue de la distance qui les sépare.

Il est loin cependant d'avoir développé dans toute sa portée le système de l'attraction ; il en a seulement posé les bases. Sans exprimer sa pensée dans un langage scientifique, qui n'aurait pas été compris, il nous a toutefois fait

---

temps trop peu considérable pour suffire aux diverses modifications et coordinations qui ont été opérées dans les corps de la nature.

Du reste, le mot *iom* veut dire à la fois jour et époque. Il a été souvent employé dans ce dernier sens dans la *Genèse*, au chap. II, v. 17, Dieu dit à Adam : Le jour où tu mangeras des fruits de l'arbre du bien et du mal, tu mourras. Cependant Adam vécut bien longtemps après, ce qui indique que l'expression *iom* ne signifie pas constamment *jour*, mais est prise aussi comme désignant une époque plus ou moins longue et indéterminée. En effet, d'après le chap. V, v. 5, Adam aurait vécu jusqu'à neuf cent trente ans, ce qui prouve qu'il ne pouvait pas s'agir de jour dans la menace que Dieu lui avait faite, s'il désobéissait à ses commandements.

saisir que la loi de la gravitation règle tous les phénomènes de l'univers, qu'elle suffit à tout et maintient l'ordre et la variété. Émanée de la sagesse suprême, cette loi préside, depuis l'origine des temps, à l'harmonie des choses créées, et y rend tout désordre impossible.

La découverte qui a amené Newton à démontrer que les corps s'attirent en raison directe de leur masse et en raison inverse du carré de la distance, est la plus belle invention de l'esprit humain. Toutefois, l'attraction n'est que la réduction du mouvement céleste soumis à une loi mécanique dont la cause reste inconnue. Newton ne l'a pas envisagé autrement, puisqu'il n'a employé le mot d'attraction que conditionnellement, comme offrant une image sensible des phénomènes observés, *quasi esset attractio*. (*Note* 78.)

Si l'on parvenait à faire dépendre cette force universelle de quelque conception mécanique plus générale, par exemple de l'existence d'un éther élastique répandu dans tout l'univers, il resterait toujours à déterminer le pourquoi de cette existence. Ce second pourquoi conduirait nécessairement à un autre plus reculé encore, mais dont l'explication ne serait pas plus facile. Le dernier de tous resterait probablement inaccessible, non-seulement aux efforts de la pensée la plus élevée, mais même de l'imagination la plus hardie.

Lorsque l'Écriture porte ses regards sur la terre, elle nous apprend que Dieu en a posé les fondements et qu'elle ne sera jamais ébranlée, car il l'a affermie sur ses pôles. Elle nous dépeint ensuite le globe terrestre comme ayant passé, lors de ses premiers âges, par un état vaporeux bien plus subtil que la plus ténue et la plus fine des poussières. Si elle s'occupe de sa forme, elle lui donne sa véritable figure sphéroïdale ; elle la compare à un globe immense ou à une vaste sphère.

Lorsqu'elle parle de sa position dans l'étendue, elle la suspend sur le néant ou sur un espace sans fond, et nous en dépeint avec justesse la grandeur et les diverses dimensions. Elle nous parle enfin des bornes qui ont été imposées aux eaux. (*Note* 79.)

Si elle porte son attention sur les cieux, elle les désigne par *rakiah*. Malgré l'exactitude de cette interprétation, qui nous dépeint l'immensité des espaces célestes, les Grecs dans la version des Septante, comme les Latins dans la Vulgate, ont cru la redresser ; mais ils n'ont peut-être pas bien saisi toute la portée de cette expression. Les cieux, dans la Bible, c'est l'espace immense, infini, où est répandue la matière éthérée et nébuleuse, ainsi que l'ensemble des corps célestes. Les cieux, pour elle, c'est l'étendue, l'*expansum* ou l'immensité, et non le *firmamentum* de saint Jérôme ni le στερέωμα des interprètes alexandrins, ni enfin le huitième ciel ferme, solide, cristallin et incorruptible d'Aristote et des philosophes de l'antiquité. (*Note* 80.)

Moïse a seul distingué la lumière primitive de celle que nous devons au soleil ; il nous la représente comme un élément indépendant des deux autres et comme antérieure de trois époques à celle où le soleil reçut son atmosphère éclairante ou lumineuse. (*Note* 81.)

Ce point du récit de la création a été longtemps et sans motifs considéré comme inconciliable avec les faits physiques. Une pareille distinction a excité de vifs reproches contre l'auteur de la Genèse. Ceux qui les lui adressaient, frappés de l'éclat du grand luminaire qui préside au jour, ne pouvaient pas comprendre qu'il existât, pour la terre comme pour l'univers, d'autre source de lumière. Mais les difficultés que l'on s'était formées contre l'exactitude de la narration de Moïse, n'ont pas tenu devant les découvertes de la science.

En effet, dans une infinité de circonstances, il se produit et il se développe d'immenses quantités de lumières tout à fait étrangères à celle du soleil. Telle est celle que répandent les foyers des volcans; telle est encore la lumière, non pas intermittente, mais continue, que diverses causes accumulent à la surface des nuages. Cette lumière produite par leur phosphorescence a été probablement assez vive, aidée surtout par la température, l'humidité et l'électricité plus considérable des premiers âges, pour faire germer les végétaux avant que les rayons solaires eussent fait sentir leur puissante influence.

Moïse n'a pas dit non plus que la lumière ait été créée, comme l'ont supposé les commentateurs de la Bible; il la fait jaillir à la voix de Dieu. Ainsi, l'auteur de la Genèse est plus d'accord avec la théorie des vibrations ou des ondulations, généralement adoptée, qu'avec la théorie de l'émission, incompatible avec les faits connus.

Sous ce point de vue, le législateur des Hébreux pourrait peut-être paraître supérieur à Newton, si ce grand génie n'avait été lui-même favorable à l'hypothèse des vibrations, quoiqu'il ait adopté et mis en faveur la théorie de l'émission. C'est dans la lettre écrite par lui à Boyle qu'il a essayé de montrer que les vibrations de l'éther, déterminant les phénomènes de la lumière, peuvent fournir une explication aussi fondée que celles qui se rapportent à la pesanteur ou à l'attraction. (*Note* 82.)

Cette lettre, où se trouve énoncée cette grande et belle conception, a été publiée par M. Frédéric Maurice dans la *Bibliothèque universelle de Genève*. Ce savant démontre combien il est simple et conforme aux lois de la nature de faire dériver de la préexistence d'un seul fluide éminemment élastique et subtil, les principaux et les plus importants phénomènes du monde physique. Il nous fait saisir comment, au moyen de ce lien mystérieux, Newton entendait coordonner tous les mouvements des grands corps de l'univers, et ramener l'ensemble des faits physiques à cette unité première qui en rend la coordination si admirable et si merveilleuse.

Le même physicien fait encore remarquer que, dans cet appel fait par Moïse à la lumière, d'être et de briller de tout son éclat, avant qu'il y ait dans le ciel des corps lumineux disposés à la mettre en mouvement, il est difficile de ne pas voir une preuve frappante de l'inspiration du livre qui le contient. (*Note* 83.)

Tout en admettant une lumière indépendante des grands luminaires placés par la main de Dieu au milieu des espaces célestes, l'Écriture n'appelle pas moins l'attention sur la magnificence et sur l'éclat des rayons solaires. Elle nous apprend que l'homme ne saurait en soutenir l'éclat, quand les vents ont éclairci les cieux et que l'aquilon fait briller l'or du soleil.

Lorsque Moïse porte ses regards sur les astres nombreux qui donnent aux nuits leur magnificence et leur beauté, sa science paraît au-dessus de celle des astronomes de l'antiquité, qui, dans leurs observations imparfaites, n'en ont admis qu'environ un millier.

L'auteur de la Genèse les étend, au contraire, à l'infini et les regarde comme innombrables. Ainsi, d'un seul mot il nous dépeint l'immense quantité d'étoiles qui composent la voie lactée ou qui sont disséminées dans les espaces célestes.

Poursuivant l'examen de ces corps célestes, le législateur des Hébreux les compare, comme pourrait le faire Herschel, aux grains de sable des bords de la mer.

On pourrait peut-être ne voir dans ces expressions qu'une simple figure, si l'Écriture n'ajoutait que Dieu les a semées de sa main dans l'espace comme de la poussière. Mais quelque grand que soit leur nombre, Dieu, ajoute-t-elle, les a nommées toutes dans sa science infinie. (*Note* 84.)

Lorsqu'elle ne s'occupe pas de leur nombre, mais de l'ordre et de la régularité de leurs mouvements, elle les compare à une armée qui s'avance en bataille; elle nous représente cette armée céleste comme incomparable par l'immensité de ses soldats et la perfection de ses manœuvres. Émerveillée elle-même de la magnificence des cieux, elle s'écrie dans son enthousiasme : « Ils racontent la gloire du Très-Haut; et, quoique sans paroles et sans voix, ils n'en proclament pas moins sa puissance et sa gloire. » (*Note* 85.)

Quelque brillants que soient les astres disséminés dans l'immensité de l'espace, l'Écriture ne les suppose point animés, comme le pensaient les anciens; elle ne leur accorde pas non plus d'influence sur les choses humaines, elle les considère comme des corps sortis du néant à la voix de Dieu, enfin comme des matières inertes agglomérées et soumises, marchant avec l'ordre, l'ensemble et l'unité d'une armée qui s'avance en bataille et exécute les décrets de sa haute sagesse. (*Note* 86.)

La Bible nous représente l'Être infini comme celui qui a mis sa majesté par-dessus les cieux et qui s'abaisse même encore quand il porte ses regards sur la voûte céleste. Entre les représentations animées qu'elle nous donne de la majesté divine, que l'univers ne peut contenir, et celles que nous en ont laissées les plus beaux génies de l'antiquité, la distance est si grande, qu'il n'y a aucun parallèle à établir entre elles. Il en est de même des idées que l'Écriture et les théogonies anciennes nous ont transmises sur Dieu, ainsi que sur le monde matériel et les causes de sa formation.

L'Écriture n'est pas moins exacte lorsqu'elle décrit les différentes constellations. Elle nous montre les pléiades comme devant leur éclat à un grand nombre d'étoiles fort rapprochées; elle nous dépeint, au contraire, les astres qui composent la constellation d'Orion comme très-écartés les uns des autres, et en quelque sorte comme dispersés au milieu de la voûte céleste. Portant enfin son attention sur le brillant cortége de la grande Ourse, elle nous le montre composé d'une infinité d'étoiles resplendissantes. (*Note* 87.)

Ce n'est pas uniquement sous le rapport de ces grandes vues que l'Écriture se montre d'accord avec les découvertes de la science; elle l'est surtout lorsqu'elle considère les phénomènes de détail de ce monde matériel. Ainsi, lorsqu'elle parle de l'air, elle nous le représente comme doué d'une certaine pesanteur et entourant la terre de ses couches mobiles. Dans cet admirable cantique où Salomon nous dépeint l'éternité de la sagesse infinie, ne nous apprend-il pas qu'elle éclate de toutes parts, aussi bien lorsque Dieu a établi l'air au-dessus de la terre, que lorsqu'il a disposé dans leur équilibre les eaux des fontaines et posé les fondements de la terre? (Prov., ch. VIII, v. 28, 29.)

L'Écriture nous a également appris la première, « que Dieu a donné à l'air son poids (*mischkal*) et aux eaux leur juste mesure. » Cependant cette propriété de la couche aériforme qui entoure la terre est restée inconnue jusqu'à Galilée et Toricelli. Tout au plus Aristote en avait eu quelque idée, de même que plus tard Sénèque en a entrevu le ressort et l'élasticité.

Cette pesanteur attribuée à l'air a paru si extraordinaire à la plupart des interprètes du livre de Job, où elle est littéralement consignée, que, ne pouvant pas la comprendre, ils l'ont tout à fait méconnue. Ils ont traduit l'expression *laourach*, qui signifie proprement l'air ou la couche aériforme dont le globe est environné, par vent, quoiqu'ils aient conservé au mot *mischkal* son vrai sens, c'est-à-dire celui de pesanteur ou de poids.

Ils ont agi ainsi, parce que, ne pouvant se figurer que

l'air fût pesant, et sachant par expérience que l'on éprouve une certaine résistance lorsqu'on se dirige contre ses couches en mouvement, ils lui ont attribué un poids, cause, selon eux, de sa force et de sa puissance. Au lieu de faire comme l'Écriture, de donner à l'air lui-même une certaine pesanteur, ils l'ont rapportée à l'agitation et à l'impétuosité de ses couches mobiles.

Une fois cette interprétation admise, tous les commentateurs qui ont suivi les premiers traducteurs ont adopté la même version, sans s'occuper de savoir si elle était ou non conforme au vrai sens du texte hébreu.

Si les anciens interprètes avaient compris la véritable interprétation du mot *laourach*, employé dans le septième verset du psaume CXXXIV, ils y auraient vu une nouvelle preuve de la pesanteur que l'Écriture attribuait à l'air[1]. En effet, le psalmiste y loue Dieu de ce qu'il « fait monter les vapeurs de la terre et tire le vent hors de ses trésors. » L'ascension des vapeurs aqueuses au milieu de l'air est une suite de leur légèreté plus grande que les couches de l'atmosphère où elles se répandent. Les unes et les autres sont donc pesantes, et l'excès du poids est ici en faveur de la matière, qui, au premier aperçu, en paraîtrait dépourvue[2]. (*Note* 88).

---

[1] Sans doute, on ne peut déduire la pesanteur de l'air de cette circonstance que par induction; mais elle est si naturelle, qu'il est difficile de ne pas supposer qu'en faisant élever la vapeur d'eau à travers l'air, l'Écriture n'ait pas entendu en même temps que c'était par suite de sa plus grande légèreté que son ascension avait lieu.

[2] Quoique l'eau ne soit pas le liquide le plus léger, sa vapeur est cependant une des plus légères.

Les vapeurs aqueuses sont, aux yeux de l'Écriture, la source des nuages d'où découlent les eaux qui fertilisent la terre, ou la ravagent lorsqu'elles sont trop abondantes. Elles sont donc pour elle la source des pluies impétueuses, et la source des orages lorsqu'elles donnent un libre passage aux feux du tonnerre. L'Écriture confirme par là leur faible densité et celle de la couche aériforme qui leur donne accès au milieu de ses interstices.

La Bible nous dépeint ainsi la vapeur aqueuse constamment suspendue dans l'air et que, par une admirable circulation, la nature emploie à la confection des nuages, d'où dérivent les pluies qui fécondent la terre.

L'Écriture donne à l'atmosphère et aux eaux supérieures, c'est-à-dire à la vapeur aqueuse disséminée dans son sein, une importance que la science moderne a pu seule constater. (*Note* 89.)

Du moins, d'après les calculs des plus grands physiciens, la force employée annuellement par la nature pour la formation des nuages, est égale à un travail que l'espèce humaine tout entière ne pourrait faire qu'en deux cent mille années (*Note* 90.)

Cette séparation des eaux supérieures d'avec les eaux inférieures a lieu au moyen de l'atmosphère, et non par une sphère solide, comme l'ont supposé à tort la plupart des interprètes de la Genèse. En effet, le mot hébreu *rakiah*, que nous avons rendu par intervalle ou par firmament, est loin d'avoir le moindre rapport avec quelque chose de ferme et de dur. Il indique plutôt une étendue vaporeuse, c'est-à-dire une couche aériforme, mais non pas un ciel solide ou de métal, ainsi que Dom Calmet l'avait supposé sans motifs.

La Bible nous indique ici l'importance de l'eau dans la formation de la terre; elle nous apprend encore qu'outre l'eau disséminée dans l'atmosphère ou qui couvre la plus grande partie de la surface du globe, il en existe dans son intérieur des quantités non moins considérables. Sa croûte solide, dit-elle, recouvre un grand abîme; de cet abîme (*thehom rabbah*) les eaux ont fait irruption (*nibkehord*) avec une extrême violence, à l'époque du déluge comme à celle du chaos et des âges sans nombre qui l'avaient précédé. (*Note 91.*)

L'Écriture, devançant les découvertes modernes, nous montre la croûte la plus extérieure de la terre sortant du sein des eaux, et cette même croûte renfermant dans son sein une immense quantité d'eau liquide ou en vapeur. Ces faits ont été confirmés par l'observation. N'est-il pas d'expérience vulgaire que les eaux souterraines sont presque aussi abondantes que celles de la surface de la terre? En effet, le globe paraît avoir dans son intérieur des fleuves, des torrents, des lacs et peut-être même des mers, ainsi que l'a supposé l'un des plus grands physiciens de notre siècle. (*Note 92.*)

Lorsque la Bible parle du déluge, elle nous le représente comme produit par des pluies impétueuses et violentes, les cataractes des cieux s'étant ouvertes. D'un autre côté, elle nous dépeint les eaux renfermées dans les entrailles de la terre, comme ayant jailli à la surface par torrents. Elles enflèrent en même temps à la surface du globe les eaux extérieures, qui s'accrurent et débordèrent de toutes parts, suivant l'énergique expression de Job. Toutes ces causes réunies produisirent la catastrophe cause de la destruction du genre humain, et suivie de son renouvellement. (*Note* 93.)

De pareils faits sont encore la cause, non pas de déluges analogues à celui dont la Bible nous dépeint la violence, mais d'inondations qui désolent la terre à des intervalles plus ou moins éloignés. Les eaux du ciel sont maintenant impuissantes pour opérer par la grandeur de leur débordement la perte et la ruine des hommes. En effet, la quantité de vapeur aqueuse disséminée dans l'atmosphère est trop faible pour produire des déluges semblables à celui de Noé, dont le souvenir s'est conservé chez toutes les nations. (*Note* 94.)

L'Écriture ne se borne point à ces faits, pour nous faire comprendre qu'outre les grandes masses d'eau répandues à la superficie du globe, il en existe de non moins considérables dans son intérieur. La terre est fondée et étendue sur les eaux souterraines ; elles y ont été rassemblées en amas immenses dans les lieux les plus cachés de sa profondeur, d'où elles s'échappent parfois pour répandre la fertilité sur les sols les plus ingrats.

Aussi, quand elle décrit les régions du pays de Chanaan, auquel une puissance merveilleuse de végétation est promise pour les derniers temps, elle les représente non-seulement comme abondantes en sources et en fontaines, mais surtout en eaux souterraines. Elle semble par là anticiper sur le procédé de perforation, à l'aide duquel les peuples modernes viennent d'apprendre à fertiliser les champs les plus arides et les contrées les plus stériles.

L'abondance des eaux contenues dans l'intérieur de la terre est un fait démontré par tous les forages qu'on y pratique journellement. On peut facilement concevoir comment elles y sont alimentées. Les larges crevasses et les fissures qui traversent la plupart des terrains, et qui doivent surtout être nombreuses dans la profondeur des mers, où les matériaux solides sont le moins accumulés, permettent aux eaux de se répandre dans les entrailles du globe. Il se pourrait que, par l'effet de cette perte, quelques mers intérieures eussent leur niveau inférieur aux mers dans lesquelles il y aurait compensation entre cette déperdition et les produits des affluents qu'elles reçoivent.

On trouve encore dans l'Écriture des preuves de l'étendue des mers aux premiers âges ; elle contient même quelques détails succincts sur les animaux qui les habitaient, et dont la plupart ont précédé les espèces des terres sèches et découvertes. De pareils faits ont exigé de longs intervalles pour s'opérer.

En effet, les nombreuses générations ensevelies dans les vieilles couches du globe, auxquelles ont succédé les races actuelles, ont dû vivre pendant des temps plus ou moins longs pour remplir les conditions qui les avaient fait sortir du néant. Cette circonstance, à elle seule, prouve que le mot *iom* de la Genèse, traduit mal à propos par jour, se rapporte à des époques indéterminées, dont il est impossible de fixer la durée.

Tout en nous faisant comprendre la grandeur des mers,

l'Écriture ne manque pas de nous apprendre que Dieu leur a marqué des limites, leur a posé des bornes et des barrières qu'elles ne franchiront jamais. Dans son style poétique, elle s'écrie : « Mer, tu viendras jusque-là, mais tu n'iras pas plus loin. Ici, tu briseras l'orgueil de tes flots. » (*Note* 95.)

Ailleurs, elle en dépeint la profondeur et montre la grandeur de ses abîmes entretenue par des pluies qui sortent du sein des nues. Les pluies servent aussi à désaltérer la terre désolée et à y faire germer l'herbe de la prairie. Quant aux eaux, elles se convertissent parfois en glace et se durcissent comme la pierre. Leur solidité affermit ainsi accidentellement la surface de la mer. (*Note* 96.)

Elle nous représente la gelée se répandant sur la terre comme le sel, et hérissant les plantes comme les feuilles des chardons. Dès que le vent froid de l'aquilon souffle, l'eau devient comme le cristal. La gelée repose sur tous les amas d'eau, et les rend comme une cuirasse impénétrable.

Lorsque la neige tombe sur la terre, elle s'y étend comme la multitude des oiseaux voyageurs qui viennent s'y reposer. Elle s'y répand comme les générations des sauterelles qui descendent des nues. L'œil admire l'éclat et la blancheur de la neige ; mais le cœur s'effraie des inondations qu'elle amène. Enfin, après ces jours mauvais, des vents chauds et humides se font sentir, et, avec eux, disparaissent la neige et la gelée.

Ainsi, partout et à chaque pas, l'Écriture nous montre l'influence des eaux répandues dans l'espace et leurs effets sur la terre. Elle nous dépeint enfin l'action et les effets de l'air atmosphérique sur l'ascension de la vapeur d'eau. (*Note* 97.)

La Bible, pour nous donner une idée de la chaleur centrale, ne se borne pas à nous parler des effets qu'elle peut avoir exercés sur les eaux qui ont produit le déluge; elle nous en entretient encore, lorsqu'elle s'occupe de l'état intérieur de notre planète.

En effet, dit-elle, si sa surface fournit à l'homme les éléments de sa nourriture, au-dessous de sa croûte solide la terre n'en est pas moins en feu et comme bouleversée. La plus grande partie de son écorce, ainsi enflammée dans dans son intérieur, est couverte d'eau à sa surface. Au-dessus de leur masse liquide, les continents et les montagnes, qui en sont les points les plus élevés, ont surgi pour servir d'asile à l'homme ainsi qu'aux végétaux et aux animaux terrestres.

Qui donc a appris à Job que la terre était animée d'une température ardente? Qui a pu lui enseigner l'existence du feu central, dont Buffon a également entrevu la possibilité, avant que cette hypothèse fût devenue un fait presque démontré? Nous n'oserions répondre à cette question, à raison du point de vue sous lequel nous avons considéré les Livres saints.

On s'étonne toutefois de trouver dans la Bible des vérités physiques si longtemps méconnues ou si longtemps ignorées : la pesanteur de l'air et le feu central. (*Note* 98.)

Malgré l'existence de cette chaleur intérieure dont elle apprécie les effets, l'Écriture n'en admet pas moins l'étendue et l'épaisseur de la croûte solide du globe, qui recouvre d'immenses quantités d'eaux cachées dans sa profondeur.

Sans doute les Livres saints, en nous donnant une idée de ces grands faits, ne nous les ont pas appris avec le langage des physiciens. Ils n'ont jamais parlé comme Copernic, Newton, Képler ou Laplace. La raison qui en a empêché les auteurs de ces livres admirables, est facile à saisir. S'ils s'étaient exprimés sur les scènes de la nature non d'une manière générale et poétique, mais d'après les aperçus que pourraient en avoir les savants des siècles à venir, ils n'auraient certainement pas été compris, même des intelligences les plus hautes.

Ne perdons pas de vue, dans l'examen des faits dont nous devons la première connaissance à la Bible, que le langage le plus avancé de la science n'est, après tout, que le langage des apparences. Le monde visible et matériel est, plus qu'on ne le suppose, une scène d'illusions et d'erreurs. Ce que nous nommons réalité n'est souvent qu'une figure, par rapport à une réalité plus cachée et à une analyse portée plus loin. Cette expression dans notre bouche n'a rien d'absolu ; c'est un terme relatif que nous employons à mesure que nous croyons avoir remonté, d'un échelon nouveau, la profonde échelle de notre ignorance.

Avant tout, l'Écriture devait être intelligible aux hommes les plus vulgaires, comme aux plus savants. Ne soyons donc pas surpris qu'elle s'exprime parfois suivant le langage habituel et familier de la science, et qu'elle dise avec elle que les étoiles se lèvent, les équinoxes reculent, les planètes marchent et redoublent de vitesse, s'arrêtent et rétrogradent. Nous ne devons pas non plus nous étonner qu'elle parle du lever du soleil et de son coucher, puisque ces locutions, quelque vicieuses qu'elles soient, n'en sont pas moins adoptées par tout le monde et même par le Bureau des Longitudes.

Ce qui doit nous surprendre, c'est de trouver dans la la Bible la distinction des montagnes en deux ordres, les primitives et les secondaires. Ainsi, dans le psaume CIV, d'une beauté poétique incomparable, le prophète nous donne une idée de la dernière formation de la terre. Il nous la représente couverte des eaux de l'abîme comme d'un vêtement. Les eaux surmontent la plupart des montagnes, et plusieurs d'entre elles surgirent et s'élevèrent bien au-dessus de leur niveau. Les eaux se retirèrent peu à peu et s'enfuirent du sol qu'elles avaient d'abord envahi.

De nouvelles montagnes parurent encore, et à leurs pieds se formèrent les vallées et les plaines, les points les plus abaissés du globe. Il y aurait donc, aux yeux du prophète, deux principales époques dans l'exhaussement des hauteurs qui sillonnent de toutes parts la surface du globe. Ces deux époques correspondraient en quelque sorte à la distinction faite de nos jours des montagnes en deux ordres principaux, c'est-à-dire en primitives et en secondaires.

Aussi l'auteur des Proverbes (Proverb. VIII, 25), en parlant du soulèvement des montagnes et des coteaux, dit que ces événements, qui ont singulièrement modifié le relief du globe, ont eu leur époque à part et distincte. Plus loin et dans les psaumes XCVI, vers. 5, LXXXIX, vers. 2, l'Écriture nous représente les montagnes coulant comme de la cire, à peu près comme pourraient le faire ceux qui auraient vu couler les rochers de l'Auvergne et du Cantal, ou qui auraient vu fondre comme de l'eau, les basaltes de la Chaussée des géants [1].

La Bible nous dépeint la masse des montagnes sortant du sein de la terre à la voix de Dieu et s'élevant au-dessus des plaines et des vallées. Elle nous rend compte de leur soulèvement, comme pourrait le faire un poète géologue. «Les montagnes, s'écrie-t-elle dans son enthousiasme, »surgirent au-dessus de l'abîme et les vallées s'abaissèrent »au lieu que Tu leur avais choisi.»

Elle s'occupe même de la force qui les a exhaussées ; elle la dit proportionnelle à l'élévation à laquelle ces éminences ont été portées. Ainsi, plus puissante lorsqu'il s'agit de faire élever les montagnes proprement dites, elle s'affaiblit lorsque leurs efforts se bornent à soulever les collines au-dessus des vallées. Dans son style figuré, elle compare l'exhaussement des premières aux bondissements des béliers, et celui des secondes aux sauts des agneaux. (*Note* 99.)

Aussi nous représente-t-elle la terre molle comme l'argile, au moment de ces grands événements. Elle nous la dépeint ensuite comme ayant pris une forme nouvelle et

---

[1] Les diverses modifications, bien postérieures à la création, qu'ont éprouvées les diverses parties de la terre, étaient nécessaires pour les rendre habitables.

s'étant parée d'un nouveau vêtement, faisant en quelque sorte allusion aux terrains de sédiment qui en revêtent la croûte la plus superficielle.

Lorsqu'elle s'occupe du fluide électrique répandu dans l'atmosphère, elle nous le représente comme retentissant dans tout l'espace des cieux, et faisant briller l'éclat des éclairs jusqu'aux extrémités de la terre. Après leur lueur, la foudre gronde, ses roulements se font entendre.

Le bruit du tonnerre, dit-elle, annonce que la colère de Dieu va tomber sur tout ce qui aspire à s'élever. A peine a-t-il retenti, que le coup a déjà frappé. Ainsi, la volonté de Dieu éclate par la voix de son tonnerre; lui qui opère de si grandes et de si étonnantes merveilles, trace sa route à la foudre et règle le cours des tempêtes.

Telle est l'idée qu'elle nous donne de ce phénomène dont l'instantanéité est plus grande encore que celle de la lumière. En effet, d'après les expériences de M. Becquerel sur la vitesse de l'électricité, ce fluide parcourrait 90000 lieues par seconde. Sa rapidité est donc plus grande que celle de la lumière, qui n'est que de 80000 lieues. (*Note* 100.)

Le fluide électrique a non-seulement la plus grande vitesse, mais il entre en quantité considérable dans la constitution des molécules des corps. Cette quantité est tellement immense que l'imagination en est effrayée. Les éléments d'une simple molécule d'eau paraissent renfermer 800000 charges d'une batterie électrique composée de huit jarres égales, de deux centimètres de hauteur et de six décimètres de tour, et obtenues avec trente tours d'une puissante machine électrique. Si la quantité d'électricité qui se trouve ainsi accumulée entre les éléments d'un gramme d'eau devenait subitement libre au milieu d'un édifice quelconque, cet édifice volerait aussitôt en éclats.

Cette puissance, à côté de laquelle la vapeur n'est rien, soit qu'on la considère comme une matière très-subtile, ou bien comme le résultat d'un mouvement vibratoire imprimé à l'éther, est employée uniquement par la nature à maintenir les combinaisons et la constitution moléculaire des corps. (*Note* 101.)

On ne doit donc pas s'étonner de l'importance que l'Écriture a donnée à la foudre et au tonnerre, qui n'en est pas l'effet le moins étonnant. Il est peu de phénomènes naturels auxquels l'électricité ne participe et qui ne soient plus ou moins sous sa dépendance. Comment pourrait-il en être autrement, puisque chaque molécule matérielle paraît douée, non-seulement d'une certaine quantité de lumière et de chaleur, mais encore d'électricité.

La Genèse n'est pas moins exacte lorsqu'elle porte son attention sur les êtres vivants qui tour à tour sont venus animer et embellir la surface de la terre. Elle en dépeint la succession; elle nous apprend qu'ils ont apparu par générations distinctes, et généralement en raison directe de la complication de leur organisation. On s'étonne de trouver ce fait dans la Bible, surtout lorsqu'on le voit écrit en caractères ineffaçables dans les entrailles du globe.

Quoique clairement exprimé dans un livre dont l'existence est si ancienne, il ne nous est connu que depuis environ un demi-siècle. A cette idée d'ensemble fixée par

Moïse à l'apparition des êtres vivants, il ajoute des détails dont l'exactitude n'est pas moins manifeste. (*Note* 102.)

D'après Moïse, les végétaux terrestres ont précédé les animaux qui habitent les terres sèches et découvertes. A cet égard, la science chimique confirme l'assertion de l'écrivain sacré. On a cru toutefois qu'il n'en était pas de même des faits géologiques ; mais, mieux étudiés, ils ne sont nullement en opposition avec l'apparition des végétaux avant les animaux, qu'eux seuls peuvent alimenter.

Il s'agit de savoir si ces observations sont aussi concluantes qu'on l'a supposé, et si, d'après la nature des choses, les végétaux n'ont pas dû paraître avant les animaux. Les faits d'après lesquels on a cru prouver que les premiers n'ont point précédé les êtres doués de mouvement, sont loin d'annoncer ce qu'on a voulu en déduire.

En effet, tandis que les végétaux terrestres se montrent en grand nombre dans les terrains de transition, il n'en est pas ainsi des animaux des mêmes stations ; à peine y a-t-on découvert quelques individus des classes inférieures du règne animal. Le nombre de ces individus est si petit qu'il s'élève tout au plus à cinq ou six espèces. Cependant les recherches les plus actives ont été faites dans toutes les parties du monde pour en trouver une plus grande quantité.

Quand même ces êtres auraient été observés dans les mêmes couches terrestres, ce ne serait pas pour cela une preuve qu'ils eussent vécu simultanément. Nous ignorons, en effet, le temps qui peut avoir été nécessaire à la précipitation de ces anciennes couches, ainsi qu'à leur solidification. Dès-lors, des plantes, quoique antérieures à telle ou telle espèce animale, ont très-bien pu être ensevelies dans le même terrain, mais dans des parties différentes et à des hauteurs inégales.

On ne peut donc pas admettre qu'il y ait eu apparition simultanée des végétaux et des animaux, lors même que les débris des uns et des autres se trouveraient dans les mêmes dépôts; car ces dépôts ont bien pu exiger des espaces de temps plus ou moins considérables pour se produire. Du reste, il est loin d'être démontré que les plantes terrestres ne se montrent pas dans les couches plus anciennes que celles où l'on découvre des espèces animales, quoiqu'elles fassent partie d'une même formation.

Les faits géologiques ne contrarient donc pas la marche tracée par l'auteur de la Genèse à l'apparition des différents êtres vivants. Cette assertion de Moïse est une conséquence géologique d'une haute portée, confirmée par l'observation des faits, ainsi que l'a remarqué l'un des grands physiciens de nos jours [1].

Cette conséquence est du reste rigoureuse, car elle était nécessaire. Les animaux carnassiers tirent leurs aliments des végétaux, même ceux qui se nourrissent de proie vivante, puisqu'ils dévorent des espèces herbivores. Ils s'alimentent, en définitive, de la matière herbacée que ces dernières avaient assimilée et par cela même convertie en leur propre substance. Si donc les herbivores ont dû précéder les races carnivores auxquelles elles devaient servir

---

[1] Voyez la Statistique chimique de M. Dumas.

de pâture, les unes et les autres ont dû être devancées par les plantes qui, seules, pouvaient leur donner les moyens de croître et de se développer. Par une conséquence du même genre, on doit admettre que les animaux herbivores ont dû apparaître les premiers parmi les êtres vivants.

Cette conclusion, à laquelle on arrive par le simple raisonnement, est également confirmée par l'observation des couches du globe. Mais il est non moins remarquable de trouver la présence primitive des végétaux mentionnée dans la Genèse, écrite depuis plus de 3500 ans, ou près de 4000 années, d'après Arago. L'Écriture admet en outre l'apparition graduelle des végétaux; elle les fait commencer par les espèces les moins compliquées, auxquelles succèdent les herbes, puis les arbrisseaux, enfin les arbres.

L'écrivain sacré place après tous les animaux la venue de l'homme, qui couronne et termine l'œuvre de la création.

Les physiciens occupés de cette question ne l'ont point examinée dans le but de justifier l'auteur de la Genèse. Par cela même, leur opinion a un plus grand poids, car elle leur a été inspirée par l'expérience et l'observation.

C'est ici surtout que s'applique cette belle pensée d'Herschel. Frappé des relations que les sciences contractent tous les jours avec la Révélation, il s'écrie que «toutes » les découvertes humaines semblent n'être faites que pour » mieux confirmer les vérités venues d'en Haut et renfer- » mées dans les Livres Saints.» L'illustre astronome a vu dans un pareil accord le plus beau triomphe et la plus noble conquête de l'intelligence. Cette donnée scientifique a une portée encore plus haute : elle annonce que la Genèse a eu raison d'envisager l'homme comme le dernier venu entre les êtres vivants, et de le considérer comme le terme et le complément de la création.

Les plantes ont dû précéder les animaux herbivores, ceux-ci devant y puiser toutes les substances qui servent à les nourrir ; les herbivores ont dû également arriver avant les espèces carnassières. En effet, sans les espèces qui se nourrissent de végétaux, les races carnivores seraient mortes de faim. Par les mêmes raisons, les omnivores, ou les espèces qui vivent à la fois de végétaux et d'animaux, ont dû arriver plus tard ; aussi l'homme, omnivore par excellence, est venu le dernier entre les êtres vivants, puisqu'il exige bien plus que les quadrumanes tous les genres de nourriture.

L'Écriture a également admis avec raison que la germination des végétaux avait eu lieu avant que le soleil eût reçu le pouvoir de répandre la lumière sur la terre. D'après des motifs non moins fondés, elle a fait apparaître les plantes avant les animaux auxquels elles devaient servir d'aliments. Il s'agit toutefois de savoir si elle est toujours dans le vrai, en proclamant la nouveauté de l'espèce humaine par rapport aux autres espèces vivantes.

Ce que nous avons fait observer est en quelque sorte une preuve que la venue de l'homme sur la terre doit être postérieure à celle de la plupart des animaux invertébrés ou vertébrés. On ne peut guère se former des doutes sérieux à ce sujet, d'après les lumières que nous a fournies l'observation des couches fossilifères. En effet, les débris de notre espèce paraissent postérieurs aux terrains de transport anciens, dits improprement diluviens, les plus récents des dépôts géologiques. L'homme a donc fait partie des plus nouvelles générations. Aussi, la plupart des espèces dont il a été contemporain ont encore leurs représentants parmi les races actuellement vivantes.

La date de la venue de l'homme, le plus nouveau des êtres, ne remonte guère au-delà des 7,500 ou 7,600 années que l'Écriture lui attribue. On doit aussi admettre, avec elle, que le dernier arrangement de la surface du globe est plus récent que la date de la dernière catastrophe qui l'a ravagée, catastrophe suivie du renouvellement du genre humain. C'est donc sans raison que bien des peuples, et surtout nos écoles modernes, se sont en quelque sorte révoltés contre une date qui donne un âge si jeune à notre orgueilleuse race.

Les travaux géologiques, les recherches de l'histoire et l'étude des monuments, démontrent non-seulement la nouveauté de l'apparition de l'homme, mais surtout l'époque récente de son renouvellement. Ainsi, les 75 ou les 76 siècles écoulés depuis l'époque où, d'après la Bible, l'espèce humaine a posé pour la première fois le pied sur la terre, suffisent pour y comprendre les événements qui s'y sont passés.

Ici donc, comme ailleurs, l'Écriture est dans les limites de la vérité. Le terme qu'elle assigne au berceau de l'humanité, quoique peu éloigné de celui auquel la civilisation est parvenue à un degré de splendeur remarquable, en explique toutefois, sans efforts comme sans embarras, les diverses phases. On peut faire entrer dans cet intervalle, si court pour les faiseurs de systèmes, tout ce que les traditions historiques certaines nous ont appris sur les progrès de l'homme dans le chemin de la civilisation.

La Bible a également admis l'unité de l'espèce humaine. Ce point de fait, longtemps contesté, a été de nos jours reconnu exact par les physiologistes les plus illustres et les anatomistes les plus profonds. Les connaissances spéciales des uns et des autres sur les preuves qui le démontrent, donnent à leur opinion la plus grande autorité.

Cette question sera probablement à l'abri de toute contestation dans un avenir peu éloigné. En effet, les hommes noirs ou les nègres, qui, en reculant et en descendant dans le chemin de la civilisation, avaient perdu en grande partie leur caractère primitif, reviennent maintenant aux bienfaits de la culture intellectuelle et se sont constitués en corps de nation. Ils tendent à remonter vers le point d'où ils étaient partis, par suite des progrès de leurs connaissances et de leurs facultés.

Le développement de leur cerveau, suite nécessaire de la culture de leur esprit, les rendra susceptibles d'acquérir des formes nouvelles, et dans quelques siècles peut-être, on les distinguera avec peine de la race blanche, dont ils sont provenus. Avec le perfectionnement de leur intelligence leur langage s'épurera, et leurs mœurs suivront une pareille amélioration. Ces hommes naguère si inférieurs, au physique comme au moral, deviendront la preuve la plus manifeste de l'unité du genre humain, proclamée par le plus ancien des historiens. (*Note* 103.)

Cette unité primitive a dû nécessairement entraîner une uniformité dans le langage des hommes ou dans la manière de s'entendre et de se communiquer leurs pensées. La Bible l'a admise, et l'on peut remonter avec elle jusqu'à l'époque précise où la confusion des langues a eu lieu entre les nations. Une étude superficielle des idiomes des premiers peuples a paru d'abord peu favorable à établir la communauté de leur origine ; mais un examen plus approfondi a montré comment toutes les langues parlées s'étaient peu à peu éloignées de leur type primitif. (*Note* 104.)

Ce qui n'est pas moins digne d'attention, la Bible est le premier livre où l'on trouve des idées de classifications analogues à celles que les physiciens emploient dans l'étude des différents corps de la nature. On trouve dans le chapitre XI du Lévitique l'ébauche d'une méthode pour distinguer les animaux purs des impurs, dont il était défendu aux Hébreux de se nourrir. Dieu permettait aux enfants d'Israël de manger ceux qui ruminent et dont le pied est fendu en deux ; mais il leur interdisait de faire usage des autres.

Les pourceaux et les chameaux étaient compris dans cette interdiction : les premiers parce qu'ils ne ruminent point, les seconds parce qu'ils n'ont pas le pied fourchu comme les bœufs et les moutons.

Les oiseaux de proie étaient également, aux yeux de l'Écriture, des animaux impurs qui ne devaient pas faire partie des aliments des Hébreux. Il leur était seulement permis d'user des espèces à longues pattes, les échassiers, ainsi que des oiseaux dont les doigts sont réunis à leur base par une courte membrane, les gallinacés ; enfin, de ceux dont les pieds sont disposés pour la nage, les palmipèdes. Ils pouvaient faire usage des poissons de mer et des eaux douces pourvus d'écailles et de nageoires ; mais ils ne devaient point manger ceux qui n'ont ni nageoires ni écailles.

Il y a là sans doute un grand fond de sagesse, car les animaux dont nous nous servons comme aliment appartiennent aux espèces pures ; tandis que, à l'exception du cochon, celles que Moïse signale comme impures sont, en général, des espèces dont nous faisons peu d'usage comme nourriture. Il faut remarquer que dans cet arrangement il y a une base de classification naturelle, analogue à celle qui a été adoptée dans les méthodes les plus usuelles (*Note* 105.)

L'Écriture n'est pas moins exacte lorsqu'elle porte ses regards sur des objets de détail relatifs aux êtres vivants. C'est surtout dans la peinture des mœurs des différents animaux que ses récits ont une exactitude et une concision que les plus grands naturalistes n'ont point dépassées. Ses descriptions sont si fidèles et si précises, qu'elles n'ont pas pu être défigurées.

Ainsi, elle nous montre la lionne couchée dans son antre, épiant d'un œil inquiet la proie qui va passer et qu'attendent avec anxiété ses jeunes lionceaux ; lorsqu'elle l'aperçoit, elle s'élance avec la rapidité de l'éclair, et l'emporte dans sa gueule, pour assouvir la faim dévorante de ses petits. Bien différents des lionceaux, les petits du corbeau, de cet oiseau à sombre plumage, errent, au contraire, çà et là ; pressés par la faim, ils appellent à grands cris leur mère, heureuse de leur apporter ce qu'ils désirent avant tout.

L'Écriture nous indique également le temps de la portée et de la délivrance des biches et des chèvres sauvages. D'après elle, ces animaux se courbent pour mettre bas, et au moment de l'enfantement ils poussent des cris de douleur. Elle donne à l'onagre une pétulance sans exemple. Animal indomptable, il ne répond pas aux cris de celui qui se dit en vain son maître ; libre, il parcourt avec fierté les pâturages des montagnes ; sa demeure est la solitude et sa retraite le désert.

L'homme, dit-elle, est impuissant à dompter l'onyx ; il ne peut le contraindre à passer une nuit dans une étable ; encore moins peut-il le soumettre au joug pour lui faire ouvrir les sillons ou pour aplanir les champs et les vallées fertiles. Il ne peut pas non plus s'en servir pour enlever les moissons et pour les faire transporter dans ses greniers. Malgré toute son habileté, l'homme est impuissant pour faire partager ses labeurs à cet animal indomptable. (*Note* 106.)

La peinture des mœurs de l'autruche est aussi vraie que remarquable par sa concision. Cet oiseau, la Bible nous le dit, est insensible pour ses petits, qui sont à ses yeux comme s'ils n'étaient pas les siens. Oubliant les fruits de son enfantement, l'autruche abandonne ses œufs à terre, comptant sur les feux du ciel pour réchauffer le sable sur lequel elle les dépose. Mère imprudente et folle, elle ne s'inquiète pas de ce qu'ils peuvent devenir, et s'ils ne seront pas foulés aux pieds ou brisés par la dent cruelle du tigre du désert.

Quand elle est poursuivie, on la voit élever ses ailes en l'air. Comptant sur la force et la vigueur de ses jambes, elle se rit du cheval aussi bien que du cavalier ; elle dédaigne leurs efforts tout à fait impuissants pour l'atteindre. Lorsqu'ils la serrent de trop près, elle leur lance du sable dans les yeux; ils se voient donc forcés de s'arrêter, aveuglés et vaincus par la vitesse autant que par l'adresse de cet oiseau, auquel cependant la région des airs a été interdite. (*Note* 107.)

La peinture du cheval n'est pas moins fidèle. La Bible nous le représente plein de force et de vigueur, bondissant comme la sauterelle. Son cou est hérissé d'une crinière mouvante, et de son pied il creuse la terre ; il s'élance avec orgueil et court au-devant des armes. Comme son souffle répand la terreur ! il ne connaît pas la crainte et affronte la mort. Lorsque près de lui le bruit du carquois retentit et que la flamme de la lance ou du javelot étincelle, on le voit bouillonner, bondir et dévorer la terre. A-t-il entendu la trompette : c'est elle, dit-il, allons ! De loin il respire le combat et frémit d'une ardeur indomptable à la voix tonnante des chefs et au fracas des armes. (*Note* 108.)

Aux ordres de Dieu, dit-elle encore, l'épervier étend ses ailes vers le Midi et s'élance dans les airs. De même, l'aigle s'élève jusqu'aux nues et place son nid sur le sommet des montagnes. Cet oiseau habite le creux de la pierre et demeure sur les rochers les plus escarpés. Du haut des cimes élevées il contemple sa proie; ses yeux perçants la découvrent au loin. Il la saisit et la porte à ses petits, qui en boivent le sang. Bientôt, guidés par leur mère, les jeunes aiglons s'abattent dans tous les lieux où gît un cadavre. Images de la mort, ces oiseaux en portent en quelque sorte la livrée sur leur plumage. (*Note* 109.)

L'Écriture mentionne ensuite les migrations auxquelles se livrent tant d'animaux, surtout les oiseaux et les poissons. Elle compare la rapidité des oiseaux voyageurs qui traversent les mers, à la célérité des navires déployant sur les eaux leurs longues voiles, semblables à de grandes ailes. Elle nous montre l'étendue des voyages des habitants de l'air, leur nombre immense, leurs fatigues, suite de leurs longues excursions, et la promptitude avec laquelle ils se précipitent sur la terre lorsque leurs courses sont achevées. Tout, dans la peinture des mœurs des oiseaux voyageurs, est rapide et animé comme les mouvements des êtres qui peuplent l'océan aérien. (*Note* 110.)

Nous avons énuméré quelques-uns des principaux faits physiques mentionnés dans la Bible. Nous avons cherché à montrer leurs relations avec ceux que la science a acquis depuis peu de temps. Il semble, dès-lors, qu'il ne nous reste plus rien à y découvrir. Il est cependant un point essentiel dont nous avons omis de parler, et par lequel nous terminerons ces observations.

Le livre de la Sagesse, après avoir dit que la main toute-puissante de Dieu a tiré le monde du néant, ajoute qu'il a disposé toutes choses avec nombre, poids et mesure (*sed omnia in mensura et numero et pondere disposuisti*). Il nous donne par là à entendre que l'on peut considérer les corps de la nature sous trois points de vue, c'est-à-dire sous celui de leur étendue, de leur pesanteur et du nombre des atomes ou des molécules qui les composent. Peut-être ce livre a-t-il voulu spécifier ainsi les principales manières d'envisager les corps ou les principales branches des sciences naturelles. La physique y serait représentée par la mesure, les sciences mathématiques par le nombre, et la chimie par le poids.

L'Écriture nous dépeint dans quelques mots les principales propriétés des corps et comment il est possible d'en résumer les diverses apparences et les différents caractères. Aussi Dieu demande à Job où il se trouvait lorsqu'Il posa les fondements de la terre et qu'Il en établit les mesures; où il était lorsqu'Il renferma la mer dans ses digues, quand elle rompit ses liens, comme l'enfant qui sort du sein de sa mère; ou bien lorsque, l'enveloppant de nuées comme d'un vêtement, Il l'entoura de ténèbres, comme des langes de l'enfance. L'homme a-t-il jamais connu, dit-elle enfin, les sentiers de la lumière et le lieu des ténèbres?

C'est toujours dans un style figuré et poétique que l'Écriture nous dépeint les vérités physiques dont elle nous donne une idée. Essentiellement concise et dogmatique, elle ne les développe jamais; elle se borne uniquement à les énoncer et à les établir par la puissance de sa parole. Plein de confiance en cette puissance, nous avons cherché à la mettre en évidence, afin de lui faire produire tout son effet.

Nous devons être moins surpris de trouver tant de connaissances réunies dans la Bible, depuis que les savantes recherches de M. Boré ont prouvé que les Hébreux et les Chaldéens étaient des tribus d'un même peuple. On sait combien la dernière de ces tribus avait fait de progrès dans l'astronomie, progrès qui en font supposer dans les autres branches des connaissances humaines. Les arts avaient suivi la même impulsion, et étaient arrivés à un assez haut degré de splendeur, ainsi que le prouvent les monuments que ces peuples nous ont laissés.

La sculpture et l'art de fondre et de travailler les métaux devaient y avoir été perfectionnés de très-bonne heure, ainsi que le prouve l'érection du Veau d'or. Peut-être ces divers genres d'industrie, connus des Hébreux, ont-ils été transmis par eux aux Égyptiens; du moins ceux-ci paraissent avoir su aussi employer les métaux à divers usages et s'en servir dans les arts[1]. Ils en ont même tiré de nombreuses matières colorantes, dont les nuances conservées souvent intactes sont des objets continuels d'admiration pour les voyageurs qui parcourent les anciens temples de l'Égypte. La Bible nous a fait part des connaissances que les Hébreux avaient acquises dans ces divers genres d'industrie. Ainsi, d'après l'Exode, peu de temps après la mort de Josué, Joab, de la tribu de Juda, fonda la tribu des ouvriers; les uns travaillaient l'or et les autres l'argent[2]. Les femmes filaient, tissaient, brodaient, non-seulement pour leurs besoins domestiques, mais aussi pour les désirs des autres et pour les besoins du commerce[3].

---

[1] *Exode*, chap. XXV, vers. 17, 18, 19, 23, 24, 25, 26, 27, 28, 29, 32. *Id.*, chap. XXXII, vers. 4, 5, 8.

[2] *Genèse*, chap. XIII, vers. 2. — *Exode*, chap. XXV, vers. 3, 4. — *Nombres*, chap. VII, vers. 84, 85, 86. — *Deutéronome*, chap. VIII vers. 13; chap. XVII, vers. 17. — *Exode*, chap. XXXI, vers. 10; psaume CXIII, vers. 12.

[3] *Exode*, chap. XXXI, vers. 4, 5, 6, 10, 18.

Les ouvriers employés à ces divers travaux n'étaient point esclaves, ainsi que le fait observer le législateur des Hébreux, comme le furent plus tard ceux que les Grecs utilisaient dans le même but.

L'Exode nous parle encore des tables de la Loi, que les Hébreux n'auraient pu comprendre s'ils n'avaient pas eu quelques notions de l'écriture, dont l'invention suppose une civilisation assez avancée [1]. Aussi les noms des douze enfants d'Israël étaient-ils gravés sur une agathe onyx, ce qui annonce que l'art de ciseler les pierres fines y avait fait de grands progrès [2].

A la vérité, les caractères d'écriture ont été introduits en Grèce par Cadmus le phénicien, mais ce ne fut que longtemps après que Cécrops eut civilisé les rares peuplades du Péloponèse.

Sans doute, les arts n'appartiennent à aucun peuple en particulier; ils sont indigènes dans tous les pays où la raison humaine se développe, et où la civilisation s'étend et se perfectionne. Mais comment ne seraient-ils pas arrivés de bonne heure à un haut degré de supériorité, chez des peuples aussi avancés que les Hébreux dans les sciences et qui possédaient un livre tel que la Bible.

Les vérités physiques les plus essentielles à la connaissance du monde matériel sont donc pour la plupart indiquées dans les premiers livres de la Bible. Elles n'y sont jamais développées, parce que Moïse et ceux qui lui ont

---

[1] *Exode*, chap. XVII, vers. 14.
[2] *Exode*, chap. XXXI, vers. 5-8-9.

succédé n'ont pas eu la pensée de faire des traités scientifiques. Tout en parlant de Dieu et des œuvres qui proclament sa puissance, ils ont seulement laissé percer quelques traits de leurs hautes connaissances.

Ils ont eu pour but, et pour but à peu près unique, de montrer au peuple qu'ils étaient appelés à diriger, quels étaient ses devoirs et surtout de le pénétrer de la crainte de Dieu. Il leur a suffi de dévoiler les principaux faits de ce monde visible, pour les convaincre de la sagesse et de la puissance du Très-Haut, assez clairement écrites dans les œuvres qu'il a produites. Exposés avec une concision admirable, la plupart de ces faits ont échappé aux premiers interprètes de l'Écriture ; faute de les comprendre, ils n'ont pas donné aux Livres Saints toute la portée qu'ils ont maintenant à nos yeux.

Leurs erreurs tout involontaires sont d'autant moins étonnantes que l'Écriture renferme des données dont on ne saurait se rendre raison, même dans l'état actuel de nos connaissances. Aussi peut-on se flatter que leurs progrès les rendront bientôt intelligibles et saisissables à tous. Ce n'est pas là le moindre avantage des sciences, ni le moins bel héritage que nous puissions léguer à nos neveux ; ils sauront ainsi que l'Écriture est un trésor ouvert à tous, et que c'est le seul livre où il soit permis de puiser sans être accusé de plagiat. Les idées qu'ils y trouveront auront déjà appartenu à des millions d'intelligences ; mais en les étendant et les comprenant mieux que leurs devanciers, elles seront d'autant plus à eux, qu'ils auront été les premiers à les y apercevoir et à en saisir toute la portée.

Les faits que nous venons de rappeler, et qui pour la plupart se rapportent au monde livré à nos investigations, prouvent que l'univers est soumis à des lois immuables, et que dans l'arrangement des corps qui en font partie il n'y a pas la moindre trace de hasard, mais que tout y est disposé dans un ordre merveilleux digne de toute notre admiration. Il en est de même des créations les plus extraordinaires de la nature; elles révèlent en effet dans leurs conceptions, en apparence bizarres, un ordre constant et en quelque sorte accompli.

Si donc il y a un rapport évident et nécessaire dans les corps bruts et les êtres animés de la nature, il y a ordre et raison entre eux; car l'ordre et la raison sont inséparables. Bien plus, il y a partout sagesse et harmonie. Les merveilleuses découvertes que le calcul et l'observation nous ont fait reconnaître dans le sein du globe aussi bien que dans l'immensité des cieux, ont détruit pour toujours l'hypothèse des combinaisons fortuites. Les recherches récentes nous ont révélé avec la plus grande évidence la sagesse infinie qui a présidé à tout et qui a réglé dans un ordre admirable l'ensemble des choses créées.

On a mieux compris que par le passé combien la puissance divine se manifeste surtout par les choses visibles qu'elle a mises sous nos yeux; aussi, plus que jamais, devons-nous nous écrier avec le prophète : que les cieux racontent la gloire de Dieu et le firmament les merveilles des œuvres de ses mains [1].

---

[1] Psaume XVII, vers. 1.

RÉSUMÉ.

Le récit de la Genèse, comme les observations précédentes ont pu le faire comprendre, est non-seulement une belle œuvre littéraire, mais une grande œuvre scientifique. Écrit depuis plus de trois mille ans, il est néanmoins d'accord avec les faits géologiques à peine connus depuis un demi-siècle. Si on le compare avec les systèmes imaginés par les plus beaux génies des temps modernes, on verra qu'aucun de ces systèmes ne peut se concilier avec ce que nous savons de la structure de la terre.

La Genèse est au contraire en harmonie avec les observations récentes, et les recherches scientifiques ne semblent faites que pour en confirmer l'exactitude. Aussi la science reçoit de la Bible plus qu'elle ne lui donne, si toutefois on pèse les échanges et qu'on ne les compte pas. En effet, la géologie amasse, combine et critique une masse immense de faits; elle en recherche et en découvre les lois, et parfois les causes physiques; mais elle ne peut en saisir toute la portée, si la Bible ne la lui révèle. Ce livre seul rattache les faits extérieurs de l'histoire physique de la terre, à l'histoire de l'ensemble de l'univers.

L'Écriture n'a jamais eu cependant l'intention d'enseigner la science proprement dite; elle a seulement voulu nous montrer qu'elle n'en ignorait pas les principaux faits, et qu'elle avait précédé nos découvertes. Elle parle, sans doute, avec poésie ; mais son langage élevé est toujours le langage de la vérité. Fruit du travail de plus de cinquante auteurs sacrés, depuis Moïse qui tenait la plume au désert, jusqu'à ce batelier fils de Zébédée qui écrivait quinze cents ans plus tard dans Éphèse et Pathmos sous le règne de Domitien (*Note* 111), la Bible est à la fois le livre le plus ancien et le plus étonnant de ceux que les siècles nous ont laissés. (*Note* 112.)

Les Livres Saints parlent de tout ; ils décrivent la nature entière ; ils en racontent les beautés et les grandeurs, en nous dévoilant les mystères de la création. Ils s'occupent également de la formation des cieux, de la terre, de l'atmosphère, des eaux, des montagnes, et même de l'ébranlement et des vibrations des ondes lumineuses ; ils nous donnent l'ordre de succession des planètes et des animaux, et nous montrent les générations diverses qui tour-à-tour ont paru ici-bas. Ils nous apprennent quelles ont été les premières révolutions du globe que nous habitons, et nous tracent les effets désastreux du déluge sur le genre humain. S'élançant dans des régions encore plus hautes, l'Écriture fixe ses regards sur les champs du monde invisible, sur les hiérarchies des anges et sur les destinées glorieuses du dernier jour.

La Bible embrasse, dans ses larges conceptions, le passé, le présent et l'avenir. Debout par sa seule force, elle sert d'appui à tout, et ne s'appuie sur rien ; elle éclaire et vivifie à la fois de ses rayons divins toutes les connaissances, en faisant comprendre leur origine et leur fin.

Quand la science qui étudie les langues conservées et les histoires écrites, aura épuisé ses moyens d'investigation, il faudra recourir encore à la Genèse pour combler les lacunes qui resteront, sans doute, dans ce vaste travail.

Nous avons donc eu peu de chose à faire, pour prouver la supériorité de l'Écriture sur la science humaine. Nous nous sommes assuré que, par suite des progrès de la géologie et d'une connaissance plus approfondie de la Genèse, la concordance entre l'histoire biblique et les faits physiques est devenue plus facile qu'elle ne l'était il y a environ un demi-siècle.

Il est toutefois quelques points importants dans l'histoire de la terre, dont la géologie réduite à ses propres forces ne nous aurait pas donné la solution. A la vérité, un autre ordre de faits, tels que l'observation des corps célestes, soit stellaires soit planétaires, aurait pu nous faire apprécier les changements opérés successivement et survenus dans le cours des siècles. Il nous aurait également appris que de pareils changements se continuent dans les astres qui ont fait l'objet de la première création, et ne sont pas encore appropriés ni complètement coordonnés.

La formation des corps nouveaux qui se produisent chaque jour dans l'immensité des cieux, nous permet de comprendre que l'univers et la terre qui en fait partie n'étaient pas entièrement achevés lorsqu'ils sont sortis du néant à la voix de Dieu. Créée au commencement, la matière qui devait composer l'ensemble des corps célestes n'a été coordonnée et appropriée que plus tard et graduellement. L'espace en contient des quantités immenses ; elle formera des astres nouveaux, tant que la matière éthérée et nébuleuse, dont la température diminue sans cesse, sera susceptible de se condenser et de prendre des dispositions nouvelles. (*Note* 113.)

La Genèse nous apprend que la lumière qui a séparé le jour des ténèbres a apparu avant que le soleil eût reçu le pouvoir d'éclairer la terre. La lumière primitive a donc été mise en action dès la première époque, tandis que c'est seulement à la quatrième que le soleil a pu répandre ses rayons vivifiants sur le globe qui nous a été donné pour demeure. La chaleur et l'éclat des rayons lumineux lui auraient été d'ailleurs inutiles, puisque la terre n'avait pas encore été peuplée par les plantes et les animaux. Dès que ces êtres eurent paru, la lumière et la chaleur solaire devinrent nécessaires, et depuis lors notre planète en éprouve les effets. (*Note* 114.)

Quant à la chaleur propre que le globe reçut dans l'origine, devenue inutile par l'effet des rayons solaires, elle s'est affaiblie peu à peu, et à tel point qu'elle n'est presque plus sensible à la surface.

D'un autre côté, l'atmosphère, telle qu'elle est composée maintenant, ne pouvait être nécessaire que lorsque la terre aurait reçu des êtres vivants. Elle devait, en effet, entretenir la respiration, et servir d'abri contre le froid glacial des espaces interplanétaires. Aussi la science a-t-elle démontré que les débris des végétaux des premiers âges, ensevelis dans les vieilles couches du globe, annoncent que la composition de l'atmosphère, aux premières époques où la vie a apparu, n'était pas la même que celle de nos jours. Cette circonstance remarquable nous permet de mieux comprendre certains phénomènes du monde actuel et du monde passé.

La cosmogonie de Moïse a un caractère non moins frappant d'exactitude, lorsqu'elle embrasse et examine les détails relatifs à la création. Elle n'a jamais admis, comme la plupart des systèmes antérieurs à la science actuelle, que la formation du globe terrestre et des êtres qui y sont disséminés ait eu lieu par explosion et d'une manière instantanée. Elle a, au contraire, formellement exprimé que tout avait été produit ici-bas d'une manière graduelle et successive. Ainsi, elle nous a appris, avant l'observation des couches fossilifères, que la vie avait marché du simple au composé, et que les êtres vivants s'y étaient succédé en raison directe de la complication de l'organisme.

En déroulant à nos yeux le tableau des premières créations, elle nous a montré les végétaux précédant les animaux, les plantes les plus chétives paraissant avant les herbes, de même que celles-ci avant les arbrisseaux et les arbres. Elle a suivi, avec non moins d'exactitude, et d'époque en époque, le développement pourtant si compliqué du règne animal. Elle a compris le progrès qui s'est opéré successivement chez ces êtres organisés, progrès commençant par les espèces aquatiques, dont les représentants sont les races privilégiées des poissons et les races plus merveilleuses encore des grands lézards. (*Note* 115.)

Elle anime ensuite les airs d'un grand nombre de volatiles, et peuple de nombreux quadrupèdes les terres sèches et découvertes. Les herbivores, les premiers créés, furent bientôt suivis par les carnassiers. (*Note* 116.)

Après ces progrès continus et constants, dont le dernier terme devait être l'homme, le dominateur de ce monde apparaît enfin, et avec lui la fixité des phénomènes naturels ouvre une ère nouvelle pour tous les êtres vivants ; désormais ils ne seront plus menacés par l'instabilité des milieux et des agents extérieurs.

Les restes nombreux des anciens végétaux dont la terre a été embellie, les ossements des animaux divers qui y ont vécu, annoncent qu'il s'est opéré ici-bas de grands et de nombreux changements. Les catastrophes qui ont détruit, en tout ou en partie, les anciennes générations, semblent avoir eu lieu avec une certaine régularité. Du moins la position de leurs débris est en harmonie avec les subdivisions des terrains stratifiés qui les recèlent.

Au milieu de la variété infinie de ces corps organisés, pour la plupart inconnus dans la nature actuelle, et de la diversité des dépôts où ils sont ensevelis, on reconnaît des lois constantes, en quelque sorte immuables. En étudiant ces dépôts, on détermine aussi bien la nature et l'espèce des êtres organisés, que la date et les modifications des couches où ils se trouvent. Au sein de ce désordre apparent, les restes des plantes et des animaux se succèdent par générations distinctes et différentes de celles qui les ont précédées, comme de celles qui les ont suivies.

Ces groupes d'êtres particuliers ont d'autant moins d'analogie avec les espèces actuelles, que leur antiquité est plus grande et la profondeur des couches où ils se trouvent plus considérable. La plupart appartiennent à des genres éteints, et un grand nombre à des espèces perdues.

Ces espèces ont parfois vécu et ont péri dans le lieu même où on les rencontre, ou à des distances très-rapprochées. Dès-lors, les couches qui les renferment ont dû être déposées pendant des périodes d'une longue durée et à de grands intervalles. Ainsi, les êtres organisés qui se sont succédé à la surface de la terre n'ont rien de commun avec la création à laquelle nous appartenons, du moins sous les rapports spécifiques.

C'est donc à la suite d'essais nombreux et à chaque grande modification du globe, que les espèces vivantes se sont peu à peu perfectionnées, non dans leur type spécifique, puisqu'il est resté constamment immuable, mais dans leurs familles et leurs classes. Les formes de la nature animée se sont régularisées; elles se sont harmonisées avec les besoins de l'homme, de cet être privilégié venu le dernier sur la terre pour rendre hommage au Créateur.

Tel est le tableau que l'Écriture présente à nos méditations; la science, loin de le changer, l'a grandement complété par ses démonstrations et ses découvertes.

La Genèse nous donne seule quelques notions précises sur les deux principales époques de l'histoire de l'homme, celles de sa venue et de son renouvellement après une terrible inondation. Le déluge n'est pas uniquement décrit dans les Livres Saints; toutes les nations en ont reconnu la réalité et en ont conservé le souvenir. La plupart en ont fixé la date à une époque tellement rapprochée de celle de la Bible, qu'elle semble en avoir été tirée [1].

---

[1] Ce que nous venons de dire ne nous explique pourtant pas les descriptions que plusieurs auteurs profanes nous ont données de ce grand événement, et par exemple ce qu'Ovide nous en a appris

Cette date, si essentielle dans l'histoire de la terre, nous l'avons vérifiée à l'aide des traditions de tous les peuples. Nous sommes arrivé ainsi à la fixer à 5500 ou 5500 ans avant l'époque actuelle, en nous appuyant sur les monuments des Hébreux et des Égyptiens, et les notions historiques recueillies par les autres nations que nous pouvions interroger.

Afin de déterminer cette date d'une manière plus précise que les premiers commentateurs de la Bible, nous sommes entré dans le domaine de l'histoire ; nous nous sommes attaché à concilier la chronologie avec les affirmations de la science géologique. Ici, nous avons profité des travaux des érudits de nos jours. Nous en avons formé un faisceau, et leur ensemble nous a fourni des lumières qui ont singulièrement éclairé ce point important de l'histoire de l'humanité.

Les connaissances historiques se sont enrichies, dans les derniers temps, d'un grand nombre de documents qui ont complètement changé les conclusions des anciens écrivains. Les découvertes de Champollion sur l'écriture égyptienne, les travaux de la Société asiatique de Calcutta, une connaissance plus approfondie des langues et des traditions orientales, une appréciation plus rigoureuse du caractère propre à chacune de ces mêmes traditions, ont forcé les savants à rejeter du champ de l'histoire les chronologies fabuleuses que les philosophes du dix-huitième siècle opposaient à la chronologie biblique.

---

dans ses Métamorphoses, et Sénèque dans ses Questions naturelles, liv. III, chap. 27.

Ainsi, les recherches les plus actives, l'érudition la plus éclairée, ont démontré que les immenses périodes admises sans nécessité comme sans preuve, n'avaient qu'une valeur mythologique. On a été enfin obligé de reconnaître que les documents historiques n'embrassaient pas des espaces de temps plus considérables que ceux fixés par la Genèse aux événements dont elle a exposé l'ensemble.

Une chose remarquable et qui annonce à elle seule l'exactitude de ces données, c'est que, à l'insu l'une de l'autre, quoique simultanément, la géologie et l'histoire ont concouru à la même démonstration ; nous avons mis en regard les conséquences de ces travaux, afin qu'on pût les embrasser d'un seul coup d'œil. Nous avons donné ainsi une nouvelle évidence aux recherches de MM. Champollion, Letronne, de Brotone, Lenormand, et de tant d'autres critiques. Il est donc certain que la chronologie des Septante est suffisante pour embrasser tous les progrès de la civilisation, ainsi que l'ensemble des traditions humaines.

Sans doute, la date de sept mille cinq cents ou huit mille années, que la Genèse admet pour la date de l'apparition de l'homme, n'a pas été adoptée par la plupart des nations de l'antiquité. Elles l'ont trouvée trop récente pour y faire entrer leurs systèmes fantastiques et leurs traditions fabuleuses. Elles ont cherché à démontrer la prétendue ancienneté de leurs traditions, en s'appuyant sur des observations astronomiques remontant à des temps fort éloignés de nous.

Si ces recherches étaient exactes, elles assigneraient

la plus haute antiquité aux peuples qui les auraient faites. On ne pouvait naguère donner un démenti formel à ces prétendues observations, et nous serions encore impuissants à les réfuter, si les progrès de nos connaissances et des calculs exacts ne nous avaient permis d'en démontrer le peu de fondement.

Les faits astronomiques que l'on avait rassemblés avec beaucoup d'efforts ont été reconnus inexacts, et l'état du ciel qu'ils indiquaient pour une époque déterminée, tout à fait erroné. La science est maintenant en état de le fixer pour un passé presque sans bornes et pour un avenir presque indéfini. Ainsi ont disparu de l'histoire les longues suites de siècles que les peuples anciens avaient ajoutés aux règnes de leurs princes, et à l'aide desquels ils avaient grandement reculé l'époque de leur origine.

C'est uniquement dans la Bible que l'on découvre quelques données certaines sur les premiers âges du monde. A l'aide des lumières qu'elle nous fournit, nous pouvons suivre les pas des premiers hommes dans la voie de la civilisation, vers laquelle ils ont été en quelque sorte poussés par une puissance irrésistible.

La religion, il est vrai, n'a pas besoin, pour établir son autorité, de ces secours surabondants de l'esprit humain ; mais elle ne peut qu'applaudir aux efforts tentés par la science pour se mettre en harmonie avec la Révélation. Divine dans son but comme dans ses moyens, la région où elle est placée est inaccessible aux lumières qui viennent d'en bas ; mais, des hauteurs saintes où elle réside, un rayon descend quelquefois dans les mondes inférieurs livrés aux disputes des hommes, et sa clarté révèle à leurs regards étonnés de nouveaux et magnifiques horizons.

Nous avons essayé de tracer ce tableau consolant, pour prouver à ceux qui vivent sous l'empire de la foi chrétienne, que la science, maintenant plus avancée, écarte et résout elle-même les difficultés que, dans le principe, elle avait élevées contre les Livres Saints.

Sans doute, il n'a jamais été à craindre que les recherches scientifiques pussent être en opposition dans leurs résultats certains avec ce que ces livres nous enseignent ; mais des préjugés peuvent souvent obscurcir les faits les plus positifs et les plus constants. Ces préventions, la science moderne les a détruites, en donnant aux faits leur véritable valeur et leur importance réelle. Elle a rendu ainsi un véritable service à la vérité, dont la religion est l'essence et la source.

Éclairé par les lumières que la science a répandues sur toutes nos connaissances, l'esprit humain a pu comprendre la portée d'un livre que plusieurs écrivains séduits par de funestes préventions avaient cru, jusqu'à nos jours, en contradiction avec certains faits physiques.

Le récit de Moïse a pris un caractère de grandeur et de précision, en se montrant d'accord avec les découvertes des temps modernes. Toutes les sciences ont ainsi concouru au triomphe de la Genèse ; elles ont dissipé sans efforts les prétendues obscurités que des esprits peu éclairés et prévenus avaient cru y apercevoir.

En effet, les études géologiques, particulièrement la connaissance des terrains et des couches qui les composent, ainsi que celle des générations qui y sont ensevelies, ont pleinement confirmé la cosmogonie du législateur des Hébreux. Il en a été de même des observations qu'il nous a laissées sur les races humaines qu'ont paru représenter les trois premiers chefs des nations dont il est question dans la Bible, ainsi que les trois principales formes du langage dont se sont servis les peuples à leur berceau. Toutes ces données ont reçu une sanction nouvelle par la découverte des races américaines et océaniques, qui rentrent dans les trois grandes familles dont le genre humain a été composé aux premiers âges de l'histoire. (*Note* 117.)

Les recherches récentes faites de toutes parts sur les monuments de la civilisation primitive; les travaux de la numismatique et de l'archéologie; la connaissance approfondie du système hiéroglyphique suivi par les Égyptiens; la rectification des erreurs historiques dues à la vanité des anciens peuples; la confrontation des diverses chronologies; la restitution à leur date réelle des planisphères des Indes et de l'Égypte : toutes ces données ont confirmé par leur concours et leurs unanimes assertions, la réalité des faits écrits dans le plus ancien des livres, la Genèse.

La géologie, l'anatomie comparée, ont reconnu exact l'ordre des anciennes générations annoncé par l'Écriture, conformément à l'histoire des trois fils de Noé, pères des premières races; l'anthropologie a distingué également trois grandes souches parmi les variétés des familles humaines; l'ethnographie a établi trois grandes divisions dans la multitude des idiomes des dialectes éteints ou existants; la linguistique a singulièrement facilité l'intelligence de l'Écriture sainte; elle a plus fait encore, elle nous a mis à même de déterminer avec exactitude les figures et les hiéroglyphes de l'Orient. (*Note* 118.)

Les explorations des voyageurs modernes ont confirmé l'accomplissement des prophéties, en même temps qu'elles ont constaté l'exactitude des détails géographiques et scientifiques consignés dans les Livres Saints. La découverte des colonies juives en Perse chez les Afghans, en Chine à Kaisong-Fu, aux Indes à Rajapour et dans l'intérieur de l'Himalaya, a démontré la vérité de l'Écriture. Elle a été enfin pleinement confirmée par l'identité de race reconnue entre les Juifs et les Chaldéens.

Des témoignages aussi unanimes et aussi nombreux ne sauraient être récusés. Leur puissance doit ramener toutes les opinions à la vérité. Nous aurions voulu la rendre plus pressante et plus vive, afin qu'elle devînt irrésistible pour l'aveuglement volontaire et les esprits prévenus. Les Livres Saints auraient ainsi triomphé plus tôt des prétendues erreurs qu'ils ne contiennent pas et qui n'en ont pas moins été longtemps accréditées.

Tels sont les motifs qui nous ont conduit à appeler l'attention des hommes de toutes les croyances sur le premier des livres; livre réellement étonnant, fait pour tous les âges et dont l'importance a grandi avec eux. Merveilleux pour nous, il le sera plus encore pour nos neveux, dont les esprits, éclairés par des lumières nouvelles, en concevront mieux la portée, et pourront ainsi en mieux apprécier la beauté et la profondeur.

NOTES DU SECOND VOLUME

Note 1, pag. 9.—Les êtres mythologiques ou allégoriques que les Grecs et les Romains ont figurés sur leurs monuments, se rapportent tous, même les plus fantastiques, à des parties d'êtres réels; il n'y a de fabuleux que leur assemblage ou leur singulière et étrange réunion.

La Chimère, ce monstre composé d'animaux extrêmement différents, en est elle-même la preuve, car toutes les parties qui entrent dans son organisation sont vraies; elles sont la désignation de portions d'êtres réels et actuellement vivants. Il suffit de jeter les yeux sur les représentations que les anciens nous en ont laissées, pour s'apercevoir que, dans leurs compositions les plus bizarres ils étaient demeurés dans le vrai, non pour leur ensemble, mais relativement aux détails de leurs parties. Ils ont en effet porté leur tendance vers la vérité jusqu'à l'excès, pour ainsi dire, dans leurs monuments où ils ont retracé un grand nombre d'animaux fabuleux. Cette tendance est manifeste jusque dans leurs plus grands écarts.

Ainsi, ils ont souvent associé leur dieu Apis, caractérisé par un taureau, à Osiris, qu'ils représentaient sous la forme d'un lion. Mais dans cette association ils ont conservé, à l'un, les parties propres aux carnassiers, et à l'autre, celles d'un ruminant. On peut s'en assurer, en jetant les yeux sur les statues et les camées antiques, et particulièrement sur les planches des pierres gravées antiques, publiées par Agostini. (*Gemme antiche; Roma*, 1637.)

Ils ont fait de même dans la représentation de leurs griffons, auxquels ils n'ont pas toujours donné la tête des aigles, mais bien celle d'une foule d'animaux différents. Par suite des règles qu'ils s'étaient imposées, ils ont constamment attribué à ces animaux des pattes en rapport avec le but que la tête indiquait; ils ont coordonné ces différentes parties, de manière à conserver entre elles les relations obligées qu'elles ont avec leurs conditions d'existence, et ils ont suivi ces règles avec une constance remarquable, indépendamment du sens allégorique qu'ils attribuaient à ces êtres fantastiques.

Leurs Centaures, êtres fabuleux, moitié hommes, moitié chevaux, ont toujours été représentés dans l'antiquité avec un seul sabot, tandis que leurs Satyres à cornes de bouc ont été figurés constamment avec des pattes fourchues, comme sont celles des ruminants, classe à laquelle appartiennent les boucs.

Les anciens ont donc suivi le principe de la coordination des formes dans la composition de leurs êtres imaginaires ou mythologiques, ce qui prouve que, jusque dans leurs plus grandes aberrations, ils ont eu en vue l'imitation de la nature. Seulement, les statuaires de l'antiquité n'ont suivi ces règles que lorsque l'art fut arrivé à un certain degré de perfection. Ils ne s'y étaient point soumis à la naissance de l'art ; ils les avaient oubliées à sa décadence.

Note 2, pag. 11. — Quoique la disparition du dronte soit très-moderne, plusieurs naturalistes ont supposé que cet animal n'avait jamais existé, et que la description de cet oiseau se rapportait au manchot ou au pingouin. Il en est cependant tout autrement, car les os d'un oiseau du même genre sont conservés dans les musées de Londres et d'Oxford. Ces restes paraissent se rapporter à plusieurs espèces de ce genre qui ont disparu depuis l'établissement des Européens à l'île Maurice.

La grosseur du corps du dronte était telle, que ses ailes courtes et peu puissantes ne pouvaient le soutenir dans l'air; d'un autre côté, le peu d'étendue des pattes de cette espèce ne lui permettait pas de courir, en sorte qu'il n'avait aucun moyen d'éviter les dangers qui pouvaient le menacer. Aussi n'est-il pas extraordinaire qu'il n'ait pas pu échapper aux causes de destruction qui l'ont entouré de toutes parts, du moment où l'homme a pu vouloir l'atteindre.

Cette espèce s'est éteinte, comme tendent à disparaître tous les animaux que l'homme a quelque intérêt à détruire. Parmi toutes les causes qui ont le plus d'influence sur leur anéantissement, il n'en est pas de plus puissante que la crainte qu'ils nous inspirent : en effet, notre action ne se ralentit jamais et s'exerce avec une activité d'autant plus grande que le danger est plus pressant pour nous. Ainsi les temps ne sont peut-être pas bien éloignés où l'homme se sera débarrassé des animaux féroces qui menacent son existence, dans les lieux où il a établi sa demeure.

Note 3, pag. 15. — La pyramide du Nord, ou la grande pyramide, est, d'après M. Jomard, orientée avec une exactitude remarquable. (Grand ouvrage *sur l'Égypte*, tom. II, chap. XVIII, section III, pag. 61.) M. Nouet, astronome, a prouvé par ses observations géométriques et astronomiques, que le côté du Nord déviait de la ligne Est et Ouest de 19'38" vers le Sud. Il en a conclu que la ligne méridienne tracée pour donner au monument la direction qu'on lui désirait, déclinait de 20′ vers l'Ouest; mais comme le revêtement a des bornes très-étroites, il n'est pas certain que cette petite différence provienne de la direction primitive des faces. Il est naturel de l'attribuer, au moins en partie, à la difficulté de déterminer, avec une certitude parfaite, la direction des degrés qui forment aujourd'hui les faces.

L'orientation de l'observatoire de Tycho-Brahé a été trouvée à Urambourg, par l'académicien Picard, en défaut de 18′. D'ailleurs, suivant les remarques de M. Nouet, la ligne méridienne étant tracée et dirigée exactement au Nord, on aurait de la peine, en élevant une perpendiculaire, à ne point dévier, sur une longueur de 113 mètres 1/2, de 3 décimètres, quantité suffisante pour donner 20′ de différence.

La seconde pyramide, dite de Cephron, est orientée comme la première; il n'y a pas de motif pour croire qu'elle le soit moins exactement, quoiqu'on n'y ait pas observé d'azimuth. La boussole, appliquée sur plusieurs faces, donne le même angle que la première avec le nord magnétique. Il y a également un parallélisme parfait entre ses faces et celles de la première; il en est de même de la troisième.

Note 4, pag. 17. — Homère n'a pas nommé les pyramides, quoiqu'il ait parcouru l'Égypte et que Thèbes soit célébrée dans ses chants. Hérodote (lib. II, cap. CXXIV et suivants) en a cependant parlé. Il en est de même de Diodore de Sicile (*Hist. univ.*, lib. I, § 63, trad. de Térasson, tom. I, pag. 134, 137 et suiv.; Paris, in-12, 1771). Strabon (*Géogr.*, lib. XVII, pag. 808, trad. française, tom. I, pag. 395, 399) et Pline (*Hist. nat.*, lib. XXXVI, chap. XII) les ont également mentionnées et même décrites.

Certains écrivains arabes, parmi lesquels nous citerons Ben-Ouessif-Chah, et Ebn-A.'bdt Hokm, ont attribué à Sourdy la construction des pyramides, qu'ils ont dit être gardées par trois gardiens formidables. Ils ont distingué les trois principaux de ces monuments, sous les noms d'orientaux, d'occidentaux et de peints.

Note 5, pag. 18. — Les puits de Syène étaient éclairés en entier, les jours du solstice d'été à midi, par la lumière du soleil, d'après Héliodore, Strabon et Pline (*Æthiopic.*, lib. IX; *Hist. nat.*, lib. II, cap. LXXIII).

Ainsi, au IIe siècle de l'ère vulgaire, le bord septentrional du soleil atteignait encore au zénith de Syène le jour du solstice d'été, ce qui suffisait pour que l'ombre fût nulle, ainsi que le rapporte Arrien, qui écrivait vers l'an 120 de l'ère chrétienne. En effet, l'obliquité de l'écliptique devait être alors de 23°, 49′, 25″, en partant de l'observation d'Hipparque et de la variation calculée approximativement pour cette époque.

Si l'on y ajoute le demi-diamètre moyen du soleil, ou 15′, 57″, on trouve 24°, 5′, 22″, ce qui, à un degré près, est la latitude de Syène. A plus forte raison, les écrivains antérieurs, tels que Plutarque, Pline, Lucain, Hipparque et Érastothènes étaient fondés à dire que le style ne donnait point d'ombre à Syène le jour du solstice. Il est facile de concevoir comment Ptolémée, Pausanias, et enfin Ammien Marcellin, qui écrivaient au IVe siècle, ont rapporté le même fait, soit qu'ils s'en fussent tenus à une tradition accréditée, soit qu'on observât encore de leur temps le gnomon à Syène; car un rayon vertical ne déviant que de 2 à 3 minutes, ne devait produire qu'une ombre insensible à l'œil.

Aujourd'hui le tropique est plus rapproché de l'équateur, et sa distance à Syène est de 37',25" au sud, ou de plus de quinze lieues et demie. Le limbe du soleil n'arrive donc qu'à 21º,3" du zénith de cette ville, d'où il résulte qu'au solstice d'été l'ombre y est encore très-peu sensible, car elle n'équivaut qu'à un quatre centième environ. Un style de 20 mètres de haut ne produirait qu'une ombre de 5 centimètres, ou moindre encore en raison de la pénombre; mais si l'on pouvait observer à l'ancien puits de Syène, on n'en verrait presque plus la moitié de l'année.

La différence qu'il présente avec son état primitif prouve sans doute les variations qu'éprouve l'obliquité de l'écliptique; mais ce puits ne montre pas moins combien ces variations sont légères. (*Description de l'Égypte*, tom. 1, chap. II, pag. 2 et suiv.) Le vers de Lucain que nous avons cité:

Ægypto, atque umbras nusquam flectente Syene,

vient encore à l'appui de cette opinion. (Voyez le liv. II, vers 587 de la *Pharsale*.)

Héliodore, dans ses *Éthiopiques*, parle du puits de Syène qui sert à mesurer la hauteur du Nil. Ce puits est, d'après lui, semblable à celui de Memphis et construit au-dessous d'une pierre polie sur laquelle on a gravé des lignes distinctes d'une coudée. On y arrive par un canal souterrain; il donne la quantité de l'accroissement et de la diminution du Nil, par les nombres et les caractères que cette eau recouvre ou laisse à découvert; cette hauteur indique la mesure du débordement ou de l'abaissement du fleuve Les gnomons horaires ne fournissent point d'ombre à midi, parce que les rayons solaires étant verticaux à Syène le jour du solstice d'été, la lumière est également répandue de toutes parts. Elle ne donne lieu à aucune ombre; en effet, au fonds du puits la surface de l'eau est éclairée en entier. Ce nilomètre subsistait encore au IVe siècle; selon Margrivy, il aurait été établi par A'mrou-Ben-el-A'ss; A'mrou ou plutôt ce dernier ne fit que le retrouver. (*Æthiopic.*, lib. IX.)

Ce puits paraît antérieur à Érastothènes et date du temps où le tropique d'été passait par cette ville extrême de l'Égypte. Les expressions de Strabon font voir que ce puits avait été creusé pour connaître le jour de solstice, et qu'il avait été destiné à cet usage. (Voyez *Géograph.*, lib. XVII, pag. 817. Paris, édition de 1820.)

Note 6, pag. 24. — Cette hypothèse n'a pas été adoptée par les observateurs, et par exemple par M. Morton, qui a étudié d'une manière particulière l'hybridité chez les animaux, considérée par rapport à l'unité de l'espèce humaine.

Ce physicien n'admet pas que, dans tous les cas, les animaux qui produisent des petits semblables à eux constituent une espèce, et que l'être né du croisement de deux races distinctes perde toujours la possibilité de se perpétuer. Il signale premièrement les chevaux, où les croisements d'espèces ont souvent réussi; il cite ceux de l'âne, de l'onagre, du zèbre et de l'hémione. Sans doute, plusieurs voyageurs ont prétendu que les mulets se reproduisaient assez souvent dans les climats chauds; mais ce fait est loin d'être démontré. Il en est de même de la supposition d'Hamilton, qui rapportait le cheval à cinq souches distinctes; ces souches en s'unissant ont produit l'espèce la plus appropriée aux besoins de l'homme.

Le même Hamilton Smith pensait aussi que le chien domestique dérivait de plusieurs races distinctes qui avaient donné lieu à de nombreuses variétés. Mais ce qu'il n'a pas fait, c'est de remonter jusqu'à ces races primitives; c'est cependant ce qui aurait été essentiel pour démontrer cette supposition.

Le loup, le chien, le chacal et le renard, espèces différentes, se croisent sans trop de difficulté; leur croisement est, aux yeux de M. Morton, la preuve que l'identité d'une espèce ne peut en dépendre. Cela serait vrai si de pareils accouplements, qui n'ont lieu que lorsque les animaux sont réduits à l'état de domesticité, avaient pour résultat des individus féconds. La fécondité et l'immutabilité dans l'état sauvage sont le caractère fondamental des espèces.

En réduisant à l'état de domesticité les animaux qui l'entourent, l'homme en tire bien des produits qu'ils n'auraient pas donnés s'ils avaient été constamment à l'état sauvage; mais nous ne pouvons pas rendre ces métis féconds. Les loups, qui aux États-Unis peuvent être dressés à la chasse du cerf, reprennent bien vite leurs habitudes farouches lorsqu'on les abandonne à eux-mêmes. Mais il est essentiel de ne pas perdre de vue que les métis sont à peu près constamment stériles.

Les exemples cités par M. Morton en faveur de l'hypothèse qu'il adopte, ne sont pas plus concluants, relativement aux oiseaux, aux poissons et aux mollusques, que ceux qu'il signale pour les mammifères.

Cet observateur reconnaît que l'hybridité est fort rare chez les animaux sauvages, si toutefois elle y existe; cette faculté ne se manifeste guère que chez les races domestiques. Aussi, l'aptitude de certains vertébrés à donner des produits fertiles, au plus jusqu'à la quatrième génération, est proportionnelle à leur facilité à se civiliser sous l'influence de l'homme. Mais, comme la plupart des animaux ne sont pas susceptibles de produire des hybrides fertiles, et que les races humaines les plus dissemblables donnent par leur réunion des individus féconds, il s'ensuit que celles-ci ne constituent qu'une seule espèce.

Cette conclusion, à laquelle conduisent les faits avoués par M. Morton lui-même, est contraire à celle qu'il a adoptée en les interprétant d'une manière inexacte [1].

Note 7, pag. 28. — L'action du cerveau sur la boîte crânienne peut s'exercer jusqu'à l'âge adulte, où le système osseux oppose une résistance puissante au développement de l'encéphale. Cette circonstance n'empêche pas qu'il n'y ait un rapport harmonique entre les deux organes, ainsi qu'on peut s'en assurer à toutes les époques de la vie.

D'après Lafarge, la cavité crânienne est l'image exacte du cerveau, et à tel point que sur la voûte orbitaire, dans les fosses temporales, à l'occipital, on remarque des éminences encéphaliques. Si donc on coule du plâtre dans un crâne, le moule simulera la configuration de la surface cérébrale. En général, la forme du cerveau peut être représentée par l'extérieur, en tenant compte toutefois des sinus frontaux et des saillies servant d'attache aux muscles.

L'encéphale paraît maîtriser l'ensemble de l'organisation, par son action sur l'angle facial et les conséquences anatomiques qui en dérivent. Par l'effet de cette action, l'organisation du corps de l'homme se montre en harmonie avec l'état de la civilisation. Elle est également en rapport avec le développement de l'intelligence, réglé lui-même par le cerveau, qui en est la source et l'organe matériel.

Note 8, pag. 35. — L'unité de l'espèce humaine est une

---

[1] Voy. *Americ. Journal of science*, vol. III, janvier et mars 1847.

question délicate de philosophie naturelle qui a occupé dans tous les temps, non-seulement les savants, mais les philosophes et les historiens. La solution de cette question paraissait à Voltaire si claire et si contraire aux enseignements de l'Écriture, qu'il n'a pas craint d'avancer qu'il fallait être aveugle, pour supposer que les blancs, les nègres, les Chinois, les Lapons, les Américains, enfin les albinos, fussent des hommes de la même espèce et d'une même origine.

La science répond : Oui, tous les hommes, quelque grandes que soient leurs dissemblances, sont de la même espèce, puisqu'ils se perpétuent d'une manière indéfinie. Les diverses variétés humaines sont moins différentes entre elles que certaines races des animaux domestiques qui nous entourent, variétés que nous faisons naître pour ainsi dire suivant les caprices de notre volonté.

Note 18, pag. 74.— Les livres de Moïse (*Genèse*, IV, v. 22) fournissent un témoignage de l'ancienneté de la découverte du fer. De la manière dont Moïse en a parlé, ce métal devait être en usage depuis longtemps dans l'Égypte. (*Lévitique*, ch. XXVI, v. 19; — *Deutéronome*, ch. XXVIII, v. 23 et 48.) Ces divers passages nous apprennent que le lit d'Hog, roi de Basan, était en fer. (*Deutéronome*, chap. III, v. 11.) Il compare la servitude que les Israélites éprouvaient en Égypte, à l'ardeur d'un fourneau où l'on fond ce métal.

On faisait en effet avec ce métal des lames de couteau, des sabres, des épées, témoin le sabre qu'Abraham sortit du fourreau pour immoler Isaac. (*Genèse*, chap. XXII, v. 6.)

Note 19, pag. 75.— L'usage où étaient les anciens patriarches de faire tondre leurs brebis, est encore une preuve des progrès que l'on avait faits dans la préparation des métaux, et particulièrement dans l'art de tremper le fer et le cuivre. (*Genèse*, chap. XXXI, v. 19; chap. XXXVIII, v. 12.) La découverte du fer et l'art de le travailler, remontent donc à des temps très-anciens dans l'Égypte et dans la Palestine; mais on ne peut s'empêcher de convenir en même temps que son usage était pour lors peu répandu.

Celui qui tracerait l'histoire des progrès que la fabrication du fer a faits dans les temps modernes, serait obligé de faire en même temps l'histoire du perfectionnement de la civilisation. Ces deux genres de progrès se sont en effet suivis, et l'un n'a pas avancé sans qu'il n'en ait été de même de l'autre. On pourrait en dire presque autant de la fabrication du cuivre, quoique cet art n'ait pas marché avec la même promptitude que celle du fer. Les anciens paraissent même avoir été plus avancés dans l'art de tremper le premier de ces métaux que nous ne le sommes nous-mêmes.

Note 20, pag. 76. — D'après la Genèse, l'art de fabriquer le fer, que Diodore de Sicile (liv. V, pag. 230) suppose avoir été inventé par les Chalybes ou Cabires, aurait été trouvé bien avant eux. (*Livre de Job*, cap. XXX, v. 24; cap. XXVIII, v. 2; cap. XL, v. 13, et cap. XLI, v. 18.) Voyez également *Iliade*, liv. IV, v. 521; liv. XIII, v. 612; liv. XXIII, v. 560, 561. — *Odyssée*, liv. XXIII, v. 423. — Hésiode, v. 316. — *Plato in Thessal.*, pag. 17, etc.

Note 21, pag. 77. — Voyez le *Voyage au Pérou*, d'Antoine Uloa, tom. I, pag. 386 et 392. — *Mémoires de l'Académie des sciences*, 1746, pag. 451. — *Histoire des Incas*, in-fol., 232.

Note 22, pag. 79. — Voyez Strabon, lib. II. — Ptolémée, lib. VIII, cap. I. — Diodore, lib. 5. — *Philippi Cluvieri Ita-*

liæ antiquæ idem siliciæ et consubricæ. Lugduni, *ex officina elzeviariana*, 1634, 2 vol. in-fol. — *Voyage à l'île d'Elbe*, par M. Thiebaud de Berneaud. Paris, 1808, in-8º. — *Précis de la géographie universelle* de Malte-Brun. Paris, 1819, tom. VII, pag. 588. — *Geographiæ Blavianæ. Amstelodami*, 1662, 8 vol. in-fol.

M. Héron de Villefosse ne suppose pas (voyez son ouvrage *sur la richesse minérale*, tom. I, pag. 425. Paris, 1810) que les minerais de fer de l'île d'Elbe soient connus depuis des temps fort éloignés de l'ère chrétienne. Il fait remarquer qu'il existe dans cette île deux exploitations principales, celles du Rio et de Terra Nera, qui ne remontent pas à une époque fort reculée.

Note 23, pag. 79. — La mythologie a rappelé l'histoire de la tour de Babel dans le tableau de l'escalade des Titans. Son érection est admise par les annales des anciennes nations, ainsi que la séparation des peuples et la confusion des langues, qui suivirent sa construction.

On en retrouve l'idée chez des nations très-modernes, comme par exemple les Américains. Ainsi les habitants du Mexique l'ont conservée sur leurs monuments et les Chinois n'en ont pas encore perdu la mémoire. Le nom, la forme et la hauteur de cette tour ont passé dans leur écriture. Une lettre de leur langue, qui signifie *l'adieu* ou la *séparation*, représente la mystérieuse Babel. (Voyez, dans la *Vue des Cordillères*, les mémoires concernant les Chinois, que M. de Humboldt y a insérés.)

Note 24, pag. 80. — Les pyramides, monuments de l'orgueil des premiers rois de l'Égypte, n'ont pas une grande antiquité. Ces constructions ne paraissent pas remonter avant

Sésostris, d'après Hérodote, qui en éloigne le plus la date, en sorte que leur érection aurait eu lieu en 3389 avant l'époque actuelle, ou seulement en 3263, d'après la plupart des écrivains modernes. Champollion, dont les travaux ont le plus éclairé l'histoire de l'ancienne Égypte, a adopté le dernier chiffre ; il a également admis que les plus anciens monuments de cette contrée ne s'étendaient pas au-delà de 4059 avant les temps actuels. Les plus anciens de ceux qui sont encore debout ne le cèdent qu'à la tour de Babel, érigée, d'après les Septante, l'an 4065 ; et les uns et les autres sont bien postérieurs au déluge.

Le but de leur destination, fort différent de celui qui a porté les Hébreux à élever la tour de Babel, le prouve encore. Les recherches récentes faites dans les pyramides nous ont à peu près fait connaître les motifs qui avaient porté les anciens rois d'Égypte à les construire. Les objets découverts dans les tombeaux pratiqués au-dessous de leurs énormes masses, ont démontré que ces monuments n'avaient pas l'antiquité qu'on leur supposait, et qu'ils étaient non-seulement postérieurs au déluge, mais même à Moïse. Cette circonstance nous explique pourquoi le chef des Hébreux n'en a rien dit. Il n'aurait pas pu s'empêcher d'en parler, si les pyramides avaient existé de son temps, lui qui sortait de l'Égypte, ainsi que les peuples dont la conduite lui avait été confiée.

Des monuments aussi gigantesques que les pyramides ou la tour de Babel n'ont pu être élevés que par suite de superstitions aveugles ou de croyances absurdes, ou enfin d'un despotisme absolu. On sait assez pour quel dessein insensé les nations se réunirent dans la plaine de Sennar pour ériger la tour de Babel, dont les ruines attestent quelle était sa hauteur et combien son pourtour était vaste et étendu. Le but de son érection prouve que les peuples qui l'avaient conçue devaient être fort nouveaux et bien peu avancés en civilisation.

Les pyramides, érigées en l'honneur des souverains de l'Égypte, qui rêvaient encore la grandeur après leur mort, sont des monuments impérissables du despotisme absolu qui les a fait édifier. Aussi, depuis leur construction, l'antiquité, qui a si souvent ressenti les effets d'un pouvoir sans bornes, n'a rien édifié de comparable, pour la grandeur et l'élévation, aux pyramides, devant lesquelles tant d'événements se sont passés et se passeront encore; le temps semble, en effet, n'avoir pas eu de prise sur leurs masses indestructibles.

Si depuis leur érection, l'antiquité a été impuissante à produire de pareils édifices, on doit peu s'étonner que rien d'aussi grand n'ait été tenté dans les siècles modernes. De semblables monuments sont d'un tout autre âge que le nôtre, et ne peuvent avoir appartenu qu'aux temps où les hommes asservis gémissaient sous le pouvoir d'un seul.

Note 25, pag. 82. — Dupuis a fait remonter l'établissement du zodiaque à une époque très-ancienne, mais il l'a fait sans aucune espèce de fondement, ainsi que toutes les observations faites après lui l'ont démontré. C'est aussi sans aucun motif fondé qu'il a supposé que le zodiaque de Dendérah datait de l'époque à laquelle le solstice était entré dans le Capricorne, c'est-à-dire vers 15000 au moins avant l'ère chrétienne; tandis qu'il est postérieur à cette ère, ainsi que le démontre le monument même.

Note 26, pag. 83. — Quoique Visconti ne connût pas les faits qui annoncent la nouveauté des zodiaques d'Esnée et de Dendérah, qu'on avait à tort considérés comme de la plus haute antiquité, il avait jugé, d'après la ressemblance des signes qui y étaient inscrits, qu'ils devaient se rapporter à une époque où les opinions des Grecs étaient grandement influencées par celles des érudits de l'Égypte. Visconti choisit donc la fin de la dernière grande année, ou l'époque écoulée entre l'an XII et l'an CXXXVIII après Jésus-Christ. Cette époque lui parut s'accorder avec l'inscription grecque, qu'il ne connaissait pas encore, et où il avait appris qu'il était question d'un César.

Les calculs de Delambre avaient établi que les sculptures de Dendérah étaient postérieures à Alexandre ; aussi avait-on à peu près abandonné l'opinion de l'ancienneté de ce zodiaque, avant que Champollion ne l'eût examiné. Il en était de même des calculs de Delambre, en raison de la difficulté que présentaient toutes les dates dérivées de la double supposition que la division marque le solstice, et que la position du solstice indique l'époque du monument.

La conséquence inévitable de cette hypothèse était que le zodiaque d'Esnée devait être au moins de deux mille ans et peut-être de trois mille ans plus ancien que celui de Dendérah. Cette conséquence ne pouvait être admise, par la raison toute simple que des monuments presque semblables ne pouvaient pas avoir été construits à des époques aussi différentes et aussi éloignées.

Les zodiaques d'Esnée et de Dendérah sont donc loin d'avoir l'antiquité fabuleuse de quinze mille années qu'on avait voulu leur attribuer. S'ils avaient été aussi anciens, on se demande comment les Égyptiens, ces hommes qui représentaient tout par des emblèmes, et qui attachaient un grand prix à ce que ces emblèmes fussent conformes aux idées qu'ils devaient représenter, eussent considéré les signes des zodiaques comme se rapportant à des milliers d'années, lorsqu'ils ne correspondaient pas à leur type primitif?

On n'est plus réduit à accepter de pareils chiffres depuis qu'il est démontré, de la manière la plus positive, que ces monuments, dont l'idée première a été apportée en Égypte par les Grecs, étaient évidemment de l'époque où les empereurs romains gouvernaient le monde, et qu'ils se rapportaient aux temps de Tibère, des Antonins ou de Trajan.

Aussi ceux qui, comme saint Martin, en ont le plus reculé la date, ont rapporté le planisphère de Dendérah au XIIe siècle avant l'ère chrétienne. Biot n'a pas partagé cette opinion et l'a supposé représentant un état du ciel peu éloigné de sept cents ans antérieurement à Jésus-Christ. Quant à Visconti et à M. Testa, le premier a singulièrement rajeuni ce zodiaque, et en a considéré la construction comme du premier siècle de l'ère chrétienne, ainsi que nous l'avons fait observer; tandis que le second l'a envisagé comme du troisième.

Il est du moins certain, d'après les inscriptions grecques et hiéroglyphiques, que les temples de l'Égypte dans lesquels on a sculpté des zodiaques, ont été construits sous la domination des Romains. Aussi lit-on sur le frontispice du portique du temple de Dendérah, une inscription grecque qui porte que ce temple est consacré au salut de Tibère, ce qui en fixe l'érection aux premières années de notre ère. Cette date est confirmée par le planisphère du même temple, ainsi que par d'autres monuments, tels que le petit temple d'Esnée et l'inscription grecque qui se trouve sur le cercueil d'une momie rapporté de Thèbes par M. Cailliaud et sur lequel se trouvent le nom de l'empereur Trajan, et un zodiaque divisé de la même manière que ceux de Dendérah.

Du reste, tous les zodiaques égyptiens ne représentent aux yeux de M. Halma que les travaux de chaque mois, et n'ont pour lui aucune importance chronologique. Ainsi se sont évanouies les conséquences que l'on avait cru pouvoir tirer de ces monuments, contrairement à ce que nous apprennent les faits déduits de l'observation des couches du globe et l'histoire de toutes les nations.

Note 27, pag. 84. — Les zodiaques d'Esnée et de Dendérah n'offrent qu'une représentation générale du ciel, il n'y a pas la moindre pensée astronomique ; l'intention de leurs auteurs était toute logique. La simple inspection de ces monuments, et encore plus leur étude, amènent à ce résultat et prouvent que ceux qui les ont construits n'avaient pas de connaissances scientifiques bien avancées.

Note 28, pag. 87. — Nous avons rapporté les propres paroles de Noüet, astronome de l'expédition d'Égypte. (Voyez Delambre, *Abrégé d'astronomie*, pag. 217, dans sa note sur les parantellons. — *Histoire de l'astronomie du moyen âge*, pag. 8.)

Les représentations zodiacales sont complètement étrangères aux Égyptiens. Il n'y en a aucune qui remonte au-delà de l'époque de la fusion des Grecs ou des Romains avec ces peuples. Toutes les momies qui ont des représentations zodiacales sont tout à fait étrangères aux Égyptiens ; elles ne datent que de l'époque romaine.

Les plus anciennes sont du temps d'Auguste, à l'extinction de la dernière dynastie égyptienne. Antérieurement, ce genre de figures a été complètement ignoré des habitants de l'Égypte.

On a trouvé dans les ruines anciennes des villes égyptiennes, des dessins de lions et de bœufs, mais à la vérité uniquement parmi les hiéroglyphes. D'ailleurs ces animaux ne peuvent être considérés comme des signes zodiacaux, puisque sur aucun des monuments antérieurs aux inscriptions grecques ou romaines, on ne voit pas un seul capricorne ni la moindre trace de sagittaire.

Ces figures, uniquement propres aux représentations zodiacales, ne se trouvent sur aucun autre monument, à moins qu'il ne soit de l'époque romaine. On a bien trouvé un centaure, dans les dessins antérieurs à ces trois peuples, Grecs, Romains et Égyptiens; mais on n'y a jamais observé un capricorne ou un sagittaire armé d'une flèche. Thèbes n'en a pas, quoi qu'en ait dit Dupuis.

Déjà, dans le grand ouvrage de l'Égypte, où l'on n'a pas considéré le zodiaque de Dendérah comme l'œuvre des Grecs ou des Romains, on convient que ce monument ne peut avoir une haute antiquité. « L'air de fraîcheur des édifices de » Dendérah, l'exécution précieuse des sculptures qui les » décorent, le dessin en quelque sorte plus correct et plus » gracieux, ont fait présumer aux artistes français que ces » ouvrages devaient être de l'époque récente où l'art, tel » que les Égyptiens l'ont reçu, était arrivé au plus haut degré » de splendeur. »

M. Groteland a lu à la Société égyptienne de Londres, un grand travail sur l'astronomie des Assyriens et des Babyloniens, qui prouve que cette science était beaucoup moins avancée qu'on ne l'avait supposé. Ce docteur a puisé ces renseignements dans les découvertes récemment faites à Ninive. D'après lui, le cadran solaire, que le prophète Isaïe connaissait sous la domination assyrienne, est une invention des Babyloniens, et les signes du zodiaque égyptien n'étaient pas des crocodiles, des hippopotames, des chats, des ibis, des ichneumons, mais des sujets ayant rapport au climat et à la manière de vivre des Assyriens et des Chaldéens, dont le temple de Bel peut être considéré comme le premier observatoire. Souvent l'année était partagée en trois parties de quatre mois chacune, représentées par un bœuf, une vierge et une chèvre sauvage avec une queue de poisson.

Les Égyptiens ne paraissent pas avoir connu les constellations avant l'ère des Alexandrins ; ce qui le prouve, c'est qu'aucune constellation ne se trouvait au-delà de l'horizon d'Alexandrie. Les Assyriens ont certainement enseigné l'astronomie aux Grecs, car la description qu'Homère donne d'Hercule, d'Apollon, de Diane et de Vénus, est en tout semblable à des statuettes et des bas-reliefs trouvés à Nemrod par M. Layard.

Note 29, pag. 87. — Pour distinguer plus facilement les étoiles, les Grecs et les Romains imaginèrent d'en réunir plusieurs dans un seul et même groupe. Ils donnèrent des noms particuliers à ces amas d'étoiles que nous désignons sous le nom de constellations. Leurs observations durent se faire peu à peu ; il est du moins probable que les constellations les plus voisines du pôle furent les premières qui attirèrent l'attention des observateurs, en raison de ce qu'elles sont visibles dans toutes les saisons et à toutes les heures de la nuit.

Il n'en est pas de même des constellations qui composent le zodiaque ou qui n'en sont que médiocrement distinctes. Le voisinage du soleil les fait disparaître entièrement pendant un temps considérable ; on ne peut les apercevoir ni les distinguer que lorsqu'elles sont à une certaine distance de cet astre.

Note 30, pag. 89. — Les observations astronomiques des anciens étaient si peu avancées, qu'ils n'avaient aucun moyen de mesurer le temps ni aucune idée des chronomètres. Ils n'avaient pas non plus appliqué le verre aux instruments astronomiques et étaient loin d'avoir acquis la moindre notion des appareils météorologiques.

Cependant ces moyens étaient nécessaires pour faire des observations astronomiques d'une certaine précision. Cette science ne put donc pas avoir fait de grands progrès, et par conséquent elle ne date pas d'une haute antiquité. Du moins, d'après les données historiques les plus exactes, aucun peuple ne paraît avoir possédé, il y a quarante siècles, des connaissances précises en astronomie.

Les annales des brahmes et des Chinois sont loin de remonter à cette époque; ce qui le prouve, c'est que ces peuples ne connaissaient point la véritable position des solstices, ainsi que la grande position semi-lunaire. D'un autre côté, des peuples qui avaient à peine les premières notions de l'agriculture et des arts les plus indispensables, ne pouvaient guère avoir des données bien parfaites sur une science comme celle des astres, qui repose à la fois sur le calcul et l'observation.

Note 31, pag. 92. — Deux ordres de faits totalement différents suffisent donc pour montrer que l'on ne peut juger des progrès des sciences, par la longueur du temps depuis lequel elles sont cultivées.

Avant 1800, on ne connaissait pas une seule planète télescopique; cinquante-six ont été découvertes depuis lors[1].

---

[1] Quelque grand que puisse paraître le nombre des cinquante-six planètes télescopiques découvertes depuis 1800, il s'augmentera sans doute d'une manière notable; car, d'après M. Leverrier, nous ne connaissons probablement qu'une petite partie de la matière

On n'avait connu pendant longtemps que sept grosses planètes au ciel; deux ont été découvertes depuis peu, ce qui en porte la totalité à neuf. L'une de celles-ci, Uranus, a cependant jusqu'à huit satellites, quantité égale à ceux qui sont particuliers à Jupiter; tous ces satellites n'ont pas été aperçus avant 1700, et ceux qui font leur révolution autour d'Uranus ont suivi de près la découverte de cette planète, qui a été faite par Herschel en 1781. C'est à partir de cette époque, bien récente on le voit, que l'astronomie a fait la plupart de ses progrès.

Un des plus beaux résultats des nouvelles méthodes a été l'annonce de la planète Neptune, faite par M. Leverrier le 31 août 1846, et que M. Galle, de Berlin, a trouvée, le 25 septembre suivant, dans la partie du ciel où elle venait d'être indiquée.

Si nous comparons maintenant le nombre des corps simples métalloïdes ou métalliques qui étaient connus des anciens, avec ceux que nous avons découverts depuis 1700, la différence ne sera pas moins grande. Ainsi, avant 1700, le soufre, le carbone et le silicium, ou plutôt le quartz, étaient les seuls corps simples métalloïdes connus; sept ont été découverts de 1700 à 1800, et cinq depuis 1800 jusqu'à nos jours. Huit substances métalliques ont été connues de tout temps; une a été trouvée de 1500 à 1600, douze de 1700 à 1800, et vingt-neuf de 1800 à nos jours.

Les progrès relatifs à la connaissance des corps organisés n'ont pas été moins prompts que ceux des corps bruts. On présume qu'il existe environ, sur la surface du globe, de

---

contenue dans les espaces célestes, et les petites planètes y sont sans doute en quantité innombrable, quoique leurs masses totales ne dépassent probablement pas celle de la terre.

750 à 800 mille animaux invertébrés, qui sont apercevables à l'œil nu, nombre immense indépendamment de ceux que nous ne pouvons voir qu'à l'aide du microscope, qui seul nous en a dévoilé l'existence.

Sur ce nombre, Linné connaissait à peine 8550 espèces animales, tandis que depuis sa mort, arrivée en 1778, les espèces connues d'invertébrés se sont élevées jusqu'à près de 90000. Ces deux chiffres prouvent les progrès que la zoologie descriptive a faits depuis cette époque jusqu'à nos jours. Les mêmes progrès ont eu lieu pour les vertébrés. En effet, Linné et Gmelin ont indiqué, dans leurs différents travaux, environ 5250 espèces, et nous en connaissous maintenant au moins 19500 ou 20000, ce qui annonce le grand développement qu'a pris cette partie des sciences naturelles. Mais il reste bien plus à faire, car l'on peut présumer avec une assez grande probabilité, que le double au moins est à découvrir; mais pour arriver à un pareil résultat, dix-huit siècles d'observation ne nous seront certainement pas nécessaires.

Ce que les zoologistes ont fait pour les animaux, les botanistes l'ont fait également pour les végétaux.

Ainsi Théophraste, le disciple d'Aristote, qui herborisait 350 ans avant Jésus-Christ, ne connaissait que 500 plantes et croyait qu'il n'y en avait pas davantage. Deux mille ans après Théophraste, Tournefort constata l'existence d'environ 6000 espèces végétales.

Linné et Gmelin, de 1766 à 1768, en décrivirent 8551; et en 1806 Persoon en signala dans son *Synopsis* 17000, nombre qu'il porta, en 1815, à 25000; de Candolle, en 1817, à 40000; Studel, en 1824, à 50000; de Candolle, en 1833, à 56695; Bory de Saint-Vincent, en 1834, à 57000; enfin, de Candolle, en 1840, à environ 80000, nombre qui a été bien dépassé de nos jours, où l'on suppose que la quantité des espèces végétales décrites s'élève à plus de 100 mille. Ce nombre, quelque considérable qu'il soit, sera peut-être bientôt dépassé ; car on présume qu'il existe environ 300000 espèces végétales disséminées à la surface du globe.

Si, au lieu de prendre nos exemples dans les progrès que les sciences astronomiques et naturelles ont faits dans ces derniers temps, nous les eussions cherchés dans les progrès de toute autre branche de nos connaissances, ils n'auraient été ni moins nombreux ni moins saillants ; mais, pour en signaler seulement les principaux, il aurait fallu donner à cette note une étendue hors de proportion avec celle que peut comporter ce genre de travail.

Note 32, pag. 96. — Aristote n'était pas non plus convaincu de la haute antiquité que les Égyptiens voulaient s'attribuer. Plutarque l'a constaté de la manière la plus formelle. Varron ne l'a pas fait remonter au-delà de 2120 années avant l'ère chrétienne, c'est-à-dire à 3979 avant l'époque actuelle (1859). Hérodote, malgré son amour pour le merveilleux, n'a pas ajouté la moindre confiance aux 11340 années que les prêtres égyptiens supposaient à la durée de leurs princes. Tous les critiques sont unanimes à cet égard, ce qui prouve la vérité et l'exactitude de leurs observations.

Note 33, pag. 109. — Diodore de Sicile, dont l'opinion est d'un grand poids en pareille matière, n'ajoutait pas une grande foi à la prétendue ancienneté des observations des Chaldéens. Il fait remarquer que l'on ne peut supposer, avec Berose, que ces observations remontent à 473000 années avant le passage d'Alexandre en Asie. Une pareille date est tout à fait hypothétique et ne repose sur aucun monument ni sur aucune tradition, comme la plupart de celles que nous devons à cet historien. Aussi Hipparque, Timocharès, Aristille[1] et Ptolémée ont-ils démontré qu'il n'existait aucune observation des Chaldéens qui fût antérieure au règne de Nabonassar. (Voyez Diodore, lib. II, pag. 145.)

Du reste, d'après Diodore, les Chaldéens se mêlaient de prédire l'avenir. Si les peuples les plus anciens, après toutefois les Hébreux et les Égyptiens, suivaient les lois du caprice dans l'arrangement des constellations, ils ne marchaient pas cependant de pair dans la voie de la science. Les Égyptiens n'en avaient pas du tout, tandis que les Chaldéens en avaient quelque idée. Aussi annonçaient-ils avec précision le retour des planètes, et, ce qu'il y a de particulier, la science astronomique resta longtemps moins avancée chez les peuples bien postérieurs aux Chaldéens, et par exemple chez les Romains.

On peut rapporter à l'époque où les connaissances astronomiques étaient le plus perfectionnées, l'introduction du zodiaque dans les monuments, c'est-à-dire à celle où les idées des Chaldéens devinrent populaires sur le continent occidental. Alors seulement le zodiaque, qui était connu trois ou quatre cents ans auparavant, devint nécessaire. On comprend ainsi pourquoi le zodiaque demeura plus de trois cents ans sans paraître sur les monuments anciens, et pourquoi il n'en est fait mention qu'à l'époque de la venue de Jésus-Christ, quoiqu'il eût été en usage bien avant l'ère chrétienne.

---

[1] Timocharès était un astronome d'Alexandrie qui tenta avec Aristille de tracer le cours des planètes, et d'assigner à chaque étoile sa vraie position dans le ciel. L'un et l'autre, de la même ville, sont nés vers l'an 292 ou 294 avant Jésus-Christ.

Ces différentes causes ont probablement retardé l'invention du zodiaque, invention dont les anciens astronomes ne nous ont rien dit; ils nous ont du moins laissé ignorer de quelle manière on s'y était pris pour construire et diviser le zodiaque.

Les observations des Chaldéens, citées par Ptolémée, ne consistent qu'en éclipses de lune, dont ils avaient enregistré les jours et les heures, mais postérieurement à l'ère de Nabonassar. Or, des observations de ce genre ne constituent pas une haute science astronomique.

La célèbre période Saros, qui ramène les éclipses aux mêmes intervalles et dans le même ordre, est également attribuée par la tradition aux Chaldéens. Rien ne prouve pourtant qu'ils eussent la moindre connaissance des mouvements des nœuds de l'orbite lunaire; mais on sait que la découverte de cette période peut résulter naturellement de l'inscription régulière et longtemps prolongée des phénomènes écliptiques.

L'invention du cadran solaire fait sans doute honneur aux Chaldéens. Outre le témoignage positif d'Hérodote, on trouve dans l'*Histoire du cadran* d'Achaz, une preuve de l'existence de cet instrument en Judée, au VIIIe siècle avant l'ère chrétienne. La plupart des critiques ont admis que cette invention y avait été apportée de Babylone.

Il ne faut pas croire que cette connaissance exige une science bien élevée; car, deux ou trois siècles plus tard, Anaximène l'inventa en Grèce, et cependant ce philosophe croyait la terre cylindrique et plate, du moins en partie.

Quant à la connaissance de l'année sidérale, que les Chaldéens avaient faite, au dire d'Albategnius, de 365 jours, 6 minutes, 11 secondes, valeur qui ne diffère de la véritable que de deux minutes, on se demande comment un astronome du IXᵉ siècle aurait pu connaître un fait aussi remarquable ? Ce fait était cependant ignoré d'Hippocrate et de Ptolémée, qui avaient compulsé toute la science des Chaldéens et qui en avaient transmis la connaissance aux Arabes, dont l'Almageste était tout le savoir. De plus, Albategnius attribue cette dénomination aux Chaldéens et aux Égyptiens, circonstance qui prouve l'incertitude de la source où il avait puisé un pareil renseignement.

Note 34, pag. 110. — Ceux qui désireraient connaître les progrès que l'astronomie avait faits dans l'ancienne Égypte, trouveront des détails curieux à ce sujet dans les travaux suivants : 1º Dans le Mémoire sur les observations planétaires consignées dans quatre tablettes égyptiennes en écriture démotique, par M. Henri Brugsch, publié à Berlin en 1856;

2º Dans les différents Mémoires publiés par M. J.-B. Biot, sur les noms égyptiens des cinq planètes principales, dans les numéros du *Journal des savants* de décembre 1856 et janvier 1857;

3º Dans le Mémoire sur les résultats de l'examen des lieux des cinq planètes principales, consignés sur quatre tablettes antiques trouvées en Égypte, et la détermination de l'époque à laquelle ces tablettes se rapportent, par M. Williams Ellis, de l'observatoire de Greenwich. Ce travail a été inséré dans le tome XXV des *Mémoires de la Société astronomique de Londres*;

4º Dans la note sur les noms égyptiens des cinq planètes principales, par M. le vicomte de Rougé, membre de l'Institut. Paris, 1856;

5º Mémoires sur la division de l'année des anciens Égyptiens, publiés dans les numéros du *Journal des savants* (avril, mai, juin, août et septembre 1857), par M. J.-B. Biot. Ces Mémoires sont principalement destinés à démontrer l'erreur dans laquelle M. Brugsch est tombé relativement à Champollion, ainsi que dans le système qu'il a adopté et qui n'offre pas le moindre rapport avec la succession des phénomènes annuels propre au climat de l'Égypte. Ce système de M. Brugsch suppose le climat de cette contrée tout autre qu'il n'est et qu'il pourrait être. La notation prise au contraire dans son état de continuité naturel, présente, quant à la succession des phénomènes climatériques, une image naïve dont l'exactitude n'avait pas échappé à Champollion.

Note 35, pag. 113. — Les méthodes de calcul dont les Grecs faisaient usage, et qu'ils connaissaient du reste très-bien, étaient fort peu avancées. Sans doute, l'algèbre numérique était cultivée par eux et par les Hindous; mais c'était à ce point que se bornaient leurs connaissances mathématiques. Ils les ont transmises ensuite aux Arabes dans le VIIe siècle de notre ère, c'est de ces derniers que nous les tenons. Jean Rispanensis, auteur du XIIe siècle, qui nous a donné la traduction de Mohammed-Ben-Musa, nous a appris tout ce que les Arabes et par conséquent les Grecs savaient de l'algèbre numérique.

Du reste, il y a une grande différence entre cette algèbre, qui a été cultivée parmi nous dans le moyen âge, et notre algèbre actuelle bien autrement perfectionnée.

En effet, dans la première, les inconnues, c'est-à-dire les quantités que l'on veut déterminer, étaient représentées par des symboles ou par des mots, et les quantités connues, ou les données d'une question, l'étaient toujours par des nombres.

Aujourd'hui les quantités connues comme les inconnues sont représentées par des lettres, de sorte que la solution des problèmes est générale, et qu'il n'est pas nécessaire de recommencer toutes les opérations pour chaque genre en particulier.

L'algèbre ancienne était numérique, l'algèbre actuelle est littérale ou symbolique. La découverte de l'algèbre littérale paraît due à Viette, quoique plusieurs auteurs l'aient attribuée à Léonard Fibonnais, marchand de Pise.

Note 36, pag. 116. — On trouvera des notions plus étendues sur ce sujet dans l'*Histoire de l'astronomie* de Delambre, tom. I, pag. 212. (On peut encore voir son *Analyse de Germinus*, ibid., pag. 211.) Il faut aussi comparer les données qui y sont consignées avec celles qui nous sont fournies par les mémoires de M. Ideler sur l'astronomie des Chaldéens, dans le quatrième volume du *Ptolémée* de M. Halma, pag. 98.

Note 37, pag. 122. — D'après S.-W. Jones, Wilfort et Kleproth, les sciences et les arts sont arrivés fort tard, dans le Céleste-Empire, à un certain degré de splendeur. Ces savants pensent qu'il n'existe pas en Chine de certitude avant l'année 782 avant l'ère chrétienne, c'est-à-dire vers l'époque de la fondation de Rome, alors que la littérature hébraïque était déjà sur son déclin.

Cette opinion, si contraire à la haute antiquité que les Chinois ont voulu s'attribuer, a été adoptée également par le savant Windischmann, qui, comme Klaproth, range parmi les temps incertains, toute la période de l'histoire chinoise regardée comme telle par Wilfort. Cependant, Abel Remusat paraît disposé à croire que l'histoire des Chinois peut remonter à 2200 ans avant l'ère chrétienne, et leurs traditions plausibles à 2637 années. Lors même que l'on adopterait ces deux dates, l'antiquité de ces peuples ne remonterait pas à une époque bien reculée.

On s'est encore fondé, pour attribuer aux Chinois une haute antiquité, sur leurs connaissances en astronomie, que l'on a supposé avoir été introduites en Chine par Yao, l'un de leurs premiers souverains, dont on fait remonter l'existence à l'époque du déluge. Les historiens de la Chine le représentent comme faisant écouler les eaux produites par ce grand cataclysme. Leurs connaissances astronomiques étaient si peu avancées, que, 2000 années après Yao, ils n'avaient aucun moyen de prédire avec une certaine exactitude les éclipses de soleil ; en 1620 de notre ère, lors de leur dispute avec les Jésuites, ils ne savaient pas même calculer les ombres.

Aussi M. Paravey, après de nombreuses et de laborieuses recherches, pense que la plupart de leurs connaissances leur sont venues par les livres composés en Égypte ou dans l'Assyrie. S'il en avait été autrement, on ne trouverait certainement pas dans les encyclopédies chinoises, certains faits relatifs à l'histoire naturelle de l'Afrique, la connaissance de l'hippopotame, celle de l'existence des nègres. On a eu tort de taxer les livres chinois d'inexactitude, parce qu'ils ont placé des nègres dans une chaîne de montagnes désignée par eux sous le nom de *Kouen-Lun*. L'erreur est au contraire du côté des interprètes, qui ont placé cette chaîne dans le Thibet, tandis que par le nom même donné aux nègres qui l'habitaient, elle appartient non à la Chine, mais au Zanzibar, île de la mer des Indes [1].

---

[1] *Comptes-rendus des séances de l'Académie des sciences de Paris*, tom. XXXIX, pag. 1085, n° 21, 20 novembre 1854.

Note 38, pag. 128. — L'invention de la trigonométrie n'est pas l'œuvre du Chinois Cocheou-King, mais bien d'Hipparque, le plus habile astronome de l'antiquité. Cette découverte remonte en effet à l'an 164 avant l'ère chrétienne, et par conséquent longtemps avant la naissance du mandarin chinois. Hipparque peut également être considéré comme l'inventeur de la géographie; car il paraît avoir été le premier à déterminer les positions des lieux par les latitudes et les longitudes. Il les fixa au moyen des éclipses de lune.

Ce grand géomètre reconnut également les parallaxes et sut s'en servir pour déterminer les distances des corps célestes à la terre. Il paraît aussi avoir connu le mouvement équinoxial, mais d'une manière incomplète. Il laissa à ses successeurs le soin de vérifier ses observations à ce sujet; il osa enfin compter les étoiles, et il en donna un catalogue qui en comprenait environ huit cents, déterminées par leurs ascensions droites et leurs inclinaisons.

Ce fut plus tard et vers le milieu du deuxième siècle après l'ère chrétienne, que Ptolémée, riche des observations de ses devanciers et de ses propres travaux, continués pendant quarante années, se sentit le courage et la force de construire un système du monde qui en représentât les résultats. Il découvrit des inégalités célestes, et inventa, pour expliquer les mouvements en apparence si bizarres des masses planétaires, l'ingénieux système des épicycles. Il consigna toute sa science dans un ouvrage qu'il a intitulé : *La grande Construction*, dont le premier mot, passant par la bouche des Arabes, est devenu celui d'Almageste, nom sous lequel cet ouvrage est connu.

Ptolémée supposa la terre immobile et le soleil en mouvement. Ce point de départ était tout au plus supportable à une époque où les lois de la mécanique étaient ignorées, et laissaient sans solution les objections puissantes qu'on opposait à l'hypothèse du mouvement de la terre.

L'Almageste fut la science tout entière pendant plusieurs siècles; elle ne fit plus de progrès chez les Grecs après Ptolémée, et l'astronomie ne marcha plus en avant jusqu'à l'époque des Arabes. Cette école créa néanmoins plusieurs générations d'astronomes qui suivirent les idées de Ptolémée. Ils mesurèrent un arc du méridien dans les plaines de la Méditerranée, et en 880 Albategnius publia son livre *De scientia*, où il rectifia en quelques points le catalogue des 1022 étoiles publié par Ptolémée. L'astronomie repassa un peu plus tard en Europe, sans faire cependant de véritables progrès pendant plusieurs siècles. Copernic parut enfin; il fut suivi de Tycho-Brahé, qui enrichit la science de découvertes utiles, telles que celles de la variation lunaire et de l'équation annuelle. Galilée mit la dernière main à la théorie de Copernic, et la dégagea des ombres où les observations des péripatéticiens l'avaient retenue.

L'invention, ou du moins le perfectionnement des premiers télescopes, le mit à même de faire des découvertes dans le monde planétaire, qui ouvrirent un nouveau champ à la science. En même temps Képler, après d'immenses travaux, posa les bases du système de l'univers, lois qui ont conservé le nom de leur auteur. Newton trouva enfin la loi qui régit le monde, et depuis lors l'astronomie, dont l'ancienneté comme science est loin de se perdre dans la nuit des temps, a marché de découverte en découverte, comme toutes les autres branches des connaissances humaines.

Note 39, pag. 129. — Newton, qui par ses profondes recherches a répandu tant de lumières sur l'antiquité, a pensé et soutenu que les nations qui peuplent la terre sont beaucoup moins anciennes que ne l'ont supposé la plupart des chronologistes. Les preuves qu'il a données pour le démontrer sont de deux ordres : les premières roulent sur l'évaluation des générations, et les secondes sont tirées de l'état de l'astronomie chez les anciens.

Du reste, il faut bien distinguer, dans l'histoire du globe, celle qui se rapporte à la création de la terre comme corps distinct et particulier, de celle qui est uniquement relative à la création des végétaux et des animaux. On ne saurait fixer l'époque de la première, et on peut jusqu'à un certain point apprécier le point de départ de la seconde.

Note 40, pag. 131. — Platon paraît avoir connu le Pentateuque; il peut l'avoir vu en Égypte, car à l'époque où ce philosophe visita cette contrée, un certain nombre de Juifs y étaient établis. Après avoir étudié auprès d'Eurytus et de Philolaüs les secrets de la philosophie pythagoricienne, Platon alla en Égypte pour y puiser la science aux mêmes sources. Cicéron (*De finibus*), Valère Maxime (VIII, 7), Apulée (*De dogm. Plat.*) ont parlé du voyage de Platon dans des termes si précis, que l'on ne peut guère se former des doutes sérieux relativement à l'époque où il a eu lieu.

Saint Augustin et la plupart des docteurs ont supposé que Platon avait connu la Bible, non par la version des Septante, puisqu'elle n'a été faite que soixante ans après sa mort; mais par les communications qu'il eut avec les Juifs pendant son séjour en Égypte. Aussi Numénius d'Apamée, dans son examen critique de sa doctrine, dit-il que Platon est Moïse parlant grec.

On pourrait faire la même remarque à l'égard de son maître Pythagore. Après avoir passé vingt-cinq années en

Égypte, ce philosophe alla à Babylone afin d'étudier la science des Chaldéens. Il y eut des relations suivies avec un mage nommé Zambranus, qui est peut-être le prophète Daniel. Aussi une foule de préceptes et de règlements disciplinaires de Pythagore sont-ils conformes à ceux de la loi mosaïque.

Les Pères de l'Église sont unanimes sur ce point de critique ; cette croyance générale, chez des hommes aussi éclairés et d'une bonne foi incontestable, est ici d'un grand poids. Saint Justin admet également que Platon a eu quelque connaissance des livres de l'ancienne alliance. Il en enseigna secrètement la doctrine à ceux qui cherchaient à connaître la véritable religion, sans jamais prononcer le nom de Moïse, par crainte de l'aréopage.

Saint Clément d'Alexandrie a partagé la même opinion [1]. Origène, quoique moins affirmatif, fait observer que Platon, dans son voyage en Égypte, en a eu connaissance par les Juifs. Tout en faisant comprendre ce qu'il en a appris, il en a déguisé pourtant une grande partie, de peur de choquer les Grecs, s'il avait paru trop attaché à la doctrine d'un peuple décrié dans le monde par la singularité apparente de ses lois et la forme particulière de son gouvernement. (Origène, *Contra Celsum*.) Eusèbe a surtout insisté sur les analogies de la philosophie platonicienne et les enseignements de l'Écriture. Il en a consigné les preuves dans son travail sur la préparation évangélique. Il en a été de même de saint Cyrille d'Alexandrie et de Théodoret.

Ils en ont trouvé la preuve dans une infinité de passages de Platon, qui reproduisent jusqu'aux expressions dont Moïse s'est servi pour nous donner l'idée de Dieu : *Je suis celui qui*

---

[1] Voyez également Cicéron, *De finibus*, lib. VII, v. 7.

est, termes sublimes dans leur simplicité, par lesquels Dieu s'est révélé comme l'être nécessaire, l'être par excellence. Platon dit exactement dans le même sens et avec un tour de phrase qui rapelle le passage de l'Exode : « la réalité de l'être n'est qu'en Dieu ; c'est le seul dont on ne puisse pas » dire proprement, il a été ou il sera ; mais seulement, *il* » *est.* »

Ce trait rappelle cette courte inscription du temple de Delphes : Εἶ, *tu es*; car c'est le véritable sens de ce monosyllabe. De l'idée de Dieu existant par lui-même, de l'idée de l'être nécessaire, résulte invinciblement celle de l'unité, dogme fondamental que Platon a enseigné.

Ce Dieu existant par lui-même, l'être nécessaire et éternel, a tiré l'univers du néant ; au commencement, il avait créé le ciel et la terre. La Bible nous apprend que sa bonté fut la cause de la création. Platon enseigne la même vérité dans le Timée, où il est écrit : « Disons quelle est la cause » pour laquelle celui qui a créé cet univers l'a créé : il était » bon. »

L'âme humaine créée à l'image de Dieu est encore une vérité mère écrite dans les premières pages de la Genèse. On la trouve en plusieurs endroits des écrits de Platon, notamment dans le *Premier Alcibiade*, où nous lisons : « Pouvons-nous indiquer une partie de l'âme plus divine » que celle à laquelle se rapportent la science et la sagesse?.. » Cette partie de l'âme est donc semblable à la divinité ; celui » qui y contemple tout ce qui est divin, connaîtra Dieu et la » sagesse ; il se connaîtra lui-même. »

La présence de Dieu partout est exprimée par Platon dans des termes qui ressemblent parfaitement à ce passage du psaume CXXXIX : « Si je monte aux cieux, tu y es ; si je me

»couche dans le sépulcre, tu y es encore. Si je prends les »ailes du vent et que je fuie au-delà des mers, ta main me »saisira et ta droite me conduira.» Dans le Xe livre des *Lois*, Platon dit : « Quand tu serais assez petit pour descendre »dans les profondeurs de la terre, ou assez haut pour monter »au ciel avec des ailes, tu n'échapperais pas aux regards de »Dieu. »

Le rapport entre Moïse et Platon paraît encore plus frappant, lorsqu'on descend jusqu'aux rapports moraux et jusqu'aux lois spéciales. La punition de l'iniquité des pères sur les enfants, et cela jusqu'à la troisième génération, se retrouve dans les lois du philosophe grec[1]. Il en est de même de la loi sur l'homicide occasionné par un animal. D'après la loi de Platon, « si un animal tue un homme, l'animal doit »être tué hors de la ville. »

La loi de Moïse dit en termes exprès que : « si un bœuf »heurte de sa corne un homme ou une femme et que la per»sonne en meure, le bœuf sera lapidé sans exception; on ne »mangera point de sa chair; mais le maître du bœuf sera »absous. » (*Exode*, XXI, 28.)

La loi de Platon interdit l'usage du vin aux magistrats dans l'exercice de leur charge, comme celle de Moïse le défend aux prêtres et aux sacrificateurs. (*Lévit.*, X, 9.)

Il serait facile d'étendre ces rapprochements et de rendre très-probable que Platon a connu les livres de Moïse, ou tout au moins que les docteurs juifs lui en avaient exposé la doctrine, lors de son voyage en Égypte. Cette connaissance explique de la manière la plus naturelle comment s'est formé le système théologique du philosophe grec.

---

[1] Eusèbe; *Præparat. Evang.*, XII, 25.

Du reste, suivant Philon le Juif, commentant le premier chapitre de la *Genèse*, ainsi que d'après Platon dans le *Timée*, le monde a commencé d'être et il est l'œuvre de Dieu ; mais la matière corporelle est co-éternelle à Dieu même. Tout erronée qu'est cette doctrine, plusieurs docteurs de l'Église ont cru en trouver la source dans les Livres Saints. Cette doctrine a été combattue par saint Paul au Ier siècle ; saint Clément d'Alexandrie au IIe ; Origène, Denys d'Alexandrie, Maxime et Eusèbe au Ier et au IIIe ; saint Basille au IVe, et saint Augustin au Ve. Ils ont tous hautement proclamé l'existence d'un seul être nécessaire, d'une cause première, unique, qui a tout produit, même la matière.

Note 41, pag. 136. — La cosmogonie des Hindous, qui a supposé le monde supporté par un éléphant et, ce qui est non moins extraordinaire, par une tortue, est peut-être fondée sur la grandeur d'une espèce de ce genre, le *Colossochelys Atlas*, de l'Inde. Cette ancienne tradition est encore admise par les Indiens de nos jours, et le poëte Jyadova y fait allusion, lorsqu'il dit : « Tortue divine! la terre est soli-»dement établie sur ton dos immense, dont l'étendue s'ac-»croît encore par la callosité, résultat du poids énorme que »tu as à supporter. » D'autres passages des livres sacrés des Hindous mentionnent une tortue livrant bataille à un éléphant. De pareilles traditions qui se rapportent à des tortues gigantesques se rencontrent dans la cosmogonie de Pythagore, et, à ce qu'il paraît, chez les Iroquois d'Amérique.

Note 42, pag. 144. — La tortue fossile que nous venons de mentionner, trouvée dans les monts Sewalick, n'avait pas moins de 6 mètres ; sa hauteur était de 2^m,274. On a donné à cette espèce le nom de *Colossochelys Atlas*, à raison de ses dimensions extraordinaires. Quoiqu'elle n'ait été trouvée jusqu'à présent que dans des couches présumées appartenir aux temps géologiques, il n'est pas impossible qu'elle ait eu des représentants depuis l'apparition de l'homme.

Ses ossements se rencontrent dans des terrains récents, associés à des crocodiles, des chéloniens, semblables à des espèces encore existantes. C'est d'ailleurs lorsqu'il s'agit des êtres réels, que les Hindous se sont livrés à de plus grandes exagérations.

Ainsi, l'éléphant est le plus gros des quadrupèdes de l'Inde; on a cru reconnaître l'origine de leur grand serpent *asoki* dans l'énorme python, de l'oiseau divin *garuda* dans la cicogne gigantesque de la même partie de l'Asie. Il ne paraît pas possible que l'idée d'une tortue comparable à un éléphant puisse venir à personne, du moins d'après la taille de celles qui vivent de nos jours dans l'Inde, quoique leurs dimensions soient bien plus considérables que les tortues terrestres des autres régions. Cette sorte d'impossibilité fortifie la conjecture que le *Colossochelys Atlas* a été contemporain des premières générations humaines, et qu'une tradition vague et exagérée de ses grandes proportions a été la première origine des fables cosmogoniques auxquelles nous avons fait allusion.

On peut supposer que la découverte de quelques débris de ces reptiles ait attiré l'attention des anciens habitants de l'Inde; la spécialité des formes des chéloniens rendant leur reconnaissance facile, même à des hommes peu versés dans les sciences naturelles. Cette dernière hypothèse s'accorderait mieux avec les différences spécifiques qu'ont présentées les éléphants fossiles trouvés aux monts Sewalick, d'avec ceux qui vivent encore en Asie. La ressemblance de certains ossements de grands sauriens a peu de poids dans la question qui nous occupe. Il est en effet difficile de trouver de bons caractères ostéologiques, pour distinguer entre elles les espèces de cette dernière classe d'animaux vertébrés.

Quoi qu'il en soit à cet égard, il est vrai de dire que les dispositions générales des carapaces des tortues, peuvent plutôt donner l'idée d'un animal capable de supporter la terre, que les formes qui caractérisent les autres ordres de vertébrés. On ne peut guère se rendre compte des idées mythologiques qui ont porté les Hindous à faire supporter le monde par une tortue, quelque grandes que puissent avoir été celles qui ont habité, dans les temps géologiques, certaines parties de l'Asie. Peut-être la forme en voûte de la carapace de ce genre de chélonien en a donné l'idée, et le reste a été la suite de quelques idées mythologiques dont nous ignorons le secret.

Note 43, pag. 161. — En effet, Platon admettait comme principes des choses, Dieu et la matière, et en outre certains types ou modèles éternels d'après lesquels, suivant lui, tous les êtres auraient été formés. Il les nommait idées; seules elles avaient une existence réelle et absolue, et les choses individuelles n'en sont que des ombres ou des copies.

On est étonné, après de pareilles croyances, de voir le philosophe grec enseigner, comme l'avait fait Socrate, les plus hautes vérités sur Dieu et sur l'âme. On n'est pas moins surpris qu'il les ait assez fortement inculquées dans l'esprit de ses disciples, et particulièrement dans celui d'Aristote, pour que ce grand naturaliste les ait proclamées à son tour, comme son maître, avec force et autorité. C'est dans leurs écrits que l'on peut se former une idée de la justesse de leurs vues, lorsqu'ils nous parlent de l'existence divine, de la Providence et de l'immutabilité du principe pensant, enfin des destinées inégales des bons et des méchants après la mort.

Ainsi, à travers les obscurités et les erreurs dont leurs livres sont souvent empreints, leurs doctrines offrent cependant des côtés lumineux dont l'éclat éveille au sein des âmes les plus nobles pensées et les plus généreux sentiments.

Du reste, quelque opinion que l'on se fasse des doctrines théogoniques de Platon, on ne peut qu'admirer la sublimité de ses conceptions, la pureté de sa morale et la noblesse de son style.

C'est en se pénétrant profondément des idées lumineuses émises par Socrate et Platon, que plus tard Sénèque et Cicéron ont aussi écrit quelques belles pages sur la toute-puissance divine, pages qui sont en quelque sorte le reflet de celles dues au philosophe grec que l'antiquité a salué du nom de *divin*.

Note 44, pag. 169. — Tous les travaux de l'exégèse sur le Pentateuque n'ont pu détruire le fait de son ancienneté. Ainsi, plus on pénètre dans l'histoire de l'antique Orient, plus la mission providentielle du peuple hébreu se détache d'une manière éclatante sur l'horizon du polythéisme primitif.

Aussi Richard Simon, qui a analysé le Pentateuque dans ses détails, en a signalé les moindres répétitions et les apparentes contradictions; néanmoins il n'a pas osé en contester l'authenticité ni en venir à une conclusion contraire un peu précise.

C'est aux travaux de Richard Simon et d'Astruc, que l'exégèse moderne a emprunté ses arguments. On peut voir à cet égard le travail d'Ilger, sur les Documents originaux des temples de Jérusalem dans leur état primitif (Halle, 1796). On peut également consulter les recherches d'Eichhorn sur le Nouveau Testament, et celles de Volney sur les faits naturels (chap. XII).

On trouve des données sur le même sujet dans l'*Elementar-Buch* de Gessenius, 2e part., pag. 6, 13 et 23; et dans l'*Historisch-kritische Forschungen über die Bildung, das Zeitalter und den Plan der fünf Bücher Mosis* du chanoine Hartmann (Rostock, 1831, pag. 791 et suiv.).

Pour rétablir la date généralement attribuée au livre de Moïse et la concilier avec les autres faits historiques, il suffit d'admettre que les Chaldéens sont arrivés à Babylone avant le règne de Nabuchodonosor, et de rendre ainsi à l'Asie occidentale l'antiquité de sa civilisation. Du reste, plus on avance dans l'histoire de l'Orient, plus on sent combien un livre tel que le Pentateuque était nécessaire au maintien de l'unité nationale des Juifs.

Ces considérations et une foule d'autres qui ont été développées par John Eichhorn et Rosenmüller, prouvent l'authenticité des livres de Moïse. Cette authenticité serait encore réelle, lors même que l'on admettrait qu'il s'y trouve quelques interpolations, car il est tout aussi difficile d'en préciser les détails que d'en mesurer l'étendue.

Depuis les recherches de Champollion et de Rosellini sur les monuments égyptiens, ces monuments sont devenus des témoignages irrécusables de l'authenticité des Livres Saints.

Note 45, pag. 181. — C'est en effet au récit de la Bible, rempli de renseignements précieux, qu'il faut recourir chaque fois qu'on veut remonter à une époque très-reculée de l'histoire des peuples anciens qui tour à tour ont paru sur la scène du monde. C'est aussi aux Livres Saints que s'adressent les voyageurs qui veulent visiter les contrées que les nations de l'antiquité ont habitées, et connaître jusqu'aux moindres circonstances géographiques des régions qu'ils ont illustrées.

C'est dans la Bible que MM. Léon de Laborde et Linard ont trouvé les renseignements qui leur étaient nécessaires pour parcourir avec fruit l'Arabie Pétrée, qu'ils avaient le désir de visiter avec un guide fidèle et exact. Ce guide, ils l'ont rencontré dans l'Écriture, quoiqu'elle ne désigne pas cette contrée par son nom ni dans ses limites précises. Ils ont été grandement surpris de découvrir dans le simple récit que nous en fait la Bible, plus de données positives que dans les auteurs grecs tous ensemble, et cela sur sa configuration intérieure et sur les particularités de son sol accidenté.

Leur étonnement n'a pas été moindre lorsqu'ils ont vu les habitants actuels de l'Arabie Pétrée aussi pénétrés de l'exactitude des Livres Saints qu'ils l'étaient eux-mêmes, par suite des observations qu'ils avaient eu l'occasion de faire en traversant cette partie de l'Asie. Tous les habitants leur dirent qu'ils ne trouvaient pas ailleurs des notions aussi détaillées sur leurs ancêtres, leur origine, les limites de leur territoire, les particularités de leurs mœurs, de leurs usages et même de leurs forces. Ils leur apprirent encore que leur constitution en corps de nation ne remontait pas à plus de 2000 ans, ainsi que la Genèse et les autres livres de Moïse l'ont établi.

Voyez les *Paralipomènes*, liv. II, chap. IX, vers. 14, où il est question des cheicks des Arabes.—*Id.*, Ézéchiel avec les Paralipomènes a été un des premiers à parler de l'Arabie, qui avait pour limites l'Égypte à l'ouest, la mer Rouge au sud, la Judée et le lac Asphaltite au nord, enfin le grand désert à l'est (chap. XXVII, vers. 21). Strabon comprenait sous le nom d'Arabie toute la presqu'île qui s'étend entre l'Inde et la mer Rouge, et le désert jusqu'à l'Euphrate. Voyez également le *Voyage dans l'Arabie Pétrée*, par Léon de Laborde et Linard, un vol. in-fol.; Paris, 1830.

Note 46, pag. 200. — M. Paravey, dans son mémoire intitulé : *De quelques faits bibliques retrouvés dans les hiéroglyphes chinois*, a prouvé que le Pentateuque ainsi qu'Abraham étaient très-bien connus en Chine dès les plus anciens temps. Ce patriarche y était désigné sous le nom de *Tan*, ou de Père de la multitude. Les mêmes hiéroglyphes, ainsi que le Chouking, nous ont fait connaître les migrations qu'Abraham avait faites à l'ouest de la Palestine. Elles mentionnent également les sept années de disette et de famine qui eurent lieu sous un Pharaon puissant, fondateur d'une grande dynastie, et un ministre habile, d'un nom vénéré.

On y trouve aussi sur le déluge quelques détails analogues à ceux que Moïse nous a donnés de ce grand événement. (Voyez les *Annales de philosophie chrétienne*, 28e année, IVe série, tom. XVIII, pag. 456, no 108, décembre 1858.) (Cette note n'est pas indiquée dans le texte.)

Note 47, pag. 212. — D'après Clément d'Alexandrie, la sortie du peuple hébreu de l'Égypte aurait eu lieu la 445e année avant le renouvellement du cycle sothiaque. Cette époque se rapporterait, si cette circonstance importante dans l'histoire de ces peuples est bien exacte, ainsi qu'on le suppose, à 1770 avant l'ère chrétienne, ou 3629 années avant l'époque actuelle 1859.

Note 48, pag. 213. — La certitude historique ne commence que vers 2000 ou 2500 ans avant l'ère chrétienne. Le calcul fait en réduisant à sa juste valeur l'antiquité que les Égyptiens ont voulu se donner, on voit qu'elle ne dépasse pas, pour les érudits qui la font remonter le plus haut, au-delà de 3901 années avant Jésus-Christ, ou à plus de 5760 ans avant l'époque actuelle.

Voici du reste une chronologie qui nous a été donnée par M. de Brotonne, dans son ouvrage remarquable intitulé : *Histoire de la filiation et des migrations des peuples.* Elle prouve qu'aux yeux de cet écrivain, l'antiquité de l'homme n'est pas aussi grande qu'on a voulu la faire admettre. M. de Brotonne distingue dans la chronologie sept époques principales dont il a cherché à déterminer les dates. Ces recherches l'ont conduit à fixer l'époque de l'apparition de l'homme à 7390 années avant les temps actuels. Ce chiffre n'est pas très-différent de celui qu'ont admis plusieurs historiens modernes, qui correspond aux nombres 7620 à 7720. Ces nombres diffèrent toutefois de celui adopté par les Septante, qui est de 7130 années depuis l'apparition de l'homme jusqu'à nos jours.

Voici du reste le tableau chronologique de M. de Brotonne :

		années.
1°	De la création au déluge.................................	2262
2°	Du déluge à la naissance d'Abraham...........	1192
3°	De la naissance d'Abraham à l'Exode..........	505
4°	De l'Exode à la construction du temple........	562
5°	De la construction du temple à son incendie ordonné par Nabuchodonosor.................................	470
6°	De l'incendie du temple à J.-C.................	540
7°	De l'ère chrétienne à nos jours................	1859
		7390

En comparant ce tableau avec celui qui se trouve à la fin

de cet ouvrage, on verra qu'ils sont assez d'accord pour les dates principales. Ainsi, pour la date de l'apparition de l'homme, il n'y a, entre l'époque admise par M. de Brotonne et celle de plusieurs écrivains modernes, qu'une différence en moins pour la première de 248 années.

Plusieurs observateurs supposent à l'homme une antiquité plus grande que celle que les faits historiques lui attribuent. Ainsi tout récemment M. Owen a été appelé en Amérique pour vérifier des faits qui, au premier aperçu, semblaient confirmer cette opinion. On avait découvert dans le nord du nouveau Monde un arbre que l'on considérait comme fossile, arbre découvert en creusant les fondations d'un dock à Jarrow et qui portait cependant des traces de la main de l'homme. En procédant à une enquête, M. Owen ne tarda pas à apprendre que l'un des ouvriers qui ne travaillait plus dans les chantiers avait découvert un arbre semblable dans une autre partie du dock et qu'il l'avait fendu pour en faire une traverse de chemin de fer.

Cet homme ayant été mandé, déclara que l'arbre en question était l'un de ceux qu'il avait coupés. On crut le fait d'autant plus impossible, que le sol où il avait été rencontré n'avait pas été fouillé auparavant. Cet ouvrier affirma pour lors qu'on trouverait probablement dans les environs la partie supérieure de cet arbre qu'il avait séparé avec sa hache, et que le tronçon enfoui avait été ensuite recouvert de terre : ce qui fut vérifié aussitôt. Jamais, dit à ce sujet M. Owen, on n'a été aussi prêt d'introduire dans la science une fausse découverte et les conséquences qui en dérivaient, et jamais on n'y a échappé plus heureusement.

Aussi, à l'occasion de l'exploration récente de la caverne de Brixham, près Torquen, le même M. Owen n'a pas pu s'empêcher de mettre les naturalistes en garde contre des conclusions relatives à l'ancienneté des ossements qui y avaient été trouvés, conclusions qui auraient été à l'époque de leur découverte tout au moins prématurées.

Il a en outre fait observer que les ossements de tigres, d'éléphants et d'autres espèces qu'on a rencontrées en Angleterre, en Sibérie et dans d'autres régions où le climat est beaucoup plus froid que celui que l'on suppose être compatible avec la vie de ces animaux, prouvent d'une manière évidente que leurs races ont pu s'adapter à des régions froides ou tempérées, tout aussi bien qu'à des climats équatoriaux.

En effet, d'après cet habile observateur, les conditions de la vie animale ne dépendent pas seulement du climat, mais de la nourriture et du repos. Partout où il y a une proie que l'homme ne trouble pas et ne chasse pas, il y a aussi un animal destructeur et carnassier. Il paraît qu'il existait il y a 2000 ans, en Angleterre, trois espèces distinctes d'animaux sauvages, y compris deux espèces gigantesques de bœufs et une de renne, et peut-être même le lion, tous animaux qui n'y vivent plus aujourd'hui. Aussi ne voit-il rien dans les débris osseux de Brixham qui puisse autoriser à penser que les espèces auxquelles ils ont appartenu vivaient antérieurement à l'époque historique, ou qui soit incompatible avec la coexistence d'une race d'hommes sauvages. Il ajoute qu'il aurait été charmé qu'on pût lui présenter un véritable fossile humain, qui prouvât que l'homme existe sur la terre depuis des temps plus anciens que ne l'indiquent les documents historiques [1].

---

[1] Voyez l'*Institut*, 27e année, n° 1313, pag. 71, mercredi 2 mars 1859.

Note 49, pag. 216. — M. Paravey, d'après l'étude spéciale qu'il a faite de l'histoire de la Chine, pense que la civilisation n'y a pas pris naissance, mais y a été apportée à une époque comparativement assez récente. Il se fonde sur des documents desquels il résulte qu'à une date peu antérieure à l'ère chrétienne, et même beaucoup plus tard, il y a eu chez les Chinois des habitudes d'anthropophagie, qui sont incompatibles avec l'état d'un peuple marchant progressivement vers la civilisation. De pareilles mœurs ne sont en effet le partage que des hommes barbares et sauvages [1].

Note 50, pag. 218. — On admet assez généralement qu'Héber, fils de Salé et père de Phaleg (*Genèse*, chap. XI, vers. 14, 15 et 16), a vécu de 3041 à 2637 avant l'ère chrétienne; ce patriarche, qui a précédé Abraham, mort âgé de 404 ans, paraît avoir donné son nom aux Hébreux. Cette opinion a été adoptée par une foule d'interprètes, à la tête desquels nous citerons Josèphe, Eusèbe, saint Jérôme, le vénérable Bède [2], enfin saint Isidore.

Les Hébreux, qui, d'après cette opinion, durent leur nom à ce patriarche, conservèrent à la fois leur religion et leur langue primitive, nommée par suite Hébraïque, et cela même après la confusion des langues.

Plusieurs savants n'ont pas adopté cette hypothèse. Parmi ceux qui contestent à Héber l'honneur d'avoir donné son nom

---

[1] *Comptes-rendus des séances de l'Académie des sciences*, du 15 mars 1852, tom. XXXIV, pag. 412.

[2] Bède, né en 672 dans le comté de Durham, avait embrassé toutes les sciences de son temps, et en fut aussi l'homme le plus distingué. Il a laissé un grand nombre d'écrits sur l'histoire, la rhéthorique, la théologie et la philosophie.

aux Hébreux, on distingue Huet, qui, dans ses Démonstrations évangéliques (*Demonstratio evangelica*, 1679, 1687, 1690, ouvrage d'une grande érudition, mais rempli de conjectures très-hasardées), a cherché à prouver que le nom des Hébreux vient bien du mot *Héber*, mais que ce mot ne désigne pas uniquement un homme, mais veut dire aussi *au-delà*, parce que ces peuples étaient venus d'au-delà de l'Euphrate. Ce sentiment, qui paraît le plus probable, a aussi prévalu chez plusieurs commentateurs.

Il est fâcheux que dom Calmet, auquel nous devons un excellent commentaire sur la Bible, ne nous ait rien dit sur cette question, qui ne laisse pas que d'avoir une certaine importance. On peut s'assurer de son silence à cet égard, en jetant les yeux sur la page 316 du premier volume de son *Commentaire*, édition de 1715, publiée à Paris chez Pierre Emery; deux volumes in-4°.

Note 51, pag. 220. — On conçoit très-bien, avec l'auteur de l'Art de vérifier les dates, que la civilisation n'ait pas fait et n'ait pas pu faire les mêmes progrès chez toutes les nations, et surtout que ces progrès n'aient pas été également rapides et continus chez les différents peuples. Il est facile de comprendre que la civilisation a dépendu en général du caractère et de la trempe d'esprit des nations. Les communications qu'elles ont pu avoir avec des hommes plus avancés en civilisation, ont dû encore les favoriser dans la voie du progrès, dont ces derniers leur ont fait saisir tous les avantages.

Du reste, le perfectionnement des sociétés modernes n'a pas été produit par les mêmes causes qui ont agi sur les sociétés anciennes. Le progrès qui a eu lieu chez ces dernières s'est opéré d'une manière générale, sans pouvoir être rapporté à une cause unique, qui aurait fait sentir son influence sur les différents degrés de la civilisation. Les effets de ces causes multiples, aussi variés que ces causes elles-mêmes, sont la conséquence d'une infinité d'actions diverses.

Si l'on compare ces effets manifestes sur l'ensemble de la civilisation, et ceux que l'on peut reconnaître dans les progrès opérés chez les primitives sociétés humaines, avec les résultats qui ont eu lieu chez les nations modernes, on est frappé de leur différence. Les premiers ont un caractère d'unité particulier, ou si l'on veut une uniformité remarquable qui annonce des perfectionnements opérés par un seul fait et en quelque sorte par une pensée unique essentiellement dominante.

La civilisation, partie comme on le sait de l'Asie, et surtout des environs des hautes chaînes de l'Himalaya et du Caucase, points les plus élevés du globe, s'est répandue de proche en proche sur la plus grande partie de la surface de la terre. Les hommes qui ont habité les premiers les grandes chaînes, ont dû tendre bientôt, et par suite de l'accroissement naturel de la population, à aller répandre plus loin leurs nombreuses tribus.

Les nations asiatiques, pour lors dans l'enfance de la civilisation, simples dans leurs mœurs comme dans leurs institutions, n'ont pas pu recevoir d'ailleurs les lumières qui leur auraient été si nécessaires pour avancer dans la voie du progrès. Ces lumières, elles les ont dues à leur intelligence et à la loi du besoin, la plus impérieuse de notre monde; car elle se renouvelle sans cesse et se fait sentir à chaque instant.

Cette loi, on peut du moins le supposer, leur a appris

qu'elles devaient prendre pour guide dans leurs migrations, non la direction des hautes montagnes, mais le cours des fleuves et des rivières. Elle leur a fait comprendre qu'en suivant leurs pentes naturelles, elles arriveraient aux lieux les plus abaissés de la surface du globe, où elles trouveraient des terres fertiles qui leur donneraient les moyens de subvenir aux conditions de leur existence.

C'est donc sur les bords des grands cours d'eau que les premières sociétés humaines se sont formées, et que le besoin les a réunies. C'est là qu'elles ont pu se livrer à la culture de la terre et à l'éducation des bestiaux, qui ont été constamment les premières occupations des hommes. Une fois ces premiers besoins satisfaits, les nations se sont constituées en sociétés, et ont établi des gouvernements et des institutions en rapport avec leurs mœurs et leurs idées. Démocratiques ou monarchiques, ces premiers gouvernements ont dirigé les institutions par une seule pensée, en harmonie avec celle qui a été la base de leur pouvoir, soit absolu, soit plus ou moins populaire.

Cette unique pensée a donné un caractère non moins particulier aux institutions qui en sont dérivées; cette simplicité primitive a signalé les premières ébauches d'une civilisation naissante. L'unité de principe et de forme ne s'est pas toujours conservée dans l'établissement de ces premières sociétés; en effet, elle a amené un état stationnaire dans la civilisation, ou bien elle a fait prendre au principe social un développement prodigieux, qui a donné aux États où il s'est opéré un éclat des plus remarquables.

Une infinité de causes diverses, en répandant pour lors des faisceaux de lumière sur tous les rameaux de la civilisation, lui ont fait perdre son unité primitive, et l'ont fait avancer dans les points les plus divers. De pareils effets n'ont guère pu se produire que chez les sociétés modernes, qui ont emprunté de toutes parts des moyens de progrès et de perfectionnement.

Par suite du développement des institutions, et en particulier de celui des arts et des sciences modernes, le progrès n'a pu avoir lieu sur un seul point, sans se réfléchir en même temps sur une infinité d'autres. Ainsi s'accroît l'édifice immense et non achevé de la civilisation, auquel nous concourons tous dans notre état social actuel. Un seul empêchement, contre lequel tout pouvoir humain est pour ainsi dire impuissant, y met toutefois obstacle : c'est l'état stationnaire et contre-nature de certaines sociétés, chez lesquelles cet état d'inaction est admis comme un principe absolu, que l'on ne saurait enfreindre sans avoir à redouter les plus funestes résultats. Cette circonstance qui s'oppose à tous les genres de progrès devient de plus en plus rare.

Il faut cependant, pour que l'on revienne au principe du progrès, que les sociétés changent de forme et de base dans leurs institutions. Les sociétés ainsi de nouveau reconstituées, avancent rapidement dans la voie du perfectionnement de la civilisation, à peu près comme l'ont fait de nos jours les États-Unis. Transplantés sur le sol du nouveau Monde, avec toutes les connaissances des nations les plus avancées dans les arts et les sciences, les nouveaux habitants de l'Amérique ont marché d'un pas ferme et assuré dans les voies de la civilisation; ils les ont même agrandies et perfectionnées par de nombreuses découvertes, qui les ont placés tout d'abord à la tête des nations civilisées.

Cet exemple, unique aussi bien parmi les sociétés modernes que parmi les sociétés anciennes, peut nous faire comprendre l'influence qu'ont dû exercer sur la civilisation des peuples de l'antiquité, les communications qu'ils ont eues avec des nations plus avancées qu'eux dans tous les genres de progrès.

Quoi qu'il en soit, les sociétés modernes ont avancé rapidement dans les voies de la civilisation, parce qu'elles en ont bien mieux compris les avantages que n'avaient pu le faire les sociétés antiques, et qu'elles ont joui de toutes les formes de gouvernement, ainsi que de la liberté de penser. Enfin, comment pouvoir oublier qu'elles ont à leur disposition tous les moyens de communication, moyens aussi rapides que merveilleux, puisqu'à leur aide le temps et les distances ne sont presque plus comptés pour rien?

Ne devons-nous pas espérer que, dans l'état actuel de nos sociétés, nous obtiendrons chaque jour, chaque instant, de nouveaux progrès, par suite du développement des arts et de l'industrie? Pensée consolante qui doit nous encourager à cultiver de plus en plus la Science, d'où dérivent tant de biens!

Note 52, pag. 221. — Un autre fait non moins important doit aussi nous faire considérer l'Asie comme un des premiers continents sortis du sein des eaux. Ce fait, c'est que la plupart des arbres fruitiers et des plantes potagères que nous cultivons dans nos champs et nos jardins nous sont venus de cette contrée.

L'Asie a été primitivement ce que de nos jours l'Europe est relativement au reste du monde : cette dernière contrée est maintenant le pays le plus avancé en civilisation; aussi, à l'aide de ses vaisseaux, elle peut mieux que toutes les autres contrées, faire jouir les différentes régions de la terre des végétaux utiles qu'elle a reçus, dans les premiers âges historiques, du plus grand des continents terrestres.

Sans vouloir faire connaître toutes les plantes que nos champs et nos vergers doivent à l'Asie, nous en mentionnerons un assez grand nombre, afin de donner une idée suffisante des végétaux qu'elle nous a fournis aux premières époques de la civilisation.

Nous citerons d'abord les légumes qui ornent nos tables et servent surtout à la nourriture des classes pauvres; tels sont: les pois, les haricots, les lentilles, les pois chiches, la fève, peut-être même le chou (*Brassica oleracea*), l'un des légumes verts les plus anciennement connus, et le chervi (*Sium sisarum*), plante de l'Asie orientale dont la racine sucrée est encore en usage dans quelques régions méridionales de l'Europe.

Quant aux arbres fruitiers qui en sont provenus, ils sont en si grand nombre, que nous nous bornerons à signaler les principaux: l'abricotier, le prunier, le pêcher, le cerisier, l'amandier, le cognassier, le néflier, le cocotier, le noyer, le poirier, le châtaignier et le grenadier; ce dernier croît spontanément dans l'Asie sud-occidentale, aussi M. Unger lui donne-t-il cette contrée pour patrie. Ce qui est certain, c'est qu'il est cultivé depuis un temps immémorial en Palestine, en Perse et dans le nord de l'Inde.

Au premier rang des arbres et des plantes utiles, nous citerons le mûrier, originaire de la Perse, d'où il s'est répandu en Grèce et en Italie; et la vigne, originaire du Caucase et de l'Arménie, dont la culture remonte à la plus haute antiquité. Connue par toutes les nations, la vigne a été signalée dans les plus anciens âges historiques comme donnant une liqueur utile à l'homme. On peut en voir la preuve dans le chapitre IX, verset 20 de la *Genèse*. Il en est à peu près de même de l'amandier, arbre très-apprécié par les peuples sémitiques ; aussi en est-il question dans les chapitres XXX, verset 37, et XLIII, verset 11 de la *Genèse*.

Nous ne devons pas oublier dans cette énumération l'olivier, un des arbres les plus célèbres de l'antiquité et qui était déjà connu à l'époque du déluge, ainsi que le prouve le chapitre VIII, verset 11 de la *Genèse*. Le figuier paraîtrait lui avoir été antérieur, car il faisait partie du jardin d'Éden, d'après le chapitre III, verset 7 de la *Genèse*.

Les plantes potagères que nous a fournies l'Asie ne sont pas en moindre nombre : nous en avons tiré à diverses époques l'ail et l'oignon, dont les bulbes étaient très-estimées et cultivées très en grand dans l'antiquité. Les anciens en faisaient un fréquent usage, tant comme substance alimentaire que comme condiment. Les Hébreux et les Égyptiens en consommaient d'immenses quantités ; aussi les premiers regrettaient vivement dans le désert les aulx et les oignons de l'Égypte, ainsi qu'on peut le voir dans le chapitre II, verset 5 des *Nombres*.

Les Égyptiens, essentiellement superstitieux, vénéraient tellement ces bulbes qu'ils les adoraient comme des divinités. Il était même défendu aux prêtres d'Isis d'en faire usage ; néanmoins le peuple en mangeait, d'après Hérodote (II, 125), de très-grandes quantités ; on en fit surtout une immense consommation pendant la construction des pyramides.

Nous avons en outre tiré de l'Asie l'échalotte, la blette ou poirée, la laitue, le melon, la courge, la chicorée, les raves, le pavot, peut-être même l'épinard, mais plutôt l'aroche (*Atriplex hortensis*). Quelques naturalistes supposent du reste que l'épinard n'est pas venu de l'Asie ; car, d'après eux, il n'a été connu que vers le moyen âge.

La même contrée nous a donné toutefois le blé, l'orge, l'avoine, l'engrain ou petite orge, originaire du Caucase, comme l'épautre commun de la Perse. Nous lui devons encore le riz, ainsi que les diverses variétés du blé sarrasin, tels que les *Polygonum fagopyrum, tataricum* et *emarginatum*.

Quant aux espèces fourragères, nous en devons peu à l'Asie, à moins que l'on ne veuille comprendre parmi elles, indépendamment de la luzerne, le lin, le chanvre et l'indigo, qui peuvent servir aux mêmes usages que les plantes cultivées comme propres à la nourriture des bestiaux.

Il est bien d'autres arbres et d'autres plantes non moins utiles, et qui nous sont venus de la patrie primitive du genre humain, que nous aurions pu également signaler. Tels sont : le bananier, le citronnier, le limonier ; et parmi les plantes proprement dites, le coton, le riz[1], le câprier[2], le thé, le safran, la canne à sucre, ainsi que les *arum* et les *solanum*, végétaux qui font partie des substances alimentaires. (Voyez la *Géographie botanique* de M. Alphonse de Candolle, tom. II, pag. 809, principalement le chapitre sur l'origine géographique des plantes cultivées. — Idem; *Journal général de l'instruction publique*, vol. XXVII, n° 75,

---

[1] Le riz a été cultivé dès la plus haute antiquité dans l'Asie équatoriale.

[2] Le câprier est un arbrisseau qui croît en Palestine et que Boyle a regardé comme l'hyssope de l'Écriture. (*Exode*, chap. XII, vers. 22. — *Lévitique*, chap. XIV, vers. 4, 6, 49, 51 et 52. — *Nombres*, chap. XIX, vers. 6, 18.—*Rois*, liv. III, chap. IV, vers. 33 ; liv. III, chap. II, vers. 33.—*Psaume* 50, vers. 8.) Cet arbuste, en supposant qu'il soit le même que l'hyssope, joue un rôle important dans les purifications ordonnées par la loi de Moïse.

pag. 436; n° 75, pag. 698 et 785; vol. XXVIII, n° 6, pag. 45, mercredi 19 janvier 1859, où sont insérés divers articles sur la botanique des anciens, par M. Martens.

L'Orient, et particulièrement l'Asie, est également la patrie originaire de la plupart des animaux domestiques et surtout de ceux dont la domestication est la plus ancienne. En effet, sur quarante-sept de ces animaux, treize nous sont soumis depuis une époque très-reculée, tels que le cheval, l'âne, le bœuf[1], le mouton, la chèvre, le cochon, le chien, la poule, et d'autres encore; et pour les peuples de l'Asie et de l'Afrique, le chameau, le dromadaire et le zèbre.

Les espèces essentiellement utiles ont attiré bien plus l'attention, que les espèces de luxe ou d'ornement. C'est en effet de très-bonne heure que nous avons ravi les premières aux peuples pasteurs de l'Orient; mais beaucoup plus tard seulement, les Grecs se sont emparés du faisan et du paon, trophées de leurs conquêtes passagères en Asie.

En un mot, si l'origine de la culture des principales plantes alimentaires se perd dans la nuit des temps, il en est de même de la domestication des animaux de première nécessité. Enfin, dans la plus haute antiquité déjà, l'homme s'était donné une plante textile d'une grande utilité, comme un insecte qui lui fournissait ses plus beaux vêtements. Il paraît, en effet, que le lin et l'arbre qui nourrit le ver à soie ont été très-anciennement cultivés; ce ver précieux est

---

[1] Le bœuf, comme son congénère le zèbre, est asiatique, ainsi que presque tous les ruminants domestiques; quant au nombre des animaux qui nous sont soumis depuis très-longtemps, il s'élève pour l'Asie, non à onze sur douze, mais à treize sur quatorze. (Voyez le mémoire de M. Isidore Geoffroy-Saint-Hilaire, sur l'origine des animaux domestiques. — *Comptes-rendus des séances de l'Académie des sciences*, tom. XLVIII, n° 3, 17 janvier 1859.)

devenu maintenant, comme on le sait, la source d'une infinité d'industries.

Note 53, pag. 221. — La plupart des monuments de l'Égypte sont construits avec des pierres d'une dureté très-différente et ayant aussi appartenu à des formations très-diverses. Les édifices qui se rattachent aux plus anciennes périodes, sont en granite ou en syénite; quant aux autres, ils se rapportent principalement aux roches néocomiennes, fort riches, à ce qu'il paraît, en infusoires fossiles.

Quant aux grès qui ont servi à la construction de la majeure partie des anciens monuments de cette contrée, ils appartiennent assez généralement aux roches de grès ou psammites. On peut réduire à trois les diverses formations dont ces grès ont été extraits. Les plus anciens dépendent des terrains permiens, et les autres du *keuper,* sortes de bancs pierreux qui fournissent d'excellents matériaux. Quant aux plus récents, ils proviennent du groupe crétacé. La dureté et la solidité de ces roches n'a pas peu contribué à la durée des constructions de l'ancienne Égypte, dont la conservation après tant de siècles est non moins remarquable que les grandes dimensions de plusieurs d'entre elles.

L'architecture égyptienne, qui employait dans les temples et les palais des matériaux extrêmement durs, avait fait aussi de notables progrès quant à la taille et à la pose des blocs de grande dimension. Elle était de même fort avancée dans l'appareillage des voussoirs et des différentes parties des monuments; les pyramides, surtout la plus gigantesque, nous en offrent des exemples qui n'ont pas été surpassés.

Nous citerons également comme un chef-d'œuvre de l'art égyptien, une jambe colossale en granite noir, provenant d'une statue du roi Sessourtasen Ier, que l'on voit maintenant dans le musée de Berlin. Nous ne signalerons que peu de ces monuments en particulier, parce que si nous voulions rappeler tous ceux que les Égyptiens nous ont laissés en pierres dures telles que les granites et les syénites, nous en aurions trop à mentionner. On a de la peine, en effet, à concevoir comment les statuaires égyptiens, qui n'avaient pas les mêmes moyens que nous, ont pu ériger une si grande quantité de statues colossales, comme, par exemple, les nombreux sphinx qui conduisent aux propylées des temples de Thèbes.

Il en est de même du grand sphinx, aujourd'hui presque entièrement enseveli, dont on ne voit guère que la tête et qui se trouve auprès des pyramides de Gyzeh. Cette énorme statue, nommée le grand sphinx en raison de ses dimensions, ne paraît pas avoir été formée d'une seule pièce. On peut en dire tout autant des deux statues colossales d'Amunolttph III, placées auprès de Thèbes ; elles se trouvaient probablement près de la porte d'un temple ou d'un vaste palais, à en juger par leurs grandes dimensions. Il en est encore ainsi de la statue gigantesque de Memnon, également très-rapprochée de Thèbes.

Les architectes et les statuaires de l'ancienne Égypte ont attaché un assez grand intérêt à varier la nature des pierres dont ils se servaient dans la construction des monuments, ou dans l'érection des statues colossales dont le nombre est si considérable.

En effet, ils ont employé dans les temples et même pour les statues, toutes les variétés de granite et de syénite, de couleur différente, rose ou rougeâtre, et même noirâtre. Ils ont aussi fait usage des basaltes, des jades et de toutes sortes de pierres calcaires, depuis les formations jurassiques et crétacées jusqu'aux nummulitiques. Ils se sont servis de ces dernières roches très en grand, principalement dans les pyramides de Gyzeh, connues aussi sous les noms de *Cheops* et *Chephren*.

A part ces trois pyramides, on en voit jusqu'à Dahcour, dans une étendue de 23,000 mètres, une vingtaine d'autres, construites partie en briques cuites devenues d'une extrême solidité, et partie en pierres de diverse nature, parmi lesquelles abondent surtout les pierres calcaires.

Quoique la majeure partie de la pyramide la plus élevée de Gyzeh soit bâtie à l'extérieur en calcaire nummulitique devenu maintenant de la plus grande dureté, diverses parties de l'intérieur du même monument ne sont pas moins construites avec des granites et des syénites de diverses nuances, notamment la chambre dite du Roi. Aussi voit-on auprès de l'emplacement de ces mêmes pyramides une quantité très-considérable de blocs de granite et de syénite épars sur le sol [1].

Les brèches quartzeuses et les grès siliceux ont été également très-employés dans les édifices de Thèbes. Dans l'un des plus grands palais de cette ville immense, palais dont l'étendue n'est pas moindre de six cents mètres et où l'on observe un très-grand nombre de statues colossales, on a fait usage d'un grès siliceux qui a acquis la plus grande solidité.

Quant au temple d'Isis que l'on découvre dans l'enceinte de Thèbes, on a fait usage dans sa construction d'un grès

---

[1] M. Jomard affirme même que le granite a servi, du moins en partie, à la construction des pyramides de Gyzeh. (*Antiquités de l'Égypte*, 4e vol., pag. 217.)

fin jaunâtre, auquel la lumière vive du ciel de l'Égypte donne un éclat d'un blanc tout particulier.

Les divers matériaux des monuments de Louqsor et de Karnak sont au contraire en granites et en syénites tirés, à ce que l'on suppose, des carrières de Syène.

Le granite oriental, qui comme le granite rougeâtre y est exploité, a servi, d'après M. Rozière, à construire des monuments de tout genre, soit d'architecture, soit d'ornement, comme des monolithes, des obélisques, des statues, des colonnes des plus grandes dimensions, des sanctuaires, des sarcophages, et jusqu'à des ouvrages que l'on déplace facilement.

C'est à peu près uniquement lorsque les architectes et les statuaires égyptiens ont employé les granites et les syénites dans la construction des obélisques, qu'ils les ont faits d'une seule pièce. Lorsqu'au contraire ils se sont servis de pierres calcaires pour le même usage, la difficulté d'obtenir ces matériaux en gros blocs pour en faire des statues de grandes dimensions, les a portés à les établir par tambours ou par assises plus ou moins considérables[1].

Note 54, pag. 233. — Les premiers monuments de l'ancienne Égypte qui aient une date certaine, ne remontent pas au-delà de la troisième dynastie; la construction des pyramides, plus récente, ne date que de la quatrième. La seconde époque de grandeur où ces peuples construisirent de grands monuments, comme le Labyrinthe, est bien plus

---

[1] Voyez la *Description de l'Égypte*, fruit des recherches des membres de l'Institut, et particulièrement les quatre volumes consacrés aux antiquités et à l'explication des inscriptions égyptiennes. Paris, 1809.

moderne ; elle se rapporte en effet à la douzième dynastie.

Quoique les annales égyptiennes commencent, comme la plupart des traditions des peuples anciens, par des légendes consacrées à des dieux ou demi-dieux, ou à des héros fabuleux, elles n'en nomment pas moins Ménès comme le premier souverain humain de l'Égypte. Les monuments confirment cette tradition et placent ce prince à la tête des rois historiques. Il est difficile d'en douter, quoique nous ne connaissions aucun monument contemporain de ce souverain.

Les successeurs de Ménès furent célèbres dans l'antiquité. Il en est un, le roi Suéfron, qui se distingua par la conquête de la presqu'île du Sinaï et fonda le premier établissement pour exploiter les mines de cuivre de cette contrée. Aussi Hérodote nous en a-t-il conservé le nom, ainsi que ceux de ses successeurs, particulièrement des rois de la quatrième dynastie, qui firent construire les pyramides de Gyzeh. Ces rois avaient donc à cette époque la puissance et la richesse nécessaires pour élever de pareils édifices.

Les souverains de cette dynastie possédaient probablement la Thébaïde en même temps que la basse Égypte. On le présume en les voyant cités sur les monuments de Thèbes, comme les ancêtres royaux des princes thébains.

Le roi le plus remarquable et le plus puissant des successeurs de Ménès paraît avoir régné sur la haute et moyenne Égypte ; peut-être même était-il maître des établissements égyptiens. On conjecture, avec quelque vraisemblance, que ce prince est le même que le roi Phiops, placé par Manéthon dans la sixième dynastie.

La seconde époque de grandeur de la monarchie égyptienne commença avec la douzième dynastie, dont le premier souverain fut *Aménémès*, toujours d'après le même Manéthon. Les monuments le nomment *Amenemhea*, et les diverses inscriptions nous donnent une idée de la puissance de ce potentat, d'après l'étendue des contrées qui composaient son empire.

Vers la fin de cette dynastie et sous le règne de la reine *Seveknofreou*, vers le commencement de la treizième dynastie, les peuples nomades de l'Asie que l'histoire nomme *pasteurs*, envahirent l'Égypte et la désolèrent par toutes sortes de calamités. Non-seulement on n'éleva plus de monuments, mais les temples furent renversés par suite de la soif du pillage, fléau qu'amènent toujours avec elles les invasions des nations nomades.

La restauration de l'empire égyptien n'eut lieu qu'après de longs temps de servitude et lors de l'établissement de la dix-huitième dynastie. Ce ne fut que lorsque *Amasis* se fut emparé d'Avaris, place forte du delta, que l'Égypte commença à respirer et que les peuples pasteurs furent complètement expulsés de cette contrée qu'ils avaient longtemps gouvernée d'une manière absolue.

A partir de ce moment, qui fut heureux pour les rois de l'Égypte, ces princes se succédèrent d'une manière régulière. De nombreuses victoires suivies de remarquables triomphes rendirent cette contrée l'arbitre du monde pendant plusieurs siècles.

Nous nous arrêterons ici afin de ne pas donner à cette note une étendue trop considérable, et d'ailleurs parce que les faits historiques que nous venons de rappeler ont plus de rapports avec les notions rapportées par les Livres Saints que les événements qui leur ont succédé. Ces données suffisent du reste pour prouver le soin que les archéologues modernes ont mis à recueillir les inscriptions gravées sur les monuments de cette contrée célèbre et les documents historiques que nous ont fournis ces monuments eux-mêmes. Ceux qui désireront de plus amples détails sur l'histoire réelle des premiers temps de l'Égypte, en trouveront des plus intéressants dans les écrits de MM. Champollion, Rosellini, de Bunzen, de Brugsch de Berlin, de Rougé, ainsi que dans les *Annales de philosophie chrétienne*, rédigées par M. A. Bonnetti, surtout dans le XIIe volume de la quatrième série (année 1855).

Note 55, pag. 238. — *Genèse*, chap. X, vers. 6; psaume CIV, vers. 11; CV, vers. 36; CXXXIV, vers. 11; *Civit.* 23, 27, vers. 22. — Voyez Diodore de Sicile, lib. I, pag. 15, et lib. VII, cap. XLVIII.

Si l'on peut douter que la terre de Chanaan se rapporte réellement à l'Égypte, il n'en est pas de même de ce que l'on a compris, dans les temps anciens, sous le nom de Phénicie, de Judée et d'une petite partie de la Syrie méridionale. Ces contrées paraissent en effet avoir été habitées par onze tribus issues des onze fils de Chanaan. Sept occupaient déjà la Judée avant l'arrivée des Hébreux conduits par Josué. Ces tribus étaient connues sous le nom d'Hébréens, de Jéhuséens, d'Amorrhéens, de Gergéséens, d'Héréens, de Phéréséens et de Chananéens proprement dits. Les deux dernières de ces tribus avaient remplacé les Sinéens et les Samariens.

Les Hébreux paraissent être entrés dans la terre de Chanaan, sous la conduite de Josué, l'an 1605 avant l'ère chrétienne. Cette contrée a été aussi souvent désignée sous le nom de Terre Promise.

Note 56, pag. 245. — L'*Almageste* est un traité d'astronomie que nous devons au savoir de Ptolémée, mathématicien né, à ce que l'on suppose, à Canope, près d'Alexandrie. Il vivait vers l'an 138 de l'ère chrétienne, sous les empereurs Adrien et Marc-Aurèle. En raison de l'importance de ce traité, connu aussi sous le nom de *Compositio magna*, les Grecs donnèrent à Ptolémée le nom de *divin* et de *sage*.

L'*Almageste* portait dans l'origine le nom de *Syntaxis megiste*; ce ne fut que dans le IXe siècle que les Arabes désignèrent ce livre par la seule épithète grecque μεγίστη, qu'ils firent précéder de l'article arabe *al*, d'où est résultée la dénomination bizarre d'*Almageste* qui s'est conservée.

Le texte grec de cet ouvrage, divisé en XII livres, n'a été retrouvé qu'au XVe siècle; il contient un catalogue d'étoiles prétendues fixes, soit d'après les propres travaux de Ptolémée, soit d'après Hipparque. Le premier en a donné le catalogue et en a décrit 1022, dont il a déterminé la position par leurs ascensions droites et leurs inclinaisons.

La première édition de l'*Almageste* a paru à Bâle en 1538, in-folio. L'abbé Halma en a publié une édition française à Paris, en 1813, en deux volumes in-4°. Cette édition est accompagnée et enrichie de notes de Delambre.

Indépendamment de l'*Almageste*, connu aussi sous le nom de Composition mathématique, Ptolémée a publié bien d'autres travaux, parmi lesquels on peut citer un *Abrégé de ses tables astronomiques* dites *tables manuelles*, et des *Tables chronologiques* connues également sous le nom de *Canon royal*.

On cite encore de lui l'ouvrage intitulé : *Hypothèses et époques des planètes*, mis au jour seulement en 1820, et une *Géographie* qui n'a été traduite qu'en 1828, quoique les autres œuvres de Ptolémée, commentées par Théon, aient été assez souvent publiées. La géographie de Ptolémée est un ouvrage nécessaire pour la connaissance du monde ancien ou de la portion de la terre qui était connue dans l'antiquité.

Nous devons à ce savant astronome un système du monde dans lequel le soleil, les planètes et les différents corps célestes décrivent leurs orbites autour de la terre : celle-ci est immobile, ainsi que l'annoncent les apparences, mais contrairement à ce que nous apprennent les faits, ainsi que le prouva Copernic dans un livre qui parut à Nuremberg en 1543, le jour même de sa mort [1]. Néanmoins, et jusqu'à ce grand astronome, le système de Ptolémée fut adopté par tous les savants et les philosophes qui lui succédèrent. Il fut même l'objet de l'attention de Tycho-Brahé, qui, quoique ayant créé un système différent de celui du philosophe d'Alexandrie et de celui de Copernic, n'en pensait pas moins que la terre est immobile au centre du monde, et que le soleil et la lune tournent autour d'elle, tandis que Mercure, Vénus, Mars, Jupiter et Saturne font leur révolution autour du soleil.

Note 57, pag. 256. — L'histoire des premiers temps du royaume d'Assyrie est donc bien incertaine ; elle le serait encore lors même que l'on admettrait avec Justin (lib. I, cap. I, et lib. II, cap. II), que les Scythes étaient en possession de l'Asie 3500 ans avant notre ère, et que Ninus aurait vécu 1900 ou 2000 ans avant l'ère chrétienne. Il en serait encore de même, lorsqu'on supposerait qu'à l'époque de Ninus ou même à une époque antérieure, les Égyptiens constitués en monarchie étaient des peuples riches et puissants, ainsi que nous l'apprend l'Écriture.

---

[1] Copernic, né à Thorn, en Prusse, en 1473, mourut en 1543.

Ces dates pourraient rentrer dans celles admises par la Bible, et ne reculeraient pas assez les événements historiques relatifs aux Égyptiens, aux Assyriens et aux Scythes, pour ne pas les faire concorder avec les chiffres adoptés par l'Écriture.

Ainsi, les races hébraïque, chaldéenne et assyrienne, et toutes celles qui s'y rattachent, pourraient être rapportées à une époque antérieure aux 3500 ans ou aux 3700 ans, sans qu'il y eût rien d'essentiel à changer dans la chronologie de l'Écriture. On pourrait même fixer la chronologie égyptienne à un temps plus éloigné que les 3500 ans de l'époque scythique, et porter le commencement de la civilisation égyptienne à 4000 ans avant notre ère, sans que ces modifications eussent une influense notable sur les événements qui s'y rapportent. En effet, la date de 4000 ans n'a rien d'exagéré lorsqu'elle doit embrasser le fait important de la dispersion des peuples, ainsi que le commencement de l'empire égyptien et l'assiette de cette même monarchie.

Note 58, pag. 259. — Il nous reste maintenant à prouver que les monuments de Ninive, quoique peu remarquables sous le rapport architectural, l'étaient cependant sous celui de leurs ornements intérieurs.

L'emplacement qu'occupait jadis cette ville, fameuse dans l'antiquité, nous est parfaitement connu par suite des recherches de M. Botta, consul à Mossoul. Son enceinte a été bien déterminée au moyen des murailles qui l'entouraient de toutes parts; quoique détruites en partie, elles ont conservé des traces en quelque sorte ineffaçables de la circonscription de cette populeuse cité. Comme l'on ne découvre pas ailleurs de vestiges semblables, on doit en conclure que nous connaissons la véritable enceinte de cette ville, ainsi que l'emplacement du palais de Khorsabad situé au dehors de Ninive et à une assez grande distance.

Les habitants actuels des environs de l'ancienne Ninive sont des Arabes ou plutôt de la race sémitique, c'est-à-dire, Curdes ou Kurdes; quelques-uns d'entre eux ont même la prétention d'être originaires de la Perse. C'est au milieu des ruines de cette ville, construite en grande partie en briques cuites, plus ou moins revêtues à l'intérieur de plaques de gypse souvent sculpté, qu'errent et que parquent les successeurs des anciens Assyriens, peuples aussi braves que fastueux.

Nous disons fastueux, car la sculpture était arrivée à Ninive à une perfection remarquable, à une époque qui ne peut être plus récente que 700 ans avant l'ère chrétienne, et qui était probablement d'une date encore plus reculée. Ces sculptures frappent d'autant plus, que l'art assyrien est tout à fait distinct de celui des autres peuples qui ont été leurs contemporains. Il en a été de même de leurs descendants, qui, comme les Grecs et les Romains, ont aussi porté cet art au plus haut degré de perfection. Quoique la sculpture employée par les Assyriens ait un caractère d'originalité particulier, elle n'en a pas moins quelques rapports avec celle des anciens Égyptiens, et même avec celle des premiers âges de la Grèce. Aussi peut-on considérer l'art assyrien comme intermédiaire entre les arts grec et égyptien.

Toutefois, les caractères de raideur et une habitude constante de représenter les objets de profil, qui signalent d'une manière particulière l'art égyptien, ne se trouvent plus dans la sculpture assyrienne. Ils y sont du moins bien peu manifestes, parce que chez ces peuples la sculpture était sortie de l'enfance de l'art, tandis qu'il n'en était pas ainsi de celle que pratiquaient les anciens statuaires de l'Égypte. En un mot, les sculpteurs de l'Asie n'ont jamais adopté, comme ceux de l'Afrique orientale, cette raideur conventionnelle qui distingue les ouvrages de ces derniers. Il suffit de comparer quelques figures égyptiennes avec les bas-reliefs découverts à Khorsabad, pour comprendre combien l'art assyrien était supérieur dans la représentation des objets naturels tels qu'ils se présentent à nous.

C'est donc par une étude plus exacte de la nature, par une appréciation plus juste de la vérité des formes, que l'art des Assyriens est regardé comme supérieur à celui qui a été pratiqué par les sculpteurs de l'ancienne Égypte. Aussi, en contemplant les bas-reliefs de Ninive, on voit les premiers essais d'un système vrai, qui, perfectionné par des artistes intelligents et passionnés pour la beauté physique, a produit les chefs-d'œuvre qui ont porté à un aussi haut degré l'art chez les anciens Hellènes.

Si l'on compare la sculpture des Assyriens avec celle qu'ont adoptée les Persans, on s'aperçoit bientôt que ceux-ci leur en ont emprunté les procédés, mais qu'entre leurs mains l'art a singulièrement dégénéré. Il existe peut-être tout autant de différence entre les bas-reliefs de Persépolis et ceux de Khorsabad, qu'entre les bas-reliefs sculptés sous les Ptolémées et ceux des âges antérieurs; la décadence est la même de part et d'autre.

Si la sculpture chez les Assyriens était supérieure, sous quelques rapports, à celle des Égyptiens, et si elle surpassait incontestablement l'art des Perses, leur architecture était restée toutefois inférieure à celle de ces deux peuples, du moins à en juger par ce que nous en connaissons aujourd'hui.

En effet, la simplicité de construction des édifices de Khorsabad contrastait avec la richesse de leur décoration; des murailles de terre revêtues de plaques de gypse sculptées, et une toiture probablement en bois, étaient assez généralement le genre de construction adopté dans leurs édifices. Cette pauvreté extérieure des monuments de Ninive ne peut être attribuée, comme à Babylone, au manque de matériaux propres aux grands édifices. On ne peut pas supposer non plus que les Assyriens, plus nombreux et plus puissants que les Égyptiens, n'aient pas pu transporter et travailler d'immenses blocs des matières les plus dures, et en faire usage dans leurs temples et dans leurs palais.

On se demande à quelles circonstances peut donc tenir une pareille infériorité dans l'art architectural? Peut-être n'est-elle qu'apparente; aussi de nouvelles découvertes nous apprendront qu'il n'en a pas été toujours ainsi. On peut d'autant plus le supposer, qu'il est dans Ninive même des monuments dont la façade est supportée par des colonnes, et même des édifices à plusieurs étages, pourvus de frontons triangulaires et ornés de plusieurs pilastres.

Les anciens Assyriens ont aussi fait usage des couleurs dans leurs monuments, genre de décoration qui a été usité chez presque tous les peuples de l'antiquité. On est peu étonné de trouver cette pratique établie à Ninive, puisque la Bible en fait une mention expresse. (Ézéchiel, chap. XXIII, vers. 14 et 15.)

Quoique l'architecture des palais de Ninive n'ait pas atteint la perfection qu'elle avait eue en Égypte à la même époque, il n'est pas moins certain que par leurs dimensions et les richesses de leur décoration, les monuments de cette ville égalaient, s'ils ne surpassaient pas, tout ce qu'ont fait les divers peuples de l'antiquité. L'ensemble des palais et des temples de cette ancienne cité devait être aussi imposant que magnifique; l'effet que devaient produire les peintures et les sculptures, correspond bien à l'idée que les descriptions de la Bible nous ont donnée du faste des rois d'Assyrie.

Les ameublements, les vêtements des anciens Assyriens, ainsi que leur industrie, avaient également atteint un grand degré de perfection; ils nous montrent ces peuples aussi avancés dans les arts qui intéressent notre bien-être, que dans ceux qui tiennent plus particulièrement aux commodités de la vie.

Si nous nous sommes aussi étendu sur le luxe de Ninive, c'est que la Bible nous en a donné une idée, et que nous mettons une assez grande importance à montrer l'exactitude des Livres Saints sur toutes les matières où ils ont porté leur attention. (Voyez le grand ouvrage de MM. Botta et Flandin sur les monuments de Ninive. — 5 volumes grand in-folio, dont le dernier contient la description des monuments et des inscriptions cunéiformes assyriennes. Paris, imprimerie nationale, 1840.)

Note 59, pag. 265. — La réserve de Diodore de Sicile à admettre que Ninus a été le premier souverain de l'Assyrie, n'est peut-être pas aussi peu fondée qu'on pourrait le supposer au premier aperçu. En effet, plusieurs historiens considèrent ce prince comme ayant succédé à son père Belus, qui avait réuni le royaume de Babylone à celui de Ninive.

Ce qui est plus certain, c'est que Ninus, guerrier fameux dans l'antiquité, après avoir fait alliance avec les Arabes, soumit les rois d'Arménie et leur imposa même un tribut.

Poursuivant ensuite ses conquêtes, il se rendit maître de la Médie, subjugua l'Égypte, envahit la Bactriane, et finit par s'emparer de Bactres, la capitale de cette contrée, qui lui résista longtemps. Il paraît même qu'il ne dut la prise de cette capitale qu'à un stratagème heureux employé par Sémiramis, femme d'un de ses généraux.

Cette héroïne, que Ninus épousa après la mort de son mari, gouverna avec gloire l'empire que ce souverain lui laissa. Après elle, le trône échut au fils de Ninus, qui prit le nom de Ninus II, afin de rappeler le nom de son père, dont il ne partagea pas la gloire.

C'est, du reste, après avoir fait toutes les conquêtes qui l'ont illustré, que le grand Ninus embellit la capitale de son empire, et la peupla de monuments aussi magnifiques que nombreux. On suppose que sa mort eut lieu vers l'an 1916 avant la naissance de Jésus-Christ, après un règne aussi long que glorieux.

Note 60, pag. 267. — L'ère qui porte le nom de Nabonassar, l'un des fondateurs du royaume des Babyloniens, fameuse dans l'antiquité, a été très-employée dans les tables des anciens astronomes. Ptolémée est celui qui en a fait le plus d'usage. Ses observations ont confirmé la plupart des faits qui y sont consignés. Ceux qui ont le mieux étudié cette époque ont fait remarquer qu'elle a dû commencer un mercredi ou un jour férié, et peut-être le 26 février de l'an 747 avant J.-C.

Les années dont cette ère est composée sont des années de 365 jours, sans intercalation à la quatrième année, de même que celles des anciens Égyptiens, ce qui produit une année de plus sur 1460 années juliennes.

Aussi Censorius compte à l'an 238 de l'ère chrétienne 986 ans de l'ère de Nabonassar, quoiqu'il n'y ait que 985 années juliennes. Du reste, cette chronologie est moins suivie pour les années postérieures à la naissance du Sauveur, que pour celles qui l'ont précédée.

Note 61, pag. 270. — M. Botta, consul de France à Mossoul, a envoyé à l'Académie des inscriptions, des dessins et des fragments de sculpture provenant des fouilles qu'il a exécutées sur l'emplacement de l'ancienne Ninive. Une pareille découverte a engagé cette Académie à envoyer à Mossoul M. Eugène Flandin, afin d'aider M. Botta à continuer les travaux qu'il a si heureusement commencés. Nous possédons maintenant les dessins précieux des sculptures qui ornaient le palais des anciens princes assyriens, dont on n'avait pas soupçonné jusqu'à ce jour qu'il existât le moindre vestige. On désirerait seulement trouver dans l'ouvrage qui a été publié sur ces découvertes intéressantes, un plus grand nombre de notions historiques sur des peuples aussi peu connus que le sont les Assyriens.

Note 62, pag. 272. — En effet, il est certain que l'homme, le plus nouveau des êtres animés, est le dernier de ceux qui ont apparu sur la scène de la vie. Ce fait est attesté par tous les faits physiques, qui démontrent que l'on ne trouve aucun de ses débris, ni aucun produit de son industrie dans les couches ou les dépôts des temps géologiques, pas même dans les terrains de transport anciens, qui, en raison de cette circonstance, ont été improprement nommés dépôts diluviens.

Les terrains où l'on rencontre des ossements humains et

des vestiges des arts que l'homme a enfantés dès l'enfance de la civilisation, appartiennent tous, sans exception, aux temps historiques, quoiqu'ils aient été souvent mêlés à des limons et à des ossements d'animaux bien antérieurs à ces temps plus rapprochés de nous.

C'est principalement dans les cavernes qu'un pareil mélange a eu lieu; il a été quelquefois si intime, qu'on ne peut reconnaître les causes qui l'ont produit que par la comparaison des ossements des animaux et de ceux qui appartiennent à l'homme. L'altération des uns et la conservation des autres permettent de reconnaître la diversité de leur origine et de leur date. On arrive également à cette détermination, en observant avec soin les diverses circonstances qui ont accompagné dans les cavités souterraines le transport de ces débris osseux.

Nous ferons toutefois observer que cette distinction n'est pas toujours facile; c'est aussi ce qui a trompé tant d'observateurs, et nous-même, qui avons admis pendant bien des années une communauté d'origine entre des ossements de dates si diverses. Ce n'est qu'après de longues et de minutieuses recherches, que nous avons reconnu notre méprise. On sera suffisamment éclairé sur les causes qui ont prolongé notre erreur, en jetant les yeux sur notre Mémoire sur les ossements humains et l'époque de leurs dépôts[1].

La nouveauté de l'espèce humaine est un fait démontré par les observations géologiques, fait également annoncé par la Genèse, et cela bien avant que l'on eût l'idée d'examiner les couches dont la terre est composée. Comment

---

[1] Voyez les *Mémoires de l'Académie des sciences de Montpellier*, pour 1855.

dès-lors ne pas avoir plus de confiance dans un pareil accord entre l'Écriture et les faits physiques, que dans les annales des plus anciennes nations, qui ne reposent, quant à leur origine, que sur des événements purement chimériques, ou du moins privés de toute certitude.

Nous ne saurions trop le répéter, l'homme est ici-bas fort nouveau, surtout relativement à la terre, sur laquelle il a été placé en quelque sorte pour en démêler et en comprendre l'origine. Cette origine n'a rien de commun avec celle de sa propre espèce, ainsi que le démontre chaque jour l'observation des couches qui composent notre planète.

Note 63, pag. 274. — Ces faits, qui intéressent au plus haut degré l'anthropologie et l'histoire naturelle des races humaines, ont été observés par M. Boré, dans les lieux mêmes où ils peuvent être vérifiés pour ainsi dire à chaque instant. M. Dureau de la Malle avait déjà remarqué avant M. Boré la conformité de type qui existe entre les Chaldéens, les Kurdes et les Mèdes sculptés sur les bas-reliefs de Persépolis, et les Juifs que l'on voit sur les sculptures grecques ou romaines, enfin l'identité du type des premiers peuples avec les Juifs du faubourg Ghetto, à Rome.

M. Boré, en remarquant dans la Perse et le Kurdistan une grande ressemblance entre les traits des Juifs et des Chaldéens répandus depuis le Pont-Euxin jusqu'aux bouches du Tigre et de l'Euphrate, a observé entre eux une conformité de langage qui vient à l'appui de l'identité zoologique admise par M. Dureau de la Malle.

Enfin, nous le répétons, cette analogie des Juifs et des Chaldéens connus sous les noms de *Chab* et de *Kard*, est démontrée par la comparaison des crânes des Chaldéens avec ceux des Juifs établis à Rome.

II.

Note 64. pag. 274. — Les philologues avaient pressenti en quelque sorte les découvertes de M. Boré, lorsqu'ils avaient admis que l'hébreu et le chaldéen étaient la même langue, et qu'il en était probablement ainsi de l'arabe. Dès lors, on était en droit de conclure que les trois peuples avaient la même origine et ne devaient former qu'une seule et même nation.

D'autres écrivains avaient eu la même pensée, et avaient considéré les Chaldéens comme frères des Hébreux, par leur aïeul commun Arphaxad. Les uns et les autres admettaient les mêmes dix patriarches antédiluviens, et par conséquent la réalité du déluge. Aussi suffirait-il d'effacer le caractère babylonien qu'ils ont imprimé sur leurs annales primitives, pour y retrouver l'histoire de l'humanité tout entière.

Cette opinion, présentée par M. de Rougemont, est fondée sur le passage de Tertullien : *Est in mundo loquelæ dissimilis virtus, traditionis una*. En effet, si l'on considère les Hébreux et les Chaldéens comme ayant eu une commune origine et ne formant qu'une seule et même nation, on peut très-bien dire avec ce Docteur, qu'il y a eu dans le monde plusieurs langues, mais qu'il n'y a eu qu'une tradition, dont l'Écriture a été l'organe et l'expression. (Voyez l'ouvrage de M. de Rougemont sur le peuple primitif, sa religion, son histoire et sa civilisation.)

D'un autre côté plusieurs historiens, en considérant les Chaldéens et les Juifs comme un seul et même peuple, les regardaient comme plus anciens que les Assyriens, qui avant Ninus ne possédaient probablement que le pays montueux situé entre l'Arménie et la Médie. Les Babyloniens étendirent ensuite leur domination sur tout le pays plat situé entre la mer et le golfe Persique, le désert et les montagnes.

La philologie est venue ici au secours des sciences naturelles; ce concours inattendu de deux sciences aussi diverses prouve, avec un grand nombre d'autres faits, que toutes les connaissances humaines se touchent et peuvent, par cela même, se prêter un appui mutuel pour arriver à la connaissance de la vérité. (*Comptes-rendus des séances de l'Académie des sciences de Paris*, deuxième semestre 1840, tom. IX, pag. 256.)

Balbi, qui est une autorité en pareille matière, admet que presque toutes les langues ont une connexion évidente avec celle qui a été la plus anciennement parlée, l'hébreu. A ses yeux, plus les peuples sont isolés et sauvages, et plus cette connexité est complète; plus, au contraire, ils se polissent et se civilisent, plus les rapports que leurs idiomes avaient avec ceux dont ils dérivaient, s'affaiblissent et se perdent. (*Nouvelles annales des Voyages*, tom. XXXI.)

Note 65, pag. 279.— L'ère d'Abraham, qui commence à la vocation de ce patriarche, précède l'Incarnation de 2015 ans; elle commence en effet au 1ᵉʳ octobre, de manière que le 1ᵉʳ octobre qui devance immédiatement notre ère vulgaire, est le commencement de l'an 2016 d'Abraham. C'est l'ère d'où part Eusèbe dans sa chronique, et que suit Idacius dans la sienne. Telle est l'opinion que s'est formée l'auteur de l'Art de vérifier les dates des faits historiques, sur une époque célèbre dans l'antiquité, ainsi que l'on peut s'en assurer en jetant les yeux sur le premier volume de cet excellent livre, page xxxix.

Cette ère est, du reste, bien plus importante dans l'histoire de l'antiquité que celle de Nabonassar, fondateur du royaume des Babyloniens, qui n'est fameuse que dans les

Tables des anciens astronomes. Aussi Ptolémée, qui a recueilli dans son Almageste tout ce que l'on savait, à son époque, en fait d'astronomie, est celui des anciens observateurs qui en a fait le plus d'usage.

Note 66, pag. 283. — Les rois de la première dynastie des Persans ont été désignés sous le nom de *Guil-Châydens*, ou bien *Pech-Dáydens*. Ce nom est dérivé de *Guil-Châh*, nommé aussi *Kaioumaratz*, l'un de leurs premiers souverains, qui se distingua par la justice des lois qu'il donna à ses peuples. La reconnaissance que les Persans en éprouvèrent fut si grande, qu'ils lui donnèrent le nom de *Pech-Dáydens*, ce qui signifie Prince qui rend la justice. Aussi, depuis lors, les rois de la même race ont-ils porté le nom de *Pech-Dáydens*. Cette dynastie, l'une des plus anciennes de celles qui ont gouverné la Perse, fut aussi l'une des plus illustres et des plus aimées.

Les rois *Guil-Châydens* se divisent en quatre races distinctes et particulières : la première, ou les *Pech-Dáydens*, paraît avoir eu pour premier roi Kaioumaratz, qui établit le siége de son empire dans l'Azerbâdjan; la deuxième nommée les *Kaydngen*; la troisième connue sous le nom d'*Archânyens*; la quatrième sous celui de *Sâcanydes* ou de *Sâcanydiens*, dont le dernier des rois a été *Yerdezérse*.

Quelques-uns ont admis avant la dynastie des *Guil-Châydens*, ou *Pech-Dáydens*, une autre dynastie partagée en quatre races qui, en partant de la plus ancienne, sont : 1º les *Abaydyens*; 2º les *Djeyens*; 3º les *Chayens*; 4º enfin, les *Yécaniens*.

Néanmoins on a aussi désigné les rois de Perse qui ont gouverné les provinces méridionales de cet empire, sous le nom de *Key-Iran*, et ceux qui ont régné sur les provinces situées au-delà du fleuve Oxus, ou Oxe, sous celui de *Key-Touran*. Aujourd'hui encore les rois de Perse sont désignés sous le nom de *Pascha-Iran*[1], comme leur grand-visir sous le nom d'*Iran-Medary*, ce qui signifie le Pôle de la Perse; ces dénominations sont du reste les plus ordinairement en usage dans cet empire. Une partie de ces désignations s'est conservée chez les Orientaux, qui distinguent en effet la Perse sous le nom d'*Yroum* ou *Iran*, qui rappelle en quelque sorte celui d'*Elam* que l'Écriture donne à cette contrée.

Du reste, les noms d'*Iran* et de *Touran* se trouvent fréquemment dans les anciennes histoires de la Perse : Key-Iran et Key-Touran, pour dire *roi de Perse* et *roi de Tartarie*.

Quoi qu'il en soit, les rois de la dynastie des *Pech-Dâydens*, dynastie qui a duré environ 332 années, s'appelaient tous *Dadyâna* ou *Dadyan*, expressions persanes dérivées de *dad* ou de *dâh*, qui renferment la même idée de *juste* ou de *justice*. En définitive, les rois de la monarchie persane étaient considérés par leurs peuples comme les chefs de la justice, ou comme les promoteurs de ce qui est juste et bon.

La dynastie des Pech-Dâydens, composée de onze rois, aurait duré 2450 années, du moins d'après ce que rapporte le *Djchán-and* ou *Dâbistán*, publié par Oussely; mais ce chiffre est probablement hypothétique, car nous ignorons tout à

---

[1] Les titres ordinaires des rois de Perse sont *Cha* ou *Padcha*, expression qui, dans le langage du pays, signifie simplement faire des partages ou distribuer des secours. C'est le titre le plus grand que l'on puisse donner en Perse à un personnage très-élevé, et qui répond au titre de roi ou d'empereur, que l'on attribue en Europe aux têtes couronnées.

fait le commencement et la fin de cette dynastie. Dès-lors il est difficile de dire d'une manière positive quelle a été sa durée.

Si l'on s'en tenait aux notions géographiques que les Persans nous ont données du pays qu'ils habitent, la Perse serait le plus grand empire du monde. Ils le considèrent en effet comme environné par quatre grandes mers, la mer Noire, la mer Rouge, la mer Caspienne et le golfe Persique. Six principaux fleuves, presque aussi fameux que les mers qui l'entourent, lui donnent également un grand renom; ces fleuves sont : l'Euphrate, l'Araxe, le Tigre, le Phase, l'Oxe ou l'Oxus, enfin l'Indus. En outre, la Perse présente presque de tous côtés un espace de trois à quatre journées de chemin, inhabité, quoique ce territoire soit fertile du côté de l'Orient et de celui de l'Occident.

Les Persans regardent comme une marque de vraie grandeur, de laisser ainsi des pays abandonnés entre de vastes empires. Ces bornes, qui n'ont rien de fixe, empêchent, disent-ils, la moindre contestation pour les limites, en servant comme de murs de séparation entre les pays limitrophes. Selon eux, la Perse doit d'autant plus être considérée comme l'un des plus grands royaumes du monde, qu'elle s'étend du fleuve Indus au Phase, ce qui embrasse un espace de plus de sept cent cinquante lieues, et que sa largeur n'est pas moindre de quatre cent cinquante lieues.

Ils ajoutent enfin que leur empire a eu une étendue encore plus considérable que celle qu'il présente aujourd'hui, puisque du temps d'Effrasiab, neuvième roi de Perse, l'empire comprenait, outre le vaste territoire qui le compose maintenant, tous les pays situés entre la mer Caspienne et la Chine, du côté du Septentrion et de l'Océan. Ce fut alors que ce monarque partagea par le fleuve d'Oxe cet empire sans pareil, appelant *Iran* ce qui est au Midi, et *Touran* ce qui est au Nord, comme pour désigner les pays qui se trouvent en deçà et les distinguer de ceux d'au-delà de ce même fleuve [1].

Note 67, pag. 289. — L'ère des Olympiades, qui consiste dans une révolution de quatre années, est la plus ancienne de toutes celles dont la Grèce s'est servie. Les Latins l'adoptèrent pour s'entendre avec les Grecs et pour assurer leurs propres supputations. La première année de l'Incarnation, ou de l'ère chrétienne, coïncide avec la première année de la 195e olympiade. La cinquième de Jésus-Christ correspond par conséquent à la première de la 196e olympiade, et ainsi des autres.

Note 68, pag. 299. — On avait bien conçu quelques doutes sur l'authenticité des Védas, ou livres sacrés des Hindous; mais Colebrooke a prouvé que les livres qui portent aujourd'hui ce nom sont les mêmes que ceux qui depuis tant de siècles ont été vénérés par les Hindous. Seulement leurs fragments, épars et dispersés, ont été recueillis et mis en ordre par Douapa-Yana, écrivain célèbre dans l'Hindoustan sous le nom de Viaca. Cette mise en ordre a eu lieu à ce qu'il paraît vers 1400 avant l'ère chrétienne.

---

[1] Quant à la langue dont les Persans anciens et modernes ont fait usage, elle paraît dérivée du sanscrit, ainsi que le prouve la comparaison des mots employés dans les deux idiomes.
Voyez le *Voyage de Chardin en Perse*, nouvelle édition publiée par L. Langlès, 10 vol. in-8°. Paris, 1811, surtout le tome III, page 256 et suiv. — Id. *Voyage en Perse*, par MM. Flandin et Pascal. 6 grands vol. in-f°; de plus, 2 vol. in-8° destinés à la relation du voyage. Paris, 1840-1841.

Quant aux Pourânas, leur origine n'est pas encore parfaitement connue, malgré les travaux de la Société de Calcutta; tout ce que l'on sait, c'est qu'ils sont bien antérieurs à l'Ézour-Veidam, puisque ce livre contient une critique amère de certains Pourânas, où se trouvent en effet les fictions les plus absurdes sur l'origine des choses ou sur la création. On sait maintenant que l'Ézour-Veidam est bien plus moderne que l'expédition du héros macédonien, et l'on suppose qu'il a été rédigé quelques siècles seulement avant l'époque où Voltaire a vécu, c'est-à-dire vers 1700.

Les Védas ont sans doute une certaine ancienneté, à en juger par la pureté de plusieurs dogmes qu'ils contiennent, comme l'unité de Dieu, l'immortalité de l'âme; mais cette ancienneté est bien moindre que celle du Pentateuque. Il ne serait pas du reste très-étonnant que cette doctrine leur fût venue d'ailleurs et que les Hindous l'eussent reçue des Hébreux, quoique en général leur religion soit assez conforme, pour le fond des idées et des principes, à celle qui était professée par les Égyptiens et les anciens Persans.

Du reste, d'après plusieurs historiens, comme par exemple M. Marles, auxquel nous devons de nombreuses recherches sur l'Inde ancienne, l'Iran, ou l'ancienne Perse, aurait été le siége des sciences morales ou religieuses des peuples idolâtres de l'antiquité; toutefois plusieurs, comme les habitants de ce vaste pays, auraient eu quelques doctrines plus épurées. On le suppose d'autant plus qu'on peut très-bien admettre qu'ils ont considéré Menou comme le premier homme, qu'ils ont représenté le Noé des Hébreux par Vaïvassouaïs, et conservé le souvenir du déluge dans leurs premiers Avatars.

Les Védas, ou les livres sacrés des Hindous, sont si

anciens, qu'ils paraissent remonter à 3000 années avant l'ère chrétienne. Ces livres ont un intérêt réel, non-seulement en raison de la grande place qu'ils occupent dans le passé, mais parce qu'ils prouvent avec tant d'autres faits physiques et historiques que la civilisation est partie de l'Asie. Née sur les bords du Gange et au pied de l'Himalaya, elle s'est étendue successivement vers l'Occident, où elle est maintenant parvenue au plus haut degré de perfectionnement dans la partie occidentale et septentrionale de l'Europe, qui en avait été si longtemps privée.

Les Védas se composent de plusieurs livres ; le plus ancien est le *Rig-Véda*, ou livre des hymnes, qui a été traduit par M. Langlois, c'est celui dans lequel les autres Védas ont puisé plusieurs documents : 1º le *Rig-Véda samhita*; 2º le *Yadjour-Véda*, 3º le *Sâma-Véda*; 4º l'*Atharva-Véda* ou *Atharvana*. Ce dernier est le plus récent de ces quatre Traités.

Ces différents livres composent l'ensemble des Védas, qui ont de l'importance pour l'histoire générale de la civilisation et celle du peuple dont ils forment la religion. Parmi ces corps d'ouvrages, on a toujours distingué le *Rig-Véda* en raison de sa priorité ; aussi a-t-il provoqué les plus nombreux et les plus importants travaux. La pureté de quelques-uns des dogmes qu'il contient, comme par exemple l'unité de Dieu, n'y a pas peu contribué. Néanmoins la doctrine qui a triomphé dans la religion des brahmes a toujours été entachée de panthéisme, même au milieu des plus heureuses fictions.

Outre les Védas, la littérature orientale invoque, pour montrer sa supériorité, le poème sanscrit de Valmiki, que les écrivains persans regardent comme égal à ceux d'Homère.

C'est en effet dans ce poëme, ou le *Ramayana*, que l'on trouve ce beau vers :

« La fidélité à sa promesse est le cachet de la grandeur ! »

Les mêmes écrivains voient également dans l'hymne célèbre attribué à Orphée, le transport des idées originellement indiennes dans les premiers âges de la Grèce; ces idées y auraient été, encore d'après eux, grandement affaiblies, ainsi que le prouve la comparaison de cet hymne avec les chants sublimes du Ramayana.

En effet, ces chants nous donnent les idées les plus justes et les plus hautes de Dieu ! Tu es, disent-ils, celui qui a été et celui qui sera ! Tu es le point le plus élevé des mondes et l'origine de tout, toi qui n'auras pas de fin ! Tu es la demeure de la vérité !.. Tu es au commencement et à la fin de tout; mais on ne connaît de toi ni le commencement ni la fin !... La lumière fut avant les mondes, comme la nuit fut avant la lumière; mais qui a été avant toi, Dieu suprême ?

Après ces belles paroles, comment ne pas supposer que souvent, dans l'antiquité, l'idolâtrie n'était qu'à la surface, et que l'unité de Dieu était au fond des choses ? Le polythéisme était le culte des masses populaires; mais le monothéisme était la religion des esprits éclairés par quelques-uns des rayons provenus des saintes Écritures, ou inspirés par Dieu lui-même, dans quelques âmes pures et choisies [1].

Comme l'opinion la plus généralement admise fixe la prise de Troie à l'an 1072 avant Jésus-Christ, Homère, à quelque époque que l'on rapporte sa naissance, a été très-postérieur

---

[1] *Journal général de l'instruction publique*, du samedi 7 mai 1859, vol. XXVIII, pag. 203, n° 37.

en date à l'époque où a vécu Valmiki, l'auteur du Ramayana. Ce n'est donc pas dans les poésies du Prince des poètes que Valmiki a pu prendre les nobles pensées qu'il a exprimées, lorsqu'il a voulu nous donner une idée de la puissance divine.

Note 69, pag. 307. — Les dates que nous venons de donner ne sont pas les seules qui existent sur l'histoire réelle de la Chine. Les trois différents abrégés latins que nous avons des annales de *Se-Ma-Couang*, annales qui ont été publiées en 1064 de l'ère chrétienne, font commencer les temps historiques sous le règne de Hoang-Ti, 2697 avant Jésus-Christ [1]. Mais on a cru pouvoir faire remonter les premiers temps historiques à 634 années plus haut, pendant lesquelles neuf princes auraient régné avant Hoang-Ti. Si ces règnes avaient eu lieu réellement, Fou-Hi, fondateur de la monarchie chinoise, aurait vécu 3331 avant l'ère chrétienne.

Depuis les travaux qui nous ont valu les abrégés latins, on a reconnu que l'existence de ces neuf rois antérieurs à Hoang-Ti était tout à fait hypothétique, et ne reposait nullement sur le véritable système chronologique des annales chinoises. Ces annales sont composées de deux parties distinctes, dont la certitude et l'authenticité sont très-différentes.

La partie qui commence à 206 ans avant Jésus-Christ est écrite sur des mémoires contemporains; aussi a-t-elle

---

[1] Ces abrégés sont : 1° celui du P. Martini, *Hist. sinic.*, decas I, 8; Amstel, 1656; 2° celui du P. Couplet, *Synopsis chronologica* in-f°, 1686; Paris, à la suite du Confucius; 3° celui de l'anonyme, publié par Melchi Thevenot, dans le quatrième volume du *Recueil des voyages*.

seule quelque certitude historique. Elle comprend l'histoire de la famille des Hans et des seize dynasties qui lui ont succédé, juqu'à celle des Mages, qui a précédé les Mantchoux, ou Tartares orientaux, qui règnent maintenant en Chine.

Quant à la partie des annales qui comprend les temps antérieurs aux Hans[1], elle se rapporte à une histoire faite et restituée après coup et qui ne repose sur aucun monument ni sur aucun fait précis. On le conçoit, puisqu'elle a été écrite postérieurement à l'incendie des livres ordonné par Xi-Hoang-Tiou, ou Tsine-Tchi-Hoang-Ti, qui monta sur le trône en 246 avant Jésus-Christ, d'après divers fragments échappés aux flammes et par conséquent fort incomplets.

Ces fragments composent neuf volumes qui renferment toutes les traditions ainsi recueillies, et qui sont cependant ce que la Chine possède de plus ancien et de plus authentique.

Cinq seulement de ces livres portent le titre de *Kings*, ou d'ouvrages sacrés ; ils ont été commentés par Confucius, qui vivait 450 ans avant Jésus-Christ. Les quatre autres sont des ouvrages moraux de ce philosophe et des écrits de ses disciples.

Trois des livres sacrés, ou *Kings*, renferment presque tous les fragments des anciens livres historiques qui avaient échappé à l'incendie. Ces trois fragments sont le *Chou-King*, le *Chi-King* et le *Tschune-Tstéou*.

Le *Chou-King* est une espèce d'histoire générale écrite par Confucius, qui commence au règne de Yao vers 900 ans avant

---

[1] Les uns écrivent *Hans*, comme plusieurs missionnaires ; tandis que d'autres préfèrent désigner cette dynastie sous le nom de *Hanes*. Nous avons adopté la première orthographe.

Jésus-Christ ; malheureusement quarante-deux chapitres de cette histoire ont été perdus, ce qui fait une grande interruption dans ces annales.

Quant au *Chi-King*, c'est un recueil d'anciennes poésies, il n'a par conséquent aucun rapport avec l'histoire, tandis qu'il n'en est pas ainsi du *Tschune-Tstéou*, où Confucius avait placé les annales de Lou, sa patrie ; mais il ne nous en reste qu'un fragment, et encore peu étendu.

Voilà sur quels documents incomplets on a essayé, sous le règne de l'empereur You-Ti, en 97 avant l'ère chrétienne, de composer une histoire de la Chine. Cette histoire remonterait, d'après ce document, à Hoang-Ti et compterait 2431 années depuis le commencement de la monarchie chinoise jusqu'à la quarante et unième année de You-Ti. Cette date serait du reste postérieure de 170 ans à celle des annales modernes, qui assigne au règne de Hoang-Ti la date de 2697, ainsi que nous l'avons fait observer.

D'après cet aperçu, il est évident que la chronologie chinoise est remplie d'incertitude, quant aux temps antérieurs aux Hans ; tout ce qui est certain, c'est que les dates historiques sur lesquelles les habitants de la Chine peuvent nous donner quelques preuves positives, remontent moins haut que celles des Chaldéens et des Égyptiens.

Note 70, pag. 310. — Les missionnaires de Pékin (voyez *Mémoires sur les Chinois*; Paris, de 1789 à 1791) nous ont donné une généalogie assez étendue des princes qui ont gouverné la Chine. Malheureusement cette généalogie ne nous fait pas connaître les noms de ces princes, qui se seraient succédé les uns aux autres d'une manière plus ou moins régulière ; elle présente, au contraire, l'indication de souverains contemporains qui ont gouverné telle ou telle province de la Chine, et différente de celles sur lesquelles ont régné les premiers empereurs.

Cette circonstance jette, ainsi qu'on le comprend aisément, de graves embarras et de sérieuses dificultés sur l'histoire de la Chine, qui en offre assez par elle-même pour les premiers âges.

Quoi qu'il en soit, les données recueillies par les missionnaires de Pékin, leur ont fait considérer Fou-Hi comme le fondateur de l'empire de la Chine. Elles supposent que ce prince serait monté sur le trône en 2933 avant Jésus-Christ, et serait mort en 2837, après avoir régné 96 années. Sept empereurs lui auraient succédé et auraient gouverné la Chine jusqu'à l'année 2208, toujours avant l'ère chrétienne.

La première dynastie, ou celle des *Hia*, dont le premier souverain aurait été Yu, à peu près vers 2203 ou 2208 de la même ère, se serait continuée par sept autres empereurs qui se seraient éteints en 1766, sous le règne de Li-Koué.

La deuxième dynastie, celle des *Chang*, et dont le premier prince aurait été Tching-Tang, aurait duré depuis 1766 jusqu'à 1121, époque à laquelle aurait eu lieu la mort de Cheou-Sin, le dernier souverain de cette dynastie, qui en a eu un certain nombre, environ vingt-sept.

La troisième dynastie, ou celle dite des *Tcheous*, est une des plus longues qui sont admises par les Chinois; elle comprend un intervalle de 861 années, et en même temps trente-trois souverains différents qui ont régné sur la Chine. Le premier de ces princes a été Ou-Ouan et le dernier Tcheou-Kium, qui est mort en 255, après un règne qui n'a pas duré plus d'une année.

La quatrième dynastie, nommée la dynastie des *Tsin*, bien

différente de celle qui l'a précédée, est l'une des plus courtes: elle ne comprend, en effet, que trois empereurs et un intervalle de quarante et une années. Le premier est connu dans l'histoire sous le nom de Tchuang-Hany-Ouang, et le dernier sous celui de Eul-Chi-Hoang-Ti.

La cinquième dynastie, ou celle des *Hans*, composée de six princes, dont le premier Kao-Hoang-Ti a commencé à régner en 202, tandis que Hien-Ti a clos cette dynastie en 220, ce qui a fait qu'elle n'a duré qu'un intervalle de dix-huit années.

La sixième dynastie est celle des *Heou-Hans*, ou les *Hans* postérieurs du *San-Koué*.

A l'époque où cette dynastie a commencé, vers l'an 221 avant l'ère chrétienne, sous le règne de Tchao-Lie-Ti, la Chine était partagée en trois empires distincts, qui ont subsisté en même temps. Ces divers royaumes ont été gouvernés les uns par la dynastie des *Héo-Hans*, les autres par les *Ouei*, enfin le dernier par les *Ou*, et cela simultanément. C'est ce que les Chinois appellent *San-Koué*, ou les trois empires, qui n'ont du reste duré que quarante-deux années.

La septième dynastie, celle des *Tcin*, comprend un intervalle de 155 années pendant lesquelles quinze princes auraient régné. Le premier, ou l'empereur Tcin ou Ti, aurait pris les rênes de l'empire en 265; cette dynastie se serait éteinte en la personne de Tcin-Koung-Ti.

La huitième dynastie, ou les *Songs*, n'a eu qu'un seul souverain, Kao-Tsou, dont la mort est arrivée en 479.

La neuvième dynastie, celle des *Tsi*, n'a eu que deux souverains, Kao-Ti et Ho-Ti; aussi n'a-t-elle duré que vingt-deux années, c'est-à-dire, de 480 à 502.

Il n'en a pas été ainsi de la dixième dynastie, ou des

Leang. Elle a eu quatre empereurs qui ont régné de 502 à 557, ou pendant cinquante-six années environ. Le premier prince des Leang a été Ou-Ti, et le dernier King-Ti.

La onzième dynastie, les *Tchin*, a été beaucoup plus courte; elle a seulement duré 35 ans, et n'a eu qu'un seul souverain nommé Heou-Tchin.

La douzième dynastie, ou les *Soui*, quoique plus courte que la onzième, car elle n'a duré que dix-neuf années, a eu cependant deux princes qui ont régné depuis 590 jusqu'en 619. D'abord Ouen-Ti et en second lieu Oug-Ti.

La treizième dynastie, ou celle des *Tang*, a commencé en 619 et a été terminée en 907; elle a donc eu une existence de 288 années. Le premier de ses princes a été Kao-Tsou et le dernier Tchao-Suen-Ti.

La quatorzième dynastie, les *Heou-Léang* ou *Léang* postérieurs, n'a régné que seize années et n'a eu que deux princes, Tai-Tsou et Mo-Ti. Le premier est monté sur le trône en 907, et le second est mort en 923.

La quinzième dynastie, les *Heou-Tang* ou les *Tang* postérieurs, n'a eu que deux princes, Tschung-Tsung et Leou-Ouang. Ce dernier est mort en 937, en sorte que cette dynastie n'a régné que quatorze années.

La seizième dynastie, les *Heou-Teing* ou les *Teing* postérieurs, a commencé en 937; elle n'a duré que dix années, depuis le règne de Kao-Tsou jusqu'à celui de Tsi-Ouang.

La dix-septième dynastie, celle des *Heou-Han* ou des *Hans* postérieurs, n'a eu que trois années d'existence, de Kao-Tsou à Kong-Ti, qui est mort en 950.

La dix-huitième dynastie, consacrée aux *Heou-Tcheou* ou les *Tcheou* postérieurs, n'a régné que huit années, depuis Tai-Sou (951) à Kong-Ti, qui est mort en 959.

La dix-neuvième dynastie, ou les *Songs*, a gouverné la Chine pendant 319 années, et cela par une assez longue suite de princes, dont le premier a été Tai-Tsou et le dernier Ti-Ping, mort en 1279.

La vingtième dynastie, les *Mongous* ou les *Yeu*, s'est étendue depuis Houpilai ou Chiesou, jusqu'à Chmati, mort en 1368. Cette dynastie a donc régné pendant quatre-vingt-neuf années.

La vingt et unième dynastie, ou les *Ming*, a existé pendant un plus long espace de temps ; commencée en 1368 sous le règne de Hong-Vou, terminée en 1649 par la mort de Ming, elle a donc existé pendant 281 années.

La vingt-deuxième dynastie, se rapporte aux *Tsing*, qui ont commencé à régner en 1649, sous l'empereur Chun-Thi, et se sont éteints en 1780 par la mort de Kieu-Long. Cette dynastie a gouverné la Chine pendant 132 années.

Nous nous arrêterons à cette époque de 1780, qui est aussi celle à laquelle les missionnaires de Pékin ont clos la généalogie des empereurs du Céleste-Empire. Cette époque est si rapprochée de celle où nous vivons, qu'elle ne peut être l'objet d'aucune difficulté relative à la date et aux circonstances des événements qui lui sont postérieurs. Aussi n'en parlerons-nous pas.

Note 71, pag. 317. — Les monuments du centre de l'Amérique ont également attiré l'attention de plusieurs voyageurs anglais. Cathervood a publié le fruit de ses recherches dans l'ouvrage intitulé : *Anciens monuments in central America*. Les anomalies du genre d'architecture où se montrent associées la symétrie des proportions et l'élégance des ornements avec les conceptions les plus hideuses et les plus sauvages, ainsi que des sculptures d'un grotesque barbare, offriront constamment un sujet important aux méditations des archéologues.

Les masses de lourde maçonnerie distinguent principalement les villes de Copan, Palenqué, Uxmal, Chichen, Itza, Kabals et Tuloom. De basses pyramides, dont les assises ont des hauteurs diverses et qui supportent des plates-formes d'une étendue variable, les signalent également. On observe sur ces pyramides des rangées de cellules étroites, éclairées seulement par l'entrée, couvertes d'un toit aigu. Les demeures des sacrificateurs et les temples présentent une uniformité non moins remarquable.

La hauteur de ces constructions avait le double but d'imposer au peuple un respect pour les prêtres, en donnant à leurs demeures un caractère de grandeur sacrée, et de les mettre ainsi à l'abri de l'accès des profanes. Sous leurs toits de pierres massives, les prêtres étaient préservés contre l'ardeur du soleil et échappaient aussi à l'influence des exhalaisons d'un sol humide, si funestes sous les climats tropicaux. D'ailleurs, des arceaux ouverts formaient pour eux une promenade agréable rafraîchie par la brise du matin et du soir.

Quoique les temples de Yucatan réunissent les formes pyramidales de l'Égypte aux terrasses de l'Hindoustan et aux ornements classiques, on ne saurait disconvenir qu'ils n'aient un caractère particulier, et qu'ils n'aient été construits sous une direction toute théocratique. La pierre des sacrifices avec la surface excavée et arrondie, cannelée, pour faire couler le sang des victimes, placée aux pieds de l'idole au nom de laquelle s'accomplissaient ces cérémonies cruelles et sanguinaires, exprime parfaitement son objet.

Les ornements architecturaux avaient en outre un caractère de grandeur qui indiquait au peuple, dont les habitations étaient en bois, combien la Divinité méritait leurs hommages. Toutefois, la reproduction de ressemblances grossières et hideuses avec la figure humaine dans les ornements des façades, l'encastrement dans les murs de masques de grandeur colossale et grimaçant horiblement, ressemblant à la face des idoles, annoncent que la sculpture était pour lors dans l'état le plus inférieur de l'art.

On trouve dans ces monuments l'indication d'une civilisation peu avancée, d'un peuple qui se laissait frapper de respect par des images peu supérieures à celles que vénèrent les habitants des îles de la mer du Sud. Les édifices n'offrent dans leurs constructions rien qui indique une haute antiquité; elle paraît évidemment au-dessous de celle des monuments les moins remarquables des Grecs et des Romains.

Note 72, pag. 321. — Il n'est presque plus douteux maintenant que les Romains ont connu l'Amérique. On a en effet découvert dans des fouilles exécutées dans les environs de Panama, un vase en terre cuite contenant un nombre considérable de monnaies romaines en bronze frappées dans les troisième et quatrième siècles de notre ère. On pourrait toutefois supposer, à défaut d'autre preuve positive des communications entre les anciens Romains et l'Amérique méridionale, que ces monnaies avaient été enfouies par quelque numismate ou archéologue espagnol qui habitait l'ancienne ville de Panama, lorsque celle-ci a été saccagée et détruite en 1670 par le boucanier irlandais Morgan.

Quoi qu'il en soit de cette supposition peu vraisemblable,

ces monnaies sont les premières qui aient été rencontrées dans le sol de l'Amérique. On y a également trouvé des armes de guerre qui portent des *inscriptions grecques*, et des dessins évidemment de la même nation sur quelques paniers[1]. Enfin, outre ces objets qui signalent la présence des Grecs en Amérique, on ne doit pas oublier l'inscription dont nous avons donné le texte.

Note 73, pag. 322.—La grandeur de certains monuments dont quelques parties de l'Amérique sont couvertes, démontre peut-être mieux que tout autre genre de preuves que ces monuments sont le fruit d'une civilisation venue d'ailleurs, surtout lorsqu'on considère qu'ils se trouvent dans un continent qui paraît avoir été peuplé si tard. Comment ne pas le supposer, lorsque les traits des Américains eux-mêmes rappelent ceux de certains peuples asiatiques leurs voisins, dont ils ne sont séparés que par la faible étendue du détroit de Behring?

Enfin, comment ne pas admettre que les constructions immenses et gigantesques dont nous venons de donner une bien faible idée, ne sont pas uniquement l'œuvre des habitants primitifs de l'Amérique, mais de nations étrangères et d'une civilisation plus avancée que ne pouvaient avoir ses habitants au moment où elles ont été érigées? On n'en doute presque pas lorsqu'on voit les têtes des hommes ensevelis dans les tombeaux péruviens présenter la même configuration et les mêmes traits que celles des Indiens nomades de l'Orégon et naguère de la Californie.

Ce point de fait prend un nouveau caractère d'évidence

---

[1] *Journal général de l'instruction publique*, du samedi 25 juin 1853, vol. XXII, n° 51.

lorsqu'on porte son attention sur la ressemblance qu'ont entre elles les diverses langues ou idiomes américains, quelque différent que puisse être leur vocabulaire. Cette ressemblance est telle qu'il est difficile de ne pas considérer les peuples qui ont fait usage de ces divers langages comme s'étant fondus les uns dans les autres, presque comme s'ils avaient eu une origine commune. C'est du moins à ce point que semblent tendre les recherches récentes de Galatin[1].

Ainsi, tout nous porte à considérer la plupart des habitants de l'Amérique comme venus des contrées septentrionales de l'Asie, d'autant que les deux continents se touchent pour ainsi dire vers le Nord. C'est principalement de la Chine que sont arrivées en Amérique les peuplades qui y ont apporté une civilisation plus avancée et y ont érigé des monuments aussi remarquables par leurs dimensions que par leur solidité. Nous pouvons suivre en quelque sorte les traces de ces peuplades à l'aide des notions qu'elles ont laissées de leur patrie, au milieu des contrées et des peuples du nouveau Monde.

L'inscription grecque que nous citerons plus bas ne contrarie pas cette supposition; car elle annonce uniquement qu'un capitaine grec a abordé au Brésil du temps d'Alexandre, mais nullement qu'il y soit resté assez longtemps pour concourir à l'érection des grands édifices que l'on a découverts en Amérique. On peut d'autant moins admettre qu'il en a été ainsi, que ces édifices ne se trouvent pas dans la partie du nouveau Monde où ce capitaine a abordé.

Quoique les constructions découvertes récemment en Amé-

---

[1] *Mémoires asiatiques de Saint-Pétersbourg;* 3 volumes, de 1856 à 1857.

rique puissent faire supposer que les vaisseaux de Salomon y aient abordé, il est toutefois difficile d'admettre cette hypothèse. En effet, on se demande comment, sans connaissance de la boussole, les Hébreux, dont la marine était si imparfaite que Salomon fut obligé d'emprunter des vaisseaux à Hiram, roi des Tyriens, pour faire un voyage qu'il avait projeté, auraient pu arriver en Amérique.

On a du reste douté que les peuples de l'Orient aient jamais fait le tour de l'Afrique, et les preuves sur lesquelles on a cherché à établir la réalité de ce fait n'ont point paru décisives. Les anciens ont toujours été divisés sur cette supposition. Les uns ont nié la libre communication de la mer Rouge ou Erythrée avec la mer des Indes, tandis que suivant les autres elle était aussi réelle que facile [1].

Quoi qu'il en soit, il est certain que des navigateurs ont

---

[1] Le nom de mer Rouge a été donné d'abord par Hérodote, puis par les Septante, au golfe Arabique, en raison du phénomène périodique de ses eaux. Ce phénomène, quoique ordinairement restreint aux tropiques, est loin d'être limité à la mer Rouge ou au golfe d'Amour; on l'aperçoit également dans les océans Atlantique, Pacifique, et particulièrement dans la mer de Chine (*Man Haï*) qui baigne les côtes de la partie méridionale de cette partie de l'Asie.

La coloration rougeâtre des eaux des mers n'est pas produite uniquement par des animaux microscopiques. Elle l'est également par la production presque périodique de quelques algues du genre *Trichodesmium*, appartenant au *Trichodesmium Erythræum* (mer Rouge et de la Chine), et au *Trichodesmium Hindü* de Montagne (mer de la côte orientale de l'Amérique du Sud et de la côte occidentale de Guatamala).

Une troisième espèce encore indéterminée et qui appartient probablement au même genre, colore les eaux des mers de l'Océanie et de la côte méridionale de la Nouvelle-Guinée. (*Comptes-rendus des séances de l'Académie des sciences de Paris*, du 26 décembre 1854.)

abordé en Amérique bien avant sa découverte; il s'agit donc de s'assurer si ce ne seraient pas les Hébreux qui y allaient chercher de l'or. D'abord, Génébrard, Vatable, et quelques autres commentateurs, ont prétendu que Saint-Domingue n'est autre que l'Ophir de l'Écriture, dont il est parlé dans le *livre des Rois*. Goropius-Postel et Arias Montanus placent au Pérou l'Ophir où Salomon envoya chercher de l'or, des bois colorants, connus sous le nom de Thia ou Thya. Les Grecs, les Romains et les Carthaginois descendus des Phéniciens, auraient donc ignoré la route que suivirent les vaisseaux de Salomon pour aller recueillir ce métal précieux en Amérique?

Josèphe a pensé, au contraire, que Sophir ou Ophir était dans les Indes, contrée connue de son temps sous le nom de la Terre d'or. (Lib. VIII, cap. II, pag. 337, *sur les Antiquités.*) Grotius, dom Calmet, et plusieurs autres écrivains modernes, ont placé Ophir en Asie, sans s'accorder sur le lieu de sa position. Certains ont voulu voir cette région dans Ormus ou dans quelque île aussi peu connue. Quant à Maphée, il a supposé que cette contrée était située dans le Pègre, où il existe un grand nombre de mines d'or et d'argent. Peretius veut que ce soit Malacca, dans la presqu'île du même nom; tandis que Jean Tzetzès aime mieux placer Ophir dans l'île de Sumatra, où il existe encore des mines de ces métaux.

Lipénius considère comme pays d'Ophir, non-seulement la Chersonèse (Asie) qu'il croit être la Terre d'or de Josèphe, mais encore les îles de Java et de Sumatra, les royaumes de Siam, de Pégu et du Bengale. Ce serait d'après lui dans la Chersonèse que les vaisseaux de Salomon auraient abordé. (Liv. III des Rois, chap. IX, vers. 26, 27 et 28; *id.* chap. V,

VI.—Paralipom., chap. VIII, vers. 17 et 18; *id.* chap. IX, vers. 10.) Bochart distingue deux pays d'Ophir : l'un en Arabie, au pays des Sabéens, et l'autre dans l'Asie. (Voy. Job, chap. XXII.) Enfin Roland, dans une de ses dissertations, place cette contrée dans la presqu'île de l'Inde, en deçà du Gange. Il s'est seulement demandé comment trois années pouvaient avoir été nécessaires aux vaisseaux de Salomon et d'Hiram pour un pareil voyage. (Voyez, en outre, le liv. II des Rois, chap. X, vers. 21.)

On a également cherché Ophir en Afrique, particulièrement dans la Cafrerie, où l'on trouve une certaine quantité d'or. Comme on y a découvert d'anciens édifices construits avec de grandes pierres de taille analogues à celles dont Salomon s'était servi dans les monuments qu'il avait érigés, on a cru y voir une preuve de cette supposition. D'autres écrivains ont fait remarquer que Sophala, d'un abord facile et fournissant beaucoup de métaux précieux, pouvait bien être l'ancienne Ophir, avec d'autant plus de raison que l'opinion qui considère cette région comme appartenant à l'Afrique, remonte à une haute antiquité.

Les mêmes écrivains ont aussi supposé que les pierres précieuses que la flotte de Salomon avait rapportées, pouvaient fort bien être fournies par l'Éthiopie, qui en possédait une grande quantité. Il existe d'autant moins de doute à cet égard, d'après leur opinion, qu'Ophir est dérivé du mot arabe *Auphar*, ainsi que Bochart l'a fait observer.

Bunzen de la Martinière pense que la supposition qui place Ophir sur la côte orientale de l'Éthiopie, entre le pays de Sophala et le détroit, doit être préférée, d'autant que cette contrée pouvait fournir en abondance de l'or aux flottes de Salomon, Sophala, située sur le bord de la mer et dont les richesses ne sont pas épuisées après tant de siècles, lui paraît être la véritable Ophir dont il est question dans le livre des Rois.

Cette opinion a été partagée par Danville, Bruce et Gosselin. Ils ont fait remarquer que Sophala, située dans la partie septentrionale de l'Yémen, sur la côte orientale de l'Afrique, était célèbre chez les Arabes du temps de Job, c'est-à-dire, vers 1700 avant l'ère chrétienne. Job parle de l'or d'Ophir comme d'un fait très-connu dans l'Arabie Pétrée, où il demeurait. (Chap. XXVIII, vers. I, 17.) David se glorifie même d'y avoir rassemblé mille talents d'or. (*Paralipom.*, liv. I, chap. XXIX, vers. 4, liv. II, chap. VIII, vers. 18 et chap. IX, vers. 10.)

Il est donc présumable que Salomon, d'accord avec Hiram, roi des Tyriens, qui lui avait fourni des navires et des matelots, envoya ses vaisseaux sur les bords du golfe Arabique à Asiongaber, près d'Ælath ou Ælana dans l'Idumée, et que de là ils se rendirent à Ophir.

Cette ville nommée aussi Aphar existe encore aujourd'hui; les Arabes la désignent par corruption sous le nom d'Ofîr ou Afar : c'est la capitale du Bellad-Hadsjé, dans l'Yémen. Elle est un peu plus au nord que Lodréia, et assez rapprochée d'une autre ville nommée Affar. Elle est maintenant à environ quinze lieues de la mer. M. Gosselin a présumé toutefois qu'Ophir ne devait pas être trop éloignée du rivage il y a trois mille ans, circonstance qui ferait présumer que les vaisseaux de Salomon y ont réellement abordé. (*Recherches sur la géographie systématique et positive des anciens*, tom. III, pag. 85; Paris, 1813, 4 vol. in-4º.)

Telles sont les diverses hypothèses qui ont été proposées pour fixer la région où était située l'ancienne Ophir, dont l'Écriture nous a fait connaître les richesses. On ne pourra savoir si elles sont fondées, que si l'on vient à découvrir en Amérique quelques monuments propres à fixer tous les doutes. On se demande toutefois comment des traces d'institutions judaïques ont été apportées en Amérique, telles par exemple que le repos du septième jour de la semaine et la circoncision, si cette contrée n'avait reçu des habitants et des lumières d'ailleurs, ainsi que nous l'avons fait pressentir?

Comment, sans cette circonstance, pouvoir expliquer la croyance si fortement empreinte chez presque tous les peuples, même les plus bas placés dans l'échelle sociale, du dogme de l'immortalité de l'âme, croyance qui n'a guère pu venir dans leur esprit que parce qu'elle leur a été communiquée? On ne s'expliquerait pas davantage la pensée de tous ces peuples relativement à un mauvais génie qui pousse l'homme au mal, et enfin la tradition d'un déluge qui aurait anéanti la presque totalité de l'espèce humaine.

Ces idées d'un ordre élevé ont dû être apportées aux tribus sauvages par des nations civilisées; elles font également supposer que les Hébreux, malgré l'imperfection de leur marine, ont pu, ainsi que d'autres nations asiatiques, aborder en Amérique, à des époques diverses et déjà bien éloignées de nous.

On est moins surpris d'observer chez des peuples longtemps sauvages, l'emploi de moyens ingénieux pour suppléer aux ressources que possèdent les peuples éclairés, et exécuter ainsi des choses fort difficiles avec la plus grande simplicité. Ainsi, les habitants de la Nouvelle-Hollande, qui appartiennent à une des races les plus abâtardies de l'espèce humaine, se dirigent cependant avec tout autant de sécurité au milieu de leurs immenses forêts vierges que le font les oiseaux voyageurs.

Ces habitants, guidés par un fil plus sûr que celui d'Ariane, parviennent ainsi sans embarras et presque sans détour aux lieux qu'ils veulent atteindre. En les voyant parcourir sans hésitation des routes non tracées et qu'aucun homme n'a jamais franchies, on les croirait munis de boussoles. Ils n'ont cependant d'autre guide que leur intelligence, qui n'est puissante que pour leur permettre d'arriver à leur but et de remplir leurs conditions d'existence.

Ces mêmes besoins les portent à dresser des poissons voraces, dont ils se servent avec habileté pour les aider à la pêche des espèces dont ils font leur nourriture. Ces moyens, tout ingénieux qu'ils sont, pourraient bien être rapportés en quelque sorte à l'instinct; mais on ne saurait le penser pour les idées morales, si fortement empreintes dans leurs esprits.

Du reste, quant à l'Amérique, il est infiniment probable, pour ne pas dire certain, que des relations nombreuses ont existé entre l'Islande et le nord de l'Amérique, et cela avant la découverte de cette partie du monde par Christophe Colomb. En effet, comment pouvoir en douter après la rencontre que M. Lund vient de faire aux environs de Bahia (Brésil), de maisons en pierre qui, sous le rapport architectural, ressemblent aux ruines qui existent dans le nord de la Norwège, en Islande, et sur la côte occidentale du Groënland? Le même archéologue y a trouvé la statue du dieu Thor, dieu du tonnerre des nations Scandinaves, avec tous ses attributs.

Ces découvertes, que la Société archéologique de Copenhague a chargé M. le professeur Rafn, auteur de l'ouvrage sur les Antiquités américaines, de vérifier, prouvent que les anciens peuples du Nord auraient non-seulement poussé leurs voyages jusqu'au midi de l'Amérique, mais qu'ils y auraient même formé des établissements stables et peut-être même de longue durée.

Note 74, pag. 327. — L'une des éclipses les plus anciennement calculées par les Chaldéens, est l'éclipse de lune qui eut lieu à Babylone le 19 mars de l'année 721 avant Jésus-Christ. C'est sur le calcul de cette éclipse que Lalande avait fixé la valeur du coefficient γ à 9″,886 pour l'accélération séculaire du moyen mouvement de la lune.

Tout récemment, M. Airy a trouvé que la valeur de 12″,18, adoptée en dernier lieu par M. Hausen pour ce coefficient, s'accordait assez bien avec trois anciennes éclipses toutes de soleil observées, l'une en mer entre la Sicile et l'Afrique, le 13 août 309 avant Jésus-Christ (éclipse d'Agathocle); la deuxième à Larisse (actuellement Nimrod) en Perse, le 19 mai de l'an 556 avant Jésus-Christ; la troisième dans l'Asie-Mineure, le 28 mai de l'an 584 avant Jésus-Christ (éclipse de Thalès). Le même M. Airy a reconnu que s'il y avait lieu à modifier cette valeur de 12″,18, elle devrait plutôt recevoir une augmentation qu'une diminution.

Il est extrêmement probable que cette valeur est susceptible de recevoir une certaine modification; mais, quoi qu'il en soit, on voit que l'éclipse de l'année 721 a été assez bien calculée par les Chaldéens[1], puisque Lalande a cru ce calcul suffisamment exact pour fixer d'après elle le coefficient de l'accélération séculaire du moyen mouvement de la lune. Quoi qu'il en soit à cet égard, l'observation de cette éclipse ne remonte pas à une haute antiquité. Cette antiquité rentre

---

[1] *Comptes-rendus des séances de l'Académie des sciences*, tom. XLVIII, pag. 817, n° 17 (25 avril 1859).

tout à fait dans les limites que nous avons fixées à la science astronomique des Chaldéens.

Note 75, pag. 327. — D'après l'Écriture, Assur, qui bâtit Ninive, Reholrot et Chalé, ainsi que Rezen, situé entre deux de ces villes, fut le premier fondateur de l'empire des Assyriens, tout comme le fils de Chus, ou Nemrod, le fut de celui des Babyloniens. Assur, n'ayant pu résister à la puissance de ce prince guerrier, dont les forces étaient bien supérieures à celles dont il pouvait disposer, fut donc forcé d'abandonner l'Assyrie, ou les provinces renfermées entre le Lyc et le Caper. Malgré les défaites qu'il éprouva successivement, le nom d'Assur s'est conservé pendant plusieurs siècles dans le pays où ce monarque se retira, ainsi que l'attestent Dion-Cassius et Strabon, qui l'un et l'autre font mention du royaume d'Assyrie.

La plupart des anciens historiens ont considéré, avec les Livres Saints, Assur comme fondateur de l'empire d'Assyrie. Tels sont du moins Josèphe, Ératosthène et Xénocrate. Cette circonstance ne fait pas que Ninive ne puisse avoir reçu son nom de Ninus; car cette ville, si célèbre dans l'antiquité et si remarquable par la magnificence de ses monuments, n'a été élevée au rang de capitale que longtemps après la mort d'Assur.

Nous n'en dirons pas davantage de cette partie de l'histoire de l'Assyrie, et si nous avons ajouté ces détails à ceux que nous en avions déjà donnés, c'est afin de réfuter l'opinion de quelques historiens modernes qui ont voulu voir dans Nemrod le fondateur de cet empire.

Note 76, pag. 337. — Ce n'est pas seulement dans la Genèse que la création de la matière a été distinguée de son arrangement sous des formes diverses, mais encore dans plusieurs autres passages de l'Écriture. Ainsi, on trouve dans le Psaume XXXII, vers. 6, 7 et 9, que les cieux ont été créés par la parole de Dieu, et toute leur armée par le souffle de sa bouche. Il a rassemblé les eaux de la mer en un monceau et a renfermé les abîmes dans des réservoirs. Il a parlé, et la terre a paru ; il a commandé et tout a été fait.

Quant à la coordination postérieure des astres créés au commencement des temps, on lit dans le Psaume VIII, vers. 4 : « Quand je regarde les cieux, l'ouvrage de tes mains, la lune et les étoiles que tu as agencées et coordonnées... »

Le même verset 4 du Psaume VIII a été traduit par Cahen, dans sa version de la Bible, en ces termes : « Lorsque je vois les cieux, ouvrage de tes doigts, la lune et les étoiles que tu as établies. » Le texte porte, en effet, *tes doigts*, et non pas *tes mains*.

Note 77, pag. 338. — Nous avons fait observer avec Herschel que, quoique la lumière, presque aussi rapide que le fluide électrique, parcoure environ 80000 lieues par seconde, celle que nous envoient certaines nébuleuses n'a pas mis moins de cent mille années pour arriver jusqu'à nous. Il faut donc que l'existence de ces nébuleuses remonte au-delà de celle de la terre elle-même ; quoique cette conséquence ne soit pas rigoureusement exacte comme la première, on peut cependant l'admettre, en raison de sa probabilité.

Note 78, pag. 341. — Voyez le Psaume CIII, vers. 6, 7, 8, 9. « Dieu a affermi la terre sur ses fondements ; les siècles ne l'ébranleront pas. L'abîme l'enveloppait de toutes parts comme un vêtement : les eaux couvraient les montagnes. A sa voix, elles ont fui ; au bruit de son tonnerre, elles se sont écoulées ; elles surpassaient les montagnes, mais elles sont descendues dans les vallées aux lieux qu'il leur avait marqués. Il leur a prescrit des bornes qu'elles ne dépasseront pas. Elles ne reviendront plus inonder la terre. » Voyez encore les v. 4, 8, 11, 25, 26 du chap. XXXVIII du livre de Job.

Le texte hébreu (version de Cahen) porte : Il a fondé la terre sur ses bases pour qu'elles ne s'ébranlent jamais dans l'éternité. (Psaume CIV, vers. 5, suivant les Hébreux ; et Psaume CIII, vers. 6, suivant la Vulgate.)

Le même Psaume, vers. 6, contient : « Tu as couvert l'abîme comme d'un voile ; tes eaux s'arrêtaient sur les montagnes. — *Id.* vers. 7 : Devant ta menace elles ont fui ; au bruit de ton tonnerre, elles se sont écoulées. — *Id.* vers. 8 : Des montagnes se sont élevées, des vallées se sont abaissées vers le lieu que tu leur avais assigné. — *Id.* vers. 9 : Tu as posé une limite qu'elles ne doivent pas franchir ; elles ne reviendront plus couvrir la terre.

On pourrait supposer, d'après tous ces passages, que l'Écriture a pressenti en quelque sorte l'attraction universelle qui règle tous les phénomènes de l'univers dont elle est la loi la plus générale. Newton lui-même n'est arrivé à dire que tous les corps de la nature s'attirent mutuellement en raison directe des masses et en raison inverse du carré des distances, qu'en se fondant sur les lois de Képler. Depuis le premier de ces géomètres, on s'est assuré que cette diminution de l'attraction en proportion des distances avait lieu également quant à ce qui concerne l'affaiblissement des intensités du son, de la lumière, de la chaleur, ainsi que dans les attractions ou les répulsions électriques et magnétiques.

Cette force, où l'attraction pénètre les particules les plus minimes de la matière, et par suite l'action combinée de toutes les parties de la terre, forme les diverses attractions de la masse totale. On peut voir dans cette propriété dont les molécules de la matière paraissent douées et en vertu de laquelle elles tendent toutes les unes vers les autres, la cause de la stabilité des phénomènes célestes; cette grande loi les maintient dans une admirable harmonie, et y rend pour ainsi dire tout désordre impossible.

C'est dans ce sens que l'Écriture dit: Que Dieu a posé la terre sur ses fondements et qu'elle ne sera jamais ébranlée, tant les bases qu'elle lui a données sont fixes et solides. Ainsi, dans le psaume CIII, vers. 6, David s'écrie: Bénissez tous le Seigneur, car c'est lui qui a fondé la terre sur sa propre fermeté, et qui l'empêchera à jamais d'être renversée de la base qu'il lui a donnée, quoique l'abîme l'environne de toutes parts comme un ample vêtement.

C'est encore Dieu qui a posé les fondements de la terre, renfermé les mers dans leurs limites, et qui leur a imposé des lois, afin qu'elles ne pussent pas sortir des bornes qu'il leur a prescrites. C'est enfin par sa toute puissance qu'il a affermi l'air au-dessus de la terre, et soumis l'écoulement des eaux des fontaines, comme toutes les eaux courantes, à la grande loi de l'équilibre. (Proverb., chap. VIII, vers. 27, 28 et 29.)

N'est-ce pas Dieu, se demande Job, qui a fait reposer le pôle du septentrion sur le vide, et qui a suspendu la terre sur le néant (chap. XXVI, vers. 7)? Il va encore plus loin, dans le chapitre XXXVIII, versets 4 et 6, où Dieu lui demande à lui, élu, où il était quand il jetait les fondements de la terre, et s'il sait sur quoi les bases en sont affermies et qui en a posé la pierre angulaire?

Note 79, pag. 342. — Voyez Job, chap. XXVI, vers. 7, 8, 9, 10. — Proverb. VIII, vers. 27. — Isaïe, XL, vers. 12, 22. — Il est dit dans le premier de ces livres : Quand Dieu traçait le cercle de la terre au-dessus des abîmes.

Le texte hébreu porte que Dieu a étendu sur le vide la voûte des cieux et a suspendu la terre sur le néant. D'un autre côté, Job dit que la terre est suspendue et comme flottante dans l'air (chap. XXVI, vers. 7). Isaïe exprime exactement la même pensée : « Qui soutient la masse de la terre avec ses trois doigts ? *Quis appendit tribus digitis molem terræ* (chap. XL, vers. 12).

Les Septante traduisent le passage de Job de la manière suivante : κρεμάζον γῆν ἐπὶ οὐδενός, c'est-à-dire que la terre est suspendue sur rien, ou, si l'on veut, sur la matière éthérée ou l'espace.

Voyez, sur l'étendue de la terre, le vers. 18 du chap. XXXVIII du livre de Job.

Note 80, pag. 342. — Il est probable qu'en comparant les cieux à un miroir de métal, dom Calmet, à l'exemple de Job, a eu en vue leur éclat et leur splendeur. Voyez Job XXXVII, vers. 18. C'est constamment comme un espace d'une immense étendue, que la Bible envisage le ciel.

Isaïe (XLII, vers. 5) dit que Dieu a créé les cieux et les a étendus à travers la voûte éthérée.

Le Psalmiste (CLII, vers. 2) nous raconte, dans son style poétique, que Dieu a étendu les cieux comme un voile immense. Jérémie, en parlant du Seigneur, nous apprend qu'il a formé les cieux par sa souveraine puissance (chap. X, vers. 12).

Isaïe, revenant sur le même objet, nous raconte que les cieux se rouleront comme un livre, et plus loin il reproche aux Hébreux d'avoir oublié le Seigneur, qui les a créés et qui a donné aux cieux leur immensité (chap. XXXIV, vers. 4 ; *id.*). Voyez chap. XXXV, vers. 5, chap. XXXVIII, vers 37 et le chap. IX, vers. 8 du livre de Job. Dans tous ces passages, le saint homme parle des cieux comme d'un espace immense, étendu comme une toile ; du reste, le mot *rakiah* a toujours été pris dans le même sens. Si cependant on a comparé le ciel quelquefois à des miroirs de fonte ou de métal, ce n'a été que d'une manière figurée et à raison de l'éclat de la voûte éthérée.

M. de Genoude a adopté cette interprétation, car il a traduit le vers. 18 du chap. XXXVII de Job, en disant : Est-ce toi qui as étendu les cieux et leur as donné l'éclat d'un miroir d'airain ?

L'expression hébraïque *rakiah*, que nous ne traduisons pas comme les Septante, est souvent reproduite dans l'Écriture. On assure qu'elle y est répétée jusqu'à dix-sept fois dans la Genèse. Les Septante l'ont rendue par στερέωμα et la Vulgate par *firmamentum*, d'où nous avons fait firmament.

Le Nouveau Testament n'a pas fait usage de στερέωμα dans le sens que lui ont attribué les interprètes grecs, mais dans celui d'étendue, d'espace ou d'immensité ; cette version est plus d'accord avec le texte que ne l'est celle des premiers commentateurs. On voit enfin, d'après le vers. 27, du chap. VIII du livre des Proverbes, que les cieux ont été constamment pris dans l'Écriture dans le sens de l'étendue.

M. Godefroy a traduit le mot *rakiah* par centre d'attraction. Nous ferons observer que, dans aucun passage de l'Écriture, cette expression n'a été prise dans ce sens. Aussi Pagnin l'explique d'une tout autre manière que M. Godefroy. Voici les diverses interprétations dont elle lui a paru être susceptible : *Sonat diductionem, expansionem, vel expansile, ductile.*

Quant au verbe *rakah*, il signifie à ses yeux : *expandere, extendere, deducere, ut œs dum liquefit extenditur*, ou toutes autres expressions *ejus modi*, comme *raræ et fluidæ*. Ces expressions employées dans Pagnin nous font comprendre le véritable sens du substantif *rakiah* et du verbe *rakah*; elles nous donnent plutôt l'idée d'une matière étendue ou gazeuse, indéfinie, comme la matière éthérée et nébuleuse, que d'un centre d'attraction.

Aben Hezra traduit *rakiah* par air, ou fluide aériforme, ou vapeur. Ce mot a quelquefois cette dernière signification; elle est plus favorable à la manière dont nous entendons cette expression, qu'à celle adoptée par M. Godefroy.

Lorsque Moïse dit que les oiseaux volent dans le firmament du ciel (*birkiah hanchamaïn*), il faut nécessairement entendre que les oiseaux parcourent les plaines de l'*air*. En effet, le mot *rakiah* signifie également *étendue*. Ainsi nous disons les oiseaux volent dans l'étendue, sans attacher cependant le même sens à ces deux expressions. Moïse a donc pu se servir du mot *rakiah*, pour désigner les espaces interplanétaires remplis d'abord par la matière éthérée ou nébuleuse, et en second lieu par l'air dont la terre est entourée, et dans lequel se meuvent les oiseaux. Mais rien, nous devons l'avouer, ne nous paraît justifier la traduction proposée par M. Godefroy.

Note 81, pag. 342. — L'Écriture a distingué, ainsi que nous l'avons fait observer, la lumière primitive de celle que nous envoie le soleil. Outre les preuves que nous en avons données, nous ajouterons celle qui se trouve dans Job. Après avoir parlé de la foudre et des éclairs qui éclatent à la voix de Dieu, il s'écrie que par sa puissance il cache la lumière dans ses mains et lui commande ensuite de paraître de nouveau. Cette lumière que Dieu enferme ainsi dans le creux de ses mains, n'a certainement rien de commun avec la lumière solaire. Voyez le chap. XXXVI, vers. 30, 32. — Chap. XXXVIII, vers. 19, 20, 24.

Note 82, pag. 344. — La lettre de Newton à la Société royale de Londres, écrite en 1675, a été insérée dans l'histoire de cette Société, histoire qui a été publiée en 1756 par Birch. Quant à celle de Newton à Boyle, elle a été traduite par Pictet. Elle se trouve dans la *Bibliothèque universelle de Genève* pour 1822. Dans cette lettre, Newton admet la propagation de la lumière moyennant les vibrations de l'éther préexistant et répandu partout.

Note 83, pag. 344. — Genèse, chap. I, vers. 3, 18. — Judith, chap. VI, vers. 31. — Job, chap. XXXVII, vers. 15, 21; chap. XXXVIII, vers. 19, 20, 24. — Ps. XLII. vers. 3. — 62, vers. 12. — Proverbes de Salomon, chap. V, vers. 18. — Ecclésiaste, chap. II, vers. 13. — Livre de la Sagesse, chap. XVI, vers. 28; chap. X, vers. 17. — L'Ecclésiastique, chap. XLVI, vers. 18. — Isaïe, chap. XVIII, vers. 4; chap. LVIII, vers. 10.

Note 84, pag. 345. — D'après Hipparque, il n'y aurait pas plus de 1022 étoiles dans le ciel. Quoique Ptolémée en ait un peu étendu le nombre, il n'en admettait cependant que 1026. Malgré la faible quantité supposée à ces astres par Hipparque, il n'en a pas moins été regardé comme le plus grand astronome de l'antiquité, titre qu'Arago a cru devoir lui conserver ; le rang attribué à cet astronome à toutes les époques, prouve à quelle hauteur il s'était placé par ses nombreuses et importantes découvertes [1].

La Bible lui a été toutefois supérieure, lorsqu'elle s'est occupée des étoiles ; car, loin d'en restreindre le nombre, elle les a considérées, au contraire, comme innombrables, et les a comparées aux grains de sable qui bordent les rivages des mers.

Pour se former une idée de la quantité infinie des étoiles qui existent dans le firmament, il faut consulter les tables de l'Atlas de Harding, et les résultats auxquels Herschel est arrivé au moyen de sa méthode de jaugeage.

On trouve dans l'Atlas de Harding, composé de 27 cartes, la position de 50000 étoiles tirées de la collection des astronomes français. Les zones de Bessel contiennent, en outre, 75000 observations depuis le parallèle céleste — 15°, jusqu'à celui de + 45°. Argelander, en continuant d'observer ces zones jusqu'au parallèle de 80°, a fixé les lieux de 20000 étoiles.

Weiss a ensuite calculé, pour 1825, la position de 31895 étoiles, dont 19738 sont de la neuvième grandeur.

Mais ce qui peut nous donner une idée du nombre de ces astres, idée bien faible en comparaison de la réalité, c'est la méthode des jauges herschéliennes. En se servant de cette méthode et sans y introduire la moindre hypothèse, Struve en a déduit que la quantité des étoiles visibles avec un télescope de 20 pieds (6^m,5) pouvait être évaluée par ce procédé à 20400000.

---

[1] Hipparque, né en Bithynie au XIe siècle avant Jésus-Christ, a fait la plupart de ses découvertes à Rhodes.

Quelque grand que puisse paraître ce chiffre, il est, nous le répétons, bien au-dessous de la réalité. On se demande même, après en avoir apprécié toute la grandeur, si les étoiles n'augmentent pas chaque année, soit parce qu'il s'en forme de nouvelles, soit parce que la lumière des plus éloignées n'a pas eu encore le temps de nous arriver depuis l'origine des choses; ce qui peut nous faire juger de leur extrême éloignement et en même temps de leur nombre infini. Tout ce que l'on peut espérer à cet égard, c'est que les méthodes photométriques, en se perfectionnant, nous donneront peut-être le moyen d'arriver à ce sujet à quelque connaissance un peu plus précise que celles que nous avons sur le nombre des étoiles.

Voyez enfin le vers. 5 du chap. XV de la Genèse; *id.*, chap. XXII, vers. 17; *id.*, chap. XXVI, vers. 4. Isaïe, chap. XIII, vers. 10; chap. XL, vers. 26. Voyez également le psaume CXLVI, vers. 4, où il est dit : Le Seigneur sait le nombre des étoiles et les appelle par leur nom. — *Id.* le vers. 22 du chap. XXXIII de Jérémie, où ce prophète reconnaît que les étoiles ne sauraient être comptées, pas plus que les grains de sable de la mer ne sauraient être mesurés.

M. Mœdler regarde l'assemblage complet des étoiles qui se meuvent autour des pléiades, leur centre commun de gravité, comme formant une sorte d'île dans l'univers. Il admet également qu'il y a dans le voisinage et en dehors de ce système stellaire, d'autres îles analogues dont les nébuleuses nous présentent des exemples. Voyez le mémoire de M. Mœdler intitulé : *le Soleil central*, mémoire qui a été inséré dans les numéros 566 et 567 des *Astronomische Nachrichten*.

Note 85, pag. 345. — D'après Job, l'esprit du Seigneur a orné les cieux et a fait briller les étoiles de l'Ourse, d'Orion, des Pléiades et des astres du Midi. (Voy. chap. XXVI, vers. 13 ; et chap. IX, vers. 9. — *Idem*, psaume CXLVIII, vers. 3. — *Idem*, Amos, chap. V, vers. 8 ; chap. XXXVIII, vers. 31, du livre de Job. — *Idem*, chap. IX, vers. 9.)

On a beaucoup discuté sur la question de savoir si Job était ou non un personnage fictif. Il paraît cependant à peu près certain que Job a réellement existé. Spinosa lui-même a adopté cette opinion, malgré l'autorité du Talmud et de Maimonides.

Ézéchiel n'est pas le seul écrivain de l'Ancien Testament qui ait fait mention de Job (chap. XIV, vers. 14). Son nom se rencontre à deux reprises différentes dans le livre de Tobie (chap. II, vers. 12 et 15). Ce Livre fait partie de l'Ancien Testament, quoiqu'il n'ait pas été compris par les Juifs dans le canon des Écritures.

Quant aux questions relatives à l'auteur de ce poème, à l'époque où il a été écrit, et enfin à sa réalité, elles sont environnées d'assez grandes difficultés pour nous avoir fait douter de pouvoir les résoudre d'une manière complètement satisfaisante.

Parmi les plus graves objections opposées à l'origine hébraïque du poème de Job, se place l'explication du scepticisme dont il est empreint et que cependant il faut attribuer à un enfant d'Israël. La hardiesse des pensées qui s'y trouvent écrites paraît bien grande, lorsqu'on leur compare les expressions du psaume 73. Il est également difficile de se rendre compte des motifs de l'absence de toute allusion à l'histoire des Hébreux, et surtout d'expliquer la présence des citations empruntées à d'anciens sages ou prophètes, genre de citation dont on ne voit aucun autre exemple dans l'Écriture. (Voyez les chap. VIII, XII, XV, XVIII, XXI et XLI.)

Bossuet a combattu, avec cette gravité qu'avaient en toutes choses ses paroles, le peu de fondement des objections à l'aide desquelles Grotius avait voulu infirmer la réalité de l'existence de ce saint homme. Il a montré combien Grotius, tout savant qu'il était, avait eu tort de s'élever contre la tradition des siècles, que, plus que personne, il aurait dû respecter. C'est dans la dissertation que l'évêque de Meaux a publiée contre la doctrine de Grotius, que l'on pourra saisir la force des arguments du grand orateur chrétien.

Voyez Genèse, chap. XV, vers. 5. — Job, chap. IX, vers. 9; chap. XXVI, vers. 13. — Voyez également les vers. 31 et 32 du chap. XXXVIII, vers. 4 et 9. — Voyez psaume 18, vers. 1; psaume CXLVIII, vers. 3 et 4; psaume CXLVI, vers. 4. — Amos, chap. V, vers. 8. — Isaïe, chap. XL, vers. 26.

Note 86, pag. 346. — Voyez Isaïe, chap. VI, vers. 1, 2 et 3. — *Idem*, chap. XII, vers. 4 et 5; chap. XXV, vers. 1; chap. XXXVII, vers. 16 et 17; chap. XLIII, vers. 15 et 17; chap. XLV, vers. 12. — *Ecclésiastique*, chap. XV, vers. 19. — *Idem*, chap. XXXVI, vers. 1; chap. XLII, vers. 18 et 19; chap. XLIII, vers. 5, 10, 16, 17, 18, 19, 20, 23 et 31.

C'est surtout dans le livre de Job que l'Écriture s'élève au plus haut degré de la pensée humaine, pour nous dépeindre Celui qui est et par qui tout a été fait, pour nous servir de ses propres expressions. — Voyez vers. 9, 10, 13 et suivants du chap. XII. — *Idem*, vers. 12 et suivants du chap. XXII. — *Idem*, vers. 7, 8 et 9 du chap. XI. — *Idem*, vers. 5, 6, 7, 8 et suivants du chap. XXVI. — *Idem*, vers. 22, 23 et 24 du chap. XXXVII.

— *Idem*, vers. 5, 6, 7, 8, 9, 10 et suivants du chap. IX. — *Amos*, chap. IV, vers. 13. — *Idem*, chap. V, vers. 8.

Voyez également l'ensemble du premier chapitre du livre de l'*Ecclésiastique*. — Louez tous le Seigneur, parce que, dit le psaume CXLVIII, vers. 5, il a parlé et tout a été fait; il a ordonné et tout a été créé : *Ipse dixit et facta sunt; mandavit et creata sunt.* (Voyez le psaume CXXXV, vers. 7, 8 et 9.)

On trouve dans le IV⁰ livre des *Rois* (chap. XXI, vers. 13) une image qui donne également la plus haute idée de Dieu. C'est le Seigneur qui parle : « Voyez-vous cette ville de Jérusalem agitée, secouée par la main du Seigneur, puis émergée et retournée comme une coupe? Que sont devenus ce temple, ces hommes, cette ville? Un enfant qui vient de naître? »

Enfin, Isaïe nous dépeint la puissance de Dieu mesurant les eaux dans le creux de son poing et l'étendue des cieux avec la paume de sa main, ou renfermant dans ses trois doigts la poussière de la terre, ou pesant les montagnes avec le fléau et les collines avec la balance (chap. XL, vers. 4, 12 et 26).

Dans le livre de Job, l'Éternel demande à cet élu où il était lorsqu'Il jetait les fondements de la terre et qu'Il l'enveloppait de nuées comme d'un vêtement et l'entourait de ténèbres comme des langes de l'enfance. (Job, chap. XXXVIII, vers. 4 et 9.)

D'après Job encore (chap. XXVI, vers. 7 et 10), et Isaïe (chap. XL, vers. 12), Dieu a étendu l'aquilon sur le vide et suspendu la terre sur le néant. C'est Lui qui lie les eaux dans les nuées, afin qu'elles ne fondent pas toutes à la fois sur la terre; c'est Lui qui a marqué aux eaux leurs bornes jusqu'à ce que finissent la lumière et les ténèbres.

L'Écriture admet du reste la matière éthérée dans le même sens que les astronomes. En effet, dans le livre des *Proverbes*, la Sagesse, qui parle, dit : *Quando præparabat cœlos, aderam; quando certa lege et gyro vallabat abyssos; quando æthera firmabat sursum, et librabat fontes aquarum*, etc.

« Lorqu'Il préparait les cieux, j'étais présente ; lorsqu'Il
» environnait les abîmes d'un cercle immense et d'une loi
» invariable ; lorsqu'Il affermissait les voies éthérées et qu'Il
» équilibrait les sources des eaux. » (*Proverbes* VIII, 27-30.
—Maupied, pag. 278.)

Fiat firmamentum in medio aquarum et dividat aquas ab aquis. Enfin, c'est encore Dieu qui au commencement avait créé (*creaverat cœlum*) le ciel et la terre : *Bereschit bara Elohim et hachamaym* ou *hachamaïm wéot haaretz*. Enfin, dans le chap. XXXVIII, vers. 8 et 9 du livre de Job, Dieu lui demande s'il sait quel est le sentier de la lumière et le lieu des ténèbres ? enfin, par quelle voie se répandent la lumière et la chaleur et par quels chemins elles arrivent sur la terre?

Qui extendit aquilonem super terram et appendit terram super nihilum, qui ligat aquas in nubibus suis; ut non erumpant pariter deorsum. Qui tenet vultum solis sui et suspendit super illud nebulam suam. Terminum circumdedit aquis usque dum finiantur lux et tenebræ.

Le prophète Isaïe ajoute: Qui donc a mesuré les eaux dans le creux de sa main et pesé les cieux de ses doigts? Qui soutient de trois doigts la masse de la terre et a équilibré les montagnes sur leur propre poids et mis les collines dans la balance? (Isaïe, LX, 12.)

Note 87, pag. 346. — La Bible est le premier livre où l'on trouve mentionnées quelques constellations, ou les étoiles qui font partie d'un même groupe et d'un même système; telles sont les constellations de la grande Ourse, d'Orion, des hyades et des pléiades, ainsi qu'on peut s'en assurer en jetant les yeux sur le verset 9 du chapitre IX, et le verset 31 du chapitre XXXVIII du livre de Job, enfin dans le verset 8 du livre V d'Amos [1].

Hésiode et Homère ont également parlé de quelques constellations [2]; et plus tard, Aratus, de Tarse, astronome, qui vivait vers l'année 272 ou 277 avant l'ère chrétienne, nous a parlé des constellations qui étaient connues de son temps. Ce traité, ou plutôt ce poème intitulé: *Les phénomènes*, a eu l'honneur d'être traduit en vers latins par Cicéron, César Germanicus et Aviénus, et d'être commenté par Hipparque, Ératosthènes et Théon.

Le traité ou le poème d'Aratus jouit d'une assez grande estime, jusqu'à l'époque où parut Ptolémée. Cet astronome admit dans la partie du ciel connue à son époque, 48 constellations. Plus tard Hévélius en ajouta 12 à ce nombre, qui s'augmenta peu à peu : d'abord par Halley qui en admit 8 nouvelles, Bayer 12, La Caille 16 ; enfin, successivement,

---

[1] Arago, dans son *Astronomie populaire*, tom. I, pag. 346 et 348, fait également remarquer que la Bible est le premier livre qui nous ait donné quelques notions sur les constellations, quoique ce livre remonte à peu près à quatre mille années.

[2] Hésiode, qui a cité dans son *Traité des travaux et des jours* les pléiades, les hyades, Arcturus, Orion et Syrius, vivait, d'après Hérodote, en 884 avant Jésus-Christ. Quant à Homère, il a également parlé des pléiades, des hyades, d'Orion, de la grande Ourse dans la description du bouclier d'Achille. Il fait remarquer que cette dernière constellation est la seule qui ne se baigne pas dans les eaux de l'Océan ou qui ne se couche pas. Dans le livre V de l'Odyssée, Homère dit encore qu'Ulysse dirigeait son vaisseau vers les pléiades et le bouvier.

le nombre en fut porté à 109, c'est-à-dire à plus du double du chiffre que Ptolomée avait adopté, ainsi que l'on pourra s'en convaincre en portant son attention sur l'Atlas céleste que Bode a publié à Berlin.

La première idée des constellations nous est donc venue des Livres Saints. En effet, les pléiades y sont désignées à plusieurs reprises sous le nom de *kimah*, que la Vulgate a rendu par trois mots différents, savoir : 1º les *hyades*, 2º les *pléiades*, et 3º *Arcturus*. Le Scorpion y est appelé *késil*, comme les signes zodiaques le sont en général par le mot *masoloth*.

Quant aux Septante, qui écrivaient à Alexandrie environ 277 ans avant Jésus-Christ, ils ont substitué ou traduit les mots hébreux *aguas*, *chima* et *chésil* par les expressions d'Orion, d'hyades et de pléiades. La constellation de la grande Ourse a été désignée constamment dans le verset 9, chapitre IX, et le verset 31 du chapitre XXXVIII du livre de Job, sous le même nom d'*atsch*, ainsi que l'a fait remarquer Goguet dans sa Dissertation sur l'origine des lois, des arts et des sciences, tom. VI, pag. 68.

Il n'en est pas de même du verset 10 du chapitre XIII d'Isaïe, qui se rapporte uniquement aux étoiles du ciel, et même aux plus éclatantes, mais nullement aux constellations et encore moins à l'une des constellations en particulier.

On distingue les différentes étoiles d'une même constellation, par les lettres de l'alphabet grec, en attribuant les premières lettres aux étoiles les plus brillantes. Les lettres latines et les chiffres ordinaires ne sont employés que lorsque le nombre des astres dépasse celui de l'alphabet grec.

Les groupes d'étoiles nommés généralement astérismes

ou constellation (du latin, *cum*, ensemble, et *stella*, étoile), qui n'ont, du reste, aucun rapport avec le contour de la figure qui les renferme, sont maintenant au nombre de 109, ou de 117, si l'on considère les étoiles informes comme des constellations nouvelles, du moins celles qui ont été admises comme telles par les astronomes modernes.

On conçoit facilement pourquoi on n'a pas mis au nombre des constellations la longue traînée lumineuse qui fait le tour du ciel, que les Grecs ont nommée *galaxie* à cause de sa blancheur analogue à celle du lait, et que nous connaissons sous le nom de voie lactée [1].

Quoique les Livres Saints soient les premiers où il est question des constellations, Clément d'Alexandrie, suivi en cela par Newton, n'a pas moins attribué à Chiron le partage du ciel étoilé en diverses figures ou constellations. Cette circonstance ne ferait, du reste, remonter la première sphère céleste qu'à 1360 ans avant notre ère; c'est celle que Chiron, né en 1420 avant Jésus-Christ, exécuta pour l'usage particulier des Argonautes.

Note 88, pag. 348. — On lit dans le 25ᵉ verset du chap. XXVIII du livre de Job: *Laensoth laourach mischkal*, c'est-à-dire que Dieu donna à l'air son poids. La Vulgate, loin de conserver à ce passage son sens littéral, l'a traduit par ces mots : Dieu donna au vent son poids (*qui fecit venti pondus*). Il semble, d'après cette version, que Job a voulu parler de

---

[1] Les Chinois désignent la voie lactée sous le nom de *fleuve céleste*; quant aux sauvages de l'Amérique septentrionale, ils la nomment le *chemin des âmes* ; nos paysans la connaissent sous le nom de *chemin de Saint-Jacques*.

la violence du vent, tandis que c'est uniquement sur le poids de l'air qu'il a entendu fixer l'attention[1].

M. de Genoude a rendu ce passage de la même manière : Quand Dieu pesait la force des vents (voy. le tom. IX, pag. 402 de sa traduction de la Bible), ce qui n'offre absolument aucun sens.

Les Septante avaient adopté la même version. Ils ont, en effet, employé l'expression ανεμος pour rendre le mot *laourach*, qui signifie proprement l'*air*, et non comme ανεμος, le vent ou l'*air en mouvement*. Toutefois, ces interprètes se sont servis du mot σαθμος, qui, comme *mischkal*, s'entend par poids, densité ou pesanteur.

Les Septante auraient mieux saisi le véritable sens de l'Écriture, ainsi que la Vulgate et la plupart des interprètes modernes, s'ils n'avaient pas jugé nécessaire de s'en tenir aux anciennes versions, ne pouvant pas supposer que l'air pût être pesant.

Cependant tous les interprètes des Livres Saints s'accordent sur ce point important, que *mischkal* signifie poids et non force, et que *laourach* veut dire uniquement l'air.

Les divers passages de l'Écriture où le mot *mischkal* est employé prouvent qu'il signifie poids, mais jamais force ou violence. Lorsqu'en hébreu on veut exprimer la violence ou la force du vent, on joint à l'expression *rouach* (vent) les adjectifs *guedolach* grand, ou *chazakah* fort, mais jamais le mot *mischkal*. On peut en voir la preuve dans le verset 1 du chap. V d'Ézéchiel. (Voy. également le premier chapitre des Paralipomènes, et entre autres le chap. XXVIII, vers.

---

[1] Le texte porte : *Laensot laourach mischkal* ou *maïm tiken demidoh*. Cahen a traduit ce passage dans les termes suivants : pour déterminer le poids du vent et peser les eaux avec mesure.

14, 15, 16, et le chap. VIII, vers. 34 du Livre Ier d'Esdras.

Job s'est servi de deux expressions analogues, comme par exemple *kabir rouach*, pour dépeindre ou donner l'idée d'un vent violent ou impétueux. On lit, en effet, dans le chap. VIII, vers. 2 de cet élu: « Jusqu'à quand tes paroles et les discours de ta bouche seront-ils comme un vent impétueux! »(Voyez la Bible, traduction nouvelle avec l'hébreu en regard, par S. Cahen, tom. XV, pag. 32.) Il faut, toutefois, remarquer que pour l'Écriture l'air en mouvement est le vent, en sorte que le mot hébreu *rouach* est synonyme de vent et de l'air; en effet, l'on dit aussi bien du second qu'il est lourd et pesant, comme du vent, qui paraît avoir un certain poids quand il est violent.

On sera peut-être bien aise de trouver ici les principales notions que les philosophes de l'antiquité ont eues sur la pesanteur ou sur l'attraction; aussi en dirons-nous quelques mots.

L'idée de la pesanteur et du mouvement de projection combinés dans le cours des corps célestes, ainsi que la loi du carré de la distance, a été développée par les philosophes de l'antiquité, à la tête desquels on peut citer Empédocle. Les Pythagoriciens et les Platoniciens, traitant de la création de l'univers, ont senti également la nécessité d'admettre l'effet des deux forces de projection et de pesanteur, afin de pouvoir rendre raison des mouvements des planètes.

Timée de Locres et Platon supposèrent que Dieu avait imprimé aux astres le mouvement qui leur convenait le mieux, le mouvement rectiligne, qui les fait tendre vers le centre de la terre [1]. Par suite d'une autre impulsion, cette

---

[1] *Timæus Locrensis Plato*, σύστερμα, pag. 95, 96. — Id., *Platonis Timæus*, pag. 14. A. — Id., 84 et 86.

projection fut changée en une direction circulaire, ce qui fit dire à Diogène Laerce que des corps agités tumultueusement à l'origine des choses avaient ensuite suivi leur cours réglé par les lois naturelles et proportionnées aux effets qu'elles devaient produire [1].

Les philosophes que nous venons de citer, tels qu'Anaxagore, Timée de Locres, Diogène Laerce [2], Aristote, Platon, ne pouvaient guère avoir appris de la Bible ce qu'ils savaient de l'air, de la gravitation et de la matière éthérée, car ils ne lisaient pas l'hébreu, dont ils n'avaient aucune connaissance. On se demande dès-lors comment ils ont pu être instruits du peu qu'ils en savaient. Il faut pour concevoir ces faits remonter jusqu'à la science primitive, dont les traces confuses, plus ou moins défigurées par les superstitions, auront été conservées dans les sanctuaires du premier empire d'Assyrie, et plus tard dans les temples de l'Égypte, enfin dans ceux de la Grèce.

Cette opinion, professée par presque tous les physiciens et les chimistes du moyen-âge, revient à chaque instant dans la fameuse collection intitulée *Theatrum chimicum*. Elle a été également soutenue par Olaus [3] Borrichius dans son

---

[1] Diogène, lib., 8, sect. 76, 77.

[2] Diogène Laerce, *in Anaxagor*, lib. 2, sect. 12. — Id. Plutar., *de facie in orbe lunæ*, pag. 924.

[3] Borrichius (Olaus), né le 7 avril 1626, à Borchen, en Danemark, acquit une certaine célébrité, par la prétention qu'il soutint avec force de la supériorité des Égyptiens dans les sciences et les arts. Il trouva du reste un contradicteur habile dans Conringius, qui prouva combien les prétentions d'Olaus à cet égard étaient exagérées.

Outre le traité intitulé : *De ortu et progressu chymiæ dissertatio*, que ce dernier a publié à Copenhague en 1668, nous lui de-

traité *De ortu et progressu chymiæ*. On retrouve la même idée dans l'école d'Alexandrie. A en croire Josèphe (livre I, chap. 3), les principes de cette science primitive furent gravés par Cham sur deux tables, l'une en bronze et l'autre en marbre.

Ces traditions confuses et aussi incertaines que celles qui font venir l'expression *chimie* de *cham*, qui, en vieux arabe, signifie *chose occulte* ou *cachée*, n'ont certainement pas une grande valeur; mais puisqu'elles existent, elles signifient toujours quelque chose. Du reste, les philosophes de l'antiquité ont très-bien pu tenir d'ailleurs quelques notions cosmographiques qui auront pu les conduire à ces rapprochements, quelque peu fondés qu'ils puissent être.

Note 89, pag. 349. — Jérémie nous dépeint d'une manière poétique l'ascension des eaux dans l'atmosphère. Il dit que Dieu fait monter les eaux de l'extrémité de la terre et sait convertir les éclairs en pluie. (cap. LI, vers. 16.)

Voyez les versets 6, 7, et 8 du chapitre Ier de la *Genèse*. Nous avons traduit le verbe *vaïahas* du verset 7 par *étendit*, tandis que M. Cahen l'a rendu par *fit*. Cet interprète de la Bible fait observer avec toute raison qu'il ne s'agit pas ici d'une création, mais seulement d'une simple appropriation

---

vons plusieurs autres travaux. Nous nous bornerons à en citer deux:

Le premier se rapporte à l'idée favorite de Borrichius; il est intitulé : *Hermetis Ægyptionum et Chymicorum sapientiæ ab Hermani Conringii animadversionibus vindicata*, 1674, in-4°.

Le second prouve que Olaus s'occupait également de bien d'autres sujets, et même des questions les plus délicates. Ce second traité porte le titre : *De causis diversitatis Linguarum*. Celui-ci a été publié à Iéna, en 1704, format in-8°.

ou d'une opération destinée à faire prendre à la matière des formes et des dispositions nouvelles.

Ce mode d'interprétation s'accorde très-bien avec l'ensemble du récit de la création, soit que l'on traduise le mot *waïahas* par *fit* ou par *étendit*. En effet, le verbe *vaïahas*, dérivé du verbe *hassah* ou *assa*, signifie proprement *faire, approprier, coordonner*, et non *créer*, comme le verbe *bara*.

Note 90, pag. 349. — Si l'on suppose que dans chaque région la quantité d'eau enlevée par l'évaporation est égale à celle qui tombe en pluie, l'eau ainsi évaporée doit se disséminer dans l'atmosphère à toutes les hauteurs. Il doit dès-lors s'opérer une sorte de compensation entre les mouvements ascensionnels, et l'on peut concevoir par la pensée que l'eau enlevée s'est élevée ou s'est arrêtée à une certaine hauteur moyenne.

L'évaporation annuelle se trouvera ainsi représentée dans ses effets mécaniques par une masse d'eau connue, élevée verticalement d'un nombre également connu de mètres. Mais le travail de cette nature qu'un homme peut faire dans l'année a été déterminé. Eh bien! la comparaison des deux résultats montre que l'évaporation représente le travail de 80 millions de millions d'hommes. Supposons que 800 millions soit la population du globe, que la moitié seulement de ces individus puisse travailler, la force employée par la nature à la formation des nuages sera égale à deux cents mille fois le travail dont l'espèce humaine tout entière est capable [1].

Du reste, l'Écriture a très-bien su que l'eau en vapeur

---

[1] *Annuaire du Bureau des longitudes*, année 1835, pag. 196.

était disséminée, ou, pour nous servir de ses propres expressions, était liée dans les nuées, afin qu'elle ne fonde pas toute à la fois sur la terre. Ainsi Dieu, ajoute-t-elle, a imposé des bornes aux eaux qui dureront autant que la lumière et les ténèbres. (Vers. 8, 9, et 10, du chap. XXVI du livre de Job.)

Note 91, pag. 350. — Moïse paraît avoir eu quelque connaissance des eaux souterraines que nous ramenons à la surface du sol au moyen du sondage ou des puits artésiens. En effet, Zacharie (chap. XIV, vers. 8) dit : Il sortira en ce jour des eaux vives de Jérusalem ; moitié ira à la mer du levant, et l'autre moitié à la mer du couchant. Il y en aura aussi bien en été qu'en hiver. Cette dernière circonstance prouve que ces eaux sortiront de la terre d'une manière permanente et continue, ce qui ne peut guère convenir qu'aux sources souterraines.

Il ignorait si peu cette dernière circonstance, que l'Exode, chap. XX, vers. 4, et le Deutéronome, chap. V, vers. 8, portent *vaenchar bamaym mitachath laarrets*, ce qui signifie proprement les eaux qui sont sous la terre.

On trouvera encore des preuves de ce que nous venons de dire dans le chapitre VII, vers. 11 de la Genèse, où il est dit *theom laaraht*, qui signifie uniquement les eaux intérieures renfermées dans les cavités de la terre. On peut aussi bien écrire ces mots en disant *theom rabbah* ou *thom rabbah*.

Note 92, pag. 350. — L'existence de l'eau dans l'intérieur de la terre et à différentes profondeurs est un fait maintenant tout aussi bien démontré que la haute température dont jouit le centre de notre planète. Les puits artésiens ont contribué pour beaucoup à rendre ces deux faits évidents. Ils nous ont également appris que les eaux intérieures y composent plusieurs nappes superposées les unes au-dessus des autres, et dont la température est d'autant plus élevée qu'elles coulent dans des couches plus profondes ou plus enfoncées dans l'intérieur du sol.

On peut même parvenir par l'observation directe à déterminer le point où l'on peut espérer d'obtenir des eaux jaillissantes, d'après la comparaison avec d'autres eaux voisines qui offrent cet avantage et qui appartiennent aux mêmes formations. C'est ce qu'a fait M. Héricart de Thury, relativement aux eaux du puits de Grenelle, qu'il a supposées dépendre des mêmes nappes aquifères qui avaient été atteintes à Rouen et à Tours. Il affirma que les premières jailliraient entre 560 et 575 mètres; elles ont été rencontrées plus tôt à Grenelle, c'est-à-dire à 547 mètres. L'eau prise à cette profondeur a offert une température de 28 degrés centigrades.

La disposition des eaux souterraines en nappes était connue des anciens Égyptiens et des Romains. Les premiers en ont aussi profité depuis des siècles. Nous devons des détails fort curieux sur ce sujet à Diodore, mort vers 390 après Jésus-Christ, qui avait vu pratiquer le forage dans la grande Oasis, située dans le désert à une quarantaine de lieues de l'Égypte.

Les oasis avaient du reste une grande célébrité dans l'antiquité, ainsi que nous l'a appris Olympiodore, né lui-même dans une oasis, environ cinq siècles avant l'ère chrétienne. Les puits de ces oasis, dont il nous a conservé la souvenir, avaient été creusés jusqu'à 300 et même 500 coudées de profondeur.

D'après M. Aimé, chargé par le pacha d'Égypte de l'inspection des oasis, les cours d'eau qui y entretiennent une verdure constante se trouvent assez généralement à 100 ou 135 mètres au-dessous de la surface du sol. Il a fait remarquer que la bande des oasis occupe en Algérie un espace de plus de cinquante lieues.

Note 93, pag. 351. — Quoiqu'il n'existe aucun fait physique qui prouve l'existence de la violente inondation à laquelle tous les peuples ont donné le nom de déluge, sa réalité n'en est pas moins certaine, ce phénomène ayant été admis par l'histoire et les monuments de toutes les nations. C'est ici que s'appliquent les paroles de l'orateur romain : *Consensus omnium lex naturæ putanda est.* (Cicéron.)

Mais ce phénomène pourrait-il se renouveler dans les circonstances actuelles, avec la quantité de vapeur d'eau disséminée maintenant dans l'atmosphère ? Quoique cette quantité soit extrêmement variable, comme les circonstances qui en déterminent l'ascension, parmi lesquelles les plus influentes sont la pression et la température, on peut cependant s'en former quelque idée.

Cette vapeur compose souvent sous les tropiques plus des 30 millièmes de la portion de l'atmosphère qui la contient, tandis que dans nos latitudes moyennes et à une petite élévation, elle en forme seulement les 15, 16 ou 17 millièmes en été, et seulement les 5, 6 ou 7 millièmes en hiver.

La quantité de vapeur d'eau est à Paris à 11 degrés du thermomètre centigrade et à 82 degrés de l'hygromètre, les 8,6 millièmes de l'air en volume ou les 5,4 en poids (environ 6,7 de gramme) par mètre cube.

Si cette quantité de vapeur d'eau n'était pas gênée pour sa libre répartition dans l'atmosphère par l'air interposé, et qu'elle vînt à se précipiter en entier, elle ne produirait qu'une lame d'eau de 9 centimètres (3$^{\text{ponc.}}$,25) d'épaisseur.

D'un autre côté, si l'on rapproche et que l'on additionne les résultats des observations faites dans les deux hémisphères, à différentes latitudes, on arrive pour ce volume au chiffre de 703,435 kilomètres cubes, ce qui équivaut environ à une couche d'eau d'une épaisseur uniforme qui couvrirait la terre de 1^{m},379.

Ce calcul, tout en confirmant le premier, prouve que la quantité de vapeur d'eau qui existe aujourd'hui dans un moment donné dans l'atmosphère, est trop petite pour produire à la surface de la terre d'aussi violentes inondations que celles dont toutes les nations ont conservé le souvenir. Il a fallu pour produire des effets pareils à ceux que le déluge a opérés, que des condensations extraordinaires eussent lieu; c'est probablement des condensations longtemps répétées que l'Écriture a eu en vue lorsqu'elle a dit que toutes les cataractes du ciel furent ouvertes. (Genèse, chap. VII, v. 11.)

Note 94, pag. 351. — Voyez le chap. XXXVIII, vers. 8, 16, 25 du livre de Job. — Genèse, chap. VII, vers. 11. — *Rupti sunt fontes abyssi et cataractæ cœli apertæ sunt.* Le texte porte : « *nibekehu kol magniounoth thom rabbah,* » ce qui veut dire que toutes les sources du grand abîme jaillirent.

Les Psaumes, et particulièrement le psaume LXXVII, prouvent que l'Écriture savait qu'il existe dans l'intérieur de la terre de grandes quantités d'eau. Les versets 18 et 23 portent que Dieu fendit le rocher du désert, et qu'il en découla d'abondantes sources et le débordement de grands torrents. On lit dans le verset 19 que Dieu fit sortir les ruisseaux de la pierre, et que les eaux coulèrent comme les fleuves. Voyez également le verset 40 du psaume CIV.

On ne lira pas sans intérêt le mémoire que M. Durocher a publié sur le phénomène diluvien dans le nord de l'Europe, d'autant qu'il se rapporte au même sujet. Voyez également les Comptes-rendus de l'Académie des sciences de Paris, tom. XIV, pag. 78, année 1842.

Note 95, pag. 353. — Quoique les mers actuelles occupent environ les trois quarts de la surface du globe, leur étendue a été bien plus grande encore dans les premiers temps géologiques. En effet, la plupart des continents n'existaient pas pour lors, recouverts qu'ils étaient par les eaux des mers. Ainsi réduites à quelques pitons ou à quelques îles isolées, les terres découvertes et hors du sein des eaux n'avaient presque pas d'importance quant au reste du globe. Par suite du peu d'étendue de la partie solide de la terre, les animaux terrestres ont été fort rares et peu répandus aux premiers âges. Il en a été tout le contraire des habitants des eaux, et entre autres des poissons, les premiers des vertébrés qui aient paru sur la scène de la vie. Ces animaux, qui depuis lors n'ont jamais cessé d'exister, ont été accompagnés par de nombreux vertébrés des mêmes stations. (Voyez Job, chap. XII, vers. 8. — Genèse, chap. I, vers. 26 et 28. — Deutéronome, chap. IV, vers. 18.)

L'Écriture nous apprend que Dieu a posé des bornes aux eaux de l'océan, bornes qu'elles ne franchiront plus du moment où l'homme aura posé le pied sur la terre. En effet, ce n'est que dans des circonstances très-extraordinaires que les eaux des mers font irruption dans l'intérieur des terres; mais, ces circonstances accidentelles passées, l'océan rentre dans les limites qui lui ont été prescrites et reprend son étendue ordinaire. Ainsi s'accomplissent les paroles de Job (chap. XXVIII, vers. 8, 9, 10, 11) et les inspirations des Psaumes.

Note 96, pag. 353. — Les mers occupent à la surface du globe un espace trois fois plus considérable que les continents ou la partie solide. Ce qui est non moins remarquable, leur profondeur paraît plus grande que la hauteur des montagnes les plus élevées. Elle ne doit être, en effet, considérée que comme une très-petite fraction du demi grand axe de la terre.

En effet, la hauteur moyenne des continents ne dépasserait pas 508 mètres d'après les premières observations, sur lesquelles M. de Humboldt avait établi ce chiffre; mais depuis lors cette élévation moyenne de toutes les terres continentales a paru trop élevée, elle a été réduite à celle de 307 mètres.

Quant à la hauteur moyenne de l'Europe, elle paraît n'atteindre qu'à celle de 205 mètres, tandis que la même élévation pour les terres de l'Asie est de 351 mètres. Mais ce continent est à la fois le plus étendu et celui qui offre les points les plus hauts du globe. D'après les officiers anglais, la hauteur des plus hautes cimes de l'Himalaya atteindraient, les unes 8400 mètres, et les autres jusqu'à 9100 mètres [1].

---

[1] Aux yeux de Job, la profondeur des mers est immense, ainsi que les abîmes qui en occupent le fond (chap. XXXVIII, vers. 16).

La profondeur des mers serait encore plus grande que l'élévation de ces hautes cimes, si les observations du capitaine Ross sont exactes. Ce navigateur affirme que dans son voyage vers le pôle antarctique, il a pu porter des sondes à l'ouest de Saint-Hélène à la profondeur de 30000 pieds anglais, ce qui équivaut à 9143 mètres. Cette profondeur est jusqu'à présent la plus considérable de toutes celles qui ont été observées par les navigateurs les plus habiles et les plus instruits.

Note 97, pag. 354. — L'ascension de l'eau à travers l'air atmosphérique est une suite de sa faible densité; car, quoique l'eau soit loin d'être le liquide le plus léger, elle n'en donne pas moins la vapeur la plus légère et par conséquent l'air lui-même est plus pesant que cette vapeur. Son ascension dépend essentiellement de la température; l'évaporation qu'elle occasionne produit l'admirable circulation de l'eau à travers l'air. La vapeur qui en est le résultat retombe plus tard en pluie et entretient une humidité favorable à la végétation, en même temps qu'elle contribue à l'alimentation des sources et des diverses eaux courantes. Ses effets sur les mers ne sont pas moins remarquables et dignes d'être signalés.

Enfin, ce que ce phénomène a de plus digne d'attention, c'est que ses effets sont constants et à peu près égaux. Il paraît en effet que la quantité d'eau qui s'évapore annuellement à la surface du globe, à l'état de vapeur, est représentée à peu près exactement par un égal volume d'eau météorique qui tombe de l'atmosphère pendant le même espace de temps.

Cette action constante maintient les phénomènes de la

surface du globe dans un état d'équilibre qui n'est pas moins admirable que les causes auxquelles ils doivent leur stabilité. Frappée de ce grand phénomène, l'Écriture nous représente Dieu séparant les eaux d'en bas, ou les eaux terrestres, de celles qui étaient dans le firmament, c'est-à-dire de la vapeur aqueuse disséminée dans l'atmosphère. (Genèse, chap. I, vers. 6 et 7.) Jérémie, dans son style prophétique, nous dit qu'à la voix de Dieu, les eaux s'amassent dans le ciel, ainsi que les nuées qui existent jusqu'aux extrémités de la terre. Aux bruits de son tonnerre, les vapeurs se résolvent en pluie et fécondent ainsi nos campagnes (chap. LI, vers. 16).

Job va plus loin encore; il nous apprend que la toute-puissance de Dieu lie les eaux dans les nuées, afin qu'elles ne tombent pas toutes à la fois et qu'elles ne ravagent pas la surface de la terre (chap. XXVI, vers. 8, 9 et 10).

Note 98, pag. 354. — C'est encore dans le livre de Job que nous trouvons la première mention de la chaleur qui anime l'intérieur de la terre, chaleur que cet inspiré distingue très-bien de celle de sa surface qui nous fournit nos aliments (chap. XXVIII, vers. 5).

Le feu central, qui n'était pour Buffon qu'une hypothèse, est devenu un fait démontré par tous les phénomènes du globe, et, en outre, par l'eau qui a été amenée au dehors par le forage des puits artésiens. Il paraît en effet qu'en moyenne, la température de l'écorce terrestre augmente dans le sens vertical avec la profondeur à raison de 1 degré du thermomètre centigrade par 30 mètres. En supposant que cette loi s'applique à toutes les profondeurs, les couches de granit et des autres roches cristallines analogues seraient en pleine fusion au-dessous de 4 myriamètres, c'est-à-dire à quatre ou cinq fois au-dessous de l'élévation des plus hauts sommets de l'Himalaya.

On conçoit facilement, d'après l'accroissement de la température de la terre à mesure que l'on pénètre plus avant dans son intérieur, que la chaleur moyenne de sa surface entière doit être très-différente de celle du globe terrestre. C'est aussi ce que les faits et l'observation démontrent relativement à l'état thermique de notre planète.

Note 99, pag. 357. — Les passages de l'Écriture où il est question des montagnes, sont en assez grand nombre. Plusieurs chapitres de la Genèse, et particulièrement ceux relatifs au déluge (chap. VII, vers. 19 et 20; et chap. VIII, vers. 4 et 5), en ont parlé. Il en est de même du chapitre XLIX, verset 26, où la Genèse donne pour la première fois le nom d'*éternelles* aux collines.

Le Deutéronome (chap. XXXIII, vers. 15) emploie la même expression pour les désigner; mais il se sert dans le même verset du mot *anciennes,* en parlant des montagnes. Cette épithète pourrait bien correspondre aux hauteurs du globe que nous nommons *primitives* ou *primordiales*, par opposition aux éminences connues sous la dénomination de *secondaires*, lorsqu'on les considère par rapport à l'époque de leur formation.

Le chapitre VIII, verset 25 des Proverbes fait encore mention des gibbosités qui hérissent la surface du globe. Le livre de la Sagesse dit que la pesante masse des montagnes n'était pas encore formée, quoiqu'elle eût été enfantée avant les collines. L'Écriture a constamment distingué les hauteurs du globe en deux sortes d'éminences, ainsi que le prouvent les versets 4 et 6 du psaume CXIII; mais le Deutéronome, tout en adoptant cette distinction, en fait une autre non moins importante. Les collines ont précédé, à ses yeux, les montagnes caractérisées par la grande pesanteur de leurs masses.

La science nous apprend également que dans les deux hémisphères, les chaînes les plus hautes sont les plus récentes. En effet l'Himalaya, la plus jeune des chaînes de l'ancien continent, est en même temps la plus élevée, tout comme la chaîne des Andes parmi les éminences du nouveau Monde. Peut-être, en raison de ces diverses circonstances, l'Écriture a-t-elle désigné à plusieurs reprises les collines sous le nom d'*éternelles*, entendant par là indiquer que leur surgissement remonte fort haut, ou du moins qu'elles ont été exhaussées avant les montagnes.

Pour nous montrer la grandeur de Dieu, les Psaumes nous apprennent qu'il existait de toute éternité et avant tous les siècles, bien antérieurement à la formation de la terre et des montagnes.

C'est surtout dans les versets 6, 7, 9, 10, 11, 13, 14 et 19 du psaume CIII, que l'Écriture entre dans les plus grands détails sur les inégalités de la surface du globe. Ce psaume nous apprend que Dieu a fondé la terre sur la base solide des montagnes, afin qu'elle ne puisse jamais être ébranlée, et qu'il a revêtu l'abîme comme d'un vêtement duquel s'élèvent les eaux comme les montagnes elles-mêmes. Les menaces du Seigneur les font retirer, et la voix de son tonnerre les fait écouler, abaisser, saisies de crainte et de terreur.

Le même psaume nous raconte encore qu'à la voix de Dieu, les montagnes se sont élevées et les vallées se sont abaissées dans les lieux et les places qu'il leur a assignés.

C'est sur leurs sommets que les oiseaux du ciel fixeront leurs demeures et feront entendre leurs cris du sein de leurs abîmes. Désormais, ajoute-t-il, les hauteurs serviront de retraite aux cerfs, comme les creux des rochers aux hérissons.

Ces détails prouvent à quel point l'Écriture a porté son attention sur les diverses élévations du globe, quoiqu'elles n'occupent guère que la centième partie de la superficie des terres au-dessus des eaux; en effet, si on les nivelait, la surface solide ne dominerait celle des mers que de 30 ou au plus de 40 mètres. L'élévation moyenne de toutes les montagnes n'est que de 300 mètres environ au-dessus de l'océan, en sorte que si on les démolissait toutes pour combler les vallées et les mers, leur niveau serait peu supérieur à celui des eaux de l'océan.

Outre les divers passages de l'Écriture sur les collines et les montagnes, et particulièrement sur les premières, qu'elle désigne comme éternelles, on peut consulter les passages suivants : Genèse, chap. XLIX, vers. 6. — Deutéronome, chap. XXXIII, vers. 2. — Proverbes, VIII, vers. 25. — Baruch, chap. V, vers. 7

Note 100, pag. 358. — La puissance de Dieu éclate aussi bien par le bruit de son tonnerre que par la splendeur des éclairs qui brillent avant que la foudre ait fait entendre ses terribles roulements. L'impie en est frappé avant qu'il en ait eu la pensée; aussi l'Écriture en compare les coups aux épées flamboyantes auxquelles personne n'échappe lorsqu'on a mérité la colère du Tout-Puissant (Exode, chap. IX, vers. 23 et 24; et chap. XIX, vers. 16 et 18. — Deutéronome, chap. XXXII, vers. 41.)

Par suite de l'instantanéité de la foudre, lorsque Dieu tonne du haut des cieux, Il fait sortir la grêle du sein des nuées par le seul effet de sa volonté. Ainsi les éclairs, en se répandant sur toute la terre, résolvent en pluies les nuées rassemblées dans la vaste étendue du ciel. (Psaumes XVII, vers. 14 et 15; XCVI, vers. 4; CXXXIV, vers. 7. — La Sagesse, chap. V, vers. 22.)

Pour nous montrer la puissance de l'Éternel, le prophète Jérémie s'écrie qu'au seul son de sa voix et au bruit de son tonnerre, un déluge d'eau s'épanche sur la terre, en même temps qu'il élève les nuées répandues de toutes parts et comme accumulées aux extrémités les plus éloignées du monde. Il en fait sortir également les foudres et les éclairs, ainsi que les vents, sources de ses trésors. Mais du moment que les éclairs brillent, l'air en ressent la redoutable influence et fait irruption partout avec la plus extrême violence. (Jérémie, chap. X, vers. 13; chap. LI, vers. 16. — Baruch, chap. VI, vers. 60 et 61.)

L'Écriture, dans l'idée qu'elle nous a donnée de la foudre ou du tonnerre, a surtout insisté sur ses effets instantanés : aussitôt que les éclairs brillent leurs coups ont porté; il n'y a pas d'intervalle entre leur apparition et les résultats de leur puissance. Les Livres Saints ont ainsi prévu ce que la science a démontré: la rapidité encore plus grande du fluide dont le tonnerre est la démonstration la plus éclatante. La vitesse de la lumière, quoiqu'elle parcoure 80000 lieues par seconde, est moindre que celle du fluide électrique, qui, dans le même espace de temps, parcourt jusqu'à 90000 lieues[1].

---

[1] Par une des sages prévisions de la nature, la quantité d'électricité qui se produit dans l'hiver est plus considérable qu'en été, et cela dans le rapport de 5 à 1. L'électricité est ainsi destinée à suppléer à la vitalité des végétaux et des animaux, pendant l'engourdissement produit par les longs hivers de nos climats.

Note 101, pag. 359. — On a cru voir dans un passage du livre des Rois quelques indices des effets de la vapeur pour la locomotion ; mais ce passage, qui se rapporte à l'enlèvement d'Élie au ciel sur un char de feu, est purement allégorique[1]. Toutefois, un moine du XIIIe siècle, Roger Bacon, auquel nous devons l'invention de la poudre à canon, paraît en avoir eu quelque pressentiment.

Il nous dit, en effet, que l'époque n'est pas très-éloignée où l'on découvrira une force assez puissante pour mouvoir les plus grands navires, comme les chariots les plus pesants, sans le secours d'aucun animal. A l'aide de quelques instruments nouveaux, un seul homme fera marcher les plus grands vaisseaux avec tout autant de facilité que s'ils étaient pleins de rameurs, et cela avec la plus incroyable rapidité.

Il ajoute enfin à toutes ces merveilles qu'il sera possible pour lors de faire des ponts suspendus et d'opérer toutes sortes de prodiges inouïs, *et machinæ et ingenia inaudita*. Il termine en disant qu'il ne voit pas la moindre difficulté à croire aux effets les plus étonnants dans les choses humaines aussi bien que dans les choses divines.

Il faut bien se rappeler toutes les découvertes dues au génie de Roger Bacon, malgré toutes les entraves qui lui furent suscitées pendant sa longue carrière, pour se persuader qu'il ait pu prévoir des faits aussi étonnants que ceux dont il nous a montré la possiblité. (Voyez Roger Bacon; *De secretis operibus artis et naturæ*, tiré de la *Bibliotheca*

---

[1] *Currus igneus, equi ignei, igneæ habenæ currus*, liv. IV, chap. II, vers. 11. Le texte hébreu porte qu'Élie et Élisée parlant ensemble, un char de feu et des chevaux de feu les séparèrent, et qu'Élie monta au ciel environné d'une grande flamme.

chimica, 70; *Jacobi Maugeti*, vol. I, cap. IV, V et VI, pag. 619 et 620; Genevæ, 1702. La première édition de cet ouvrage a été publiée à Paris en 1542, format in-4º.)

Note 102, pag. 360. — La Bible a fait précéder l'apparition des animaux par les végétaux, fait reconnu exact, et qui était même nécessaire, puisque les premiers tirent tous leurs aliments des plantes. Mais, ce qui est non moins remarquable, elle admet également que les êtres organisés se sont succédé les uns aux autres en raison directe de la complication de l'organisation, les plus simples avant les plus compliqués.

Il existe sans doute des exceptions à ce grand fait; mais, malgré leur réalité, elles ne font pas que cette loi ne soit la plus générale de celles qui ont déterminé la structure des corps organisés. Ces exceptions ne portent guère que sur les classes les moins compliquées, comme par exemple les cryptogames pour les végétaux, et les invertébrés pour les animaux.

S'il en est ainsi, on peut faire remarquer que les premiers ou les plus anciens végétaux qui ont paru dès la manifestation de la vie à la surface du globe, représentent presque à eux seuls le règne auquel ils appartiennent. En effet, les cryptogames acrogènes des premiers âges ont composé la plus grande partie de la flore de la première période végétale. Cette circonstance nous rend en quelque sorte raison du degré de complication auquel les cryptogames étaient parvenus en l'absence des monocotylédons et surtout des dicotylédons, qui n'ont paru que beaucoup plus tard.

Quant à l'exception que peuvent présenter les familles les plus compliquées des invertébrés, comme par exemple les céphalopodes, il n'y a qu'un seul genre, celui des nautiles, chez lequel elle paraisse bien réelle. Néanmoins, l'organisation des autres genres du même ordre est devenue de plus en plus perfectionnée à mesure qu'ils se sont perpétués et sont parvenus à des temps de plus en plus récents.

Il en a été de même des genres des zoophytes échinodermes, des mollusques brachiopodes et surtout des crustacés, signalés par des familles d'une organisation si peu avancée, qu'elles n'ont pas dépassé la plus ancienne des périodes caractérisées par la première apparition des espèces organisées.

Relativement aux classes (le plus haut degré de division que l'on puisse admettre chez les végétaux, aussi bien que chez les animaux), il est certain qu'elles se sont succédé en raison directe de la loi de complication. Les plus simples ont, en effet, apparu les premiers et ont commencé par les cryptogames, auxquels se sont associés les phanérogames gymnospermes, après lesquels sont venus les monocotylédons, enfin les dicotylédons, la classe la plus avancée du règne végétal.

Ce règne s'est donc perfectionné à mesure qu'il s'est perpétué depuis les temps anciens jusqu'à l'époque où toutes les classes ont pris à la fois un développement des plus considérables. Ce développement a été ce qu'il devait être, c'est-à-dire en harmonie avec celui qu'avaient ressenti les animaux dont ils devaient assurer l'alimentation.

Si les végétaux offrent à cet égard quelques exceptions dans les détails de leur organisme, cette circonstance a probablement dépendu de la simplicité de leur organisation. Elles n'ont pas eu lieu du moins chez les animaux considérés sous le rapport des classes principales auxquelles ils appartiennent, et cela probablement parce que leurs tissus sont moins homogènes et leur structure plus compliquée que celle des végétaux.

Les classes des vertébrés se sont, en effet, suivies d'une manière assez régulière. La première, ou la plus simple de toutes, a composé presque seule la population de la plus ancienne période. Les poissons de cette période, déjà si éloignée de nous, ont eu une tendance manifeste vers une organisation plus avancée. On les voit souvent réunir aux caractères propres à cette classe, la moins perfectionnée des traits qui appartiennent essentiellement aux reptiles, sorte de conformation mixte qui leur a valu le nom de sauroïdes ou de poissons lézards.

Les reptiles, qui sont venus après eux, ont manifesté la même tendance, mais d'une manière encore plus prononcée. Ils présentent non-seulement les caractères particuliers aux poissons, mais encore ceux qui signalent les oiseaux et les mammifères; ils réunissent donc ainsi la structure et les caractères des quatre classes des vertébrés.

Les mammifères, les êtres les plus avancés dans la série animale, ont paru à deux périodes distinctes; mais les sous-classes des deux ordres de ces vertébrés ont suivi, comme la plupart des espèces qui les ont précédés, la loi générale de l'organisation des êtres vivants. C'est par les mammifères didelphes ou les embryons permanents de cette grande classe qu'ont commencé les premières ébauches de cette tribu. Ce n'a été que longtemps après cette apparition que sont venus les mammifères monodelphes; arrivés les derniers sur la scène de l'ancien monde, ils sont aussi les représentants les plus perfectionnés des êtres vivants.

Cette marche constante vers le progrès auquel a tendu

manifestement l'organisation des végétaux, aussi bien que celle des animaux, aurait pu paraître incomplète, si des générations nouvelles n'étaient venues prendre la place des anciennes créations.

C'est au moyen de leurs espèces qu'elles ont complété le tableau de la création, qui, sans elles et la présence de l'homme, aurait pu paraître imparfait. Depuis lors la terre a été peuplée et embellie par une quantité presque infinie de végétaux et d'animaux dont la variété et le nombre seront pour nous un continuel sujet d'admiration, en même temps que la preuve la plus évidente de la puissance et de la sagesse du Créateur.

Note 103, pag. 365. — La question de l'unité de l'espèce humaine en a fait naître une autre qui n'a pas moins d'importance : celle de savoir quelle est la race la plus ancienne parmi les nombreuses variétés qui la différencient[1]. Cette race primitive, dont toutes les autres sont provenues, appartient-elle à la variété blanche ou noire?

Cette question a été résolue dans deux sens complètement différents, quoiqu'elle n'en paraisse pas susceptible, lorsqu'on consulte les monuments et l'histoire. D'après ce qu'ils nous apprennent, la race blanche doit être la souche primitive du genre humain, qui s'est grandement dégradé lorsqu'il a abandonné les bienfaits de la civilisation.

---

[1] L'unité de l'espèce humaine, que nous avons admise avec la plupart des anatomistes de notre époque, semble prouvée par l'observation suivante. Quelque variées que soient les formes des diverses races humaines, elles n'indiquent pourtant pas des espèces différentes d'un même genre ; car, s'il en était ainsi, ces espèces en se croisant deviendraient tout à fait stériles.

Cet abandon a produit la limite extrême des races inférieures des variétés humaines, ou les nègres; tandis que les progrès de la civilisation ont de plus en plus perfectionné la limite des races supérieures, vers lesquelles les premières tendent maintenant à remonter. Aussi tout nous fait présumer que ces limites ne seront bientôt plus des points d'arrêt : en effet, les nègres ne peuvent guère descendre au-dessous du point où ils sont parvenus, tout comme les blancs ne sont guère susceptibles d'une plus grande perfection physique.

Ceux qui ont admis l'ancienneté de la race nègre, ne l'ont fait que par une sorte de présomption géologique, c'est-à-dire que comme les êtres se sont succédé en raison directe de la complication de l'organisation, ils ont pensé qu'il devait en être de même de l'homme, quoiqu'il appartienne à une tout autre époque.

On peut d'abord faire remarquer qu'il n'y a pas la moindre parité à établir entre les êtres des temps géologiques, et ceux des temps historiques. En effet, l'histoire nous montre l'homme placé à son origine sur un point unique, d'où il a irradié pour aller couvrir de ses tribus la terre entière; elle ne dépeint pas le premier homme comme de la race noire, mais au contraire comme appartenant à la race blanche.

Il y a eu sans doute progrès dans les animaux de l'ancien monde, mais ce progrès n'a jamais porté sur les espèces; il a eu lieu uniquement chez les genres, les familles et les classes. Si les espèces avaient elles-mêmes progressé, elles auraient passé les unes dans les autres, et auraient donné naissance à des êtres nouveaux qui auraient fini par être totalement différents de ceux dont ils tiraient leur origine.

C'est ce qu'aucune observation ne confirme, même relativement aux espèces de l'ancien monde, où l'on ne découvre aucune trace de ces êtres, qui nécessairement auraient été intermédiaires.

Les nègres ont été si peu antérieurs à la race blanche, que l'histoire de l'antiquité ne les nomme même pas et que les anciens monuments ne nous en offrent pas la moindre représentation. En effet, ces hommes, dont les caractères sont si tranchés et si frappants, n'ont été connus que fort tard, et encore comme des peuples peu nombreux et peu répandus.

L'histoire fait donc remonter l'origine du genre humain à la race blanche, qui, loin d'avoir été précédée par les races inférieures, qui lui ont été constamment soumises, est la première qui a apparu. Si la race nègre était réellement la plus ancienne tribu humaine, les premiers souvenirs et les premières notions historiques se seraient nécessairement portées sur elles, tandis qu'elles sont muettes même sur leur existence.

L'absence de toute donnée à cet égard dans l'histoire de l'antiquité, comme dans les monuments, les tombeaux et les catacombes, où l'on ne découvre pas de traces de la race nègre, a singulièrement frappé M. Jomard, lorsqu'il décrivait les divers monuments de l'Égypte et particulièrement ceux d'Edfou. Il a pour lors reconnu que les momies des peuples de l'Égypte s'éloignaient beaucoup des caractères des nègres et se rapportaient au contraire à la race la plus perfectionnée du genre humain [1].

---

[1] *Description de l'Égypte, ou Recueil des observations ou des recherches faites en Égypte pendant l'expédition française.* Paris, 1799, tom. 1, pag. 126 du texte.

On peut donc affirmer que la race noire, loin d'avoir été la souche de laquelle sont provenues les autres variétés humaines, en est au contraire dérivée; ce qui semble le prouver d'une manière invincible, c'est qu'en revenant à la civilisation, elle tend, par un mouvement ascensionnel, à retourner vers les races supérieures et à remonter ainsi à sa primitive origine et à sa véritable destinée.

Note 104, pag. 366. — Le texte porte : *Erat autem terra labii unius et sermonum eorumdem* (Voyez Genèse, chap. XI, vers. 1). On a traduit ce passage de la manière suivante : Il y avait alors sur la terre un seul langage et une même manière de parler. L'unité du langage primitif est encore plus difficile à établir que celle de l'espèce humaine. En effet, nous manquons des données les plus essentielles pour résoudre cette question ; aussi nous bornerons-nous à faire quelques observations sur ce sujet délicat.

Si toutes les variétés, ou les diverses races humaines, sont dérivées d'une même souche, il s'ensuit d'une manière en quelque sorte nécessaire, qu'il doit en être de même des langues, quelque grandes que soient leurs différences. Or, nous avons presque démontré que la race blanche, la plus ancienne, doit présenter, parmi les idiomes dont elle fait usage, quelques traces de cette langue primitive.

L'histoire de l'espèce humaine nous apprend qu'à son origine, il n'y a eu qu'un seul langage (*unus sermo*). Il est sans doute difficile aujourd'hui de remonter jusqu'à la souche primitive, de laquelle sont provenus les idiomes divers dont les différents peuples se servent pour s'entendre. Tout ce que prouve l'étude des caractères, ainsi que la structure et la construction de ces idiomes, c'est que les plus disparates ont entre eux un air de famille et de ressemblance qui décèle une commune origine.

Du reste, la connaissance de la langue primitive n'importe pas à l'Écriture ; elle intéresse à peu près uniquement les philologues. Aussi la Bible ne contient aucune donnée ni aucun détail à cet égard.

Si l'on admettait le contraire, on serait forcé d'établir autant de races humaines qu'il y a d'idiomes sans analogues et sans liaison les uns avec les autres, c'est-à-dire par centaines. Cette conséquence serait peu philosophique ; elle obligerait du moins à multiplier les races presque en raison inverse du nombre des individus qui en feraient partie.

En effet, les plus petites tribus et les populations sauvages les plus subdivisées présentent souvent les différences les plus notables et les plus marquées entre leurs langages. Par suite de cet état de choses, l'intérieur de l'Afrique ou les régions inexplorées de l'Australie contiendraient peut-être plus de races que l'Europe ou l'Asie tout entière.

Il n'en serait peut-être pas de même en Amérique, où il paraît démontré que les nombreux langages des indigènes sont dérivés d'une souche commune ; ceux-ci ayant été soumis comme les autres peuples aux lois des langues parlées.

Les recherches les plus récentes sur la construction des divers idiomes, semblent avoir rendu probable qu'après la violente séparation de l'espèce humaine, ces idiomes se sont formés par groupes, ou si l'on veut par familles. Les divers langages tendent journellement à se rapprocher de plus en plus et à s'effacer.

C'est une suite en quelque sorte nécessaire de leurs communes origines et de leurs affinités mutuelles. Ils offrent ainsi la meilleure preuve de leur premier et de leur unique point de départ. Les langues parlées divisent l'espèce humaine en certaines grandes familles dont les ramifications subséquentes entrent dans le domaine de l'histoire. Ces analogies deviendront de plus en plus manifestes, à mesure que l'étude philosophique des nations et les connaissances de leurs divers idiomes prendront une plus grande certitude et acquerront un plus grand développement.

La branche sémitique, dans laquelle on peut faire entrer l'hébreu, le chaldéen, le phénicien, le syriaque, l'abyssinien et l'arabe, a été reconnue depuis longtemps avoir une même origine et composer une grande famille. Il en est ainsi des langues chinoises et indo-chinoises, qui composent un seul et même groupe, auquel viennent se joindre probablement toutes les langues monosyllabiques de l'Orient.

Quant aux idiomes connus sous le nom d'indo-européens, ils composent une grande famille où l'on réunit le sanscrit, langage ancien et sacré de l'Inde; le persan ancien et moderne, considéré d'abord comme un dialecte tartare; le teutonique avec ses divers dialectes, tels que le slavon, le grec, le latin et ses nombreux dérivés; les dialectes celtiques, qui, d'après Prichard, ont le plus grand rapport avec les langues indo-européennes, doivent être rangés dans ce groupe.

Quoique le sanscrit paraisse au premier aperçu une langue mère et n'avoir que des analogies éloignées avec des langues assez modernes, comme le grec, il en est cependant différemment lorsqu'on les compare avec quelque attention. Cet examen prouve que de nombreux rapports existent entre ces deux idiomes, qui tout d'abord paraissent n'avoir rien de commun. On trouve quelques détails curieux à cet égard dans l'avertissement placé en tête de la Grammaire grecque de Burnouf. (Voyez pag. x de la nouvelle édition. Paris, 1842.)

De pareilles analogies se font remarquer entre le sanscrit, le persan et les anciens et nouveaux dialectes du Nord, comme entre la première langue et l'hébreu. On trouvera la preuve de cette assertion dans l'ouvrage publié par M. Bopp. Cet habile philologue y a comparé toutes ces langues avec le sanscrit. Or, comme le grec en paraît également dérivé, à en juger par le grand nombre de mots communs aux deux idiomes, il s'ensuit que tous doivent provenir d'une même langue. (Voyez l'*Essai sur le langage et la philosophie des Indiens*, par M. F. Schlegel.)

Note 105, pag. 367. — C'est dans le livre nommé *Deutéronome* par les Latins, mot dérivé de *Deuteronomium*, expression provenue elle-même de δεύτερος, et de νόμος (deuxième loi), parce que le Deutéronome comprend l'abrégé des lois promulguées auparavant. Ce livre contient l'histoire de ce qui s'est passé depuis le commencement du troisième mois de la quarantième année de la sortie d'Égypte jusqu'au septième jour du douzième mois de la même année, c'est-à-dire l'histoire d'environ six mois.

C'est, du reste, dans ce livre que l'on découvre les premières notions qui ont servi plus tard aux diverses méthodes de classification naturelle des animaux. En effet, le Deutéronome distingue les mammifères en deux ordres : ceux qu'il considère comme purs, et ceux, au contraire, qu'il envisage comme impurs. Il permet de se servir des premiers comme aliments, mais il défend d'en faire de même des seconds.

Ainsi, aux yeux de l'Écriture, le bœuf, le mouton, la chèvre, le chevreau, le buffle, le cerf, le chevreuil, l'oryx et la girafe, ayant les pieds fourchus et la faculté de ruminer, sont par cela même les plus propres à servir à la nourriture de l'homme. Les Livres Saints avaient donc bien saisi les véritables caractères des ruminants.

Ils ne permettent pas, d'un autre côté, aux Hébreux de manger du chameau ou du lièvre, ni du chœrogrylle, parce que ces animaux ne ruminent point et n'ont pas les pieds bifides et fendus en deux comme les premiers [1]. En effet, les chameaux, au lieu d'avoir leur grand sabot aplati au côté interne qui enveloppe toute la partie inférieure de chaque doigt et détermine la figure ordinaire du pied fourchu, en ont seulement un petit adhérent à la dernière phalange, analogue à celui de forme symétrique des pachydermes. Cette différence délicate de structure a été très-bien saisie par l'Écriture et a été la cause de l'exclusion et de la prohi-

---

[1] D'après les caractères que la Bible a donnés aux animaux qu'elle a considérés comme purs, on conçoit très bien qu'elle ne doit pas y avoir compris les mammifères nommés par elle *saphan* et *chœrogrylle*. Les naturalistes modernes ont désigné la première espèce sous le nom de *daman*; elle vit maintenant en Syrie et se rapporte à l'*Hyrax syriacus*. Cet hyracide se trouve principalement en Syrie, surtout au mont Sinaï. Buffon l'a signalé sous le nom de *daman Israël*. Il est bien démontré maintenant, nous dit M. Paul Gervais dans son *Histoire des mammifères*, tome II, page 107, que c'est au daman qu'il faut attribuer ce que la Bible dit du *saphan* et non du chœrogrylle, mais encore moins au hérisson, comme l'a fait la traduction des Septante. On ne peut pas davantage rapporter cette espèce au lapin, comme l'ont accepté la plupart des traductions en usage en Allemagne, en France et en Angleterre.

La chair du daman ne paraît du reste avoir rien de désagréable; les Arabes ainsi que les chrétiens en font fréquemment usage; il paraît qu'il en est de même en Abyssinie.

bition qu'elle a prononcée contre ce seul genre de ruminants, le chameau. En effet, par l'organisation de ses pieds, cette espèce a les plus grands rapports avec les pachydermes, ainsi que nous venons de le faire comprendre.

Sans doute, l'organisation des dents et du tube alimentaire, ainsi que celle des organes du mouvement des rongeurs, est bien différente de celle qui caractérise les ruminants; mais ces différences, quelque grandes qu'elles soient, ne le sont pas assez pour interdire à l'homme de ne pas se servir du lièvre comme aliment et de nous priver d'une nourriture aussi saine que facile à digérer.

Le Deutéronome défend également aux Hébreux de faire usage du pourceau, parce qu'il est impur, quoiqu'il ait les pieds fendus, mais non fourchus, et en même temps parce qu'il ne rumine point. Cette interdiction peut, au premier aperçu, paraître singulière, à nous habitués à manger du cochon et à nous servir de sa chair comme condiment ou comme aliment. Il y a cependant dans cette défense un grand fond de sagesse, car le porc n'est ni une viande aussi saine ni aussi facile à digérer que celle des ruminants, surtout lorsqu'on en fait uniquement usage. En effet, malgré les progrès de l'art culinaire, le cochon sert plutôt d'assaisonnement qu'à notre nourriture proprement dite. Il est du moins peu employé seul et comme principal aliment.

Quoi qu'il en soit, la Bible a fort bien jugé que les pieds de cet animal n'étaient pas fendus de la même manière que ceux des ruminants[1]. Cette circonstance lui a suffi pour

---

[1] En effet, les porcs ont à tous leurs pieds deux doigts mitoyens, grands et armés de forts sabots, et deux latéraux beaucoup plus courts et ne touchant presque pas à terre. Aussi l'organisation de leurs pieds est bien plus compliquée que celle qui

comprendre que le porc ne devait pas ruminer, ce que l'observation confirme pleinement. Elle a ainsi présumé que le cochon appartenait à une tout autre classe; elle a par cela prévu l'établissement de la classe des pachydermes, dans laquelle se range naturellement le porc, que les anciens considéraient comme une espèce immonde.

Le Deutéronome permet aux Hébreux de manger les animaux qui vivent dans l'eau et qui sont pourvus de nageoires et d'écailles; mais il leur défend de faire usage comme aliment de ceux qui n'ont ni nageoires ni écailles, espèces que ce livre considère comme impures.

Les premiers de ces animaux que la Bible envisage comme purs sont les poissons, tandis que les seconds, ou les reptiles, n'ont jamais servi de nourriture chez aucun peuple. Cette distinction prouve que l'Écriture a fort bien saisi les principales différences qui caractérisent les diverses classes des animaux vertébrés.

Le même chapitre du Pentateuque autorise les Hébreux à user de tous les oiseaux pour leur nourriture, mais il leur défend d'en faire autant des espèces rapaces, ou des oiseaux de proie, parmi lesquels elle signale nommément l'aigle, le griffon, le vautour, le milan, l'aigle de mer, la chouette, l'épervier et quelques autres espèces qui ne sont pas plus mangeables que celles qu'elle vient de proscrire. Enfin, le Deutéronome comprend dans la même défense tous les êtres qui rampent sur la terre et qui ont des ailes, sorte d'animaux dont le nombre est infiniment petit, et qui par cela même n'ont aucune importance parmi les espèces

---

caractérise les pieds des animaux à quatre estomacs, ou ruminants proprement dits.

comestibles, lors même que l'on pourrait en user comme aliments.

Note 106, pag. 368. —Voyez Job, chap. XXXVIII, vers. 39, 40, 41; chap. XXXIX, vers. 1, 2, 3, 4, 5, 6, 7, 8, 9, 10, 11. Nous ne ferons sur ces différents textes qu'une seule observation. — Elle se rapporte à l'animal que les Hébreux appelaient *reem*, peut-être l'oryx des Grecs, dont ont parlé Martial et Oppien. Cette espèce paraît la même que l'antilope oryx des naturalistes. Grande comme un cerf, ses cornes sont grêles et longues de deux ou trois pieds. Cette antilope ou l'oryx d'Élien, vit encore en grandes troupes dans l'intérieur de l'Afrique et dans toute l'Arabie.

Rosenmuller a traduit, ainsi que Bochart, l'expression hébraïque *reem* par oryx, avec d'autant plus de raison que sur quelques individus qui avaient perdu une de leurs cornes, on s'est formé l'idée de la licorne. Cette circonstance est d'autant plus probable, que l'oryx présente cette particularité ainsi que les antilopes algazel et leucoryx. Ces différentes espèces deviennent souvent unicornes.

Quoi qu'il en soit, les détails que l'Écriture nous a donnés de l'animal qu'elle a appelé *reem*, paraissent convenir assez bien à l'antilope oryx. (Voyez nos *Observations sur la Licorne des anciens.—Mémoires de la Société Linnéenne de Bordeaux.*)

Note 107, pag. 369. — Lorsque Job nous dépeignait les mœurs et les habitudes de l'autruche, il n'en connaissait qu'une seule espèce, celle de l'ancien continent (*Struthio camelus*, Linné)[1]. Lors de la découverte de l'Amérique, on

---

[1] Voyez le chap. XXXIX, vers. 13, 14, 15, 16, 17 et 18.

en a rencontré une autre, mais beaucoup plus petite que l'espèce commune. Elle a reçu le nom d'autruche d'Amérique (*Struthio rhea*, Linné), de nandou ou noun.

La première, la plus anciennement connue, a été jusqu'à nos jours considérée comme le plus grand des oiseaux vivants. On a depuis peu observé des oiseaux bien plus gigantesques que l'autruche, soit à Madagascar, soit dans la Nouvelle-Zélande; cette découverte a prouvé qu'il existait parmi les échassiers des espèces dont les dimensions étaient bien supérieures à l'autruche de l'ancien continent.

En effet, l'*Epyornis gigantea*, de la tribu des échassiers ou plutôt de celle des rudipennes ou brevipennes, n'avait pas moins de 3 à 4 mètres de hauteur; la taille du *Dinornis gigantea*, quoique inférieure, atteignait encore jusqu'à 3 mètres, ce qui confirme ce que nous venons de dire, que l'un et l'autre de ces oiseaux sont plus grands que l'autruche ordinaire, qui n'a guère plus de 2 mètres.

Ces oiseaux de Madagascar ou de la Nouvelle-Zélande ne nous sont guère connus que par quelques ossements, des œufs et des nids; la comparaison de leurs œufs avec ceux de l'autruche suffit pour se faire une idée de la différence de leurs dimensions. En effet, ceux de l'*epyornis* de Madagascar ont jusqu'à 0^m,003 d'épaisseur, leur grand diamètre est de 0^m,34, et la circonférence 0^m,85, tandis que le diamètre de ceux de l'autruche n'atteint pas tout à fait 0^m,40.

La capacité de l'œuf de l'*epyornis* est d'environ 8 litres 3/4; aussi, pour représenter son volume, il faudrait près de 6 œufs d'autruche, 12 de nandou, 10 1/2 de casoar, 17 de drome, et 148 de poule. Enfin, si nous voulons opposer l'un à l'autre les termes extrêmes de la série, nous dirons que le volume de l'œuf de l'espèce de Madagascar égale à peu près le volume de 50000 œufs d'oiseau mouche.

Du reste, d'après les habitants de Madagascar, l'*epyornis* y existerait encore, mais il y serait extrêmement rare; ceux qui ne croient pas à son existence actuelle, rapportent des traditions fort anciennes relatives à un oiseau de taille colossale, qui terrassait les bœufs et en faisait sa pâture. Les naturels de la Nouvelle-Zélande débitent des fables semblables au sujet du *dinornis*, qu'ils appellent *movie*, et admettent néanmoins son existence récente, ce que confirment les nids que l'on en a rencontrés.

Outre ces espèces de taille colossale qui appartiennent à notre monde, il paraît avoir existé dans les temps géologiques quelques oiseaux de très-grandes dimensions. Ceux-ci ne nous sont encore connus que par les empreintes qu'ils ont laissées sur les grès bigarrés en Écosse, en Angleterre, en Saxe, aux États-Unis, et celles qui ont été observées récemment en France. Ces empreintes signalent des pas d'oiseaux qui se rapportent à des espèces gigantesques et problématiques auxquelles on a donné le nom de *cheirotherium*.

Du reste, nulle part encore on n'a trouvé avec ces traces plus ou moins profondes, ni des débris osseux, ni des plumes, ni des œufs; enfin, aucun reste qui caractérise d'une manière incontestable la présence des oiseaux.

Si les empreintes des pas d'animaux que M. Desnoyer vient de découvrir dans les terrains tertiaires des environs de Paris, se rapportent réellement à cet ordre ou à des oiseaux, elles représenteraient en quelque sorte le *Gastornis parisiensis*. Mais il en serait différemment par rapport à cette espèce nouvelle, puisqu'elle a été déterminée, non pas seulement au moyen des empreintes de ses pas, mais à l'aide d'ossements qui signalent des oiseaux d'une grande taille.

Nous ferons enfin observer que M. de Genoude a traduit le mot hébreu *notsah* par autruche, et celui de *chasidah* par héron. Cette dernière interprétation s'éloigne peu du sens que l'on attache à ce mot, que l'on a communément rapporté à la cicogne.

La traduction que M. de Genoude nous a donnée du mot *notsah* paraît fondée et désigner l'autruche. Celle de l'Amérique (*Struthio rhea*, Linné) a été du moins appelée dans cette contrée *nandou*, ou même *noun*, expressions qui pourraient bien être dérivées du mot hébreu *notsah*. Toutefois, plusieurs commentateurs de l'Écriture ont traduit cette dernière expression par *plume*, ainsi qu'on peut le voir dans le Dictionnaire de Pagnin.

Les Livres Saints ont si bien connu les mœurs des animaux, qu'ils ont remarqué une habitude commune à cet oiseau d'élever ses ailes en l'air lorsqu'il veut courir dans le sens et la direction du vent. L'autruche sait par instinct que ses ailes peuvent alors lui être d'un puissant secours et tenir lieu en quelque sorte de voiles ou de rames.

Le verset 7 du psaume CI nous a donné également une idée fort exacte des mœurs du pélican et du hibou.

Nota 108, pag. 369. — La description poétique que l'on trouve dans le chapitre XXXIX, versets 19, 20, 21, 22, 23, 24 et 25 du livre de Job, se rapporte uniquement au cheval ordinaire. Il est du moins bien douteux qu'à l'époque où vivait cet élu, l'hémione, le couagga et le zèbre fussent connus. L'eussent-ils été, la description que nous a laissée

Job du cheval ne peut convenir qu'à lui, et ne saurait s'appliquer à aucune autre espèce.

Il est par rapport au cheval, notre fidèle et constant auxiliaire, une question bien plus délicate et plus difficile à résoudre: c'est celle que font naître les restes des chevaux des temps géologiques, ensevelis dans les couches terrestres. On se demande, d'après les particularités que présentent ces débris, si une ou plusieurs espèces de chevaux ont existé dans l'ancien monde, et jusqu'à quel point ces races ont été analogues à nos chevaux actuels.

Si, d'un côté, on découvre dans certains dépôts des ossements ou des dents tellement semblables à l'*Equus caballus* que l'on ne saurait les en distinguer, il n'est pas moins certain que dans d'autres terrains ces restes organiques semblent avoir appartenu à une tout autre espèce que le cheval ordinaire.

Si nous cherchons à savoir ce qui s'est passé en Amérique, par rapport au cheval, les faits nous diront que cette espèce ne s'y trouvait pas à l'époque de l'invasion des Espagnols. Ces conquérants n'en aperçurent pas la moindre trace, et ce qui prouve que cette race y était tout à fait inconnue, c'est que les Américains crurent que le cheval et l'homme qu'il portait ne faisaient qu'un seul et même individu.

Il n'est pas moins constant qu'une espèce du genre *equus* a vécu dans le nouveau Monde pendant les temps géologiques, puisque l'on en découvre les débris dans les cavernes à ossements et les terrains de transport anciens. D'après les observations de MM. Lund et Owen, cette race américaine serait très-différente de celle qui, en Europe, caractérise la partie la plus récente des terrains tertiaires et en même temps l'ensemble des formations quaternaires.

Le cheval que l'on découvre en Amérique, ainsi que nous venons de le faire observer, diffère essentiellement de la race qui a couvert la plus grande partie de l'ancien continent de ses tribus, aussi nombreuses que variées.

En résumé, ce genre était représenté dans les temps géologiques par deux ou trois espèces, dont deux auraient appartenu à l'ancien continent, et la dernière aurait fait exclusivement partie de la population du nouveau Monde. Le cheval proprement dit habitait uniquement l'hémisphère boréal, avant qu'il eût été transporté en Amérique par notre influence, et cela à l'époque où Christophe Colomb et Fernand Cortès en firent la conquête. Il en était de même des autres espèces de ce genre, telles que le zèbre, l'âne, l'hémione et le couagga, etc.

Note 109, pag. 370. — Voyez les vers. 26, 27, 28, 29, 30 du chap. XXXIX du livre de Job. — Pour nous donner une idée de la rapidité du vol de l'aigle, Job (vers. 25, 26, chap. IX) s'écrie : « Mes jours sont plus rapides qu'un coursier ; ils ont passé comme le vaisseau qui fend les mers, comme l'aigle qui s'élance sur sa proie. »

Le mot hébreu *nescher*, aigle, dérive du verbe *schour* qui signifie proprement contempler ; aussi les auteurs de la Bible n'ont pas ignoré que l'aigle pouvait fixer le soleil.

Les prophètes avaient remarqué que lorsque l'aigle mue, il perd presque toutes ses plumes. (Michée, chap. I, vers. 16.)

---

[1] Voyez le mémoire de M. Fitzinger sur l'origine du cheval et de ses différentes races, ainsi que le supplément à ce mémoire, où il est question des races chevalines actuelles de l'Amérique et des terres australes.

L'Écriture n'est pas moins exacte lorsqu'elle s'occupe des mœurs des animaux; ainsi, on lit dans les versets 25, 26, 27, 28, 29, 30, 31 du chapitre XXX des Proverbes :

« Les fourmis, peuple faible qui prépare sa nourriture » durant la moisson.

» Les chamois, troupe tremblante qui s'abrite sous les » rochers.

» Les sauterelles, qui n'ont point de chef et qui s'élancent » comme une armée.

» La salamandre, qui s'appuie sur ses mains et se glisse » dans le palais des rois. »

Le verset 3 du chapitre XI du livre de l'Ecclésiastique dit que « l'abeille est petite sans doute entre les animaux » qui volent, mais que son fruit l'emporte sur les fruits les plus doux. »(Voy. également les vers. 14, 15 du chap. XXXIV d'Isaïe.)

Les Proverbes, le livre de l'Ecclésiastique contiennent des détails non moins curieux sur les corps bruts. Le livre d'Ézéchiel (vers. 9 du chap. III, et vers. 1 du chap. X) fait remarquer que le diamant est la plus dure des pierres, comme le saphir l'une des plus éclatantes.

Aussi Zacharie, voulant dépeindre l'endurcissement des Hébreux, dit qu'ils ont rendu leur cœur aussi dur que le diamant (chap. XII, vers. 12). Ce prophète connaissait également la manière d'éprouver l'or et de purifier l'argent. (*Et uram eos sicut uritur argentum, et probabo eos sicut probatur aurum*, chap. XIII, vers. 9.)

Le chapitre XXVIII du livre de Job contient aussi des détails fort intéressants sur les métaux et les pierres précieuses.

Note 110, pag. 370. — Voyez Isaïe, chap. XLVI, vers. 11; chap. XL, vers. 8. — Psaum. LXVII, vers. 11; LXXXIII, vers. 3; CIII, vers. 18. — Osée, chap. XI, vers. 11. — Joël, chap. II, vers. 25.

Note 111, pag. 377. — Ce fils de Zébédée, ou saint Jean, apôtre et évangéliste, se trouvait avec son frère Jacques et son père occupé à raccommoder ses filets, lorsque Jésus, côtoyant la mer de Galilée, appela les deux frères, qui le suivirent sur l'heure même, laissant leur père et leurs filets. (Évangile selon saint Matthieu, chap. VII, vers. 21.) Jean fut le disciple bien-aimé du Sauveur; aussi Jésus lui recommanda sa mère au moment de sa mort. C'est dans l'île de Pathmos qu'il écrivit l'*Apocalypse;* quant à son *Évangile*, il le rédigea à Éphèse, et, à ce qu'il paraît, en grec. La hauteur de ses pensées lui a fait donner l'aigle pour emblème.

Note 112, pag. 377. — La Bible est non-seulement le plus ancien des livres, mais elle en est le plus excellent; c'est toujours à elle qu'il faut avoir recours lorsque des doutes s'élèvent dans nos esprits. C'est ce dont tous les hommes, quelles que soient leurs croyances, sont intimement convaincus, lorsque des adversités les affligent et les tourmentent. Le malheur nous ramène aux Livres Saints, tout comme l'excès de la prospérité nous y conduit.

Toutes les intelligences y trouvent de quoi se nourrir; car, ainsi que l'a fait observer saint Augustin, Dieu y parle aux hommes un langage humain, lui dont nous ne pouvons pas comprendre les œuvres et encore moins en saisir toute la beauté.

Les Livres Saints ne sont pas moins remarquables sous le rapport des connaissances qu'ils renferment; l'historien y trouve les premières et les plus anciennes traditions dont aucun livre ne saurait lui donner la moindre idée. Les législateurs et les jurisconsultes y rencontrent des notions sur l'art de gouverner les peuples et de leur imposer des lois en harmonie avec leurs mœurs et leurs caractères. C'est du moins dans la Bible que l'on découvre les premières idées sur la chronologie et l'histoire des anciens peuples. Demandez aux savants s'ils ne sont pas étonnés de toutes les connaissances consignées dans l'Écriture, connaissances qui ont devancé leurs inventions? Si, d'un autre côté, vous interrogez les naturalistes, ils vous diront que c'est dans un des chapitres du Pentateuque qu'ils ont puisé les principes des classifications naturelles.

Le physicien, l'astronome, y voient en quelque sorte les germes de leurs découvertes; aussi, frappés d'étonnement, ils applaudissent au livre dans lequel elles sont non-seulement prévues, mais écrites d'une manière aussi succincte que précise, caractère qui distingue d'une manière si éminente des Livres Saints.

Note 113, pag. 379. — Les espaces célestes contiennent des quantités immenses de matière cosmique répartie dans leurs intervalles sous des formes plus ou moins déterminées. Cette matière s'y trouve dans tous les états possibles d'agrégation, et par conséquent susceptible de condensation et de contraction. Lorsque la réunion de cette substance infiniment raréfiée n'a que de faibles dimensions, elle offre alors l'aspect de petits disques ronds et elliptiques, soit isolés, soit accouplés et joints par un faible filet lumineux.

Lorsque au contraire la matière cosmique ou nébuleuse présente de grandes dimensions, elle prend les formes les plus variées suivant que ces nébulosités, obéissant aux lois de la gravitation, se condensent autour d'un ou de plusieurs centres. On conçoit que par ce changement de disposition et de figure, les nébuleuses doivent par leur développement progressif passer par divers états. Par suite de ces modifications, elles forment dans les espaces célestes des astres nouveaux à divers degrés de condensation, astres qui ne cesseront pas de se produire tant qu'il y aura de la matière susceptible de se concréter et de s'agglomérer.

Aussi voyons-nous presque chaque jour de nombreux changements avoir lieu dans les nébuleuses en partie concrétées, variations souvent si considérables qu'il est difficile de les reconnaître et de les déterminer avec une certaine précision.

On distingue, en effet, dans le ciel des taches nébuleuses proprement dites, à formes variées, à lumière plus ou moins inégale, qui finiront peut-être par se condenser en étoiles. On y voit également des nébuleuses planétaires dont les disques répandent au loin une lumière uniforme. On observe, en outre, au milieu des espaces célestes des étoiles nébuleuses qu'il ne faut pas confondre avec les taches nébuleuses, ni avec les nébuleuses planétaires, faits qui prouvent quels degrés divers de condensation la matière cosmique est susceptible de recevoir.

Si l'on en juge par leur diamètre souvent considérable, et la distance où ils se trouvent, ces astres, aussi bien les nébuleuses planétaires que les étoiles nébuleuses, doivent avoir de grandes dimensions. Ce qui est non moins remarquable, ces astres sont très-inégalement distribués dans les diverses zones du ciel. L'observation prouve, en effet, qu'ils sont en plus grand nombre dans le ciel austral que partout ailleurs; c'est dans cette zone que l'on découvre le plus grand nombre d'étoiles nébuleuses et d'amas de nébuleuses irréductibles.

Ces faits, outre l'intérêt qu'ils ont par eux-mêmes, prouvent que si la matière cosmique a été créée à l'origine des choses, il n'en a pas été de même de son appropriation et de sa coordination. Ce phénomène se continue et se continuera constamment dans les siècles à venir, par l'effet des lois secondaires que la sagesse divine a établies et qui maintiennent une parfaite harmonie entre les choses créées. Ici s'appliquent les paroles de Celui auquel nous devons toute confiance : Mon Père agit, et moi j'agis aussi jusqu'à la fin des siècles [1].

Note 114, pag. 379. — La lumière du soleil n'est nullement nécessaire à la germination des plantes; elle leur est même jusqu'à un certain point contraire, car il faut les abriter contre l'impression directe des rayons solaires pour en faire lever les graines. L'action de ses rayons n'est utile qu'au développement complet des végétaux ; aussi les plantes, qui avaient germé lors de la troisième époque, le purent très-bien sous la faible lumière qui régnait sur la terre, avant que le soleil eût reçu son atmosphère lumineuse.

Ce fut seulement à la quatrième époque, qu'éclairées par les rayons solaires, elles purent végéter avec vigueur et acquérir leur entière croissance. Le récit de la création n'est

---

[1] Jean, vers. 17; *Ibid.*, 19. — *Œuvres* de Bossuet, revues sur les manuscrits originaux et les éditions les plus correctes, tom. X, pag. 81. Versailles, 1816.

donc pas contraire aux faits, lorsqu'il admet que les végétaux avaient germé antérieurement à l'instant où le soleil a reçu le pouvoir de répandre de la lumière sur la terre.

Quant à l'entier développement de ces mêmes végétaux, il n'a pu avoir lieu que plus tard, c'est-à-dire, lorsque l'influence des rayons lumineux émanés du soleil s'est faite sentir à la surface du globe. La vapeur aqueuse contenue dans l'air a pris, par suite de cette même influence, une proportion favorable à la croissance complète du règne végétal, qui a précédé les êtres les plus compliqués de la nature.

Note 115, pag. 380. — Parmi les espèces fossiles dont les générations ont appartenu à l'ancien monde, les plus rares sont les oiseaux, ou si l'on veut les volatiles, c'est-à-dire les animaux qui parcourent les plaines de l'air. Cette circonstance remarquable tient-elle à ce que leurs espèces ont été peu communes lors des anciennes générations, ou bien à ce que les os des oiseaux, en grande partie creux, ne se seraient pas aussi bien conservés que les débris osseux des autres animaux, sans en excepter les poissons ?

Ces derniers, qui ont traversé tous les âges, sont le plus souvent en fort grand nombre dans les lieux où on les découvre. La quantité et la variété de leurs débris prouvent que les races aquatiques ont généralement dominé dans les temps géologiques, ainsi que toutes celles qui exigent une faible proportion d'oxygène dans l'air qu'elles respirent.

La végétation des premiers âges semble du moins prouver, par la grande quantité de carbone qu'elle a laissée, que l'atmosphère où elle a prospéré devait être plus chargée d'acide carbonique que l'atmosphère actuelle. Cette présomption est confirmée par la rareté des espèces respirant l'air en nature, dans les premiers temps où la vie s'est manifestée à la surface du globe.

On conçoit très-bien, d'après la constitution particulière de l'atmosphère aux anciens âges, pourquoi les oiseaux, qui dans un temps donné respirent la plus forte proportion d'oxigène que les animaux puissent prendre, sont arrivés si tard sur la scène de l'ancien monde, et y ont été constamment si peu abondants.

Il est même facile de comprendre pourquoi, lorsque l'atmosphère a été débarrassée de cet excès d'acide carbonique qu'elle contenait dans l'ancien monde, cet ordre d'animaux est devenu si commun, qu'il comprenait plus de sept mille espèces en 1850, et que ce nombre s'est nécessairement augmenté depuis lors. Quelque grand que puisse paraître ce chiffre, il est extrêmement probable qu'il n'est pas la moitié des races actuellement vivantes, d'autant que les oiseaux échappent facilement à nos poursuites.

Note 116, pag. 380. — L'opposition entre le mot hébreu *behemah* et l'expression *chaiah*, indique celle qui existe entre les animaux herbivores et les carnassiers. Nous l'avons fait saisir en observant que la Genèse a entendu par bêtes sauvages les animaux qui vivent de chair et de proie vivante. (Genèse, chap. I, vers. 24.)

Cette interprétation paraîtra peut-être singulière à ceux qui n'auront pas présents les divers passages de l'Écriture. Ils comprendront du reste qu'elle est fondée, s'ils veulent porter leur attention sur les vers. 7 et 8 du chap. XXVIII du livre de Job. Ils verront que dans les versets où Job parle des passages étroits et resserrés des montagnes, il ajoute que ces passages sont complètement ignorés des oiseaux ainsi que des bêtes sauvages, et que jamais aucun lion ni aucune bête de ce genre n'y a pénétré.

On trouve également dans le vers. 5 du chapitre XXVII de Job, un autre passage qui confirme celui que nous venons de citer. Cet inspiré dit, en effet, que les bêtes sauvages vivent errantes et solitaires et se retirent seules dans les antres qu'elles ont choisis pour demeure. Les vers. 21 et 22 du psaume CIII ont à peu près le même sens et confirment l'interprétation que nous avons donnée du vers. 24 du chapitre I de la Genèse.

L'Écriture a tellement considéré le lion comme la bête sauvage la plus forte et la plus redoutable, qu'elle le dit dans plusieurs passages et en quelque sorte textuellement. (Proverbes, chap. XXX, vers. 30.) En effet, il ne redoute pas même l'onagre, malgré son courage et sa force. Cet animal n'en est pas moins sa proie dans le désert, à peu près comme les pauvres sont la proie des riches. (Vers. 23 du chap. XIII du livre de l'Écclésiastique.)

Isaïe a également considéré les bêtes sauvages comme signifiant proprement les races carnassières, qui seules poussent des hurlements, dévorent leur proie, et le plus souvent sur le lieu même où ils l'ont saisie. (Chap. XIII, vers. 21; chap. XXXV, vers. 13; chap. LVI, vers. 3.)

Ce prophète est tellement persuadé de la force du lion, qu'il s'écrie que dans sa fureur il se jette en rugissant sur sa victime, et qu'il lui importe peu qu'un grand nombre de bergers se réunissent pour la lui enlever. Il se joue de leurs armes comme de leurs cris, qui ne l'épouvantent pas.

Jérémie signale également les races carnassières comme les bêtes sauvages de la terre. Le verset 3 du chapitre XII porte, en effet : Mon héritage est rempli de bêtes sauvages et farouches, telles que la hyène; il ajoute: Venez, réunissez-vous, bêtes sauvages de la terre. Babylone est maintenant votre repaire; vous y faites entendre vos rugissements comme les lions, et vous y dressez vos crinières comme les lionceaux (chap. I, vers. 37).

Note 117, pag. 387. — La Bible a personnifié dans Sem, Cham et Japhet, les principaux chefs des nations ou les chefs des premières familles humaines, qui diffèrent, en certains points, par leurs habitudes, leurs mœurs, leur caractère et leur religion [1].

La mémoire de ces trois premiers auteurs des nations et des peuples s'est conservée parmi les hommes; elle est toujours vivante dans les contrées qu'ils ont habitées.

Japhet peupla la plus grande partie de l'Occident; il y est encore célébré sous son nom fameux. Cham et son fils Chanaan ne sont pas moins connus parmi les Égyptiens et les Phéniciens. Le souvenir de Sem dure encore chez le peuple hébreu, qui en est en partie provenu.

Les historiens rattachent au même nombre trois les principaux peuples des premiers temps de l'antiquité, tout comme les naturalistes rapportent à trois races principales les diverses variétés humaines. On a en quelque sorte prouvé que les différentes variétés de l'homme sont d'autant plus anciennes que le nombre de leurs individus est plus considérable, et leur organisation plus compliquée ou plus perfectionnée.

---

[1] Genèse, chap. V, vers. 31. — Cham, fils de Noé, est généralement regardé comme le chef et le conducteur de la colonie qui, des plaines de Sennaar, vint s'établir en Égypte.

La race blanche, la plus répandue et dont l'organisme est le plus parfait, est aussi celle dont l'antiquité remonte le plus haut, fait confirmé par les monuments et les traditions historiques. Après cette variété, la plus importante de l'espèce humaine paraît être la race jaune, qui, quoique moins perfectionnée que la blanche, l'est cependant beaucoup plus que la race noire, la plus abâtardie des variétés humaines. Outre l'imperfection de son organisme, le type nègre a été constamment le plus pauvre en individus et en même temps celui dont les peuples ont été le moins éclairés.

La race noire est également la plus éloignée de la souche dont elle est provenue; aussi a-t-elle plus d'obstacles à vaincre pour remonter à son point de départ. Heureusement pour elle qu'elle a senti ce qu'elle avait à faire pour y parvenir. Elle ne cesse de nos jours de faire de nombreux efforts pour y arriver au moyen des avantages que la civilisation lui offre maintenant. On doit donc espérer qu'elle s'élèvera dans le sentier de la vie, si elle n'abandonne pas le flambeau qui l'éclaire et les nobles penchants que lui ont donnés les progrès auxquels elle est déjà parvenue.

La connaissance récente de la race américaine est loin d'être une exception à ces faits, et d'autant moins qu'elle a été reconnue comme une variété secondaire dérivée des races blanche et jaune, qui avait pénétré en Amérique bien avant la découverte du nouveau Monde par les Espagnols. Il en a été de même des variétés océaniques, ainsi que des races qui vivent dans les mers du grand Océan; elles sont toutes des races secondaires plus ou moins éloignées des types primitifs dont elles sont provenues [1].

---

[1] La race malaye, dont on a prétendu faire une espèce propre

Les caractères et les détails d'organisation de ces variétés suffisent presque toujours pour reconnaître quel est le type dont l'influence a été la plus grande sur la production de ces métis ou de ces variétés dérivées. En effet, par l'ensemble de leur organisation on arrive à cette démonstration, qui a presque toujours une grande importance, puisqu'elle nous permet de remonter jusqu'à leur origine, et de reconnaître les causes qui ont produit ces variations.

Malgré le nombre et les différences de ces races subordonnées, il n'est pas moins certain que l'espèce humaine tout entière, quoique composée aujourd'hui d'un grand nombre de variétés, ne formait originairement qu'une seule et même famille. L'unité de langage admise par l'Écriture, ainsi que nous l'avons fait observer plus haut, confirme de toute sa puissance ce fait, que tous les genres d'observation démontrent, quelque étrange qu'il puisse paraître au premier aperçu.

Note 118, pag. 388. — Les hiéroglyphes, en usage en Orient et surtout en Égypte, consistent en signes conventionnels ou en écriture symbolique représentant une partie des objets ou un de leurs attributs, dont ils donnent une idée plus ou moins complète. Aussi ces signes, qu'il nous a été si difficile à déchiffrer, et dont nous ne connaissons encore la valeur que d'une manière imparfaite, n'ont plus été employés du moment où l'écriture a été découverte; elle a remplacé à jamais ces signes, qui étaient loin d'avoir la

---

et distincte, n'est également qu'une variété intermédiaire entre la race caucasique et la race nègre.

précision et l'exactitude qu'ont les lettres pour exprimer les objets qu'elles sont destinées à rappeler.

Les emblèmes hiéroglyphiques (mot dérivé de ἱερός sacré, et de γλύφω graver) furent longtemps les seuls moyens à l'aide desquels on put transmettre à la postérité les faits principaux recueillis par l'histoire. Les prêtres, par suite du caractère sacré qu'ils donnèrent à ces signes, tout à fait inintelligibles au peuple, s'entourèrent par ce moyen d'une vénération toute particulière.

Ils finirent même par persuader à ceux dont ils dirigeaient l'instruction, qu'ils ne se servaient des hiéroglyphes que pour écrire l'histoire des dieux. Ils introduisirent ainsi, au moyen de leurs symboles, l'adoration de plusieurs animaux et même de végétaux auxquels ils firent rendre, particulièrement en Égypte, un culte aussi bizarre qu'étrange.

Les hiéroglyphes restèrent longtemps indéchiffrables à toutes les intelligences, qui ne pouvaient pas en comprendre le sens ni la pensée qui les avait tracés. Ils ne devinrent intelligibles à tous que lorsque Champollion eut reconnu que ces signes étaient composés de trois sortes d'écriture : 1º l'écriture hiéroglyphe proprement dite ou écriture sacrée; 2º l'écriture *hiératique* ou sacerdotale; 3º l'écriture *démotique* ou vulgaire.

Il fit enfin remarquer que les divers caractères en usage dans les hiéroglyphes étaient employés tantôt comme signes des choses, et tantôt comme simples sous des mots ou signes phonétiques. Au moyen de ces données et des explications qu'il fournit pour saisir cette distinction essentielle, il prouva par des exemples nombreux que l'on pouvait très-bien comprendre la valeur réelle de ces signes, qui n'étaient qu'en apparence purement fantastiques.

En effet, Champollion démontra que l'écriture *hiératique* ou sacerdotale était une véritable tachygraphie ou une sorte d'abréviation des signes hiéroglyphiques, et qu'elle n'avait été inventée que pour rendre l'écriture plus expéditive; il établit enfin que cette écriture conservait la même signification que les hiéroglyphes qu'elle représentait.

Quant à l'écriture *démotique* ou populaire, il fit remarquer que cette écriture se composait d'un certain nombre de signes pris dans la série générale des signes hiératiques et ayant la même valeur que ces derniers caractères.

Du reste, l'inscription hiéroglyphique de Rosette qu'accompagnait une traduction grecque, et une autre inscription d'un petit obélisque de Philoé, qui fut apportée en Europe, permirent à Champollion d'appliquer et de justifier le système qu'il avait imaginé; son élève et son ami Rossellini ajouta plus tard quelques données nouvelles et utiles au système de son maître.

Quoi qu'il en soit, Champollion trouva dans ces faits la confirmation de ses conjectures, et il parvint à l'aide des bases qu'ils lui fournirent, à tracer avec un talent remarquable l'alphabet des hiéroglyphes, et plus tard son précis du système hiéroglyphique qui servit de complément à cet alphabet. Après ces divers travaux, et de retour de son voyage en Égypte, où il avait rassemblé tant de documents précieux, Champollion s'occupa de composer sa grammaire égyptienne. Il ne put pas toutefois achever le dernier chapitre de ce livre remarquable, la mort étant venue le saisir avant qu'il eût fini ce travail.

Outre l'importance que les faits que nous venons de rappeler ont donnée aux découvertes de Champollion sur la connaissance des hiéroglyphes, les recherches de cet illustre archéologue ont eu une influence non moins grande sur l'histoire. Elles ont, en effet, porté un coup décisif aux systèmes contraires à la vérité des Livres Saints. Elles ont prouvé, jusqu'à l'évidence, l'origine récente des zodiaques d'Esnée et de Dendérah, auxquels Dupuy avait attribué la plus haute antiquité.

Nous devons à Champollion bien d'autres ouvrages non moins remarquables que ceux que nous avons signalés; tous prouvent le zèle qui l'animait pour les progrès de la science. Nous n'en citerons qu'un seul, sa fameuse lettre à Dacier, relative *à l'alphabet des hiéroglyphes phonétiques employés par les Égyptiens pour inscrire sur leurs monuments les noms des souverains grecs ou romains*[1], lettre qui a été publiée à Paris en 1822.

En résumé, les hiéroglyphes ne sont autre chose que l'écriture employée par les anciens Égyptiens et dont on trouve encore des exemples nombreux sur leurs monuments. Cette écriture consiste en caractères gravés ou sculptés dont les uns représentent les objets mêmes, et les autres ne font que les rappeler symboliquement, ou conventionnellement, ou enfin d'une manière phonétique.

---

[1] C'est surtout dans l'ouvrage de Champollion intitulé : *De l'Égypte sous les Pharaons, ou Recherches sur la géographie, la religion, la langue, les écritures de l'Égypte avant l'invasion de Cambyse* (2 vol. in-8º, 1814), que l'on trouve les données les plus importantes sur les signes hiéroglyphiques. On peut consulter également la grammaire et le dictionnaire hiéroglyphique commencés par François Champollion et que son frère Champollion-Figeac a continués.

NOTES ADDITIONNELLES.

A. *Note se rapportant au premier volume.*

Note 93, pag. cii du premier volume. — On ne doit pas supposer, comme on le fait trop souvent en géologie, que des effets très-différents ne peuvent pas avoir eu lieu pendant la même période. L'observation directe des faits ne confirme pas du reste cette manière de voir, qui est loin d'être toujours fondée. Pour le prouver, nous en donnerons un seul exemple, que nous emprunterons à M. Durocher, et que nous citons parce qu'il se rapporte à une époque toute récente.

Cette observation a été faite par M. Durocher, dans la traversée de Southampton aux côtes de l'Amérique centrale et à l'embouchure *del Rio San-Juan del Norte.*

A l'intérieur de ce delta, il s'est formé de nombreuses ramifications fluviales non indiquées sur les cartes et plusieurs lagunes. Le port de Greytown est lui-même formé par une portion de ces lagunes.

Il s'est produit à une époque récente des changements remarquables dans le delta. Ces changements ont eu lieu depuis environ un demi-siècle; c'est seulement à cette époque que remonte l'origine de la branche principale du San-Juan, c'est-à-dire de celle qui est connue dans le pays sous le nom de *Rio-Colorado.*

Depuis la fin du xviiie siècle, les choses ont bien changé de face; les atterrissements opérés à l'ancienne embouchure, près de Greytown, ont forcé les eaux du fleuve à suivre une nouvelle issue, celle du *Rio-Colorado*, qui n'est point en ligne courbe comme l'ancien lit, mais qui offre une direction presque droite, suivant le prolongement de la partie du fleuve en amont.

Néanmoins, c'est uniquement depuis vingt-cinq à trente ans que ce nouveau lit a acquis toute sa largeur. Vu de la mer, il ressemble à un vaste canal creusé en tranchée, au milieu de l'épaisse forêt qui couvre les anciens dépôts du delta; c'est aujourd'hui par cette voie que s'écoule la plus grande masse des eaux du fleuve San-Juan.

L'ancien lit, qui aboutit à Greytown, est maintenant en grande partie obstrué par les attérissements; il en est résulté un vaste réseau de lagunes, de marais et d'îles verdoyantes, séparés par divers bras de la rivière. La nature de la végétation permet de reconnaître l'ancienneté relative des différentes parties du delta. Les dépôts formés depuis longtemps et les plus étendus sont couverts d'épaisses forêts; mais dans les portions récentes croissent des cypéracées, et beaucoup de plantes herbacées qui vivent dans les marais.

C'est à une période plus avancée que les attérissements ont été consolidés par des mangliers et autres végétaux arborescents. Naguère, le port de Greytown communiquait avec la mer par une large entrée présentant une profondeur d'environ 8 mètres; mais depuis que les eaux fluviales ont ouvert la grande artère du *Rio-Colorado*, l'action des eaux marines n'étant plus arrêtée dans la partie occidentale du delta par un grand courant terrestre, le cordon littoral qui l'entoure s'est agrandi vers l'Ouest, et la passe du port de Greytown est devenue de plus en plus étroite et en même temps de moins en moins profonde.

Il y a environ un an, elle avait encore près de 200 mètres de largeur et 6^m,50 de profondeur, tandis qu'aujourd'hui elle n'a plus qu'une soixantaine de mètres de largeur et sa profondeur est réduite à 5^m,50. Néanmoins, le cordon littoral est loin d'avoir une fixité absolue; car tout récemment une large brèche s'y est formée dans la partie qui, sous le nom de *Punto-Arenas*, entoure la langue de Greytown; cette rupture a entraîné la destruction des bâtiments que les Américains y avaient élevés [1].

Outre ces faits, qui ont grandement modifié la nature et la disposition des lieux où ils se sont passés, la plus grande instabilité règne dans le régime du cours naturel du fleuve.

Si maintenant nous supposions que ces faits ont eu lieu dans les temps géologiques, n'est-il pas présumable que nous les considérerions comme produits à des époques différentes. Si nous les attribuons à une même période, c'est que nous les avons vus se former sous nos yeux et que nous pouvons assigner à ces divers changements leur origine, qui est d'autant plus certaine qu'elle se rapporte à des temps très-récents.

Cet exemple prouve combien peu sont fondées les observations à l'aide desquelles on a voulu attribuer aux alluvions du Mississipi la plus haute antiquité. Il confirme trop pleinement les conclusions auxquelles nous avions été conduit dans la note 93, page CII, pour laisser passer sans en rien dire les faits dont nous devons la connaisssance à M. Durocher, observateur aussi exact que judicieux.

M. Lamort, en visitant le détroit du *Stous-Fiord*, détroit

---

[1] *Comptes-rendus des séances de l'Académie des sciences*, tom. XLVIII, pag. 327, n° 17, 25 avril 1859.

qui divise le Spitzberg en deux parties, y a observé des faits qui auraient pu paraître avoir une haute portée, s'il n'en avait pas reconnu la véritable valeur.

On observe fréquemment au Spitzberg des squelettes de baleines à plusieurs milles du rivage et jusqu'à 10 mètres au-dessus de la mer. On rencontre également les mêmes squelettes dans îles de Thousand. Ces circonstances, jointes à l'observation faite du peu de profondeur de lames des environs de ces îles, font présumer que le Spitzberg et les îles adjacentes doivent avoir été émergés du sein des mers à une époque qui n'est pas très-ancienne.

Ce fait, ainsi que ceux que nous avons signalés dans cette Note et celles qui les précèdent, prouvent que l'arrangement et les dispositions de la surface actuelle du globe, ne remontent pas à une époque bien éloignée de nous [1].

B. *Note se rapportant au second volume.*

Page 345, troisième alinéa. — Nous avons bien considéré avec la Genèse que les étoiles étaient innombrables; mais nous n'avons pas parlé de la distance qui nous en sépare. C'est à cet objet que nous allons consacrer cette note.

Le étoiles sont excessivement éloignées de la terre. La plus voisine de nous est α du Centaure, étoile de première grandeur, qui, visible dans l'hémisphère austral, a été observée au cap de Bonne-Espérance par Henderson et Maclear.

---

[1] Voyez le numéro de juillet 1859 de l'*Athénéum*, qui a rendu compte de la réunion générale de la Société géologique de Londres en 1859. — *Journal général de l'Instruction publique* du mardi 10 août 1859, vol. 28, n° 64, pag. 502.

Sa distance est 7 millions de millions de lieues. Ce nombre est trop grand pour qu'on puisse s'en faire une idée nette, car il est hors de toute proportion avec ceux que nous avons l'habitude d'apprécier.

Prenons pour unité de longueur le chemin que la lumière parcourt en un an, avec une vitesse de 76 mille lieues par seconde, qui lui fait traverser l'orbite de la terre en 17 minutes et demie, nous trouverons que la lumière met 3 ans et un quart à nous arriver du Centaure. Si donc cette étoile venait à s'éteindre tout à coup, on la verrait briller au ciel encore pendant plus de trois ans. Cette manière d'évaluer la distance des étoiles est très-propre à faire juger de leur grandeur, et en même temps de leur éloignement.

On peut encore en donner une idée sensible par la comparaison suivante : Si l'on veut représenter en petit les distances relatives de la terre au soleil et à l'étoile la plus voisine de nous, et qu'on donne un centimètre de rayon à l'orbite de la terre, l'étoile devra être placée à une demi-lieue.

Les autres étoiles sont encore plus éloignées, et il est permis de penser que beaucoup d'astres qui ne présentent qu'un éclat très-faible sont réellement tout aussi brillants que Sirius, et que leur distance seule cause un affaiblissement très-sensible dans leur lumière. On est ainsi conduit à penser que dans cette immense agglomération d'étoiles que nous appelons la voie lactée, il en existe probablement un certain nombre dont la lumière ne nous arrive qu'après plus de mille ans.

Il en est de même, à plus forte raison, des nébuleuses, c'est-à-dire de ces amas d'étoiles qui offrent dans le ciel l'apparence d'une nébulosité ou d'une tache blanche. Herschel a fait une étude suivie des nébuleuses ; il en a compté plusieurs milliers, dont certaines ont pu être réellement décomposées en étoiles. A mesure que la force des lunettes augmente, le nombre des nébuleuses considérées comme irréductibles diminue.

Le grand nombre des étoiles accumulées dans une même nébuleuse exige qu'elles soient très-éloignées de nous; aussi n'est-il pas déraisonnable de supposer que la voie lactée est une véritable nébuleuse, et par conséquent que certaines nébuleuses peuvent égaler la voie lactée en grandeur réelle.

Mais il faut, pour cela, que leurs distances soient prodigieusement grandes; ce n'est peut-être pas exagérer, que d'estimer à plus de cent mille ans le temps que la lumière met à nous parvenir de ces profondeurs de l'espace. C'était au moins l'opinion de Herschel, et rien ne prouve que cette idée hardie soit inadmissible ou même improbable.

NOTE RELATIVE AU TABBLEAU SYNCHRONIQUE DES PRINCIPAUX PEUPLES DE L'ANTIQUITÉ. (Premier Tableau.)

L'intervalle qui sépare la mort de Jared de celle de Mathusalem paraît d'abord exagéré; il s'explique cependant, par la raison qu'il comprend, et le temps que Énoch passa sur la terre, et la durée de la vie de Mathusalem, qui ne fut pas moindre de 969 ans.

La longue durée de la vie des patriarches nous surprendra peu, si nous réfléchissons au rôle que Dieu leur avait donné de peupler la terre; aussi voyons-nous Adam et Noé, principalement chargés de cette mission, avoir eu une longévité plus grande que la plupart des autres patriarches [1]. Par une providence toute particulière, Dieu a

---

[1] Bergier; *Traité de la religion*, chap. I, vers. 7.

accordé aux premiers patriarches plusieurs siècles d'existence, afin de rendre la tradition plus sûre et la mémoire des événements dont ils auraient été témoins plus vive et plus présente. Certains d'entre eux avaient eu l'avantage de voir Adam ; aussi n'y a-t-il entre Noé et Moïse que neuf patriarches. Si l'on considère le respect que devaient avoir les jeunes hommes pour des vieillards vénérables, l'empressement avec lequel ceux-ci devaient raconter à leur postérité les événements qui s'étaient passés pendant leur vie ou qu'ils avaient appris de leurs pères, on sentira aisément que Moïse, parfaitement éclairé sur les événements des premiers temps, n'ignorait pas que dans l'histoire qu'il devait donner dans la Genèse, il allait s'adresser à des hommes qui n'en étaient pas moins instruits que lui-même.

La date du déluge est assez différente, suivant la version que l'on adopte ; ce cataclysme serait arrivé : d'après le texte samaritain, l'an 1307 après l'apparition de l'homme, 1656 d'après l'hébreu, enfin l'an du monde 2262 d'après les Septante. Cette date paraît devoir être préférée, quoique saint Jérôme et l'Église aient adopté celle donnée par la Vulgate. Mais, aux yeux de l'Église, cette époque est tout à fait indifférente, et chacun peut admettre celle qu'il juge le plus d'accord avec les faits qui se sont passés depuis Adam jusqu'à Noé.

L'époque admise par Josèphe est à peu près la même que celle des Septante ; en effet, il n'y a que six années de différence entre 2256 et 2262. Elle tient à la manière de supputer le temps auquel Lamech engendra Noé ; les uns admettent que ce patriarche avait pour lors 182 ans, tandis que les autres supposent que Noé ne lui fut donné qu'à l'âge de 188 ans [1]. Du reste, d'après ce que dit Bossuet à la fin de la première partie de son *Histoire universelle*, l'on doit adopter la version des Septante comme celle qui allonge le plus le temps écoulé depuis Adam jusqu'à Noé, plutôt que les dates qui raccourcissent cet intervalle.

Du reste, la vie humaine peut avoir été plus longue aux premiers âges, sans que pour cela notre organisation ait eu besoin d'être modifiée. Seulement, lorsque la population a eu acquis un grand accroissement, d'autres moyennes se sont peu à peu établies dans la durée de la vie; elles n'ont pas varié depuis lors, si ce n'est dans des limites extrêmement resserrées. Ces moyennes, beaucoup moins longues, sont devenues aussi nécessaires à la prospérité de nos sociétés, que la longévité des anciens âges l'était à l'accroissement de la population.

Quant aux temps de la loi écrite, ils ne commencent qu'à partir de Moïse, ou environ 430 ans après la vocation d'Abraham, et 856 après le déluge, c'est-à-dire la même année que le peuple hébreu sortit d'Égypte. Cette époque est remarquable en ce qu'elle désigne l'intervalle qui s'est écoulé depuis Moïse jusqu'à Jésus-Christ. On appelle cette époque le temps de la loi écrite, pour la distinguer des jours qui l'ont précédée et que l'on nomme les temps de la loi de la nature.

En effet, lors de ces âges reculés, où il n'existait pas encore de tradition écrite, les hommes n'ont pu se gouverner que par la raison naturelle et les lumières que leur avaient transmises oralement leurs ancêtres.

---

[1] Noé, à l'âge de 500 ans, engendra Sem, Cham et Japhet; il vécut 950 ans, et mourut 350 années après le déluge.

TABLE

DES PRINCIPAUX OUVRAGES CONSULTÉS PAR L'AUTEUR.

L'Asia di Giovanni di Barroti; in Venezia, 1562, 1 vol. in-8º.

Dell' Historia della China, dal Gonzalez di Mendozza, in Roma, 1586, 1 vol. grand in-8º.

Delle Historie del mondo di Giovanni Tarcagnota; Venezia, 1583 à 1586, 5 vol. in-4º.

Historia della China di Ludovico Arrivabene; in Verona, 1599, 1 vol. in-8º.

Francesii Vallesii liber in quo scripta sunt facta physica; Lugduni, 1622, 1 vol. in-12.

Philippi Cluverii Italia antiqua, Sicilia et Corsica; Lugduni, ex officina Elzeveriana, 1634, 2 vol. in-fol.

Geographiæ Blavianæ; Amstelod., 1662, 8 vol. in-fol.

Histoire critique du vieux Testament, par Richard Simon; Amsterdam, 1685, 5 vol. in-4º.

L'Antiquité rétablie et défendue contre les Juifs et les nouveaux chronologistes. Amsterdam, 1687, 1 vol. in-12.

Archeologia philosophica, à Burnetio; Londini, 1698, petit in-4º.

Dionysii Petavii theologia et de sex primorum mundi dierum opificio; Antuerpiæ, 1700, 3 vol. in-fol.

Francisi sylvis theologia et de opere sex dierum coloniæ Agripinæ, 1714, 3 vol. in-fol.

The history of philosophy, containing the live of the philosophical of wery sect., by Thomas Stanley; London, 1701, in-fol.

Conformité des cérémonies ou coutumes des Indiens orientaux avec celles des Juifs; Bruxelles, 1704, in-12.

Abrégé chronologique et historique du nouveau Testament, par Macé Crescier; Paris, 1704.

Hierozoicon, sive bipartitum opus; De animalibus sanctæ scripturæ Samuelo Bocharto, editio quarta; Lugduni Batavorum, 3 vol. in-fol. — Le premier, daté de 1707, est consacré à la géographie de l'Histoire sainte; les deux derniers, de 1712, sont spécialement destinés à la description des animaux dont il est question dans la Bible.

Recherches sur la Bible, par Samuel Bochart; Leyde, 1712, 2 vol. in-fol.

Commentaire sur tous les livres de l'ancien et du nouveau Testament, par le R. P. D. Augustin Calmet, 2e édit.; Paris, 1715 et 1717, 2 vol. in-4°.

Cérémonies et coutumes religieuses de tous les peuples, par Bernard Picard; Amsterdam, 1723, 7 vol. in-fol.

Dictionnaire historique et critique de la Bible, par D. Calmet; Paris, 1730, 4 vol. in-fol.

Explication du livre de la Genèse, par l'abbé Duguet; Paris, 1732, 6 vol. in-12.

Archeologia philosophica, sive doctrina antiqua de rerum originibus Thoma Burnetio, editio secunda; Londini, 1733, 1 vol. in-8°.

Histoire et description du Japon, par le R. P. de Charlevoix; Paris, 1736, 2 vol. in-4°.

Honorati Thournely cursus theologicus et de opere sex dierum coloniæ Agripinæ. 1737, 3 vol. in-fol.

The History of philosophy, by Stanley; London, 1743, 1 vol. in-4°. On en a une traduction en latin, sous le titre d'*historia philosophiæ* ex anglico sermone in latinum translata. Lipsiæ, 1712, 2 vol. in-4°,

Histoire de la nouvelle France, par le R. P. de Charlevoix; Paris, 1744, 3 vol. in-4°.

Dissertations qui peuvent servir de prolégomènes à l'Écriture sainte, par D. Calmet; Paris, 1753, 2 vol. in-4°.

Conjectures sur les Mémoires dont il paraît que Moïse s'est servi pour composer la Genèse, par Astruc; Bruxelles, 1753, in-12.

Histoire du Paraguay, par le R. P. de Charlevoix; Paris, 1756, 3 vol. in-4°.

Histoire générale des Huns, des Turcs et des Mogols, par de Guignes; Paris, 1756, 5 vol. grand in-4°.

De l'origine des lois, des arts et des sciences et de leurs progrès chez les anciens peuples, par Ant. Goguet; Paris, 1759, 6 vol. in-12. — Il y en a une autre édit. en 3 vol. in-4°.

Recherches sur l'origine des découvertes attribuées aux modernes, par Dutens; Paris, 1766, 2 vol. in-8°.

Dictionnaire géographique de Bruzen de la Martinière; Paris, 1768, 6 vol. in-fol.

Histoire des causes premières, par Batteux; Paris, 1769, 1 vol. in-8°. Cet ouvrage se joint à une traduction d'Ocellus Lucanus par le même auteur.

Histoire universelle, depuis le commencement du monde jusqu'à présent, par une Société de gens de lettres; Paris, 1770 à 1779, 6 vol. in-8°.

L'art de vérifier les dates des faits historiques, par un religieux Bénédictin; Paris, 1770, 1 vol. in-f°, première édit.

Réponses critiques à plusieurs difficultés proposées par

les nouveaux incrédules, sur divers endroits des Livres Saints, par Bullet; Paris, 1775-1785-1819, 4 vol. in-12.

Histoire véritable des temps fabuleux, par Guérin du Rocher; Paris, 1776, 4 vol. in-8º.

Premier temps du monde, par le Père Berthier; Paris, 1777, 1 vol. in-8º.

Les psaumes traduits avec des réflexions, par le Père Berthier; Paris, 1785, 8 vol. in-12.

Histoire générale de la Chine, par Moyriac de Mayla, missionnaire à Pékin, publiée par l'abbé Grosier; Paris, de 1777 à 1783, 12 vol. in-4º.

La Genèse expliquée d'après les textes primitifs, par M. du Contant de la Molette; Paris, 1777, 3 vol. in-8º.

Nouvelle méthode pour entrer dans le vrai sens de l'Écriture sainte; Paris, 1777, 2 vol. in-12.

Moïse considéré comme législateur et comme moraliste, par M. de Pastoret; Paris, 1778, 2 vol. in-8º.

L'Ezour Vedam, ou ancien commentaire du Vedam, contenant l'exposition des opinions religieuses et philosophiques des Indiens, traduit du sanscrit par un Brahme; Yverdun; 1778, 2 vol. in8º.

Description de l'Arabie, par M. Niebuhr, traduite de l'allemand par Mourier; Paris, 1779, 2 vol. in-4º. Il y en a une autre édition, publiée à Copenhague en 1775.

Histoire universelle, depuis le commencement du monde jusqu'à présent, par une Société de gens de lettres, publiée par MM. Tourneux, Dussieux et autres, de 1779 à 1791, 126 vol. in-8º.

Histoire philosophique et politique des établissements et du commerce des Européens dans les deux Indes, par Raynal; Genève, 1780, 4 vol. in-4º, avec un atlas. Il y en a une autre édition en 10 vol. in-8º, avec un atlas in-4º.

Spicilegium geographiæ Hebræorum cæteræ post Bochartum ; Gœttingue, 1769 et 1780, in-8º.

La Bible traduite en français, avec l'explication du sens littéral et du sens spirituel; Nimes, 1781, 25 vol. in-8º. — Le dernier volume a été publié à Nimes en 1789.

L'art de vérifier les dates des faits historiques anciens, nommément depuis la naissance de Jésus-Christ, par un religieux Bénédictin, 3ᵉ édit.; Paris, 1783 à 1787, 3 vol. in-fol.

Traité historique de la vraie religion, par l'abbé Bergier; Paris, 1784, 12 vol. in-8º.

Idées sur la philosophie de l'histoire de l'humanité, par Herder; 1784.

Discours sur l'histoire universelle, par Bossuet; Paris, Sébastien Cramoisy, 1683, in-4º. — *Idem*, Paris, Didot l'aîné, 1786, 2 vol. in-8º.

Le monde avant l'homme, par Zimmermann. Paris, 1787.

Zoroastre, Confucius et Mahomet, par M. de Pastoret, 2ᵉ édit.; Paris, 1788, 1 vol. in-8º.

Mémoires sur les Chinois, par les missionnaires de Pékin, de 1789 à 1791; Paris, 15 vol. in-4º.

La Bible traduite par Le Maistre de Sacy; Paris, 1682 et années suivantes, 32 vol. in-8º. *Idem*, 1794, 8 vol. in-12.

Bible de Vence, 25 vol. in-8º. — Les volumes ont été publiés en différentes années, le dernier en 1789, première édit.

The American geography, by Jedidiah Morse; London, 1794, 1 vol. in-4º.

Recherches philosophiques sur les Américains; Paris, 1794, 1 vol. in-8º.

Recherches philosophiques sur les Égyptiens, les Chinois, etc. Pauw, 1 vol. in-8°, 1795.

Voyage dans la haute et basse Égypte, par Sonnini; Paris, 1800, 3 vol. in-8° et atlas in-4°.

Dissertation sur les périodes égyptiennes et sur une période indienne, par M. Villette de Châteauneuf; Paris, 1804, 1 vol. in-8°.

Discours sur l'histoire universelle de Bossuet; Paris, stéréotypé par Hermhan, 1805, 3 vol. in-12.

Sämmtliche Werke herausgeben von Herder, von Ch. Gottl. Heyne, von Müller und J. Ch. Müller; Tubingue, Cotta, 1805 à 1820, 45 vol. in-8°. — Cet ouvrage de Herder est divisé en trois séries : 1° Religion et histoire, 12 vol.; 2° Philosophie et histoire, 17 vol.; 3° Littérature et beaux-arts, 16 vol.

La langue hébraïque restituée, par Fabre d'Olivet; Paris, 1805, 2 vol. in-4°.

Géographie de Strabon, la meilleure édition, trad. de Coray; Paris, 1805, 5 vol. grand in-4°.

Mélanges asiatiques, par Abel Rémusat, 1806.

Dissertation sur deux zodiaques découverts en Égypte, par M. Testa; Paris, 1807, 1 vol. in-8°.

Mémoires sur l'origine et l'ancienneté des Éthiopiens en Afrique, 1807.

Des institutions des Indiens, par Schlegel; Paris, 1807.

Tableaux de la nature, par A. de Humboldt, traduit par J. Eyriès; Paris, Schœll., 1808, 2 vol. in-8°.

Dissertation sur le vrai système du monde, comparé avec le récit que Moïse fait de la création, par M. Encontre, (*Bulletin de la Société des sciences de Montpellier*, tom. III, pag. 97. Montpellier, 1809.)

Études de l'histoire ancienne et de celle de la Grèce, par Charles Levesque; Paris, 1811, 5 vol. in-8º.

Voyage du chevalier Chardin en Perse et autres lieux circonvoisins, édit. nouv. publiée par M. L. Langlès; Paris, Lenormant, 1811, 10 vol. in-8º. — La première édition du voyage de Chardin a été publiée à Paris, en 1711, en 10 vol. in-12, avec un atlas in-fol.

Géographie systématique et positive des anciens, par Gosselin; Paris, 1813, 2 vol. in-8º. Il existe une autre édition de cet ouvrage publiée par la République, à Paris, de 1797 à 1813, en 4 vol. in-4º.

La sainte Bible vengée, par l'abbé du Clot; Paris, 1816, 6 vol. in-8º.

L'art de vérifier les dates des faits historiques, par M. de Saint-Allais; Paris, 1818, 18 vol. in-8º.

Précis de l'histoire universelle, par Anquetil, Janet et Cotelle; Paris, 1818, 8 vol. in-8º.

De la Chine, ou description générale de cet empire, rédigée par les missionnaires de la mission de Pékin, par Jean-Baptiste Grosier; Paris, Pillet, 1819, 7 vol. in-8º.

La Sainte Bible traduite d'après les textes sacrés, par M. Eugène de Genoude; Paris, Méquignon, 1821, 23 vol. in-8º, en y comprenant les tables. — Sainte Bible, d'après la Vulgate, traduite par M. de Genoude, 4e édit., gr. in-4º, 25 vol.; Paris, Sapia, 1838.

Notice sur la ville d'Aigues-Mortes, par F. di Pietro; Paris, 1822, 1 vol. in-8º.

Tablettes chronologiques de l'Histoire ancienne et moderne, par Seyrieis; Paris, 1822.

État social de l'homme, ou vues et études philosophiques

sur l'histoire du genre humain, par Fabre d'Olivet; Paris, 1822, 2 vol. in-8º.

Caïn, mystère dramatique, par lord Byron, traduit par Fabre d'Olivet, avec des notes philosophiques; Paris, 1823, 1 vol. in-8º.

Du culte des Cabires chez les anciens Irlandais, par Ad. Pictet; Genève, Paschoud, 1824. 1 vol. in-8º.

Accord entre le récit de Moïse sur l'âge du genre humain et les phénomènes géologiques, par Frossard; Montauban, 1824, 1 vol. in-8º.

Conférences sur la religion, par l'abbé Frayssinous; Paris, 1825, 6 vol. in-8º.

Religions de l'antiquité considérées dans leurs formes symboliques et mythologiques, ouvrage traduit de l'allemand du docteur Frédéric Creuzer, par Guignaut; Paris, Treuttel et Würtz, 1825 à 1850, 6 vol. in-8º.

Le Chou-King, ainsi que les fragments de Bérose, édition de Richter; Leipsig, 1825, 1 vol. in-8º.

De Brotone et Laugier ont publié un résumé de l'Histoire universelle. La première partie contient la manière d'écrire l'histoire, les sources et l'esprit de l'histoire; elle est précédée d'une introduction sur les progrès des études historiques, et suivi d'une biographie, d'un catalogue et d'une table analytique; Paris, au bureau de l'Encyclopédie portative, Bouland, 1825, 2e part., in-32. (Voyez la *France littéraire*, par J.-M. Quérard, tom. I, pag. 507, année 1827.) — Cette Histoire universelle a été écrite par MM. F. de Brotone et Ad. Laugier; elle a été publiée au bureau de l'Encyclopédie portative, rue du Jardinet-Saint-André-des-Arts, nº 8, et chez Bouland. (Voyez *Journal de l'imprimerie*, nº 5302, tom. II, pag. 626, année 1825.)

Sanchoniaton, édition d'Orelli ; Leipsig, 1826.

Universal historiche Uebersicht der alten Welt und ihrer Cultur, von Schlosser ; Francf. a. Main, Warrentrapp, 1826 à 1832, 3 vol. in-8º. — Il faut surtout consulter la première section du tome Ier de l'Histoire universelle de l'antiquité de Schlosser.

Abrégé d'histoire universelle, par Bourgon ; Paris, 1827, 1 vol. in-8º.

Sainte Bible de Vence en latin et en français, 5e édit., 1827 et années suivantes, 25 vol. in-8º.

Lettres édifiantes et curieuses concernant l'Asie, l'Afrique et l'Amérique, par Aymé Martin, 4 vol. petit in-4º ; Paris, 1828.

Cours d'histoire moderne, par M. Guizot. — Voyez surtout l'Histoire générale de la civilisation en Europe ; Paris, 1828, in-8º, chez Pichon et Didier, éditeurs.

Histoire générale de l'Inde ancienne et moderne, depuis l'an 2000 avant Jésus-Christ jusqu'à nos jours, par M. de Marlès ; Paris, Emler, 1828, 6 vol. in-8º.

Examen analytique et tableau comparatif des synchronismes de l'histoire des temps héroïques de la Grèce ; Paris, 1828, in-4º.

Dictionnaire de théologie, par l'abbé Bergier ; Paris, 1828, in-8º.

Précis de l'histoire romaine, par du Rozoir ; Paris, 1828, 1 vol. in-8º.

Histoire des institutions de Moïse et du peuple hébreu, par Salvador ; Paris, 1828, 4 vol. in-8º.

Histoire de la filiation et des migrations des peuples, par de Brotone ; Paris, Desessarts, 1828, 2 vol. in-8º.

Histoire critique du gnosticisme, et de son influence sur

les sectes religieuses et philosophiques des six premiers siècles de l'Église, par Matter; Paris et Strasbourg, Levrault, 1828, 3 vol. in-8º.

Résumé complet de chronologie générale et spéciale, par Champollion-Figeac; Paris, 1830, 1 vol. in-12.

Discours sur les révolutions du globe, par Cuvier, Dufour et d'Ocagne; Paris, 1830, 1 vol. in-8º.

Voyage dans l'Arabie pétrée, par Léon de Laborde et Linard, 1 vol. grand in-fol., avec cartes et planches; Paris, chez Girard, 1830.

La Bible, traduction nouvelle, avec l'hébreu en regard, par Cahen; Paris, 1831 et années suivantes. (Huit volumes ont paru.)

Précis de l'histoire ancienne, par MM. Poirson et Cayx, 3e édit.; Paris, Colas, 1831, in-8º.

Dictionnaire historique universel, par M. Arnaud Robert, 13e édit.; Paris, 1832.

Dissertation sur la philosophie atomistique, par M. Lafaist; Paris, 1833, 1 vol. in-8º.

Manuel géologique de La Bêche, traduit par Brochant de Villiers; Paris, Levrault, 1833, 1 vol. in-8º.

Traité d'astronomie, par Herschel, traduit par Augustin Tournet; Paris, 1834, 1 vol. in-8º.

Moïse et les géologues modernes, ou le récit de la Genèse comparé aux théories nouvelles des savants, par Victor de Bonald; Avignon, Seguin, 1835, 1 vol. in-18.

Voyage en Éthiopie de M. Hoskins; Londres, 1835, in-4º.

Le Christ devant le siècle, par M. Roselly de Lorgues; Paris, 2e édit., 1836, 1 vol. in-8º.

Geology and Mineralogy, considered with reference to

natural Theology, by Buckland; London, William Pickering, 1836, 2 vol. in-8º.

Origine des dieux, des héros, des fables et des mystères du paganisme, par M. l'abbé Ch. Perrin; Paris, 1837, 2 vol. in-8º.

Discours sur les rapports entre la science et la religion révélée, par Wiseman; Paris, Sapia, 1837, 2 vol. in-8º.

L'homme connu par la révélation, par M. l'abbé Frère, 2ᵉ édit.; Paris, 1837, 2 vol. in-8º.

Chronographiæ interpretationum defensio, publié dans le Cursus completus Scripturæ sacræ, par l'abbé Migne; Paris, 1840.

Introduction à l'histoire de l'Asie occidentale, ou Cours d'histoire ancienne, par M. Ch. Lenormant; Paris, 1837, 1 vol. in-8º.

Histoire de la philosophie chaldéenne de Chalaick, traduit de l'allemand par É. Mazure; Paris, 1837, 1 vol. in-8º.

Introduction à l'histoire occidentale, par Ch. Lenormant; Paris, 1837.

Des institutions des Indiens, par Schlegel, traduit de l'allemand par G. Mazure; Paris, 1837, in-8º.

Nouveaux mélanges asiatiques sur la philosophie des Indous; Paris, 1838.

Discours sur les Chinois, par William Jones; Paris, 1838.

Principes de la philosophie de l'histoire, par M. l'abbé Frère; Paris, 1838, 1 vol. in-8º.

Recherches sur la partie théorique de la géologie, par la Bêche, traduit de l'anglais par M. Collegno; Paris, 1838, 1 vol. in-8º.

Nouveaux éléments de géologie, par Lyell, traduits par Mᵐᵉ Tullia Meulien; Paris, Putois-Levrault, 1839, 1 vol. in-8º.

Recherches sur l'origine des peuples du nord et de l'occident de l'Europe, par Daittey; Paris, 1839, in-8º.

Philosophie catholique de l'histoire, ou l'histoire appliquée, par Alexandre Guiraud; Paris, Débécourt, 1839.

La Genesi et la geologia, del Proposto Antonio Riccardi; Milano, 1839.

De la poésie sacrée des Hébreux, du Dr Lowth, traduction de Sicard; Avignon, 1839, 2 vol. in-8º.

Éléments de géologie, par d'Omalius d'Halloy, 3e édit.; Paris, 1839, 1 vol. in-8º.

Essai sur l'organisation de la Tribu dans l'antiquité, par M. Koutorga, traduit du russe par M. Chopin; Paris, typographie de Firmin Didot frères, 1839, 1 vol. in-8º.

Théopneustie, ou pleine inspiration des saintes Écritures, par L. Gaussen; Paris, 1840, 1 vol. in-8º.

Analyse des traditions religieuses des peuples indigènes de l'Amérique, par Kassner; Genève, 1840, 1 vol. in-8º.

Lettres écrites d'Égypte en 1838 et 1839, par Nestor L'Hôte, avec des remarques de M. Letronne; Paris, 1840, 1 vol. in-8º.

Monuments de Ninive, découverts et décrits par M. Botta, mesurés et dessinés par M. E. Flandin, 5 vol. grand in-fol.; Paris, imprimerie nationale, 1840; 4 volumes de planches contenant des monuments et des inscriptions cunéiformes assyriennes, et 1 volume de texte.

Voyage en Perse, par MM. Flandin et Pascal Coste, pendant les années 1840 et 1841, 6 grands vol. in-fol., et plus 2 vol. in-8º destinés à la relation dudit voyage; Paris, 1841.

De la géologie et de ses rapports avec les vérités révélées, par Waterkeyn; Louvain et Paris, Lagny frères, 1841, 1 vol. in-8º.

Études sur le Timée, par Henri Martin; Paris, 1841, 2 vol. in-8º.

Fragments d'une histoire de la terre d'après la Bible, par Frédéric de Richemont; Paris, 1841, 1 vol. in-8º.

Précis de géographie universelle, par Malte-Brun, revu par M. Huot, 5e édit.; Paris, 1842, 6 vol. grand in-8º, au bureau des Publications illustrées.

Histoire universelle de l'Église, par l'abbé Rohrbacher; Paris, Gaume, 1849. 29 volumes in-8º.

Des études de la terre, dans ses rapports avec la nature et avec l'histoire de l'homme, 1842.

Recherches sur les systèmes de montagnes de l'Asie centrale, par A. de Humboldt; Paris, 1843, 3 vol. in-8º.

Principes de géologie de Lyell, traduits de l'anglais par Mme Tullia Meulien; Paris, chez Langlois et Leclercq, 1843.

Essai de l'instruction chrétienne, par Philippe Corbière; Montpellier, 1843, 1 vol. in-8º.

Histoire universelle de l'antiquité, par Schlosser, traduite de l'allemand par M. de Golbery; Paris, 1843, 3 vol. in-8º.

La religion considérée universellement à l'aide des sciences et de l'érudition moderne, ou Traité général des preuves de la religion mis au niveau de l'état actuel des connaissances humaines, 2e édition revue entièrement; Paris, 1844, 2 vol. in-8º.

Réflexions critiques sur les histoires des anciens peuples, par Formond; Paris, 1844, in-8º.

Introduction historique à l'étude de la législation française, par M. Victor Hennequin; Paris, Joubert, 1844, 2 vol. in-8º.

Idées sur la philosophie de l'histoire de l'humanité, par

Herder, traduction de M. E. Quinet, 2e édit. ; Paris, chez P. Bertrand, 1844, 3 vol. in-8º.

La sainte Écriture éclairée à l'aide des monuments phéniciens, assyriens et égyptiens, par M. l'abbé Lancy, trad. de l'italien ; Orange, 1844, 1 vol. in-8º.

De l'affranchissement du monde par l'Évangile, par M. Ballanche ; Paris, 1844.

De la civilisation primitive, ou Essai de la période antihistorique, par F. de Brotone, conservateur de la bibliothèque de Sainte-Geneviève ; Paris, 1845, 1 vol. in-8º.

Le déluge ; considérations géologiques et historiques sur les dernières révolutions du globe, par Frédéric Klée ; Paris, chez V. Masson, 1846, 1 vol. in-12.

Traité de chimie de M. Dumas, particulièrement le 8e volume, où se trouve inséré le mémoire du même auteur sur la statistique chimique des êtres organisés ; Paris, Béchet jeune, 1846, tom. VIII, pag. 417.

Cosmos, ou Description physique du monde, par Alexandre de Humboldt, traduit par M. Faye ; Paris, Gide, libraire, 1846, in-8º. Le dernier volume, ou le quatrième de cet ouvrage, n'a paru qu'en 1859.

Théorie biblique de la cosmogonie et de la géologie, par P.-J.-C. Debreyne ; Paris, 1848, 1 vol. in-8º.

L'astronomie d'Orient offrant un système complet d'astronomie indienne, traduit du sanscrit, avec la traduction du texte en anglais et de nombreuses notes explicatives, 1 vol. in-8º de 145 pag., imprimé par les presses de la nation américaine établie à Batticolta, île de Ceylan ; Jafna, 1848.

M. Biot a publié plusieurs articles sur cet exposé de l'astronomie indienne, entièrement tiré des textes originaux. Ces textes sont toutefois de dates récentes ; mais tous les traités d'astronomie propres à l'Inde, les plus anciens comme les plus modernes, sont identiques pour le fond les uns aux autres; ils ne diffèrent que par des modifications de détail dues à l'infiltration de la science européenne moderne, soigneusement dissimulée.

Les articles de M. Biot sur cet important travail ont été insérés dans le *Journal des savants*. Ils sont si récents, que le premier se trouve dans le cahier d'avril 1859.

Rig-Veda, ou Livre des hymnes, traduit en français par M. Langlois, membre de l'Institut; Paris, 1848-1851, 4 vol. in-8°.

De mari olim occupante planities et colles Italiæ, Græciæ, Asiæ minoris. — Dissertationes a Josepho Bianconi, quatuor fasciculi. — Bononiæ, ex typographia Academiæ scientiarum, 1850.

Archives israélites, recueil religieux, moral et littéraire, publiées par des gens de lettres, sous la direction de S. Cahen; Paris. — Ces archives comptaient, en 1851, une douzaine d'années d'existence. M. Cahen a, du reste, terminé sa traduction de l'ancien Testament, qui, pour les Israélites, forme la totalité de la Bible, la *loi*, les *prophètes* et les *hagiographes*.

En effet, pour les Juifs, le livre de la *Loi* comprend tout le Pentateuque. Les *prophètes* sont divisés par eux en grands et en petits. Ils n'admettent parmi les premiers que Josué, Samuel, les rois, Isaïe, Jérémie, Baruck et Ézéchiel; les seconds réunissent Hoséa (que l'on peut écrire Osée), Joel, Amos, Abdias, Jonas, Michée, Nahum, Habakuk (que l'on peut écrire Habacuc), Zephania (que l'on peut écrire Sophonie), Maladuta, Nahamia, Daniel, Erra, Agée et Zacharie; enfin ils comprennent dans le livre qu'ils nomment l'*Hagiographe*, les psaumes, les proverbes, le cantique des cantiques, les lamentations de Jérémie, l'ecclésiaste, Esther, etc. Tout le reste de la Bible leur paraît apocryphe, comme les livres de Job, de Tobie et les Machabées.

Géographie historique de l'Arabie, par le Rév. Ch. Forster, 1851, 1 vol. in-8º. — *Idem*, des monuments de l'Égypte, ainsi que de l'Assyrie, de la Babylonie et de la Perse, 1852 et 1854, 1 vol. in-8º.

Dieu, l'homme et le monde connus par les trois premiers chapitres de la Genèse, ou Cours d'histoire sacrée, par F. Maupied; Paris, Méquignon Junior, 1851, 3 vol. in-8º.

La cosmogonie et la géologie comparées avec la formation des cieux et de la terre, selon la Genèse, par M. J.-B. Dalmas; Lyon, 1852.

Démonstration critique de l'authenticité du Pentateuque, sous le rapport de la personnalité historique de Moïse, son auteur; de son unité et de sa vérité, par M. Schœbel, 1851. (Voyez l'analyse de cet ouvrage qui a été donnée dans les Annales de philosophie chrétienne, 28e année, 4e série, tom. XVIII, pag. 325, cahier de novembre 1858.)

Voyage autour de la mer Morte et dans les terres bibliques, par M. F. Saulcy, membre de l'Institut, 2 vol. in-8º et 1 vol. de planches in-4º; Paris, chez Gide et Baudry, éditeurs, 1852 et 1858.

Cosmogonie de la révélation, par M. Godefroy. Paris, 1855.

Mémoires sur les Védas, ou Livres sacrés des Indiens, par M. Barthélemy Saint-Hilaire. (Journal des savants, 1853 et 1854.)

La cosmogonie de la Bible devant les sciences perfectionnées, par M. l'abbé Sorignet; Paris, Gaume frères, 1 vol. in-8°, 1855.

Le peuple primitif, sa religion, ses lois, son histoire et sa civilisation, par M. de Rougemont; Paris, chez Cherbuliez, 1856 et 1857, 3 vol. in-8°.

Études philosophiques sur le christianisme, par Auguste Nicolas, nouvelle édition; Paris, Auguste Vaton, 1855, 4 vol. in-8°.

Manuel de géologie élémentaire, par sir Charles Lyell (traduction de M. Hugard), 5e édition; Paris, Langlon et Leclerc, 1856, 1857, 2 vol. in-8°, avec un supplément.

Nouvelles recherches sur la division de l'année des anciens Égyptiens, par M. Biot. (Journal des savants, 1857.)

Théorie biblique de la cosmogonie, par M. Debreyne; Paris, 1858, 1 vol. in-8°.

Histoire de la révélation biblique, par le docteur Hanneberg, professeur à l'Université de Munich, traduite de l'allemand par Goschler, directeur du collége Stanislas; Paris, chez Vaton, 1858, 2 vol. in-8°.

Rome et la Judée du temps de la chute de Néron, par M. le comte Franz de Champagny; Paris, Jacques Lecoffre, 1858, 1 vol. in-8°.

Histoire de l'art judaïque, tirée des textes sacrés et profanes, par M. de Saulcy, membre de l'Académie des inscriptions et belles-lettres; Paris, à la librairie académique de Didier et Ce, 1858, in-8°.

Moïse, ou les Lois fondamentales des sociétés, l'histoire, les sciences et la philosophie d'après le Pentateuque, par C. Tripart, avocat et membre de l'Académie de Besançon; Paris, 1858, 3 vol. in-8°. — L'ouvrage de M. Tripart a été édité par MM. Escoffre et Ce, rue du Vieux-Colombier, 29, à Paris.

Traduction française du Yaschar, ou livre du juste, ou livre légendaire rabinique, supposé contenir des fragments qui ont servi à la rédaction du Pentateuque, par le chevalier Drach, 1858, 1 vol.

La botanica ey los botanicos de la Peninsula hispanico-lusitania, par D. Miguel Colmeyro, 1 grand in-8º de 216 pages; Madrid, Rivaneyra; Paris, Brachet, 1858. — Un chapitre de cet ouvrage est consacré à l'étude des plantes citées dans la Bible.

Influence du christianisme sur le droit, par M. l'abbé Pistre, 1 vol. in-8º; Périsse, éditeur, 1858. — Cet ouvrage a pour objet de démontrer la grande part que l'esprit chrétien a exercée sur la civilisation moderne.

Histoire de la littérature indienne, par M. Albert Weber, professeur de Berlin, traduit de l'allemand par M. Alfred Sadous, professeur au lycée de Versailles, membre de la Société asiatique; Paris, A. Durand, 1859.

Nouvelle traduction des psaumes sur le texte hébreu, avec notes et commentaires, par Ambroise Rendu, ancien conseiller titulaire de l'Université; Paris, 1859.

Protogée, ou de la formation et des révolutions du globe, par Leibnitz, ouvrage traduit pour la première fois avec une introduction et des notes, par le docteur Bertrand de Saint-Germain; Paris, Langlois, 1859, 1 vol. in-8º.

Les Juifs en France, en Italie et en Espagne, par M. Bédarides, avocat; Paris, Michel Lévy frères, libraires-éditeurs, 1859, 1 vol. in-8º.

TABLE DES MATIÈRES
DU SECOND VOLUME.

De la Cosmogonie de Moïse
COMPARÉE AUX FAITS GÉOLOGIQUES.

LIVRE II. — Période actuelle et historique....... 1

Chapitre II. — *De la date de l'apparition de l'homme et du renouvellement du genre humain, d'après les faits historiques*.................................. 1

    I. Époque historique........................ 1
    II. Les espèces perdues depuis les temps historiques assignent-elles à ces temps une haute antiquité?.................................. 7
    III. Les modifications de l'espèce humaine donnent-elles aux temps historiques une haute antiquité?.................................. 18
    IV. Des travaux des mines.................. 72
    V. Des monuments et de la civilisation, considérés comme mesures du temps......... 79
    VI. Les monuments et les traditions historiques des anciens peuples contrarient-ils la chronologie des Hébreux?.................. 103
    VII. Des cosmogonies payennes, comparées à la cosmogonie de Moïse................. 129

LIVRE III. — *A*. HISTOIRE SACRÉE.................. 166

  CHAPITRE PREMIER. — *Les traditions et les monuments historiques des anciens peuples contrariaient-ils la date donnée par les Hébreux à l'apparition de l'homme?*. 166

  B. HISTOIRE PROFANE........................ 216

  CHAPITRE PREMIER. — *Histoire des peuples idolâtres de l'antiquité, mise en rapport avec celle du peuple Hébreu*... 216

    I. Hébreux............................. 217
    II. Égyptiens........................... 251
    III. Chaldéens, Babyloniens, Assyriens, Phéniciens................................. 254
    IV. Mèdes et Perses..................... 281
    V. Grecs et Macédoniens................. 288
    VI. Latins ou Romains.................... 296
    VII. Hindous ou Indiens................... 298
    VIII. *A*. Chinois......................... 306
        B. Américains...................... 315

LIVRE IV. — DES CONNAISSANCES CONSIGNÉES DANS LA BIBLE, MISES EN PARALLÈLE AVEC LES DÉCOUVERTES MODERNES.................................... 334

  Résumé...................................... 376

Tableau synchronique de l'histoire des principaux peuples de l'antiquité, mise en rapport avec l'histoire du peuple hébreu telle qu'elle nous a été donnée par Moïse.

Tableau chronologique de l'histoire sacrée, ou Tableau des principales époques de l'histoire sacrée calculée depuis l'apparition de l'homme jusqu'aux temps actuels (1859).

TABLE DES NOTES.

NOTES.	TEXTE.	Pages renvoyant aux notes.	Pages renvoyant au texte.
1.	Des êtres mythologiques ou allégoriques figurés sur les monuments antiques.	I	9
2.	De la disparition ou de l'extinction du dronte....................	II	11
3.	De l'orientation de la grande pyramide d'Égypte....................	III	15
4.	Homère n'a pas parlé des pyramides...	IV	17
5.	Puits de Syène ; à quelle heure étaient-ils éclairés par la lumière du soleil?.	V	18
6.	De l'hybridité des animaux...........	VII	24
7.	De l'action du cerveau sur la boîte crânienne.......................	IX	28
8.	L'unité de l'espèce humaine est une question délicate de philosophie naturelle.	IX	35
18.	Ancienneté de la découverte du feu[1]...	X	74
19.	Les anciens faisaient usage du fer pour tondre leurs troupeaux...........	X	75
20.	L'art de travailler le fer est plus ancien que les Chalybes ou Cabires........	XI	76
21.	Note sur le voyage au Pérou d'Antoine Ulloa.......................	XI	77
22.	L'airain des anciens, qui est le bronze		

---

[1] Par suite d'une erreur, les numéros des notes ayant été indiqués, dans le texte, de 8 à 18, le même ordre a dû être suivi dans les notes elles-mêmes.

NOTES. Pages Pages
renvoyant renvoyant
aux notes. au texte.

des modernes, était fort en usage dans l'antiquité.................... XI 79

23. La Mythologie a rappelé, dans l'escalade des Titans, l'histoire de la tour de Babel...................... XII 79

24. Les grandes pyramides de l'Égypte n'ont pas une bien haute antiquité........ XII 80

25. Opinion erronée de Dupuis sur l'ancienneté des zodiaques de Dendérah et d'Esné..... .... XIV 82

26. Visconti jugea bien mieux ces monuments en les supposant postérieurs à l'ère chrétienne................ XIV 83

27. Les zodiaques d'Esnée et de Dendérah n'offrent qu'une représentation du ciel. XVII 84

28. Les représentations zodiacales ont été complètement étrangères aux Égyptiens...................... XVII 87

29. Origine des groupes d'étoiles nommés constellations.................. XIX 87

30. Les anciens n'avaient nul moyen de mesurer le temps, ni aucune idée des chronomètres .... XIX 89

31. On ne doit pas juger des progrès des sciences par le temps depuis lequel elles sont cultivées............ XX 92

32. Aristote n'était pas convaincu de la haute antiquité que s'attribuaient les Égyptiens...................... XXIII 96

33. Diodore de Sicile n'ajoutait pas une

| NOTES. | Pages renvoyant aux notes. | Pages renvoyant au texte. |

NOTES.

    grande confiance à la haute antiquité des observations des Chaldéens.....   XXIII   109

34. Travaux qui nous ont fait connaître les progrès de l'astronomie en Égypte.   XXVI   110

35. Méthodes de calcul dont les Grecs faisaient usage.....   XXVII   113

36. Notions sur l'astronomie des Chaldéens, qui nous ont été données par Delambre dans l'histoire de cette science..   XXVIII   116

37. Les arts sont arrivés fort tard en Chine à un certain développement........   XXVIII   122

38. L'invention de la trigonométrie n'est pas l'œuvre de Cocheou-King, mais d'Hipparque.............................   XXX   128

39. D'après Newton, les différents peuples sont moins anciens que ne le supposent la plupart des chronologistes.......   XXXI   129

40. Platon paraît avoir connu le Pentateuque.   XXXII   131

41. La cosmogonie des Hindous suppose le monde supporté par une tortue, et pourquoi?......................   XXXVI   136

42. Grandeur d'une tortue fossile des monts Sevalick.................   XXXVI   144

43. Platon a admis comme principe des choses Dieu et la nature.................   XXXVIII   161

44. Le Pentateuque a été considéré dans toute l'antiquité comme l'œuvre de Moïse...................   XXXIX   169

45. C'est à la Bible qu'il faut recourir, lorsqu'on veut remonter aux temps les

NOTES.

	Pages renvoyant aux notes.	Pages renvoyant au texte.

plus reculés...................... XL 181

46. Le Pentateuque, ainsi qu'Abraham, étaient connus en Chine dès les plus anciens temps..................... XLII 200

47. La sortie du peuple Hébreu d'Égypte a eu lieu avant le renouvellement du cycle sothiaque.................... XLII 212

48. La certitude historique ne commence que vers 2000 ou 2500 ans avant l'époque actuelle........................ XLIII 213

49. La civilisation de la Chine n'y a pas pris naissance, mais y a été apportée d'ailleurs, d'après M. Paravey........... XLVI 216

50. Héber, fils de Salé, paraît avoir donné son nom aux Hébreux.............. XLVI 218

51. La civilisation n'a pas fait et n'a pas pu faire les mêmes progrès chez toutes les nations...................... XLVII 220

52. Les plus hautes chaînes comme les sommets les plus élevés sont dans l'Asie. LI 221

53. De la nature des matériaux qui ont été employés dans la construction des pyramides de l'Égypte................ LVI 221

54. Les plus anciens monuments de l'Égypte ne remontent pas au-delà de la troisième dynastie; la construction des pyramides ne date que de la quatrième. LIX 233

55. Il peut être douteux que la terre de Chanaan se rapporte à l'Égypte; mais il n'en est pas de même de la Phénicie,

NOTES.   Pages Pages
           renvoyant renvoyant
           aux notes. au texte.

de la Judée et d'une partie de la Syrie
méridionale.................................. LXII 238

56. Des travaux astronomiques de Ptolémée,
et particulièrement de l'Almageste.. LXIII 245

57. L'histoire des premiers âges du royaume
d'Assyrie est bien incertaine, même
après tous les travaux dont elle a été
l'objet...................................... LXIV 256

58. Les monuments de Ninive, quoique peu
remarquables sous le rapport architectural, l'étaient cependant beaucoup
sous celui de leurs ornements intérieurs...................................... LXV 259

59. Ninus paraît avoir été le premier souverain de l'Assyrie qui, ayant succédé
à son père Belus, réunit le royaume
de Babylone à celui de Ninive....... LXIX 265

60. L'ère connue sous le nom de Nabonassar
a été très-employée dans les tables
des anciens astronomes............... LXX 267

61. Nous devons à M. Botta, ainsi qu'à M.
Flandin, des dessins et des fragments
de sculpture découverts dans l'emplacement de l'ancienne Ninive........ LXXI 270

62. Il est certain que l'homme est le plus
nouveau des êtres animés et le dernier de ceux qui ont apparu sur la
scène de la vie........................... LXXI 272

63. M. Boré a démontré que, d'après les bas-reliefs de Persépolis, les Juifs étaient

II.   r.

NOTES.	Pages renvoyant aux notes.	Pages renvoyant au texte.
de la même race et le même peuple que les Chaldéens, les Kurdes et les Mèdes.	LXXIII	274
64. Les Chaldéens ne sont pas plus anciens que les Hébreux, puisqu'ils ne forment avec eux qu'un seul et même peuple.	LXXIV	274
65. L'ère d'Abraham, qui commence avec la vocation de ce patriarche, a précédé l'Incarnation de 2015 années.......	LXXV	279
66. Les rois de la première dynastie des Persans ont été désignés sous le nom de *Guil-Chaydens* ou bien *Pech-Daydens*.	LXXVI	283
67. L'ère des Olympiades est la plus ancienne de toutes celles dont la Grèce a fait usage......................	LXXIX	289
68. Les Védas ou livres sacrés des Hindous sont les mêmes que ceux qui ont été vénérés de tout temps par ces peuples.	LXXIX	299
69. Il existe plusieurs traités sur l'histoire réelle de la Chine; cette histoire ne remonte guère avant la dynastie des Huns............................	LXXXIII	307
70. Nous devons aux missionnaires qui ont habité la Chine de 1789 à 1791, une généalogie des princes qui ont gouverné le Céleste-Empire...........	LXXXV	310
71. Les monuments du centre de l'Amérique prouvent que le nouveau Monde était connu des autres peuples, particulièrement des habitants de l'Asie, bien avant l'invasion des Espagnols.....	LXXXIX	317

NOTES	Pages renvoyant aux notes.	Pages renvoyant au texte.

72. Il n'est presque plus douteux que les Romains aient connu l'Amérique... XCI 321

73. Tout porte à regarder la plupart des habitants de l'Amérique comme venus des contrées septentrionales de l'Asie. XCII 322

74. L'une des éclipses les plus anciennement calculées par les Chaldéens, est celle de l'année 721 avant l'ère chrétienne. C 327

75. Les Égyptiens, les Chaldéens, les Babyloniens et les Assyriens ne remontent pas au-delà de Nemrod et d'Assur... CI 327

76. Seule entre toutes les cosmogonies, la Genèse a distingué la création primitive de la matière, de sa coordination. CI 337

77. La lumière de plusieurs astres ayant mis plus de cent mille années pour arriver jusqu'à nous, ces astres ont dû être créés dans le principe des choses... CII 338

78. La découverte qui a conduit Newton à démontrer que les corps s'attirent en raison directe de leur masse et en raison inverse du carré de la distance, est la plus belle invention de l'esprit humain.......................... CII 341

79. Lorsque l'Écriture parle de la position de la terre dans l'espace, elle la suspend sur le néant.................. CV 342

80. Les cieux, pour l'Écriture, c'est l'étendue, l'*expansum* ou l'immensité.......... CV 342

81. Moïse seul a distingué la lumière primi-

NOTES

	Pages renvoyant aux notes.	Pages renvoyant au texte.

tive de celle que nous devons au soleil.   CVII 342

82. Newton, dans la lettre qu'il a écrite à Bayle, a essayé de prouver que les vibrations de l'éther peuvent très-bien produire les phénomènes de la lumière   CVIII 344

83. Moïse fit un appel à la lumière d'être et de briller de tout son éclat, bien avant que le soleil eût reçu l'atmosphère qui lui en donné le pouvoir..   CVIII 344

84. Énumération des étoiles, innombrables d'après l'Écriture..............   CVIII 345

85. L'existence de Job ne peut guère être mise en doute..................   CXI 345

86. Grandeur de Dieu..................   CXII 346

87. La Bible est le premier livre où il est question des constellations.........   CXIV 346

88. La Bible a connu la pesanteur de l'air et l'a exprimée de la manière la plus formelle........................   CXVII 348

89. De l'ascension de l'eau dans l'atmosphère, suivant la Bible..................   CXXI 349

90. La force employée par la nature pour la formation des nuages, est égale au travail que l'espèce humaine ne pourrait faire qu'en deux cent mille années..   CXXII 349

91. Moïse paraît avoir eu quelque connaissance des eaux souterraines........   CXXIII 350

92. L'existence de l'eau dans l'intérieur de la terre est un fait démontré.......   CXXIII 350

93. Quoique les faits historiques prouvent

NOTES.
Pages renvoyant aux notes. Pages renvoyant au texte.

la vérité du déluge, il n'y a pas de fait physique qui en constate la réalité... CXXV 351

94. Qu'est-ce que l'Écriture a voulu exprimer, en disant que toutes les sources du grand abîme jaillirent?..... .... CXXVI 351

95. Quoique les mers aient maintenant une étendue trois fois plus considérable que les continents, cette étendue a été plus grande encore dans les temps géologiques..................... CXXVII 353

96. De la plus grande profondeur des mers qui nous est connue................ CXXVIII 353

97. Des causes de l'ascension de l'eau à travers l'air...................... CXXIX 354

98. Chaleur de l'intérieur de la terre admise par Job comme un fait positif..... CXXX 354

99. L'Écriture distingue les gibbosités du globe en deux ordres, les anciennes et les éternelles, ou en quelque sorte en primordiales et secondaires..... CXXXI 357

100. L'Écriture nous parle de la marche rapide de la foudre ou du fluide électrique qui, plus prompt que la lumière, parcourt 90000 lieues par seconde... CXXXIII 358

101. Il n'est aucun passage de la Bible qui puisse faire supposer qu'elle a prévu l'invention des chemins de fer. Roger Bacon paraît toutefois en avoir compris la possibilité................ CXXXV 359

102. D'après la Bible, comme d'après les faits,

NOTES.	Pages renvoyant aux notes.	Pages renvoyant au texte.
les végétaux ont paru avant les animaux....................	CXXXVI	360
103. De l'unité de l'espèce humaine, et de son ancienneté relativement aux diverses races qui la composent............	CXXXIX	365
104. De l'unité primitive du langage, et des causes qui ont concouru à le modifier.	CXLII	366
105. La première idée de classification naturelle du règne animal, se trouve dans le Deutéronome............	CXLV	367
106. L'animal désigné par l'Écriture sous le nom de *reem*, paraît être l'oryx des naturalistes modernes............	CXLIX	368
107. Détails sur l'autruche, donnés par l'Écriture...................	CXLIX	369
108. Détails sur le cheval, tirés de l'Écriture.	CLII	369
109. Des mœurs de l'aigle et de quelques autres animaux, d'après l'Écriture....	CLXV	370
110. Des migrations des animaux, particulièrement des oiseaux et des poissons.	CLVI	370
111. Le fils de Zébédée dont il est ici question, n'est autre que saint Jean l'évangéliste...................	CLVI	377
112. La Bible, le plus ancien des livres, est le plus excellent de tous...........	CLVI	377
113. La matière nébuleuse ou cosmique répandue dans les espaces célestes, tend constamment à se concréter........	CLVII	379
114. La lumière du soleil n'est nullement nécessaire à la germination des plantes.	CLIX	379

NOTES.	Pages renvoyant aux notes.	Pages renvoyant au texte.
115. Les oiseaux sont les plus rares parmi les espèces animales fossiles, et cela par plusieurs raisons............	CLX	380
116. L'opposition qui existe entre les mots hébreux *behemah* et *chaiah* indique celle qui distingue les animaux herbivores des animaux carnassiers...........	- CLXI	380
117. La Bible a personnifié dans Sem, Cham et Japhet les principaux chefs des nations..........................	CLXIII	387
118. Le système hiéroglyphique en usage en Orient, et particulièrement en Égypte, était tout à fait incompréhensible avant Champollion.......................	CLXV	388

NOTES ADDITIONNELLES.

A. *Note additionnelle se rapportant au premier volume.*

NOTES.	Pages.
93. Relative aux alluvions du Mississipi.....	CII

B. *Note additionnelle se rapportant au second volume.*

83 *bis*, 3ᵉ alinéa de la page 345. Relative à la grandeur et à l'éloignement des étoiles..............................

C. *Note additionnelle se rapportant aux tableaux placés à la fin du second volume.*

D. *Note se rapportant au tableau synchronique de l'histoire des principaux peuples de l'antiquité et à la longévité des premiers patriarches, c'est-à-dire du premier tableau.*

FIN DE LA TABLE DES MATIÈRES.

(Premier Tableau.)

TABLEAU SYNCHRONIQUE DE L'HISTOIRE
MIS EN RAPPORT AVEC L'HISTOIRE DU PEUPLE HÉB[REU]

Première période, ou période anté-diluvienne, comprenant le temps qui s'es[t...]

4963	4854	4794	4728	4659	4303	4342	4042	4091	3428
Adam.	Seth.	Enós.	Caïnan.	Malaleel.	Jared.	Enoch.	Mathusalem.	Lamech.	Noé. — Noé entra dans l'arch[e...]

Nous n'avons pas beaucoup de confiance dans les dates que nous venons de donner des anciens patriarches, quoiqu'elles nous aient été fournies [...] monde où chacun des patriarches est mort, pour la plupart tirées du ch[...]

Adam, 930 ans. — Seth, 1062. — Énos, 1140. — Caïnan, 1235. — Malaleel, 1290. — Jared, 1422. — Énoch, après un sé[...]

Seconde période, ou période post-diluvienne, comprenant le temps qui s[...]

PEUPLE HÉBREU.				
HÉBREUX.	ÉGYPTIENS.	CHALDÉENS, BABYLONIENS, ASSYRIENS.	MÈDES ET PERSES.	
Sem et Arphaxad.......... 2986			Toutes les dates qui so[nt rap...]	
Salé................ 2851	Première colonisation de			
Héber............... 2721	l'Egypte............ 2700	Assur.............. 2619		
Phaleg.............. 2587	Menès............. 2614	Nemrod...... 2107 ou 2615		
Reü................ 2457	Osymandias, roi de la XVIᵉ dynastie............ 2272	SUCCESSEURS DE NEMROD.		
Sarug............... 2326	Monuments les plus anciens.. 2200			
Nachor............. 2193	Invasion des Pasteurs....... 2082	Monarchie babylonienne		
Tharé.............. 2114		démembrée.......... 2218		
Naissance d'Abraham.. 2044 ou 2316	Joseph, ministre en Egypte... 1864	Bélus.............. 2151	ROIS DES MÈDES.	
Naissance de Moïse... 1725 ou 1630	Amosis-Misphara, 6ᵉ roi de la XVIIᵉ dynastie........... 1827	Ninus........ 1966 ou 2086	Arbacès............ 759	
Mort de Moïse........... 1695	Pyramides, d'après les modernes................ 1223	Sémiramis........... 2034	Dejocès............ 73[?]	
Josué, successeur de Moïse... 1604		Ninias.............. 1992	Phraortes........... 69[?]	
Mort de Josué........... 1586	Pyramides, d'après Hérodote.. 1503		Cyaxare............ 65[?]	
Gouvernement des juges..... 1443			Astyage, l'Antiochus de l'Ecriture............ 55[?]	
Etablissement de la royauté... 1080	Amosis-Thoutmosie, chef de la XVIIIᵉ dynastie...........		ROIS DES PERSES.	
David............ 1048 ou 1001	Sésostris, chef de la XIXᵉ dynastie................ 1473	Fondation de Tyr....... 1244		
Schisme des dix tribus....... 962			Cyrus.............. 598	
Fin du royaume d'Israël...... 718			Conquête de la Nubie... 553	
Fin du royaume de Juda..... 606			Conquête de la Lydie... 539	
Captivité de Babylone....... 606	Sésac, roi de la XXVIIᵉ dynastie. 971		Conquête de l'Assyrie... 538	
Edit de Cyrus qui permet aux				

RE DES PRINCIPAUX PEUPLES DE L'ANTIQUITÉ
IÉBREU, TELLE QU'ELLE NOUS A ÉTÉ DONNÉE PAR MOÏSE.

s'est écoulé depuis l'apparition de l'homme jusqu'au Déluge (premier âge du monde).

3508 ou 2262   2296   2003   1645

l'arche 2348 ans avant J.-C. — Déluge, selon les Septante. — Vocation d'Abraham. — Mort de Joseph. — Départ des Israélites, ou sortie d'Égypte.

ournies par un des chronologistes les plus habiles et les plus haut placés dans notre pays. Nous allons donc en indiquer d'autres, qui se rapportent à l'âge du
s du chapitre V de la Genèse; elles ont par cela même une grande valeur et autorité.

s un séjour de 365 ans sur la terre, fut enlevé au ciel; il ne mourut donc pas. — Mathusalem, 2257. — Lamech, 2252. — Noé, 2612.

qui s'est écoulé depuis le Déluge jusqu'à l'Ère chrétienne (second âge du monde).

PEUPLES IDOLATRES.
DONNÉE HISTORIQUE ANTÉRIEURE AU DÉLUGE.

	GRECS.	MACÉDONIENS.	LATINS OU ROMAINS.	INDIENS.	CHINOIS.
ont rapportées sur ce Tableau ont été calculées avant l'ère chrétienne.					
				Déluge...... 3102	Déluge...... 2641
	Première colonisation........ 2200				Tschoen-Hin. Commencement des temps historiques en Chine..... 2514
	Ægialus, roi de Sicyone..... 2126				
	Fondation du royaume de Crète. 1916				
	Inachus à Argos...... 1986 ou 1862				
	Fondation de Sparte.......... 1845				
	Déluge d'Ogygès 1822			Védas, ou livres sacrés. 1361	
	Phoronée................... 1822				Fo-hi....... 2386
	Cécrops.................... 1657				Yao......... 2357
750	Cadmus..................... 1594				Yu... 2220 ou 2198
733	Danaüs à Argos.............. 1586				Chang, ou Schang.... 1766
390	Deucalion................... 1580				
355	Etablissement de Pélops..... 1423				
	Exploits d'Hercule. — Expédition des Argonautes...... 1360		Colonie des Pélages, conduite en Italie par Œnotrus...... 1790		
555	Règne de Thésée............ 1329				
	Guerre de Thèbes........... 1319		Colonie d'Evandre.......... 1330		
591	Guerre de Troie............ 1280		Colonie d'Enée............. 1137		
253	Invasions des Doriens. — Retour des Héraclides........... 1190				
339	Abolition de la royauté. — Etablissement de l'Archontat à		Fondation de Rome........ 753		
338			Etablissement de la république. 509		

HÉBREUX.		ÉGYPTIENS.		CHALDÉENS, BABYLONIENS, ASSYRIENS.		MÈDES ET PERSES.	
Sem et Arphaxad	2986	Première colonisation de l'Egypte	2700			Toutes les dates qui sont rapportées su...	
Salé	2851	Menès	2614	Assur	2619		
Héber	2721	Osymandias, roi de la XVIe dynastie	2272	Nemrod	2107 ou 2615		
Phaleg	2587	Monuments les plus anciens	2200	SUCCESSEURS DE NEMROD.			
Reü	2457	Invasion des Pasteurs	2082	Monarchie babylonienne démembrée	2218		
Sarug	2326	Joseph, ministre en Egypte	1864	Bélus	2151		
Nachor	2193	Amosis-Misphara, 6e roi de la XVIIe dynastie	1827	Ninus	1966 ou 2086	ROIS DES MÈDES.	
Tharé	2114	Pyramides, d'après les modernes	1223	Sémiramis	2034	Arbacès	759
Naissance d'Abraham	2044 ou 2316	Pyramides, d'après Hérodote	1503	Ninias	1992	Déjocès	733
Naissance de Moïse	1725 ou 1630	Amosis-Thoutmosie, chef de la XVIIIe dynastie	1822			Phraortes	690
Mort de Moïse	1695	Sésostris, chef de la XIXe dynastie	1473	Fondation de Tyr	1245	Cyaxare	653
Josué, successeur de Moïse	1604					Astyage, l'Antiochus de l'Ecriture	559
Mort de Josué	1586					ROIS DES PERSES.	
Gouvernement des juges	1443					Cyrus	598
Etablissement de la royauté	1080	Sésac, roi de la XXVIIe dynastie	971			Conquête de la Nubie	553
David	1048 ou 1001					Conquête de la Lydie	539
Schisme des dix tribus	962					Conquête de l'Assyrie	538
Fin du royaume d'Israël	718					Cambyse	529
Fin du royaume de Juda	606	Psammitichus	656	Mort de Sardanapale. Fin du premier empire d'Assyrie	759	Conquête de l'Egypte	525
Captivité de Babylone	606	Néchao	617	Ère de Nabonassar	747	Darius Ier	521
Edit de Cyrus qui permet aux Juifs de retourner à Jérusalem. — Fin de la captivité. — Reconstruction du temple	536	Psammis	601	Prise de Babylone par Cyrus. Fin du deuxième empire d'Assyrie	538	Xercès Ier	485
		Apriès	595			Défaite aux Thermopyles	483
		Amasis	570				
A partir de cette époque, la Judée fait successivement partie de l'empire des Perses, des Macédoniens, des Lagides et des Séleucides.		Psamménit	526				
		Conquête de l'Egypte par Cambyse. — Elle est réunie à la Perse	525				
		Conquête d'Alexandre	332				
		Fondation d'Alexandrie	331				
Affranchissement du joug des Séleucides	160						
Avènement d'Hérode	40						
		Au commencement du IIIe siècle, l'Egypte recouvra une dynastie indépendante dans les Lagides. Cette dynastie subsista jusqu'à la conquête romaine, en 31 avant Jésus-Christ.					
		Conquête d'Alexandre	332	Conquête d'Alexandre	332		

A l'époque du démembrement de l'empire Macédonien, toute l'Asie, à l'exception de la Phénicie et de la Cœlésyrie, passe sous la domination des Séleucides, qui la conservent jusqu'à ce que les Parthes et les Romains la leur enlèvent.

rapportées sur ce Tableau ont été calculées avant l'ère chrétienne.

GRECS.		MACÉDONIENS.		LATINS OU ROMAINS.		INDIENS.	CHINOIS.
						Déluge...... 3102	Déluge...... 2641
Première colonisation........	2200						Tschoen-Hin. Commencement des temps historiques en Chine..... 2514
Ægialus, roi de Sicyone.......	2126						
Fondation du royaume de Crête.	1916						
Inachus à Argos...... 1986 ou	1862					Védas, ou livres sacrés. 1361	
Fondation de Sparte.........	1845						
Déluge d'Ogygès	1822						Fo-hi....... 2386
Phoronée...................	1822						Yao......... 2357
Cécrops....................	1657						Yu... 2220 ou 2198
Cadmus....................	1594						Chang, ou Schang.... 1766
Danaüs à Argos.............	1586						
Deucalion..................	1580						
Etablissement de Pélops......	1423						
Exploits d'Hercule. — Expédition des Argonautes......	1360			Colonie des Pélages, conduite en Italie par Œnotrus......	1790		
Règne de Thésée...........	1329						
Guerre de Thèbes...........	1319			Colonie d'Evandre..........	1330		
Guerre de Troie............	1280			Colonie d'Enée............	1137		
Invasions des Doriens.—Retour des Héraclides...........	1190			Fondation de Rome........	753		
Abolition de la royauté. — Etablissement de l'Archontat à Athènes............,.....	1132			Etablissement de la république.	509		
				Création de la dictature......	498		
				Création du tribunat plébéien.	493		
Homère, entre........ 800 ou	900	Caranus, roi............	789	Décemvirat. — Loi des douze tables...,.,.........	452		
Lycurgue.................	886	Perdiccas Ier............	702	Création de la censure......	442		
Ère des Olympiades.	776	Argée.................	617	Prise de Rome par les Gaulois.	389		
Archontat décennal à Athènes..	754	Philippe Ier............	602	Création de la préture.......	366		
Guerre de Messénie..... 742 ou	668			Guerre du Samnium.......	343		
Archontat annuel à Athènes...	684			Guerre de Tarente.........	282		
Archontat et législation de Solon.....................	593			Première guerre punique....	264		
Guerre Médique............	496	Perdiccas II............	474	Deuxième guerre punique....	218		
Guerre du Péloponèse.......	431	Archélaüs.............	398	Troisième guerre punique. 150 ou	146		
Traité de Cimon............	449			Destruction de Carthage......	146		
Hérodote..................	444			Tibérius et Cañus Gracchus. 133 ou	123		
Prise d'Athènes............	404	Philippe II............	360	Dictature de Sylla...........	79		
Mort de Socrate............	399			Conspiration de Catilina.....	63		
Traité d'Antalcidas..........	387			Premier triumvirat.........	60		
Conquête de la Grèce par les Romains. — Destruction de Corinthe.................	146	Alexandre........ 336 —	323	Mort de César.............	44		
				Deuxième triumvirat........	43		
		Lors du démembrement de l'empire d'Alexandre, la Macédoine forma un état particulier jusqu'à la conquête des Romains.		Bataille d'Actium...........	31		
				Etablissement du principat par Auguste................	29		
				Naissance de Jésus-Christ, il y a	1859		

(Second Tableau.)

TABLEAU CHRONOLOGIQUE

OU

TABLEAU DES PRINCIPALES ÉPOQUES DE L'HISTOIRE SACRÉE, CALCULÉES DEP

PREMIÈRE PÉRIODE, OU PÉRIODE ANTÉ-DILUVIENNE, COMPRENANT LE TEMPS QU

Premier âge du monde, depuis l'apparition de

D'après les Septante. 2262	D'après les Samaritains. 1307	D'après le texte hébreu. 1656	D'après la Vulgate. 1656	

SECONDE PÉRIODE, OU PÉRIODE POST-DILUVIENNE; COMPRENANT LE TEMPS QUI

1° PREMIÈRE ÉPOQUE COMPRENANT LE TEMPS QUI S'EST ÉCOULÉ

D'après les Septante. 3004	D'après les Samaritains. 3004	D'après le texte hébreu. 2354		

Deuxième âge du monde, depuis le Déluge jusqu'à la vocation d'Abrah

TOUR DE BABEL.

942	942	292		
D'après les Septante. 2665 avant l'ère chrétienne.	D'après les Samaritains. 2660	D'après le texte hébreu. 2239	D'après les modernes. 2427	Monum

Troisième âge du monde, depuis la vocation d'Abraham jus

Naissance d'Abraham. 2044	Mêmes dates que celles des Septante.	Naissance d'Abraham. 1948		
Vocation d'Abraham. 2000 ou 2296		Vocation d'Abraham. 1904		
Mort d'Abraham. 1924		Mort d'Abraham. 1828		
Naissance de Moïse. 1630 ou 1725	Naissance de Moïse. 1626	Naissance de Moïse. 1531		
Délivrance des Israélites. 1570 ou 1645	Délivrance des Israélites. 1596	Délivrance des Israélites. 1501		
Mort de Moïse. 1510 ou 1605	Mort de Moïse.	Mort de Moïse.		

QUE DE L'HISTOIRE SACRÉE

ou

ULÉES DEPUIS L'APPARITION DE L'HOMME JUSQU'AUX TEMPS ACTUELS (1859).

TEMPS QUI S'EST ÉCOULÉ DEPUIS L'APPARITION DE L'HOMME JUSQU'AU DÉLUGE.

arition de l'homme jusqu'au Déluge.

	D'après Josèphe. 1656			D'après Pétau, MM. Poirson et Cayx. 1656

TEMPS QUI S'EST ÉCOULÉ DEPUIS LE DÉLUGE JUSQU'AUX TEMPS ACTUELS (1859).

I S'EST ÉCOULÉ DEPUIS LE DÉLUGE JUSQU'A L'ÈRE CHRÉTIENNE.

n d'Abraham (942 ou 986 ans), d'après les Septante et les Samaritains.				PYRAMIDES DE LA BASSE-ÉGYPTE.
	Monuments les plus anciens de l'Égypte, d'après Champollion le Jeune. 2218		D'après Hérodote. 1503	D'après les modernes. 1223
raham jusqu'à la sortie des Israélites de l'Égypte 430 ans).				
			D'APRÈS DOM CALMET. Naissance d'Abraham. 1965 Vocation d'Abraham. 1921 Mort d'Abraham. 1845	D'APRÈS MM. POIRSON ET CAYX. Naissance d'Abraham. 2316 Vocation d'Abraham. 2272 Mort d'Abraham. 2196 Naissance de Moïse. 1725 Délivrance des Israélites. 1605

D'après les Septante. 3004	D'après les Samaritains. 3004	D'après le texte hébreu. 2354		

Deuxième âge du monde, depuis le Déluge jusqu'à la vocation d'Abra

TOUR DE BABEL.

942	942	292		
D'après les Septante. 2665 avant l'ère chrétienne.	D'après les Samaritains. 2660	D'après le texte hébreu. 2239	D'après les modernes. 2427	Monu

Troisième âge du monde, depuis la vocation d'Abraham jus

Naissance d'Abraham. 2044	Mêmes dates que celles des Septante.	Naissance d'Abraham. 1948		
Vocation d'Abraham. 2000 ou 2296		Vocation d'Abraham. 1904		
Mort d'Abraham. 1924		Mort d'Abraham. 1828		
Naissance de Moïse. 1630 ou 1725	Naissance de Moïse. 1626	Naissance de Moïse. 1531		
Délivrance des Israélites. 1570 ou 1645	Délivrance des Israélites. 1596	Délivrance des Israélites. 1501		
Mort de Moïse. 1510 ou 1695	Mort de Moïse. 1506	Mort de Moïse. 1411		

Quatrième âge du monde, depuis la délivrance des Isr

2° DEUXIÈME ÉPOQUE, OU ÈRE

D'après les Septante. 5248	D'après les Samaritains. 4293	D'après le texte hébreu. 4992	D'après la Vulgate et Josèphe. 4964	

Date de l'âge du monde, ou de l'apparition de l'hom

D'après les Septante. 7107	D'après les Samaritains. 6172	D'après le texte hébreu. 5851	D'après la Vulgate et Josèphe. 6821	D'après Pétau et Roll 5844 ou 5861

La moyenne entre ces onze nombres, en prenant toujours le plus fort, est encore trop faible pour être adoptée, quoiqu'elle porte l'âg la date de 7626 ou 7726, comme étant celle de l'apparition de l'homme, à l'époque actuelle (1859). Peut-ê

Cinquième âge du monde, depuis l'Ère chrét

d'Abraham (**947 ou 986 ans**), d'après les **Septante** et les **Samaritains**.

PYRAMIDES DE LA BASSE-ÉGYPTE.

| Monuments les plus anciens de l'Égypte, d'après Champollion le Jeune. 2218 | D'après Hérodote. 1503 | D'après les modernes. 1223 |

...ham jusqu'à la sortie des Israélites de l'Égypte **430 ans**).

	D'APRÈS DOM CALMET.	D'APRÈS MM. POIRSON ET CAYX.
	Naissance d'Abraham. 1965	Naissance d'Abraham. 2316
	Vocation d'Abraham. 1921	Vocation d'Abraham. 2272
	Mort d'Abraham. 1845	Mort d'Abraham. 2196
		Naissance de Moïse. 1725
		Délivrance des Israélites. 1695
		Mort de Moïse. 1605

...ce des Israélites jusqu'à l'Ère chrétienne (**1570 ans**).

...QUE, OU ÈRE CHRÉTIENNE.

| ... | D'après Eusèbe. 5200 | D'après les Tables Alphonsines. 6934 | D'après quelques modernes. 3985 ou 4004 | D'après MM. Poirson et Cayx. 4964 |

...rition de l'homme avant les temps actuels (**1859**).

| ...Pétau et Rollin. ...844 ou 5861 | D'après Eusèbe. 7059 | D'après les Tables Alphonsines. 8253 ou 8793 | D'après quelques modernes. 7626 ou 7726 | D'après MM. Poirson et Cayx. 6823 |

...lle porte l'âge du monde à 6980 années. Il faut donc préférer l'opinion des Septante ou celle de quelques modernes, qui ont admis ...859). Peut-être vaudrait-il mieux encore adopter la date des Tables Alphonsines, c'est-à-dire 8253 ou 8793.

Ère chrétienne jusqu'à nos jours (1859).

www.ingramcontent.com/pod-product-compliance
Lightning Source LLC
Chambersburg PA
CBHW070312240426
43663CB00038BA/1536